Hermann Schulze-Delitzsch.

Leben und Wirken.

Von

F. Thorwart-Frankfurt a. M.

Berlin 1913.
J. Guttentag, Verlagsbuchhandlung,
G. m. b. H.

Vorwort.

Auf dem 48. Genossenschaftstag in Leipzig hat der Allgemeine Verband der auf Selbsthilfe beruhenden deutschen Erwerbs- und Wirtschaftsgenossenschaften, e. V., die Herausgabe von Schulze-Delitzschs Schriften und Reden beschlossen. Mit dem Werk, dessen Vorwort in diesem Bande nachfolgend mit abgedruckt ist, soll dem Schöpfer des Genossenschaftswesens, dem Volkswirt und Politiker ein würdiges Denkmal gesetzt werden, in dem auch der Nachwelt seine bleibende Bedeutung vor Augen geführt wird.

In vier starken Bänden liegen die Schriften und Reden Hermann Schulze-Delitzschs vor. Der erste Band umfaßt die genossenschaftlichen Schriften; der zweite Band die sozialpolitischen Schriften und Reden; der dritte und der vierte Band die politischen Schriften und Reden. Der Inhalt dieser Bände bietet einen tiefen Einblick in die volkswirtschaftliche und politische Arbeit um die Mitte des vorigen Jahrhunderts.

Das Werk wäre unvollständig gewesen, wenn nicht auch Schulze-Delitzschs Lebenslauf einbegriffen worden wäre. Zwei Wege boten sich hierbei: Es konnte der Lebenslauf in der Weise dargestellt werden, daß nur die wichtigsten Ereignisse aus dem Leben Schulze-Delitzschs zusammengestellt wurden und im übrigen der Verfasser Bezug nahm auf die vier Bände, die die Schriften und Reden enthalten — oder es konnte der Lebenslauf als ein selbständiges Werk behandelt werden, bei dem natürlich auch nicht die Beziehungen auf die Bände, die die Schriften und Reden enthalten, fehlten, aber doch nur aufgenommen wurden zum Zwecke des Hinweises für die eine oder die andere wichtige Frage. Es wurde der letztere Weg gewählt.

Friedrich Thorwart, dem in Verbindung mit dem Genossenschaftsanwalt Justizrat Professor Dr. H. Crüger, Professor Dr. G. Küntzel, Dr. E. Lennhoff, Dr. Fritz Schneider, Professor Dr. Ph. Stein die Herausgabe von Hermann Schulze-Delitzschs Schriften und Reden übertragen war, hat den ersten Band (Genossenschaftliche Schriften) und die Biographie Schulze-Delitzschs bearbeitet. Unmittelbar vor der Fertigstellung der Lebensdarstellung Schulze-Delitzschs hat der Tod Friedrich Thorwart gezwungen, die Feder aus der Hand zu legen. Professor Dr. Ph. Stein hat dann die Freundlichkeit gehabt, Material und Manuskript zu vergleichen und druckfertig zu machen. Er hatte nur noch ein Kapitel hinzuzufügen. — „Es ist Friedrich Thorwarts letzter Gruß und Dank an die deutschen Genossenschaften, den Allgemeinen Verband und den Verbandstag, denen er seit seinen Jünglingstagen sein Leben geweiht hatte." Mit diesen Worten hat Philipp Stein die Darstellung der Geschichte des Lebens und der Arbeit Schulze-Delitzschs der Öffentlichkeit übergeben.

Einem Wunsche weiterer Kreise entsprechend, hat sich der Verlag bereit erklärt, den Band, der Schulze-Delitzschs Leben und Wirken enthält, als Sonderband herauszugeben. Ich hoffe, daß das Buch in die weitesten Kreise der Genossenschaften Eingang findet, insbesondere dem Nachwuchs dient, um sich mit der Geschichte des Genossenschaftswesens, mit den großen wirtschaftlichen und sozialen Ideen der Genossenschaften und ihres Schöpfers Schulze-Delitzsch vertraut zu machen. Die entwickelteren Genossenschaften besitzen für ihre Verwaltung fachkundige Männer. Soll aber die Arbeit der Genossenschaften im Dienste der hohen sozialen Aufgaben, der Ideen Schulze-Delitzschs vollführt werden — soll sie durchzogen sein von dem Gedanken des Gemeinsinns — dann müssen die Männer, in deren Händen das Schicksal der Genossenschaft liegt, auch genossenschaftlich geschult und gebildet sein. Möge das vorliegende Buch diese Aufgaben erfüllen und in vielen Lesern den Wunsch anregen, sich auch weiter zu vertiefen in die „Schriften und Reden Schulze-Delitzschs".

Charlottenburg, im November 1913.

Dr. Hans Crüger.

Inhaltsangabe.

I. Bis zum Jahre 1848.

In der Kreisstadt Delitzsch war das Amt des Bürgermeisters und Patrimonialrichters mehrere Generationen lang der Familie Schulze anvertraut.*) Hermann Schulze, der älteste Sohn des damaligen Trägers dieses Amtes August Schulze und seiner Gattin Wilhelmine geborene Schmorl, ward am 29. August 1808 geboren. Der Vater der letzteren war in der kurfürstlich und später königlich sächsischen Zeit Generalakziseinspektor, Stadtschreiber, Anwalt und Notar in der Stadt Prettin bei Torgau; nach der Einverleibung der Provinz Sachsen in das Königreich Preußen lebte er dort als Justizkommissar und Notar. Geboren 1747, wurde er 1793 als Abgeordneter der Stadt Prettin in den Landtag nach Dresden berufen, wo er „mit einer an dieser Stelle nie gehörten Freimütigkeit und nachhaltigen Energie auftrat und den Schleier von vielen Landesgebrechen und Mängeln wegzog, den bisher noch niemand zu berühren, noch weniger zu heben gewagt hatte.“**) Nach seinem Tode gab ihm der Landtagsmarschall Graf Bünau-Dahlen das Zeugnis, „daß sein Andenken auf den sächsischen Landtagen noch lange in Ehren bleiben werde und daß ihm der Ruhm gebühre, das erste Licht über ständische Wirksamkeit verbreitet zu haben, obschon damals die Augen dafür noch nicht empfänglich und daher geblendet gewesen wären.“

August Schulze war nach der Losreißung des Kreises Delitzsch von Sachsen Patrimonialrichter in seiner Vaterstadt geblieben; er bekleidete diese Stellung bis kurz vor seinem Tode, nachdem die preußische Verfassung im Jahre 1849 die alte Gerichtsordnung beseitigt hatte. Ihm ward nachgerühmt, daß er sich angelegen sein ließ, sofort nach dem Eintritt in den preußischen Staatsbürgerverband sich und seine Berufsgenossen für die neuen politischen und rechtlichen Verhältnisse wissenschaftlich und praktisch vorzubereiten und daß er durch Stiftung eines Vereins, des „Juristen-Konvents“, die Unterschiede zwischen den seitherigen und den

---

*) Für das Folgende besonders A. Bernstein: „Schulze-Delitzsch, Leben und Wirken.“ Berlin, Verlag der Volkszeitung 1879.

**) „Nekrolog der Deutschen“ vom Jahre 1828; wieder abgedruckt bei Bernstein a. a. O. S. 13.

nunmehr mit dem Wechsel der Herrschaft eintretenden Verwaltungs- und Rechtsverhältnissen festzustellen suchte, um tätig und wirksam in die veränderten Zustände eingreifen zu können. Als er 1852 sein fünfzigjähriges Amtsjubiläum beging, rühmte der Sohn,*) „daß der Vater, der Stammesälteste, den Abschluß mit dem bürgerlichen Leben nach langem segensvollen Wirken hier an derselben Stätte feiere, wo sein Vater und andere des Geschlechtes vor diesem in demselben ehrwürdigen Berufe gewirkt haben — eine lange Folge von Männern hinauf denselben Studien und Bestrebungen hingegeben, von Staat und Gemeinde mit denselben Ämtern betraut, in gleichem Ansehen unter ihren Mitbürgern und vom Vater zum Sohn forterbend mit den alten Besitztümern auch das alte ehrende Vertrauen ... Wie mancherlei Staats- und Gemeindeämter die Häupter der Familie auch bekleideten, so waren und blieben sie doch stets dabei der Hauptsache nach Bürger. Durch städtischen Besitz und Gewerbe ihren Mitbürgern verbunden, deren Rechte und Vorteile in der städtischen Verwaltung wie nach außen hin vertretend, verkehrten sie mit diesen in gemütlicher naher Berührung auf gleichem Fuße, Wohl und Wehe mit ihnen teilend ... Freilich — fuhr er mit Beziehung auf das Los, das er sich selbst erwählt hatte, fort — sind die Zeiten und mit ihnen die Aufgaben selbst andere geworden. Was jene gleichsam noch in der Kindheit pflegten, das ist inzwischen mächtig herangewachsen und drängt aus der Enge des friedlichen Ratszimmers unaufhaltsam in die Öffentlichkeit hinaus, im Kampfe die ihm gebührende Stelle zu erringen, die man ihm vorenthalten möchte. Aber wie es auch fällt, was wir auch opfern müssen, ob es uns forttreibt von der Väter Besitz in die Fremde: wir nehmen die alten Hausgötter, wir nehmen der Väter Segen mit ... Mögen auch in Zukunft die Geschicke dieser Familie einer freundlichen Gestaltung entgegengehen! Das aber meine Worte zu dem jetzigen und künftigen Geschlecht: daß es in den Kämpfen, die uns nicht erlassen werden, der guten Sache dieselbe Treue und Würdigkeit bewahren möge, welche die Vorfahren ihr in den Zeiten friedlicher Entwicklung widmeten!"

In solcher Umgebung und geleitet von der Mutter, die als eine durch Schönheit, wohlwollendes Wesen und musikalische Begabung gleich ausgezeichnete Frau geschildert wird, wuchs Hermann Schulze auf. Dem ersten Schulunterricht in der Vaterstadt schloß sich — in seinem 13. Lebensjahre — derjenige in der unter Leitung des Professor Dr. Forbiger

*) Bernstein a. a. O. S. 94.

stehenden Nicolai-Schule in Leipzig an, wo er alsdann auch die Universität bezog, sich dem Studium der Rechte widmend. Von hier ging er zu Ostern 1829 auf die Universität Halle über und machte im Juni 1830, 22 Jahre alt, sein erstes juristisches Examen beim Oberlandesgericht in Naumburg; in Torgau, an dessen Landgericht er nunmehr zum Auskultator bestellt wurde, lag er gleichzeitig seiner militärischen Dienstpflicht als Einjährig-Freiwilliger im ersten Bataillon des 20. Linien-Infanterie-Regiments ob. Im Herbst 1833 bestand er in Naumburg sein zweites Examen als Referendar und unterzog sich als solcher dem Studium der Kriminalgerichtspraxis beim Inquisitoriat in Wittenberg, während er 1835 den Kursus zum dritten Examen wiederum in Naumburg absolvierte. Schon hatte das Oberlandesgericht über die Zulässigkeit seiner Prüfung an das Ministerium nach Berlin berichtet, als sein Vater schwer erkrankte und er zu dessen Vertretung in der Patrimonialgerichtspraxis, die dieser in einer ganzen Reihe von Orten in dem Kreise Delitzsch ausübte, nach Hause zurückgerufen wurde.

Der Patrimonialrichter verdankte seine Stellung dem Gutsherrn, der ihn wählen jedoch nicht wieder entlassen konnte. In seiner Person stand der Gutsherr in patriarchalischer Weise den Gerichtseingesessenen gegenüber. „Das Amt des Richters,*) wenn es in guten Händen lag, war eine Fundgrube der Ausbildung für alle Zweige des Rechtes und der Verwaltung. Ihm oblag die Polizei und das Richteramt in erster Instanz sowohl im Zivilprozesse wie in Kriminalfällen. Die Dorfgemeinde, die Kirche, die Schule, die Landstraße und die öffentliche Ordnung waren seiner Pflege anheimgestellt. Der Patrimonialrichter trat mit allem in Berührung, was in seinem Bereiche lebte und webte. Er hatte reichere Erfahrungen zu machen Gelegenheit, als irgendein Mitglied eines großen Gerichtshofes. Er lernte das Leben des Volkes viel näher kennen, als ein Richter, vor dessen Blick sich aktenmäßig nur in streitigen und verbrecherischen Fällen ein Stück des Lebens entrollt."

Fast zwei Jahre blieb Schulze in Delitzsch, um dann sein drittes Examen bei dem Obertribunal in Berlin zu bestehen, aus welchem er im Januar 1838 als Oberlandesgerichtsassessor hervorging.**) Als solcher

*) Bernstein a. a. O. S. 33.

**) Hier ist der Wortlaut der Bestallung:

Der bisherige Oberlandesgerichtsreferendar Hermann Schulze wird auf Grund der bestandenen dritten Prüfung zum Königlichen Oberlandesgerichtsassessor unter Beilegung der Anciennität vom 9. Januar 1838 hierdurch ernannt und bestellt. Es wird von demselben erwartet, daß er Seiner Königlichen

trat er bei dem Oberlandesgericht in Naumburg in den ersten Zivil- und Kriminalsenat ein, worin ihm schon wenige Monate darauf das volle Votum im Kollegium zugebilligt wurde. Im folgenden Jahre arbeitete er am Kammergericht in Berlin sowie am Gouvernementsgericht, um die Militärjustiz kennen zu lernen, schlug aber die ihm auf Veranlassung des Generalauditeurs Friccius angebotene dauernde Anstellung bei diesem aus, da er bei der Annahme seiner Richtereigenschaft verlustig gegangen wäre.

Vielmehr nahm er im Herbste 1840 von neuem seinen Aufenthalt in Delitzsch, um den erkrankten Justitiar Hildebrandt, der gleich Schulzes Vater eine größere Anzahl von Patrimonialgerichtsstellen verwaltete, zu vertreten. Nach dessen Tod — Frühjahr 1841 — wurden ihm seine Funktionen definitiv übertragen, wobei ihm der Justizminister den etwaigen späteren Wiedereintritt in den unmittelbaren Justizdienst ausdrücklich zusicherte.

Die Pflichten des Amtes ließen Schulze Zeit zu kleineren und größeren Reisen nach Thüringen, Mitteldeutschland und Tirol sowie nach Schweden und Norwegen und endlich nach Italien bis zur Insel Sizilien, wo er sich auch die Besteigung des Ätna nicht versagte. Ausführliche Berichte hierüber, die er in regelmäßiger Folge an seine Eltern sandte und welche teilweise noch erhalten sind,*) zeigen ihn uns als einen rüstigen Wanderer, der weder Ermüdung kennt noch vor der Schwierigkeit des Weges zurückschreckt, zugleich aber auch als einen gemütstiefen, aufmerksamen und für Natur und Kunst gleich begeisterten Beobachter, der in der Betrachtung der Gegenwart stets der geschichtlichen Erinnerung eingedenk ist — einer Vorliebe, die Schulze bis an sein Lebensende begleitete.

Poetisch zu verklären wußte er die dabei gewonnenen Eindrücke in einer Sammlung von Gedichten, „Wanderbuch, ein Gedicht in Szenen und Liedern" (Leipzig, F. A. Brockhaus 1838, zweite Auflage bei Flemming in Glogau 1859), in denen er sich wohl an Lenau und an

Majestät und Allerhöchst Dero Königlichen Hause treu und gehorsam sein, die ihm obliegenden Amtspflichten gewissenhaft erfüllen und sich stets so betragen werde, wie es für einen rechtschaffenen Königlichen Diener sich geziemt.

Berlin, 19. Mai 1838.

Der Justiz-Minister. Mühler.

*) Eine Anzahl dieser Briefe sind von Fr. X. Pröbst in den Blättern für Genossenschaftswesen, Jahrgang 1908 Nr. 34/35, Bruchstücke aus seinen italienischen Reiseberichten von Bernstein a. a. O. mitgeteilt.

Eichendorff angelehnt haben mag. Wie letzterer, so hat auch Schulze seiner Liebe zur Natur, zum Wald und zum erwachenden Frühling Ausdruck gegeben. Fehlt zwar in den Versen das eigentlich Packende in Form und Gehalt, die äußere und innere Anschaulichkeit und das Originelle, so erweist sich Schulze in ihnen doch als eine liebenswürdige, sinnige, ernste und gemütvolle Persönlichkeit. Zwei Proben seien hier mitgeteilt.

Das Herz.

Ich bin gezogen
Als Frühlingshauch,
Ich habe geduftet
An Baum und Strauch.

Ich habe gebraust
In des Donners Hall,
Ich habe gemurmelt
Im Widerhall.

Die Schöpfung durchdrang ich
In freier Luft,
Nun schlag ich dem Menschen
Als Herz in der Brust.

Da schaff' ich und webe
Nach altem Brauch;
Ich wecke die Blüten,
Ich breche sie auch.

Von der Freiheit.

Jugend ist frei!
Wem kräftig die trotzenden Adern sie schwellt,
Dem gehört im üppigen Mute die Welt.
Jugend ist frei!

Frei ist die Lieb'!
Sie fragt nicht nach Range, sie locket kein Gold,
Sie ist der blühenden Jugend hold.
Frei ist die Lieb'!

Frei ist der Wein!
Auf den Bergen reift er in Himmelsglut,
Wohlauf denn, entfesselt die goldene Flut!
Frei ist der Wein!

Frei ist das Lied!
Und geht's nur von Herzen in kecker Lust,
So klingt es auch wieder in mancher Brust.
Frei ist das Lied!

Noch in der Naumburger Zeit wird auch ein erst nach seinem Tode und wahrscheinlich gegen seinen Willen veröffentlichter zweibändiger Roman „Die Philister“ (Berlin 1885 Otto Janke) entstanden sein, in dessen Helden wir wohl Schulze selbst zu sehen haben, der aber noch mehr als sein Wanderbuch die schon erwähnten poetischen Mängel zeigt und in behaglicher Breite und lehrhaftem Ton eher eine Reihe einzelner Szenen aus dem Leben der gebildeten Klassen einer Provinzialstadt als eine geschlossene Handlung aufweist. Indessen ist gerade hier eines seiner schönsten Gedichte eingestreut:

Frühlingsboten.

Wo ist des Frühlings erste Spur,
Wenn der Winter noch hüllet Wald und Flur?
Welches Gräslein ringt zuerst,
Welches Knöspleín springt zuerst,
Welches Vöglein singt zuerst?
Früh ist das Veilchen am Bach,
Früh ist die Birke wach,
Früher noch Glöcklein im Schnee,
Schwalben in luftiger Höh.
Doch was am ersten sich regt,
Früher denn alle
Hell ihm entgegenschlägt,
Ist das Herz in des Busens Halle.
Kaum daß ein leiser Hauch
Kündet den Lenz von weitem,
Will es nach altem Brauch
Gleich ihm die Stätte bereiten.
Läßt sich nicht halten noch hüten:
Wenn kein Gräslein noch ringt,
Wenn kein Knösplein noch springt,
Wenn kein Vöglein noch singt,
Steht es in vollen Blüten.

In Delitzsch brach nun Schulzes gesellige und schaffungslustige Natur durch. Von seiner Mutter hatte er die Liebe zur Musik geerbt und sich in diese so sehr vertieft daß er in seinen Jugendjahren mehrfach daran dachte, sich ihr vollständig zu widmen. Jetzt gab er, mit einer gut ausgebildeten Baßstimme begabt, den Anstoß zum Zusammentritt eines aus Männern und Frauen bestehenden Sängervereins, der indessen nicht nur den Gesang pflegte sondern auch kleine Aufführungen, öffentliche Vorlesungen klassischer Werke deutscher Dichter und Vorträge über Literatur veranstaltete. Ein eifriges Mitglied wurde er dem Turnverein, welcher sich häufig mit gleichartigen Vereinen der Nachbarstädte zu gemeinsamen Turnfahrten und Festen vereinigte. Die Personenkenntnis, die Schulze hierdurch gewann, kam ihm in dem Hungerjahr 1846 zu statten, als es galt, der Not vorzubeugen, welche die spärlich ausgefallene Ernte befürchten ließ. Auf seine Anregung wurden freiwillige Beiträge einem aus angesehenen Bürgern zusammengesetzten Komitee eingehändigt, welches Getreide einkaufte, es auf einer gepachteten Mühle vermahlen und in eigener Bäckerei zu Brot verbacken ließ. So konnte man den Unbemittelten die Nahrungsmittel ganz umsonst oder zu Preisen liefern, die wesentlich hinter denen des Tages zurückstanden. Als im Frühjahr 1847 die Einbrüche Hungernder in Getreideniederlagen und Bäckereien in fast allen Teilen der preußischen Monarchie überhandnahmen, bot die staatliche Behörde der Stadt Delitzsch eine Militärbesatzung an, um sie vor solchen Ausschreitungen zu schützen. Schulze konnte zur Antwort geben, daß diese dank der Wirksamkeit des Komitees nicht zu erwarten seien, was sich auch bewahrheitete.*) Die hierbei gemachten Erfahrungen wußte Schulze bei seinen späteren Bestrebungen auf das beste zu verwerten.

Das folgende Jahr — 1848 — gab Schulze Gelegenheit, an neuen und größeren Aufgaben mitzuarbeiten.

Das Versprechen, das König Friedrich Wilhelm III. vom Wiener Kongreß aus auf Steins und Hardenbergs Rat am 22. Mai 1815 zum Erlaß einer die gesamte Monarchie umfassenden Repräsentativverfassung gegeben hatte, war von ihm nicht eingelöst worden. Allerdings machte der König im Jahre 1820 die Zusage, daß die Aufnahme neuer Staatsanleihen nur unter Zuziehung und Mitgarantie der künftigen alljährlich zusammentretenden reichsständischen Versammlung geschehen und dieser auch das Staatsschuldenwesen überhaupt untergeordnet werden sollte. Aber das Gesetz vom 5. Juni 1823 schuf nur eine Provinzial- und kreisständische Verfassung auf Grund der sogenannten natürlichen Stände des Staates, deren Berufung in das Belieben der Regierung gelegt wurde; der regelmäßige Zusammentritt der Landstände in bestimmten Zwischenräumen war ausgeschlossen, das Steuerbewilligungsrecht blieb ihnen versagt und ihre Verhandlungen waren keine öffentlichen.

Nach der Thronbesteigung Friedrich Wilhelms IV. wandten sich im Jahre 1841 die Landtage in Königsberg, Breslau und Posen an den König mit der Bitte um Erfüllung der von seinem Vater gegebenen Zusage und um Gewährung einer Verfassung; aber erst im Februar 1847 berief der König die Abgeordneten aus den Provinziallandtagen zu dem „Vereinigten Landtage" nach Berlin, dem er das Petitionsrecht für innere Angelegenheiten, das Recht eines Beirats bei der Gesetzgebung „in geeigneten Fällen" und das Recht erhöhter und neuer Steuer- und Anleihebewilligung, jedoch nur in Friedenszeiten, zugestehen wollte. Noch bei der Eröffnung am 11. April 1847 betonte er, daß der Landtag nicht

*) Jene Tätigkeit Schulzes war wohl Veranlassung, daß er in einigen seiner Biographien als Verfasser einer kleinen Schrift „Magazinierung, Grundzüge eines neuen auf Gegenseitigkeit zwischen Produzenten und Konsumenten gegründeten neuen Aufspeicherungssystems. Ein Beitrag zur Verhütung des Notstandes und der Teuerung Von F. H. Schulze. (Leipzig O. Spamer 1847)" genannt wird. Diese Angabe ist irrig. Verfasser der Schrift war der Rittergutsbesitzer gleichen Namens in Wachau bei Leipzig.

zu einer repräsentativen Volksvertretung auswachsen dürfe sondern die Versammlung der Stände und der Vertreter ständischer Rechte sei; in Preußen werde stets nur der königliche Wille entscheiden und er könne nicht zugeben, daß die Prärogative der Krone durch Einführung konstitutioneller Einrichtungen eingeschränkt werde, „daß sich zwischen unsern Herrgott im Himmel und dieses Land ein geschriebenes Blatt gleichsam als eine zweite Vorsehung eindränge, um uns mit seinen Paragraphen zu regieren und durch sie die alte heilige Treue zu ersetzen".

An diesen Anschauungen hielt auch der König fest, selbst als der Vereinigte Landtag, der vergeblich seinen regelmäßigen Zusammentritt in jedem zweiten Jahre und die Übertragung des den einzelnen Ausschüssen zugewiesenen Anteils an der Gesetzgebung auf die Vollversammlung verlangt hatte, seine Zustimmung zur Aufnahme einer Anleihe behufs des Ausbaues der preußischen Ostbahn verweigerte.

Der König wollte die Berufung des Vereinigten Landtages als ein „Geschenk" an das Volk betrachtet wissen, während dieses sie nur als eine Abschlagszahlung auf das mehr als 30 Jahre alte Versprechen ansah. Die politische Aufregung war schon längst über die Verhandlungen der Provinzialstände hinausgegangen, von denen man trotz der Geheimhaltung ihrer Beratungen wußte, daß auf ihnen unablässig freiheitliche Forderungen erhoben wurden. In der Broschürenliteratur hatte Johann Jacoby seine „Vier Fragen" aufgeworfen und Schön in „Woher und Wohin?" ebenso wie Heinrich Simon in „Annehmen oder Ablehnen?" die Haltung erörtert, welche das Volk gegenüber den Maßnahmen der Regierung einzuschlagen hätte. Es ist nur zu begreiflich, daß ein Mann wie Schulze, der an allen Interessen der Zeit regen Anteil nahm, auch hier kein müßiger Zuschauer blieb, wenn uns auch darüber nur wenig Mitteilungen zu Gebote stehen. Aus Briefen an Freunde und Gleichgesinnte aus dem Januar 1848 hören wir, daß er zur Veranstaltung öffentlicher Versammlungen aufforderte, in denen er als Redner auftrat — zweifellos ein lauter Bekenner freiheitlicher Gedanken. Ein anderes kam hinzu. Gegenüber der pietistisch-mystischen Richtung, welche in der protestantischen Kirche durch die Hinneigung des Königs mehr und mehr an Boden gewann, hatte sich in den „Lichtfreunden" oder „protestantischen Freunden", den späteren freien Gemeinden, namentlich in der Provinz Sachsen eine freidenkende Gegnerschaft gebildet, zu deren Führer Uhlich in dem benachbarten Magdeburg Schulze in nähere und in späteren Jahren zur Freundschaft auswachsende Beziehungen trat. Seine Hoffnungen für politische und

Geistesfreiheit treten in einer Weihnachten 1847 entworfenen Dichtung zutage, welche, von dem musikalischen Leiter der Delitzscher Liedertafel komponiert, von dieser aufgeführt werden sollte. Schulze hatte sich selbst dabei die Baßsolostimme vorbehalten.

Deutscher Volksfrühling.

Chor.

Was für ein Klingen und Regen
Hebt rings den luftigen Reih'n?
Als wehe ein großer Segen —
Das muß der Frühling sein!

Die Bächlein, die Ströme fließen
Befreit von des Eises Last,
Es blühet auf allen Wiesen,
Es schallet von jedem Ast.

Hinaus auf die grünenden Matten,
Wo Lust und Lieb' uns winkt,
Daß fröhlich im Waldesschatten
So Becher wie Lied erklingt.

(Ländliche Musik; fernes Gewitter.)

Baßsolo.

Hört ihr vom Himmel hoch des Donners Rollen?
Das schauert durch die Luft wie ernstes Mahnen,
Von andrer Feier geht ein leises Ahnen
Und also tönt's, wie ferner Stimme Grollen:

„Ist's Zeit, daß ihr an Spiel und Tanz euch weidet?
Schaut ihr das Leuchten nicht am Saum der Wolke?
Der Geistesfrühling nahet meinem Volke,
Und habt ihr auch die Stätte ihm bereitet?“

Quartett.

Brüder, nicht mit Jubelchören,
Nicht mit Kränzen hebt es an,
Leben keimet aus Zerstören
Und der Sturm erst fegt die Bahn.
Nieder stürzt's in Wetterbächen
Heiß entbrennen Kampf und Streit,
Erst das alte Eis zu brechen
Eh' uns Rosen bringt die Zeit.

Drum, gelobt's in edler Wette
Für das Vaterland entglüht:
Männerherzen sind die Stätte
Wo der Völkerfrühling blüht!

Frischer Mut und feste Treue,
Starke Hand und kluger Rat;
Daß der Bund sich stets erneue
Und das Lied, es werde Tat.

Chor.

Mag er sich nah'n! —
Sei es in Sturmesnot,
Im Kampfgetose
Oder im Maiengekose,
Hört sein Gebot,
Brüder, heran:

Starr lag des Winters Hand
Über dem Land,
Bruder vom Bruder gebannt,
Die Herzen voll banger Trauer —
Endlich nach langer Nacht
Glühet die Morgenwacht,
Heil'ge Lenzesschauer
Durchbrechen die alten Schranken,
Mit frischen Liebesranken
Alle, die stammverwandt,
Wieder zu einen
Zum einen,
Zum deutschen Vaterland,
Das wir von Herzen meinen!

Terzett.

Ach, du warst selbst, mein Volk, dir untreu worden,
Den eignen Söhnen wurdest du zum Spott,
Geknechtet tief von frecher Schergen Horden.

Nur eines blieb in all der Schmach und Not
Von deinen alten Ehren dir erhalten:
Dein Sangesruhm und edler Frauen Walten.

Tenorsolo.

Wie auch die Wahrheit rings sich trübt,
Dem Streit zu ewig neuer Nahrung,
Was klügelnd auch der Weise übt:
Im innern Herz tragt ihr die Offenbarung!
Ja Frauensinn kann nimmer fehlen,
Mit dem ihr seid, der wird das Rechte wählen,
Zu dem ihr steht, der muß das Feld behalten,
Im Banne kämpft er höherer Gewalten.

Chor.

Laßt die Feier denn beginnen,
Schalle, deutscher Männer-Chor,

Und als heil'ge Priesterinnen
Tretet, holde Frau'n hervor!
Neu die Gluten anzufachen
Auf des Vaterlandes Herd,
Treu die Keime zu bewachen,
Die der Frühling uns beschert.

Schaut ihr den Himmel in Flammen?
Alle zum Schwure schließt euch zusammen:
Zu halten am Vaterlande,
Zu sprengen des Wahnes Bande,
Wieder zu lösen den alten Ruhm,
Des Volkes Heiligtum
Neu zu erbauen!
Das Banner voran,
Bald bricht des Sieges Morgen an —
Und sollt' unser Blut ihn betauen.*)

---

*) Die Zeitereignisse ließen die Aufführung verschieben; als sie für das Ende des folgenden Jahres vorbereitet wurde, fügte Schulze der Dichtung noch einige auf die Märztage bezügliche Schlußstrophen bei. Der Komponist Leonhardt lehnte aber deren Vertonung ab und so unterblieb die Aufführung endgültig.

Die hinzugefügten Strophen lauteten:

Solo mit Chor.

Gedenkt der Toten!
Die für der Freiheit junge Saat
Mit ihrem Blut gedüngt den Boden.
Umweht's euch nicht wie Geistergrauen?
Seht sie gleich Eideshelfern auf euch schauen,
Die Finger in den Wundenmalen,
Sie mahnen euch, die Schuld zu zahlen:
Ja, ob's auch spät und heiß errungen werde,
Sie sollen schlummern all' in freier Erde!

Schlußchor.

Und jetzt, den Lenz zu verkünden,
Zieht rings durch das deutsche Land,
Von Gau zu Gau soll zünden
Der heil'ge Völkerbrand.

II. In den Jahren 1848 bis 1850.

König Friedrich Wilhelm IV. hatte sich nach dem Zusammenbruch der französischen Julimonarchie bereits mit dem Gedanken zur Gewährung einer Verfassung vertraut gemacht, als die Berliner Märzereignisse zur Beschleunigung der Ausführung des Entschlusses drängten. Zwar wurde der Vereinigte Landtag nochmals nach Berlin berufen, aber nur, um ein Wahlgesetz für seine Nachfolgerin, die sogenannte konstituierende Nationalversammlung, zu entwerfen. Die auf Grund des allgemeinen und geheimen Stimmrechts zu vollziehenden Wahlen von Abgeordneten zu dieser wurden gleichzeitig mit denen für die deutsche Nationalversammlung in Frankfurt a. M. ausgeschrieben. In Delitzsch fiel die Entscheidung nach einer von der Begeisterung der gesamten Bevölkerung getragenen Volksversammlung auf Schulze.*) Er entschied sich für Berlin, von der Erwägung ausgehend, daß es zunächst gelte, seine Kenntnisse bei der Neuordnung der inneren Verhältnisse seines preußischen Vaterlandes zu verwerten, aber auch überzeugt, daß für die befriedigende Lösung der deutschen Frage der Schwerpunkt gleichfalls mehr in Berlin als in Frankfurt liegen werde. Seine Abreise dorthin begleitete ein poetischer „Abschiedsgruß der Bürger zu Delitzsch", welcher in besser empfundenen als dichterisch gelungenen Versen die Wertschätzung aussprach, deren er

---

*) Die Versammlung, welche am 9. April 1848 stattfand, war von Schulze, einem Lehrer und vier Gewerbetreibenden berufen und von 6000 Teilnehmern besucht. Von einem Platze vor der Stadt aus setzte sich der Zug unter Trompeten- und Posaunenklang in Bewegung. „Voran das Stadtmusikkorps; dann die Schützenkompagnie mit drei Fahnen; die Liedertafel mit ihren aktiven und inaktiven Mitgliedern; die Turner unter Anführung ihres Lehrers; die Gewerke der Schuhmacher, Tischler, Böttcher, Stellmacher, Bäcker, Maurer, Zimmerleute, Weber usw. Letztere prunkten mit einem eigenen Musikkorps und die Strumpfwirker mit ihrer Insignie (einer Zitrone auf der Spille). Im ganzen wehten 22 Fahnen in dem Zuge. Die auf dem Marktplatze errichtete Tribüne war mit zwei seidenen Nationalfahnen geschmückt, ebenso der Rathausbalkon, wo das Stadtmusikkorps Platz nahm. Feierlich und ernst, erst leise, dann stärker und immer stärker ertönte aus der Versammlung die erste Strophe des Liedes: Sei Lob und Ehr dem höchsten Gut!" Für den politisch-naiven Geist der Zeit spricht, daß u. a. ein Redner die Russen und die Russenfreunde zum Gegenstand eines ge-

sich erfreute, zugleich aber auch den Erwartungen Ausdruck gab, die man auf ihn setzte.*)

Als Neuling trat Schulze in das parlamentarische Leben ein, da er vorher dem Landtage für die Provinz Sachsen nicht angehört hatte. Ob er ein abgeschlossenes politisches Programm besaß, wissen wir nicht; das Vertrauen der gesamten Bevölkerung seines heimatlichen Kreises hatte ihn zum Vertreter erkoren. In der Nationalversammlung dauerte es eine Weile, bis die Gleichgesinnten sich zu festgefügten Parteien zusammenfanden. Denn auch für die Wahlen waren nicht bestimmte Programme maßgebend gewesen. Man entsandte allenthalben die angesehensten und intelligentesten Männer in die Nationalversammlung, ohne nach ihrem Glaubensbekenntnis zu fragen. So konnte es kommen, daß die Wahlmannschaft des fünften Berliner Wahlkreises einen Abgeordneten mit ihrem Vertrauen bedachte, der später sich der äußersten Rechten der Nationalversammlung anschloß, und einen zweiten, der auf der äußersten Linken Platz nahm, ohne daß dieses Ergebnis etwa durch einen Kompromiß gegen eine dritte Partei herbeigeführt worden wäre.**)

---

harnischten Angriffs machte. „Als zum Schlusse die Trompeten und Posaunen vom Balkon des Rathauses herab den Choral intonierten: Nun danket alle Gott! sahen wir gar viele, welche die Hände gefaltet und sichtlich gerührt mit tränendem Auge den Blick zum Himmel wandten." (Delitzscher Kreisblatt, 14. April 1898: „Vor fünfzig Jahren". Von O. Reime).

*) Von den Strophen geben wir nur einige wieder:

„Dir, Freund, der hohem Ziel sich weihte,
Dir nah'n zum letzten Gruße wir!
Wir alle geben das Geleite,
Denn unsre Liebe geht mit Dir.
Für uns hast Du gekämpft, gerungen!
Nicht bloß für uns, fürs Vaterland
Sprich fest und kühn mit Feuerzungen —
Geh' hin, von uns, für uns gesandt!

... Du warst der Mann der freien Rede!
O kämpf auch dort für unser Heil,
Das Bürgerheil, mit mut'ger Fehde,
Mit Deines Wortes sicherm Pfeil ...

Und kehrest heim Du, siegbeladen,
Aus heißer Schlacht zum treuen Herd,
So soll Ein Jubelruf Dir sagen:
Du warst der Bürgerkrone wert!"

**) Für das Folgende besonders von Sybel: Begründung des Deutschen Reichs. München 1890. Kaufmann: Politische Geschichte Deutschlands im

In der Nationalversammlung bildeten sich allmählich vier Gruppen, die Rechte, das Rechte Zentrum, das Linke Zentrum und die Linke. Die Rechte, die etwa den Standpunkt der äußersten Linken des Vereinigten Landtages zu dem ihrigen machte, sah in dem Wahlgesetz vom 8. April den geschaffenen Rechtsboden für die Nationalversammlung und glaubte, sich ausschließlich auf die Beratung des von der Regierung vorgelegten Verfassungsentwurfs beschränken zu müssen, für welchen die belgische Verfassung, wenn auch mit starker Betonung der monarchischen Gewalt, als Vorbild gedient hatte. Dagegen nahm die Linke alle aus dem Begriffe einer unbeschränkten konstituierenden Versammlung abgeleiteten Rechte in Anspruch und fußte faktisch und theoretisch auf der reinen Volkssouveränität. „Die Versammlung ist unauflöslich," — sagte wenige Tage nach ihrem Zusammentritt Otto aus Liegnitz — „weil wir, nicht aus der gesetzlichen Entwicklung der Dinge sondern lediglich aus der Revolution hervorgegangen, berufen sind, dem Lande Ruhe und Ordnung wiederzugeben." Dazwischen standen die beiden Zentren. Sie hielten daran fest, daß die Verfassung auf dem Vertragswege zwischen der Krone und der Versammlung zu Stande kommen müsse; allerdings beharrten auch sie darauf, daß deshalb letztere vor Vollendung des Werkes nicht aufgelöst werden dürfe. Sie folgerten dies aus den Worten des Wahlgesetzes, daß es Zweck der Versammlung sei, „die Staatsverfassung durch Vereinbarung mit der Krone festzustellen", wie auch der König in dem Patente vom 13. Mai, durch welches die Versammlung einberufen wurde, wiederholt hatte, daß ihre Aufgabe die „Vereinbarung" der Verfassung sei. Hierin wurde nur ausgesprochen, was Hansemann auf dem Vereinigten Landtag gefordert hatte: daß die künftige Verfassung aus einem „Vertrage" zwischen dem Landtage als reichsständischer Versammlung und der Krone hervorzugehen habe. Es war lediglich eine stärkere Betonung der demokratischen Grundlage der zu errichtenden konstitutionellen Monarchie, welche das Linke Zentrum von dem Rechten Zentrum trennte.

Eine gute Schilderung der Parteiverhältnisse gab Schulze in einem unmittelbar nach Eröffnung der Versammlung geschriebenen Briefe an

19. Jahrhundert. Berlin 1900. Bergengrün: David Hansemann. Berlin 1901. Rachfahl: Deutschland, Friedrich Wilhelm IV. und die Märzrevolution. Halle 1901. Caspary: L. Camphausens Leben. Stuttgart 1902. von Zwiedineck-Südenhorst: Deutsche Geschichte 1806 bis 1871. Stuttgart 1903 bis 1905. Hanssen: G. von Mevissen. Berlin 1906. Meinecke: Weltbürgertum und Nationalstaat. München 1908.

seine Wähler;*) indem er namentlich den Radikalismus der Linken kennzeichnete, hielt er es schon damals für unausbleiblich, daß diese je länger je mehr ihren Stützpunkt außerhalb der parlamentarischen Kreise „in den Massen und den Klubs" suchen und damit eine Reihe Unentschiedener zur Rechten hinübertreiben werde. Die hierin liegende Gefahr schien ihm aber um so größer, als die Schwäche der Regierung bei den Ausschreitungen des Pöbels gelegentlich des Angriffs auf die Wohnung des Ministers von Patow und der Unordnungen vor dem Zeughause klar zutage trat. „Nichts wird uns der Reaktion eher in die Hände führen — schrieb er — als die Anarchie, welche den Gegnern der Freiheit die verderblichsten Waffen gegen uns in die Hände gibt und die scheußlichste aller Tyranneien ist."

Zu der ersten Kraftprobe zwischen den Parteien kam es am 8. Juni, als der Abgeordnete Berends beantragte, die Nationalversammlung wolle „in Anerkennung der Revolution" erklären, daß die Kämpfer des 18. und 19. März sich um das Vaterland wohl verdient gemacht hätten. Hierin war das Verlangen enthalten, daß die Versammlung sich auf den Boden der Revolution stelle, „in welcher das Volk seine unveräußerlichen Rechte der Selbstregierung zurückgewonnen habe". Der Antrag war darauf berechnet, die „Massen, die revolutionären Klubs", von denen Schulze in seinem Briefe nach Delitzsch gesprochen hatte, durch starke Worte für die Linke zu gewinnen; er wiederholte im Wesen aber doch nur, was die Anschauung der weitaus größten Mehrheit des Volkes war. Selbst auf den König hatten die blutigen Tage den stärksten Eindruck gemacht; seiner Ansprache vom 19. März, in der er seine „väterliche Stimme" an „seine lieben Berliner" richtete, folgte die Proklamation vom 21. März, welche das Aufgehen Preußens in Deutschland versicherte. „Mein Volk, das die Gefahr nicht scheut" — sagte er darin — „wird mich nicht verlassen und wird sich mir mit Vertrauen anschließen." An demselben Tage aber sprach Graf Schwerin, ein Mitglied des soeben gebildeten liberalen Ministeriums, an dessen Spitze Camphausen aus Köln getreten war, der akademischen Jugend Berlins, obgleich auch sie an der Seite der Arbeiter auf den Barrikaden gestanden hatte, für ihre Teilnahme in den letzten Tagen bei Aufrechthaltung der öffentlichen Ordnung seinen Dank aus, und unmittelbar darauf nahm der König, angetan mit den deutschen Farben, den bekannten Umzug durch die Straßen der Hauptstadt vor, um

*) Schulzes Briefe an seine Wähler vom Juni und Juli 1848 sind in dem dritten Teile dieses Sammelwerkes mitgeteilt.

Zeugnis davon abzulegen, daß er sich laut und rückhaltlos zu dem Grundgedanken der Bewegung bekenne. Mochte er auch inzwischen in seinen Anschauungen wieder anderen Sinnes geworden und entschlossen sein, im Falle der Annahme des Antrags Berends zur Auflösung der Nationalversammlung zu schreiten, so war doch die Bekämpfung des Antrags seitens der Regierung nur eine schwächliche. Hansemann, der die Leitung des Finanzministeriums übernommen hatte, begnügte sich, „der Anerkennung der Revolution als eines Prinzips" zu widersprechen. „Es sei" — so führte er aus — „lediglich ein Bedürfnis des Landes, die Folgen desjenigen, was die Einen Revolution, die Anderen große Tatsachen nennen, zu konsolidieren. Auch das Ministerium erkenne die großen Tatsachen und ihre Folgen an. Ein anderes sei aber, diese Anerkennung in Worte zu fassen, wie sie vorgeschlagen seien. In Preußen habe eine Transaktion zwischen Volk und Krone stattgefunden, und es sei unendlich glücklicher, durch diese Transaktion zur Freiheit zu gelangen, als wenn man alles Bestehende über den Haufen werfe." Immerhin siegten die gemäßigten Anschauungen, indem die Nationalversammlung über den Antrag mit der Erklärung zur Tagesordnung überging, daß es nicht ihre Aufgabe sei, Urteile über geschichtliche Ereignisse abzugeben. Aber als Hansemann wenige Wochen später nach dem Rücktritt Camphausens selbst die Zügel der Regierung in die Hand nahm, führte er das neue Ministerium mit den Worten ein: „Also in der Gesetzgebung, in der Verwaltung, in unserm Tun und Handeln — nicht in abstrakten Erklärungen, die verschiedenartiger Deutung ausgesetzt sind, fassen wir die denkwürdigen Ereignisse des Monats März und unsere Anerkennung der damals stattgehabten Revolution auf, einer Revolution, deren ruhmvoller und eigentümlicher Charakter darin besteht, daß sie — ohne Umsturz aller staatlichen Verhältnisse — die konstitutionelle Freiheit begründet und das Recht zur Geltung gebracht hat. Auf rechtlicher Grundlage steht diese Versammlung, steht die Krone; diese Grundlage halten wir fest." Und Minister Kühlwetter fügte hinzu: „In dem Programm des Ministeriums sei die Anerkennung der Revolution enthalten." Mehr war drei Wochen vorher auch von Berends kaum verlangt worden.

Schulze hatte in seiner Jungfernrede — am 8. Juni — in dem Berendsschen Antrage den Dank an die Bevölkerung Berlins für ihre Haltung nach dem Straßenkampfe einflechten wollen, welche die Besorgnis zerstreut habe, als könnten sich anarchische Bestrebungen an das Tageslicht wagen und die Errungenschaften der Erhebung in Frage stellen.

Gerade durch diese Besonnenheit hätten die Märzkämpfer ihrem Siege die Krone aufgesetzt. Das Amendement fiel jedoch mit dem Hauptantrage.

Indessen sah Schulze nicht in diesen mehr theoretischen Deklamationen den Schwerpunkt der Tätigkeit der Nationalversammlung. Ungeduldig verlangte er, daß in praktischer Arbeit die in dem Programm der Linken bereits genannten Fragen gesetzlich geregelt würden, und namentlich bekümmerte ihn das Schicksal des Verfassungsentwurfs, dessen Beratung in eine Spezialkommission verwiesen worden war. Besonders beschäftigte ihn hierbei, wie wir aus einem zweiten an seine Wähler in der Heimat gerichteten Briefe sehen, die Frage des Einkammer- oder Zweikammersystems, welch letzterem er als „dem Symbol des Beharrens und zugleich der Bewegung" in der politischen Gestaltung des Volkslebens den Vorzug gab. Alle diese Fragen gewannen an Wichtigkeit, je unsicherer sich von neuem die innere Lage des Landes gestaltete. Nach dem Zeughaussturm am 18. Juni war Camphausen aus dem Ministerium geschieden, trotzdem ihm der König sein „Compliment zu dem kleinen Märtyrertum, welches Ihnen zum Teil geworden ist", gemacht hatte. Noch war es aber fraglich, ob Hansemann die ihm angetragene Kabinetsbildung werde durchführen können.

Dem Arbeitsdrange Schulzes entsprangen nun zunächst zwei Anträge vom 1. und 7. Juli zur Vorlegung organischer Gesetze, soweit sie von dem Ministerium bereits ausgearbeitet seien. Er hielt dieses Verlangen um so berechtigter, als die Kommission für die Entwerfung der Verfassung davon nicht unberührt bleiben könne, wobei er auf die neue Gemeindeordnung hinwies. Sein Eifer war auch von Erfolg; zu den Kommissionen, welche zur Beratung der eingegangenen Vorlagen gebildet wurden, gehörte eine solche für Handel, Gewerbe und Arbeit, in welche Schulze und zwar als Schriftführer gewählt wurde. Aber daneben nahm nunmehr die auswärtige Politik die Aufmerksamkeit der Nationalversammlung in erhöhtem Maße in Anspruch. Schon in dem s. g. Patente vom 18. März hatte der König die Umgestaltung Deutschlands aus dem bisherigen Staatenbunde in einen Bundesstaat als erstrebenswertes Ziel bezeichnet, allerdings ohne sich näher darüber auszusprechen, welchen Platz Preußen innerhalb desselben einnehmen werde. Zwar hatte die Proklamation vom 21. März die Worte enthalten: „Ich habe mich und mein Volk unter das ehrwürdige Banner des deutschen Reiches gestellt. Preußen geht fortan in Deutschland auf", aber diese Proklamation war das Werk des Ministers Arnim, der seinem Lande die Vorherrschaft in dem neuen Staatsgebilde zu gewinnen suchte. Anders der König, der zu keiner klaren Vorstellung von der Lösung der deutschen Frage kam, da er immer wieder an dem Verbleiben Österreichs in dem zu errichtenden Bundesstaate festhielt. Dessen Reichstag sollte sich aus einem aus den regierenden und mediatisierten Fürsten gebildeten Oberhause und einem aus Ständewahlen hervorgegangenen Unterhause zusammensetzen. An der Spitze des Bundes jedoch müsse ein für allemal der Kaiser von Österreich als „Römischer Kaiser und Ehrenhaupt teutscher Nation" stehen, unter ihm ein auf Lebenszeit gewählter „teutscher König" als höchste Reichsobrigkeit, gekürt wie weiland zu Frankfurt im Konklave des alten Bartholomäusdoms, dort akklamiert durch das Volk, dann gesalbt und gekrönt. Für sich selbst begehrte er das Amt eines erblichen „Reichserzfeldherrn" für alle außerösterreichischen Truppen in Deutschland. Noch im November des Jahres schrieb er an Erzherzog Johann: „Österreich muß Karls des Großen Krone erblich haben und Preußen erblich das Schwert von Deutschland. Das ist mein felsenfestes Bekenntnis." Es war begreiflich, daß diese Ideen des Königs schon in seiner nächsten Umgebung, noch mehr aber bei den Ministern dem größten Widerspruch begegneten.

Das Frankfurter Parlament hatte seine erste und dringendste Aufgabe in der Schaffung eines Organs gesehen, welchem die Ausübung der vollziehenden und obersten Gewalt in ganz Deutschland in allen Bundesangelegenheiten, die Oberleitung des Heerwesens und die völkerrechtliche Vertretung Deutschlands bis zur endgültigen Begründung der Regierung übertragen werden sollte. Ursprünglich war hierfür ein dreiköpfiges Bundesdirektorium gedacht; nach Gagerns „kühnem Griff" ward ein unverantwortlicher Reichsverweser damit betraut. Als klar wurde, daß die Wahl auf den österreichischen Erzherzog Johann fallen würde, hatte die preußische Regierung vergeblich Einspruch dagegen versucht; nun galt es, sich mit der vollendeten Tatsache abzufinden. Denn jetzt mußte sie zu der Frage Stellung nehmen, ob sie gewillt sei, sich der Frankfurter Versammlung auf Gnade oder Ungnade unterzuordnen. Bereits hatte man in Frankfurt beschlossen, daß die Verfassungen der Einzelstaaten nur nach Maßgabe ihrer Übereinstimmung mit der zu erlassenden Reichsverfassung als gültig anzusehen seien, wobei den Regierungen ein Einfluß bei deren Feststellung nicht zugestanden werden dürfe. Daß keine allseitige Übereinstimmung bei der Beantwortung jener Frage herrschte, war begreiflich. Aber gerade unter den preußischen Abgeordneten der Frankfurter Versammlung waren nicht wenige, welche sie bejahten. Selbst so gemäßigte Mitglieder wie von Beckerath und Mevissen hielten eine schleunige und freiwillige Erklärung von Preußens Regierung und Volksvertretung für notwendig, daß sie das deutsche Verfassungswerk nicht stören sondern der Frankfurter Nationalversammlung in allen Hauptfragen die entscheidende Stimme überlassen wollten. Damit stimmte auch die Forderung überein, welche Beckerath und Mevissen später erhoben, als sie im September zum Eintritt in ein neu zu bildendes Ministerium in Berlin aufgefordert wurden: offene Anerkennung der Rechtsverbindlichkeit der in Frankfurt festzustellenden deutschen Verfassung und der Frankfurter Zentralgewalt seitens des preußischen Königs.*)

Das Ministerium entschloß sich zwar, zur Schaffung der Zentralgewalt und zur Wahl des Erzherzogs Johann seine Zustimmung zu geben; es verwahrte sich aber gegen die Konsequenzen des Vorgehens des Frankfurter Parlaments in der Erledigung dieser Angelegenheit ohne vorherige Einholung des Einverständnisses der Einzelstaaten. Rodbertus, der kaum in das Ministerium eingetreten war, nahm hieraus Anlaß, aus ihm wieder auszuscheiden. Auch er verlangte die uneingeschränkte und vorbehaltlose Anerkennung der Souveränität des Frankfurter Parlaments und die Unterordnung Preußens unter seine Beschlüsse, indem er hinzufügte, daß eine Erklärung der Regierung in dieser Frage nicht ohne beschließende Mitwirkung der preußischen Volksvertretung erfolgen dürfe, da die frühere Souveränität der absoluten Gewalt jetzt zwischen Krone und Volksvertretung geteilt sei. Aber mit seinen Ausführungen war er im Ministerium allein geblieben. An eine am 4. Juli vom Ministerpräsident von Auerswald in der Nationalversammlung verlesene entsprechende Erklärung knüpfte sich in deren Sitzung vom 11. Juli eine lebhafte Debatte, welche sich gleichfalls mit der Frage beschäftigte, ob das Frankfurter Parlament mit jener Wahl nicht seine Befugnisse überschritten habe, sowie ob seine Beschlüsse für die Einzelregierungen unbedingt bindend seien oder von diesen abgelehnt werden dürften. Die Linke, welche das Recht der Volkssouveränität vertrat und fürchtete, daß eine einseitige Betonung des preußischen Partikularismus die Erstarkung des alten absoluten Regimes zur Folge haben werde, stand auf der Seite des Frankfurter Parlaments; aber selbst aus ihren Reihen erhoben sich Stimmen, welche sich mit der Rolle, welche hierbei Preußen zugedacht

*) Die Konsequenz des Gagernschen „kühnen Griffs" zog Mevissen in einem Privatbriefe vom 25. Juni: „Fortan hat nur die demokratische Monarchie, in der der Monarch nicht mehr über dem Volke sondern als ein vom Volk bestellter Teil der gesetzgebenden Gewalt im Volke steht, noch Zukunft. Der Grundsatz der belgischen Verfassung: ‚Alle Gewalt geht vom Volke aus', ist fortan auch der Grundsatz Deutschlands."

worden war, nicht einverstanden erklärten. So nahm Waldeck, gestützt auf den geschichtlichen Beruf des preußischen Volkes, dessen Recht in Anspruch, an der Konstituierung der deutschen Einheit in hervorragender Weise teilzunehmen, und er bekämpfte die Unverantwortlichkeit des Reichsverwesers als des Vorläufers des deutschen Kaisers, indem er ausführte, daß die Frankfurter Vertreter nicht dazu zusammenberufen worden seien, daß sie ein neues Königtum oberhalb der Einzelstaaten stellen sollten; dadurch werde nur der alte Streit der Fürsten gegen den Kaiser von neuem wachgerufen. Aber — fügte er hinzu — man könne es Preußen nicht zumuten, daß sein König sich auf eine etwa gleich einem Oberhause zu gestaltende Fürstenbank neben Fürsten hinsetze, deren atomistische Herrlichkeit kaum von unbewaffnetem Auge zu erkennen wäre. Mit dieser Betonung seines Preußentums stimmte fernerhin der Antrag überein, den Waldeck drei Monate später, am 24. Oktober, einbrachte und welcher aussprach, daß kein Erlaß der Frankfurter Zentralgewalt in Preußen als Gesetz gelten solle, bevor er nicht von der preußischen Nationalversammlung beschlossen und genehmigt worden sei. Auch Schulze beteiligte sich am 11. Juli an der Diskussion über die Frage der Zentralgewalt. Auf ihn hatte Rodbertus augenscheinlich einen immer größeren Einfluß zu gewinnen gewußt und so waren denn auch dessen Anschauungen zu den seinen geworden. Ein starkes großes Deutschland sei — sagte er — ohne ein starkes großes Preußen nicht denkbar, denn Preußen habe ein gutes historisches Recht in Deutschland, welches ihm auch die Frankfurter Versammlung nicht nehmen könne. Deshalb müsse aber Preußen in der Resignation und unbedingten Unterwerfung unter jene Beschlüsse sowie in der vollen Hingebung an Deutschlands Zukunft eine erste Stelle einnehmen. Indem er sich noch gegen die Furcht wandte, als könne diese Hingebung zu einer Auflösung des preußischen Staates führen, wollte er ein Amendement angenommen wissen, welches aussprach, „daß die preußische Regierung auf die unbedingte Zustimmung und Mitwirkung der Nationalversammlung rechnen kann bei allen Maßregeln, welche dieselbe in Übereinstimmung mit den Beschlüssen der deutschen Nationalversammlung in Frankfurt a. M. oder der deutschen Zentralexekutivgewalt ergreifen wird, um dadurch die Bande der Einheit des gemeinsamen Vaterlandes zu befestigen und die Wiedergeburt und Gründung eines neuen, einigen, großen und freien Deutschlands zu bewerkstelligen."

Indessen lehnte die Versammlung die gestellten Anträge ohne Unterschied ab; es kam also zu einer prinzipiellen Entscheidung über die Frage nicht. Dagegen ließ das Ministerium den Frankfurter Beschluß, daß sämtliche deutschen Truppen am 6. August dem Reichsverweser als dem höchsten Kriegsherrn in deutschen Landen huldigen sollten, ohne Beachtung, hierdurch immerhin bekundend, daß man nicht gewillt war, sich kritiklos allen Frankfurter Anordnungen zu unterwerfen. Denn gerade mit einer Erschütterung der einzelstaatlichen Autorität in Heeresfragen war man am wenigsten einverstanden.

Schulze hielt jedoch auch bei späteren Gelegenheiten — am 3. Oktober gelegentlich der Besprechung des Malmöer Waffenstillstandes, durch welchen Preußen die Sache Schleswig-Holsteins gegen Dänemark preisgab, und am 31. Oktober bei Beratung der Anträge, in denen die Frankfurter Zentralgewalt aufgefordert werden sollte, zum Schutze der in Österreich gefährdeten Volksfreiheit Schritte zu tun — daran fest, daß Preußen sich der deutschen Zentralgewalt unterzuordnen und um der Einheit willen Opfer zu bringen habe. „Wer ein freies Volk wolle," sagte er bei jener ersten Gelegenheit, „müsse dahin wirken, daß das Volk auch nach außen stark und mächtig sei. Je mehr im europäischen Völkerleben die Nationalitätenkonzentration fortschreite, desto weniger dürfe Deutschland sich zersplittern, müsse es zu einer würdigen nationalen Existenz gelangen." Aber gleichzeitig wollte er die Bedeutung und die hervorragende Stellung Preußens als des ersten und größten Staates in dem deutschen Reichskörper anerkannt und verteidigt wissen.

Ausführlich rechtfertigte Schulze seine Haltung in der Frage der Anerkennung der Frankfurter Nationalversammlung nochmals in einem Briefe an seine Delitzscher Wähler vom 11. Juli. Ohne diese Zustimmung wäre es, meinte er, um die Einheit Deutschlands schlecht bestellt; dadurch hielt er jedoch die Sache Preußens durchaus nicht gefährdet, was er nun nachzuweisen suchte.

Zweifellos trat aber bei Schulze wie bei vielen seiner Freunde gegenüber der Beurteilung der Frankfurter Versammlung auch der Umstand zutage, daß sie in ihr die Vertretung der liberalen Gedanken sahen und für deren Übertragung auf die diesen noch widerstrebenden Einzelstaaten eintraten. So mochten sie hoffen, in der Frankfurter Zentralgewalt einen Bundesgenossen für ihre eigenen freiheitlichen Anschauungen zu gewinnen, während sie gleichzeitig den sich in dem dortigen Parlamente breit machenden Ideen einer Auflösung Preußens in eine Reihe von Einzelprovinzen mit Sonderverfassungen kaum der Diskussion wert hielten, ein Moment, in welchem sie sich nun wieder mit den rechtsstehenden Parteien und der Umgebung des Königs selbst zusammenfanden.

Zwei Monate nach jener Debatte vom 11. Juli machte ein Konflikt mit der Nationalversammlung dem Ministerium Auerswald-Hansemann ein Ende. In Schweidnitz hatte ein Zusammenstoß zwischen Militär und Bürgerwehr stattgefunden, wobei eine Anzahl von Personen getötet und noch mehr verwundet worden waren. Die Nationalversammlung forderte am 9. August den Kriegsminister auf, an die Offiziere einen Erlaß zu richten, daß „sie mit Aufrichtigkeit und Hingebung an der Verwirklichung eines konstitutionellen Rechtszustandes mitwirken sollen und soweit dies mit ihren politischen Überzeugungen nicht vereinbar ist, es als Ehrenpflicht ansehen, aus der Armee auszutreten." Zweifellos war jener Antrag überflüssig und für das Offizierkorps verletzend; indessen fand er nur eine sehr laue Bekämpfung seitens des Ministeriums, das unter dem Druck der in der Berliner Bevölkerung herrschenden Stimmung immer mut- und ratloser wurde; so beschränkte es sich darauf, auf die Unzweckmäßigkeit des Verlangens hinzuweisen und eine gerichtliche Untersuchung des Vorfalles zu versprechen. Als nun nach vier Wochen der von der Nationalversammlung beschlossene Erlaß an die Armee noch nicht ergangen war, wurde am 7. September von dem Führer des Rechten Zentrums, von Unruh, ein Antrag in der Nationalversammlung eingebracht, „daß das Ministerium das Vertrauen des Landes nicht besitze, wenn es ferner Anstand nehme, einen dem Sinne der Beschlüsse vom 9. August entsprechenden Erlaß an das Heer zu richten". In der Tat lag hier ein Fehler des Ministeriums vor; entweder mußte es damals die Annahme jenes Antrags durch die Androhung seiner Demission verhindern, oder es war verpflichtet, ihn auszuführen. Statt dessen erklärte sich das Ministerium auch gegen den neuerlichen Antrag Unruhs, weil darin die Nationalversammlung in das Gebiet der Verwaltung übergreife, und es hieraus Kompetenzbedenken ernstester Art herleitete. Während die meisten Redner wieder auf die Materie der Angelegenheit zurückkamen, vertrat Schulze den Standpunkt, daß es dem Ministerium nicht überlassen bleiben könne, Beschlüsse der Versammlung auszuführen oder zu ignorieren. Schon deshalb nicht, weil die Krone und das Volk im Begriffe seien, die Bedingungen eines neuen staatlichen Lebens zu vereinbaren und die bis dahin funktionierende Regierung nicht ausschließlich der Krone verantwortlich sondern ein von Krone und Volk gemeinschaftlich ausgehendes staatliches Organ sei, das also von beiden Organen gleichmäßig abhänge. Im Konfliktfalle zwischen beiden müsse das Ministerium die Kabinettsfrage stellen; tue es dies nicht, so habe die Nationalversammlung auf der Ausführung ihrer Beschlüsse zu beharren, nicht um deren Inhalts willen, sondern lediglich, weil es ihre Beschlüsse seien. Vergeblich wandte sich das Ministerium gegen diese Argumentation; namentlich fand Hansemann seine ganze Energie wieder, mit welcher er der Linken entgegentrat: der Antrag ward trotzdem mit großer Mehrheit angenommen, worauf das Ministerium seine Entlassung gab und der König den General von Pfuel zur Leitung der Geschäfte berief.

Am 12. Oktober kam in der Nationalversammlung gelegentlich der Beratung des Verfassungsentwurfs die Formel zur Sprache, welche an dessen Spitze dem hergebrachten Brauche gemäß mit den Worten „Wir Friedrich Wilhelm von Gottes Gnaden König von Preußen" gesetzt werden sollte. Es war vorgeschlagen worden, hieraus die Worte „von Gottes Gnaden" auszumerzen. Nachdem neun Redner dafür und dagegen aufgetreten waren, unterstützte Schulze den Antrag auf Streichung mit einer kurzen Ausführung: er verglich den Absolutismus, dessen Firma „von Gottes Gnaden" gelautet habe und die konstitutionelle Monarchie mit Handlungshäusern; das alte Handlungshaus habe bankrott gemacht und er rate, seine Firma nicht in das neue Geschäft mit hinüberzunehmen. Der Antrag wurde mit 217 gegen 134 Stimmen angenommen. Bekanntlich sind jene Sätze gegen Schulze bis an sein Lebensende von seinen Gegnern ausgespielt worden, indem man stets von neuem behauptete, er habe die hohenzollernsche Dynastie eine bankrotte genannt. Immer wieder mußte er richtigstellen, daß er nur von dem Bankrott des Absolutismus gesprochen habe. Indessen hatten jene Worte auch in dieser Einschränkung ihre programmartige Bedeutung, welche wiederum auf die Frage zurückging, ob die Verfassung ein Zugeständnis der Krone oder ein durch die Märzrevolution gewonnenes Recht des Volkes sei, dessen Ausgestaltung allerdings der Vereinbarung zwischen dem König und der Nationalversammlung vorbehalten war. Deshalb lag auch in der Abstimmung über die Streichung des Satzes „von Gottes Gnaden" mehr als ein Kampf über Doktrinen, deren Wichtigkeit man heute kaum mehr begreift, und jedenfalls wurde sie von dem Könige selbst in dieser Bedeutung eingeschätzt. Gerade damals war er mit Erfolg und unbekümmert um die Redeschlachten in der Nationalversammlung für die Wiederherstellung seiner Macht bemüht; um so heftiger mußten ihn, dessen legitimistische Anschauungen sich in den Tagen des Kampfes um seine Autorität je länger je mehr vertieften, jene Worte empören: „Sie haben Mir Mein von Gott verliehenes Recht auf die Krone angetastet" — sagte er am 15. Oktober zu dem Präsidenten der Nationalversammlung, als ihm dieser an seinem Geburtstage deren Glückwünsche überbrachte —; „Sie wollen Mir das von Gottes Gnaden nehmen! Aber hierzu wird keine Macht der Erde stark sein ... Sagen Sie dies den Herren, die Sie gesandt ... Sagen Sie ihnen, daß ich den Aufruhr und die Aufrührer, wo ich sie finde, bekämpfen und zerschmettern werde, und daß Ich Mich hierzu durch Gottes Gnade stark genug fühle."

Es ist auch sicherlich nicht zu leugnen, daß Auseinandersetzungen wie diejenige vom 12. Oktober Erregung in weite Kreise der preußischen Bevölkerung trugen und dadurch den rechtsstehenden Parteien die schärfsten Waffen gegen die Mehrheit der Nationalversammlung in die Hand gedrückt wurden. Dies mußte aber der letzteren um so gefährlicher werden, als jetzt auch das Linke Zentrum und nicht weniger das Rechte Zentrum sich offensichtlich von dem Einfluß der Massen und der Klubs, vor denen doch Schulze selbst anfangs gewarnt hatte, nicht mehr freihielten. Zwar ging man über den Versuch, den blutigen Zusammenstoß zwischen Arbeitern und der Bürgerwehr am 16. Oktober zu einer erneuten revolutionären Kundgebung zu verwerten, zur Tagesordnung über; aber am 31. Oktober ward nicht nur der Linken durch die Nachrichten aus Österreich um ihre eigene Existenz bange. Dort waren, um den in Wien abermals ausgebrochenen Aufstand zu unterdrücken, der Fürst Windischgrätz und der Banus von Kroatien, Jellachich, zur Belagerung der Reichshauptstadt geschritten und deren Übergabe schien unmittelbar bevorzustehen. Daß damit einer militärischen Diktatur in Österreich die Wege geöffnet wurden, war augenscheinlich und es lag die Frage nahe, welche Folgen ein solches Ereignis für Preußen haben werde. Es war allgemein bekannt, daß der König nur mit äußerstem Widerwillen die Herrschaft der liberalen Ministerien ertrug, deren Gegner er war, schon als er sie berief und trotzdem er freundschaftliche Briefe an deren einzelne Mitglieder richtete. Denn ihm war der Konstitutionalismus nur ein „Lügensystem", war die revolutionäre Bewegung „das Werk der europäischen Schuftenschaft, der Ausbruch einer tief angelegten Verschwörung, das Erzeugnis einer satanischen Macht". Den glühenden Haß, mit welchem er sie bis zu seinem Tode verfolgte, steigerte noch seine Umgebung, die sog. Kamarilla, welche ihn unaufhörlich drängte, in dem Widerstand gegen das „elende Machwerk" der Verfassung nicht zu erlahmen. Daß der König die Zügel wieder fester an sich zu ziehen suchte, zeigte auch die schon Mitte September vollzogene Ernennung des Generals von Wrangel zum Kommandierenden der aus Schleswig-Holstein heimgekehrten und im Umkreise Berlins zusammengezogenen Truppen, welche die ihnen in den Märztagen aufgezwungene Haltung nicht verwunden hatten. Es ist daher schwer verständlich, wie unter diesen Umständen von der Linken, dem Linken

Zentrum und dem Rechten Zentrum der Nationalversammlung Anträge gestellt werden konnten, von deren Aussichtslosigkeit sie im voraus überzeugt sein mußten, Anträge, in denen die preußische Regierung aufgefordert wurde, „zum Schutze der in Wien gefährdeten Volksfreiheit alle dem Staate zu Gebote stehenden Mittel und Kräfte schleunigst aufzubieten" oder wenigstens — worauf Rodbertus, Schulze und andere drangen — hierauf abzielende Schritte von der Frankfurter Zentralgewalt zu verlangen. Auf den Hinweis von der Ministerbank, daß letztere bereits zwei Bevollmächtigte nach Österreich zur Überwachung der deutschen Interessen und der gesetzlichen Freiheit gesandt hätten, wandte sich namentlich Schulze mit äußerster Heftigkeit gegen diese, welche ihren Aufenthalt „unter den Schranzen des Hofes, in dem Audienzzimmer des Monarchen" genommen und sich „höchstens als Reichspolizeikommissäre, nicht aber auf der Höhe von Volksvertretern" gezeigt hätten, anstatt „auf den Barrikaden die Stirn freier Männer, die ganze Vollgewalt ihrer Sendung den fremden Soldatenscharen entgegenzuhalten und das Blutvergießen zu hemmen". Zugunsten der Wiener Erhebung berief er sich darauf, daß die dortigen Volkskämpfer „so gut als wir auf dem Boden der Revolution stehen", und endlich sprach er die Erwartung aus, daß, wenn die Frankfurter Zentralgewalt versagen würde, dann die Berliner Nationalversammlung die Sache in die Hand nehmen müsse, „wobei sie in der öffentlichen Meinung eine Exekutivgewalt gewinne, die ihr den Erfolg ihrer Schritte gewährleisten werde". Der Antrag ward mit 261 gegen 52 Stimmen angenommen; aber der tatsächliche einzige Erfolg war, daß das Ministerium tags darauf zurücktrat und Graf Brandenburg mit dessen Neubildung betraut wurde.

Indessen werfen die Worte Schulzes doch ein bezeichnendes Licht auf den Ideengang der damaligen führenden Männer, die mit „naiver Sicherheit" jene Forderungen erhoben und mit dem „Glauben, der Berge versetzt", auf ihre Erfüllung rechneten; man hielt die Macht der Beredsamkeit für ausreichend, auch den Gegner zu überzeugen, und die gewonnene öffentliche Meinung für stark genug, um zu verhindern, daß die österreichische Regierung es wagen würde, „gegen den Beschluß eines Reichstags mit Gründen der Kanonen und des Säbelregiments anzukämpfen". Und die Hoffnung, die sie bezüglich der Regierung des Nachbarstaates hegten, sie galt auch bezüglich der eigenen, so offenkundig immerhin war, daß diese den gegensätzlichen Standpunkt einnahm und die ausschlaggebenden Faktoren schon längst darauf bedacht waren, zu zeigen, daß ihren realen Gewaltmitteln gegenüber die Ideologen den kürzeren ziehen müßten.

Graf Brandenburg hatte bisher die Truppen in Schlesien befehligt und deren Einschreiten bei etwaigen Tumulten in einem Armeebefehl in Aussicht gestellt, der mit den bestehenden Gesetzen nicht wohl vereinbar war. Seine Ernennung zum Ministerpräsidenten mußte daher der Nationalversammlung die Überzeugung einflößen, daß die Zeit der Nachgiebigkeit des Hofes zu Ende sei. Sie beschloß daher am 2. November, gegen die Berufung Brandenburgs eine Adresse an den König zu richten und diese durch eine Deputation in Sanssouci überreichen zu lassen, ihre Sitzung aber nicht eher zu schließen — auf Antrag Schulzes —, als bis über das Ergebnis der Sendung Bericht erstattet worden sei. Letzteres erwies sich als unausführbar, da der König abends nach 10 Uhr erklärte, die Deputation nur in Gegenwart eines Ministers empfangen zu wollen, was sich erst am folgenden Tag ermöglichen lasse. Zwar fuhr Schulze gegen diesen Aufschub auf: „weder die Nationalversammlung noch die Bürgerwehr von Berlin (welche seit Beginn der Beratungen ihren Sitzungsraum beschützte) hätten nach Ruhe und Bequemlichkeit gefragt und geglaubt, ihre ganze Zeit diesem unendlich wichtigen Geschäfte widmen zu müssen"; er zog trotzdem seinen Antrag zurück, der indessen von der Linken wieder aufgenommen wurde. Da jedoch eine Anzahl Abgeordneter von der rechten Seite das Haus verlassen hatten, so mußte die Sitzung nach Mitternacht bis zum nächsten Vormittag vertagt werden.

Der Schritt bei dem König war ergebnislos; vielmehr gab eine der Nationalversammlung zugehende Allerhöchste Botschaft der Hoffnung Ausdruck, daß das neue Ministerium „sich Ansprüche auf das Vertrauen des Landes zu erwerben wissen werde".

Da es einige Tage dauerte, bis Graf Brandenburg sein Ministerium gebildet hatte, so beschäftigte sich die Nationalversammlung zunächst mit der Erledigung von Petitionen. Am 8. November wurde die Liste der einzelnen neuen Minister und deren Programm bekannt, wonach den Beratungen der Nationalversammlung in Berlin ein Ende gemacht werden sollte. Über den Eindruck, den diese Nachricht auf die Nationalversammlung machte, schrieb Schulze an seinen nahebefreundeten Vetter Reil nach Delitzsch:*)

„Berlin, 8. November 1848.

Der Würfel ist gefallen, der König versucht einen Staatsstreich. Wir werden fest sein; der Ausfall liegt also in der Hand des Landes,

*) Die folgenden Briefe sind bereits von L. Parisius in der „Vossischen Zeitung" vom 20. November 1898 veröffentlicht worden.

ob es uns unterstützt oder nicht. Die Königliche Botschaft ist bereits in unseren Händen. Morgen erscheint das Ministerium Brandenburg, Manteuffel, Trotha, Ladenburg usw., man vertagt durch Königliche Ordonnanz unsere Versammlung und verlegt sie auf den 27. d. M. nach Brandenburg!! Die Absicht ist klar, und jeder weiß, was er von dem liebreich vorgeschützten Grunde: wir seien hier nicht sicher und frei, berieten unter dem Terrorismus der Massen, zu denken hat, da der Grund völlig unwahr ist, und außer der vom demokratischen Kongreß angezettelten Sauerei vom 31. Oktober*) nicht das mindeste, was der Erwähnung wert wäre, vorgefallen ist. Du ersiehst aus dem flüchtig in der Parteiversammlung formulierten Antrage, was wir auf die Botschaft tun werden, da die Linke und das Zentrum im Hotel Russie bis auf kleine Modifikationen dem Antrag beigetreten sind, wir also morgen auf Majorität hoffen dürfen. Die Bleistiftnotiz ist das Konzept eines Manifestes, welches wir in unsere Wahlkreise senden wollen, vielleicht schließe ich noch einige gedruckte Exemplare bei.

Was weiter kommt, weiß Gott. Siegen wir nicht, so wollen wir doch mit Ehren unterliegen. Verläßt uns das Land, so hat's die Freiheit nie verdient. Wir werden jeden Straßenkampf, der der Regierung nur erwünscht sein könnte, hier vermeiden und die Bevölkerung durch ein Plakat zur Ruhe mahnen. Nun seid tätig, eisenfest, aber besonnen; wir treten in die zweite Phase der Revolution. Ich schreibe mehr, sobald sich etwas entscheidet und ich noch etwas schreiben kann. Damit meine ich namentlich den Fall einer Absperrung. An die Eltern, für welche diese Zeilen mitbestimmt sind, und an alle die Meinigen die besten Grüße. Sie sollen so ruhig sein, als ich selbst diesen Dingen entgegengehe. Gott befohlen! Der Eurige! Herm. Schulze."

Der in Abschrift beigefügte Entwurf des Manifestes lautet:

„Mitbürger!

Das Vaterland ist in Gefahr! Gegen den am 2. d. M. fast einstimmig ausgesprochenen Willen der Nationalversammlung ist heute das Ministerium Brandenburg ernannt worden und hat seine Wirksamkeit mit einem Staatsstreich begonnen. Die Versammlung der Volksvertreter soll vertagt werden, um später an einem andern Ort zusammenzutreten.

*) Gelegentlich der Beratung des Waldeckschen Antrags zur Unterstützung der Wiener Revolution hatten am 31. Oktober Volkshaufen versucht, in die Nationalversammlung einzudringen und unter Bedrohung der Abgeordneten deren Abstimmung zu beeinflussen. Trotzdem wurde der Antrag mit 229 gegen 113 Stimmen der Linken verworfen.

Mitbürger! Die Nationalversammlung, berufen Euren Willen zu vertreten, kann weder vertagt, verlegt noch aufgelöst werden. Wir sind fest entschlossen, solchen Gewaltmaßregeln mit allen uns zu Gebote stehenden Mitteln energischen Widerstand zu leisten. Vertraut auf uns! Seid einig in der Wahrung der errungenen Freiheit und bedenket, daß besonnener Mut jede Gefahr überwindet."

Ebenso richtete Schulze einige Zeilen an seine Eltern:

„Von Reil erfahrt Ihr das Nähere. Wir kämpfen morgen einen entscheidenden Kampf, jedoch mit dem festen Entschluß, nur parlamentarische Waffen und nicht die gefährlichen Chancen eines Straßenkampfes zu brauchen. Wir werden das Volk besonders zur Ruhe ermahnen, für unsere Person aber nur der Gewalt der Bajonette weichen und den hartnäckigsten Widerstand allen Gewaltmaßregeln entgegensetzen. Ihr habt das nicht anders erwarten können, als ich hierher ging; sehen wir daher dem Unvermeidlichen ruhig entgegen. Die herzlichsten Grüße mit einem Lebewohl! Möglich, ich kehre, wenn der Gewaltstreich gelingt, eher zu Euch zurück, als wir dachten. Euer Hermann."

Am 9. November stellte sich das neue Ministerium der Nationalversammlung vor, um zugleich eine Königliche Botschaft zu verlesen, die unter Bezugnahme auf die „verbrecherischen Demonstrationen aufgeregter Volkshaufen, die das Sitzungslokal der Versammlung förmlich belagert hatten und die Freiheit ihrer Beratungen beeinträchtigten", die Versammlung von Berlin nach Brandenburg verlegte, und zwar mit der Forderung, daß die Beratungen sofort abgebrochen und in Brandenburg am 27. November fortgesetzt werden sollten. Der Präsident der Versammlung, von Unruh, hielt sich jedoch nicht für berechtigt, ohne deren Zustimmung die Sitzung zu schließen, worauf der Ministerpräsident namens der Krone feierlich gegen die Fortsetzung der Beratungen protestierte, was zur Folge hatte, daß viele Mitglieder der Rechten das Haus verließen. In namentlicher Abstimmung wurde mit 252 gegen 30 Stimmen — 72 fehlten unentschuldigt — der Schluß der Sitzung abgelehnt und alsdann mit Beratungen von Anträgen begonnen, welche sich mit der Botschaft des Königs beschäftigten. Von ihnen gelangte derjenige von Waldeck, Wachsmuth, Rodbertus und anderen, worunter sich auch Schulze befand, fast einstimmig zur Annahme:

„Die hohe Versammlung wolle beschließen:

1. daß sie für jetzt keine Veranlassung habe, den Sitz ihrer Beratungen zu ändern, sondern diese in Berlin fortsetzen werde;

2. daß sie der Krone nicht das Recht zugestehen könne, die Versammlung wider ihren Willen zu vertagen, zu verlegen oder aufzulösen;

3. daß sie diejenigen verantwortlichen Beamten, welche der Krone zur Erlassung der eben verlesenen Botschaft geraten haben, nicht für fähig erachtet, der Regierung des Landes vorzustehen, vielmehr dafür hält, daß dieselben schwerer Pflichtverletzung gegen die Krone, gegen das Land und gegen die Versammlung sich schuldig gemacht haben."

Weiter erklärte sich die Versammlung für die möglichst rasche Bekanntmachung dieser Beschlüsse im ganzen Lande.

Die Sitzung ward hierauf auf drei Stunden ausgesetzt, aber nicht ohne vorher beschlossen zu haben, daß bei der Wiedereröffnung in der früher begonnenen Beratung über das „Gesetz wegen unentgeltlicher Aufhebung verschiedener Abgaben und Lasten" fortgefahren werden sollte, was denn auch geschah. Abends wurde die Sitzung auf den folgenden Morgen vertagt, das Präsidium aber angewiesen, daß eines seiner Mitglieder und zwei Schriftführer bis dahin während der Nacht im Sitzungslokal zu verbleiben hätten.

Über den Verlauf dieser Stunden schrieb Schulze während der Sitzung der Versammlung an seinen Bruder in Delitzsch:

„Berlin, 9. November 1848.

Die Anlage, welche laut Beschlusses der Nationalversammlung im Lande verbreitet werden soll,*) sagt Dir das in heutiger noch fortdauernder Sitzung bisher Geschehene. Wir gehen in der Tagesordnung, der Beratung des Lastengesetzes, ruhig weiter, den Staatsstreich ganz ignorierend, bis man uns durch Bajonette vertreibt. Das Präsidium ist ermächtigt, uns, wenn man gewaltsam den Saal schließt, an jedem anderen Orte innerhalb Berlins zusammenzuberufen. Die Bürgerwehr steht zu unserer Disposition und verweigert gleich den Beamten der Nationalversammlung, die uns nur interimistisch vom Ministerium des Innern überwiesen sind, der Regierung den Gehorsam. Wir werden alles tun, was in unseren Kräften steht, den Straßenkampf zu vermeiden, und den Streit mit parlamentarischen Waffen auszukämpfen. Es ist Sache des Volks, für oder wider uns zu entscheiden! Ein kleiner Teil der Rechten, zwanzig bis dreißig hauptsächlich westfälische Deputierte, sind geblieben, die übrigen haben schmählich nach Erklärung des Ministerii und Verlesung der Königlichen Botschaft Saal und Versammlung ver-

*) Es war dies der oben mitgeteilte von der Nationalversammlung fast einstimmig angenommene Antrag Waldeck und Genossen.

lassen und gegen unsere Beschlüsse protestiert. Das Land soll unsere und ihre Namen wissen und darüber richten. In unserer Provinz wird ihre Aufnahme nicht die glänzendste sein, meine ich. Es sind ca. 270 bis 280 Deputierte geblieben, wir also vollkommen beschlußfähig. Bisher ist es uns gelungen, die Linke in den Grenzen der Mäßigung zu halten, die uns allein die fast einstimmige Majorität erhielt, welche des moralischen Eindrucks halber unerläßlich ist.

Graf Brandenburg erhielt bei seinem Debüt heute eine empfindliche Lehre; er hatte nicht um das Wort gebeten, als er hastig anfing zu sprechen, mußte sich aber auf den donnernden Unwillensruf der Versammlung setzen und wurde vom Präsidenten tüchtig genast.

Die Sitzung dauert noch immer; für den Fall, daß man uns das Lokal schließt, ist der Präsident ermächtigt, uns an jedem Orte innerhalb Berlins zusammenzuberufen.

Soeben ist, wie wir für gewiß hören, die Bürgerwehr angewiesen, uns auseinanderzutreiben; wenn sie nicht gehorcht, wird Militär einschreiten. Wir sind auf alles gefaßt, und ich schließe den Brief!

Der Eurige. Schulze."

Am folgenden Tage — 10. November — eröffnete der Präsident von Unruh schon morgens 5 Uhr die Sitzung, um zunächst ein Schreiben des Ministerpräsidenten zu verlesen, der die gestrigen Beschlüsse der Versammlung für gesetzwidrig erklärte, und sodann von einem Briefwechsel zwischen dem Polizeipräsidenten von Berlin und dem Kommandanten der Bürgerwehr Kenntnis zu geben, in welchem von dieser verlangt wurde, daß sie den am heutigen Vormittag nach dem Sitzungslokal zurückkehrenden Abgeordneten den Zutritt verweigere und zu diesem Zwecke alle Zugänge absperre und nur den Ausgang aus dem Gebäude gestatte. Das Bürgerwehrkommando hatte diese Requisition abgelehnt, „da es in der Verlegung der Versammlung nach Brandenburg und in der Vertagung derselben auf 17 Tage eine Gefährdung der durch Gesetze und königliche Versprechen dem preußischen Volke gewährleisteten Rechte und Freiheiten erblicke, mithin nach § 1 des Bürgerwehrgesetzes seine Aufgabe darin finden müsse, für diese Freiheit, nicht aber gegen dieselbe einzutreten. Zugleich bestreite das Bürgerwehrkommando auf Grund der §§ 65 und 128 des Bürgerwehrgesetzes dem Polizeipräsidenten die Kompetenz zur Requisition der Bürgerwehr". In einem weiteren Schreiben hatte sich das Berliner Bezirkskomitee der deutschen Arbeiterverbrüderung zur Verfügung der Nationalversammlung gestellt; unter dem allgemeinen Beifall der Versammlung erklärte der Präsident von Unruh, daß den Gewaltschritten der Krone nur passiver Widerstand entgegengesetzt werden dürfe und Blutvergießen vermieden werden müsse: „Jeder Tropfen Blut, durch unsere Schuld vergossen, kann die Lage der Dinge nicht verbessern, er kann nur schaden."

Da der Namensaufruf die Anwesenheit von nur 218 Abgeordneten ergab, so wurde ein Antrag eingebracht, der die fehlenden Mitglieder der Versammlung, welche nicht beurlaubt oder erkrankt waren, zur Teilnahme an den Sitzungen aufforderte. Zur Unterstützung des Antrags nahm auch Schulze das Wort, indem er auf das Schreiben des Ministerpräsidenten verwies, das von einer „sogenannten Nationalversammlung" gesprochen habe und eine vollständige Proklamation des alten Absolutismus sei. „Wir werden behandelt wie Diener, die man hierhin und dorthin schicken kann, nicht wie die Vertreter eines freien Volkes; wir müssen zeigen, daß man mit uns, den Vertretern von 16 Millionen, nicht so umgehen darf, daß wir unsere Würde fühlen, und daß wir weder uns noch unseren Wählern das mindeste vergeben wollen!"

Mit nur einer Stunde Unterbrechung tagte das Haus bis zum späten Abend, indem es zunächst in der Beratung des Gesetzes über die unentgeltliche Aufhebung verschiedener Abgaben fortfuhr. Zwischendurch hatte eine von dem Präsidium ernannte Kommission von vier Mitgliedern eine Proklamation an das preußische Volk über die von der Staatsregierung erfolgten Beeinträchtigungen der Rechte des Volkes und der Nationalversammlung entworfen. Sie trug folgenden Wortlaut:

„An das preußische Volk!

Das Ministerium Brandenburg, welches gegen die fast einstimmig ausgesprochene Erklärung der Nationalversammlung die Leitung der Geschäfte des Landes übernommen, hat seine Tätigkeit damit begonnen, daß es einseitig die Vertagung der Sitzungen der Nationalversammlung und die Verlegung derselben nach Brandenburg befohlen hat.

Die Versammlung der preußischen Volksvertreter hat diesen Eingriff in ihre Rechte dadurch zurückgewiesen, daß sie mit großer Majorität den Beschluß gefaßt hat:

ihre Beratungen in Berlin fortzusetzen.

Sie hat zu gleicher Zeit erklärt, daß der Krone das Recht nicht zusteht, die Versammlung wider ihren Willen zu vertagen, zu verlegen oder aufzulösen, und daß sie diejenigen verantwortlichen Beamten, welche der Krone zur Erlassung jener Botschaft geraten haben, nicht für fähig erachtet, der Regierung des Landes vorzustehen, vielmehr dafür hält, daß dieselben schwerer Pflichtverletzung gegen die Krone, gegen das Land und gegen die Versammlung sich schuldig gemacht haben.

Das Ministerium Brandenburg hat infolge dieser Ereignisse die Versammlung für eine ungesetzliche erklärt und die Anwendung militärischer Gewalt angedroht, um die Fortdauer ihrer Beratungen zu verhindern.

Mitbürger! In dem schweren Augenblick, wo die gesetzliche Vertretung des Volks durch die Bajonette der Militärmacht bedroht wird, rufen wir Euch zu: Haltet fest an der errungenen Freiheit, wie wir mit allen unseren Kräften, mit unserem Leben dafür einstehen! Aber verlaßt auch keinen Augenblick den Boden des Gesetzes. Die ruhige und entschiedene Haltung eines für die Freiheit reifen Volkes wird mit Gottes Hilfe der Freiheit den Sieg sichern.

Berlin, den 10. November 1848.

Die Nationalversammlung."

Die Proklamation wurde unter stürmischem Beifall einstimmig zum Beschluß erhoben und ihre weiteste Verbreitung durch den Druck beschlossen. Wieder kehrte man zur Beratung des erwähnten Gesetzentwurfs zurück, bis der Kommandant der Bürgerwehr die Mitteilung überbrachte, daß General von Wrangel den Platz vor dem Sitzungslokal militärisch besetzt und befohlen habe, den Abgeordneten sei wohl der Ausgang, nicht aber der Wiedereintritt in das Sitzungslokal zu gestatten. Unter allgemeiner Zustimmung protestierte der Präsident von Unruh gegen diese Anwendung militärischer Gewalt, und die Versammlung verließ unter Vorantritt des Präsidiums gemeinschaftlich mit der Bürgerwehr das Haus, nachdem noch vorher die Vertagung bis zum andern Morgen früh 9 Uhr beschlossen wurde.

Während der Sitzungen dieses Tages schrieb Schulze an seine „lieben Freunde" in Delitzsch:

„10. November 1848, vormittags 9¼ Uhr.

Hoffentlich sind meine beiden Depeschen richtig bei Euch angekommen. Die Sache entwickelt sich unaufhaltsam, und unsere Haltung ist, wie einstimmig und mit Begeisterung anerkannt wird, ebenso würdig als imposant. Bis jetzt zögert die Regierung, uns mit Militär auseinanderzujagen. Ein Konstablerputsch sollte über Nacht versucht werden, das Lokal, wenn alle weg wären, zu schließen, allein wir blieben die ganze Nacht im Sitzungslokale, eine Kompagnie Bürgerwehr bei uns, und die Herren zogen unverrichteter Sache ab. Die Bürgerwehr hat die offizielle Aufforderung, gegen uns einzuschreiten, in einem famosen Schreiben, welches sie uns abschriftlich mit Dank für unsere Festigkeit mitteilt, abgewiesen und darin gesagt, daß die Maßregeln der Regierung die errungenen Freiheiten gefährde, daß es ihr — der Bürgerwehr — Beruf sei, uns zu schützen, nicht gegen uns zu stehn, und daß sie gegen Verlegung und Auflösung der Versammlung sowie gegen jedes Einschreiten gegen die unverletzlichen Personen der Abgeordneten feierlich protestiere. Selbst die ausgetretenen Deputierten der Rechten sind soeben versammelt, um ein Mittel zu finden, ohne zu große Blame wieder in unsere Versammlung zu treten, da sich die Chancen immer mehr uns zuneigen. Auch Magistrat und Stadtverordnete von Berlin haben energisch beim Könige protestiert; es gehen Nachrichten ein, wenn auch noch nicht verbürgt, von Aufständen in Frankfurt a. O. und Breslau; mit jeder Stunde dringen unsere Beschlüsse mehr ins Land, und sie können den Effekt nicht verfehlen, wie sie ihn hier auf alle Parteien siegreich geübt haben, selbst bei den reaktionären Weißbierphilistern. Alle Stände nehmen an uns den lebhaftesten Teil, und wir können das Volk vom Kampfe nur mühsam zurückhalten. Doch hoffen wir bestimmt und werden alles tun, daß es heute ebenso ruhig bleibt, wie gestern."

Um 10½ Uhr setzte er den Brief fort:

„Noch immer spüren wir von einer Ausführung der Regierungsbeschlüsse nichts. Wrangel ist soeben auf dem Schlosse angekommen, es hieß bestimmt, er sollte die Bürgerwehr auflösen; wie wir auf nähere Erkundigung erfahren, ist er ohne Truppen hier und hat im Gegenteil der Bürgerwehr die fernere Besetzung des Schlosses zugesichert, wie man bestimmt versichert.

Es ist ½12 Uhr und noch ist nichts geschehen, während wir ruhig über das Petitionsrecht und das Lastengesetz in der Tagesordnung fortfahren. Wie langweilig diese trockene Materie bei der ungeheuren Spannung ist, in welcher wir uns alle befinden, brauche ich kaum zu sagen. Ich habe die Nacht ganz im Sitzungslokal in lebhafter Beratung und Debatte durchwacht, spüre aber bis jetzt nicht die mindeste Schläfrigkeit oder Ermüdung. So geht es den meisten; richtiger, der Geist hält uns alle aufrecht Viele meinen, die Regierung werde nun das Äußerste nicht wagen, da sie durch die volle Einigkeit der zurückgebliebenen ca. 260 Deputierten und deren besonnene Haltung ebenso sehr überrascht als bedenklich geworden sei, überhaupt mehr auf Einschüchterung gerechnet habe. Ich glaube nicht an so friedliche Lösung, die Regierung ist zu weit gegangen und ruiniert sich nun durch Nachgeben ebenso sicher, wie durch einen unglücklichen Ausgang des provozierten Kampfes; der letztere dagegen läßt doch mindestens für den Augenblick einen glücklichen Erfolg hoffen.

Hoffentlich lege ich die Hauptdokumente gedruckt bei. Jedenfalls muß Abschrift des Briefes per express nach Eilenburg an Bernhardi mit den betreffenden Exemplaren der Druckschriften gesendet werden.*)

Wir sitzen nun 24 Stunden und haben jetzt die Verhandlungen eine halbe Stunde vertagt, ohne jedoch das Haus zu verlassen.

Es ist ³/₄ 2 Uhr und noch nichts entschieden. Wir fangen jetzt die Beratungen wieder an, sind aber noch streitig, ob wir die Steuerverweigerung oder ein Manifest an das Volk beschließen; das Zentrum und die Rechte wollen durchaus nicht daran und den Saal verlassen, wenn wir namentlich das erste mit der Linken zusammen — wir haben die Majorität — durchsetzen. Hier muß ich schließen, der Brief geht durch sichere Hand per Magdeburg. Der Eurige. Schulze."

Auch an den ebengenannten Dr. Bernhardi in Eilenburg, der sein Deputierten-Stellvertreter für die Nationalversammlung war, schrieb Schulze am gleichen Tage:

„Berlin, 10. November 1848.

Die Bürgerwehr Berlins ist aufgefordert, uns auseinanderzutreiben, aber vergebens; man hat nunmehr Militär requiriert, und wir erwarten noch heute das Entscheidende!

Wir sind über den Rubikon — nicht freiwillig gegangen, nein, von der Regierung gedrängt worden! Die Anlage**), welche laut Beschlusses der Nationalversammlung im ganzen Lande verbreitet werden soll, sagt Ihnen alles. Gott sei Dank, es ist unserer Partei gelungen, die äußerste Linke zur Mäßigung und Annahme der gedruckten Beschlüsse zu bewegen, obgleich wir selbst weitergehen und als Hochverrat jeden Angriff auf unsere Versammlung erklären wollten. Allein nur die gedruckten Beschlüsse waren die Zentren und ein kleiner ehrenhafter Teil der Rechten — hauptsächlich westfälische Deputierte — anzunehmen zu bewegen, und da eine große Majorität notwendig war dem Lande und der Krone gegenüber, so gaben wir nach. Die Rechte hat sich größtenteils jämmerlich und feig benommen und bis auf etwa 20 bis 30 Deputierte die Versammlung verlassen. Ihre Namen werden bekanntgemacht und das Land soll über sie richten!

Wir sind zum äußersten Widerstande entschlossen, werden aber alles aufbieten, einen Straßenkampf zu vermeiden; bis

*) Es ist wohl die oben abgedruckte Proklamation „An das preußische Volk" gemeint.

**) Sie enthielt den bereits mitgeteilten Antrag Waldeck, Wachsmuth und Rodbertus.

jetzt ist Volk und Bürgerwehr vom besten Geiste beseelt, und wir hoffen jeden Konflikt zu vermeiden. Wir selbst weichen nur der physischen Übergewalt und kämpfen nur mit parlamentarischen Waffen. Es ist Sache des Volkes, den Sieg für oder wider uns zu entscheiden; läßt es uns im Stiche, so hat es die Freiheit nie verdient, und wir unterliegen mit Ehren!

Das Perfide in den Motiven der Königl. Botschaft vom 8. d., wonach man in solchem Maße für die Freiheit unserer Beratungen besorgt ist, daß man uns mit dem Bajonett nach Brandenburg treibt, ist klar. Sind wir aus der Hauptstadt, so sind wir auch der geistigen Lebensströmung entrückt, die uns allein die Stellung in der Zeit und im Volke sichert.

Aber ich hoffe, die Größe der Krisis hat für den Augenblick allen Parteigeist in der Versammlung unterdrückt; wir gehen ruhig in unserer Tagesordnung — Beratung des Lastengesetzes — weiter!"

Dem Briefe war ferner die Proklamation der Nationalversammlung vom 10. November „An das preußische Volk!" beigefügt.

Am 11. November vormittags fanden die Abgeordneten das Sitzungslokal der Nationalversammlung im Schauspielhaus militärisch besetzt; sie begaben sich zusammen nach dem Hôtel de Russie, um dort die 97. Sitzung fortzusetzen und über das weiter zu benutzende Versammlungslokal Beschluß zu fassen. Nach Aufnahme eines Protokolls über die Verweigerung des Eintritts in das Schauspielhaus wurde für die nächste Sitzung das Schützenhaus Linienstraße 5 gewählt, welches von der Schützengilde unentgeltlich zur Verfügung gestellt worden war. Einem Antrage, eine mehrtägige Pause in den Beratungen eintreten zu lassen und Nachrichten aus den Wahlkreisen über die Stimmung im Lande abzuwarten, widersprach neben anderen Rednern auch Schulze: „In diesem Augenblick" — sagte er — „uns und selbst unter der Form der Vertagung hinwegbegeben, heißt die Revolution, den Straßenkampf provozieren. Nur das Ausharren auf unserm Posten macht es möglich, daß ein blutiger Konflikt vermieden werden kann . . . Wir dürfen unsern Posten nicht verlassen, wir, die frei gewählten Führer des Volkes! Nicht einen Augenblick dürfen wir ermatten, dem gesetzlichen Widerstande den unerläßlichen Mittelpunkt zur Organisation zu bieten, ohne welche er entweder spurlos verläuft oder in die Phase des Bürgerkrieges eintritt."

Wohl an diesem Vormittag richtete er einige eilige Zeilen an seine Eltern:

„Ängstigt Euch nicht, ich tue meine Pflicht; die früheren Minister Gierke und Bornemann, die Präsidenten v. Kirchmann und Temme, der hiesige Kriminalgerichtsdirektor Harassowitz, eine Menge von Männern sonst auch, mit den höchsten Ämtern im Staatsdienst betraut, stehen mit uns; unser Schritt ist kein unbesonnener, sondern von der höchsten Pflicht geboten. Der Eurige. Hermann."

Nachmittags 3 Uhr wurde die 98. Sitzung eröffnet; in ihr wurde von den Abgeordneten Jacoby, d'Ester, Waldeck und anderen der dringliche Antrag eingebracht, daß das Ministerium Brandenburg weder zur Verwendung von Staatsgeldern noch zur Erhebung von Steuern berechtigt sei; er wurde an eine Kommission von acht Mitgliedern verwiesen, die darüber schleunig Bericht erstatten sollte.

Inzwischen war durch das Ministerium die Bürgerwehr aufgelöst und der Belagerungszustand über Berlin verhängt worden. Am 12. November, abends 9 Uhr, trat die Nationalversammlung zusammen, um zu dieser Maßregel Stellung zu nehmen. Anträge wurden eingebracht, die Erklärung des Belagerungszustandes als ungesetzlich und nicht rechtsgültig zu betrachten, gleichwohl die Bewohner Berlins aufzufordern, ihm keinen tätigen Widerstand entgegenzusetzen. Schulze war gegen den Antrag, wenn er auch, „ob die Straßen von Bajonetten wimmeln, nicht einen Augenblick die Ruhe der Diskussion verlieren wollte". Er hielt aber das Ministerium Brandenburg überhaupt aus einer Verletzung des konstitutionellen Prinzips hervorgegangen und deshalb alle seine Maßnahmen für ungesetzlich, was vor dem Lande zu betonen nicht notwendig sei.

In der Sitzung vom 13. November wurde die Ausarbeitung einer Denkschrift beschlossen, welche die Handlungsweise des Ministerpräsidenten Graf Brandenburg als Hochverrat bezeichnete, und man entschied sich zugleich dahin, diese Denkschrift dem Staatsanwalt mitzuteilen, „auf daß er seine Schuldigkeit tue". Aus der Versammlung schrieb Schulze an Reil:

„13. November 1848.

Trotz des gestern ausgesprochenen Belagerungszustandes versammeln wir uns heute doch, bis man uns mit Gewalt auseinanderjagt. Unsere Beschlüsse und Begegnisse melden die Zeitungen und Giebel (?) mag einiges erzählen. Die Stimmung des Militärs neigt sich zum Kampfe, da es durch unsägliche Bemühungen gelungen ist, dieses bis jetzt vom Kampfe zurückzuhalten. Man hat keine Begriffe, was man von seiten der Gegner alles anwendet, den Kampf, den man um jeden Preis wünscht, zu provozieren. Die vollkommen ruhige Stadt wird in Belagerungszustand erklärt, der Bürgerwehr fordert man die Waffen ab, die Offiziere äußern jetzt laut: Wenn die Berliner noch lange Zeit Ruhe hielten, sei die Krone verloren! Gott weiß, wie es endet! Wir, die wir das demokratische Königtum ernstlich wollen, sehen auf jeden Fall ein trauriges Ende. Dem früheren Präsidenten Grabow hat der König gestern in einer Privataudienz geantwortet, er wisse recht gut, daß die Krone auf dem Spiele stehe, werde sich aber nie vergleichen sondern alles ausfechten.

Nun mutig zur Tat, hier allein liegt das Heil.

Schulze."

Aber auch das Lokal der Schützengilde war inzwischen militärisch besetzt und die daselbst zurückgebliebene Vertretung des Präsidiums der Nationalversammlung mit Gewalt entfernt worden; die Sitzung vom 14. November fand daher in dem Saale der Berliner Stadtverordneten statt. Da indessen dieser gleichfalls militärisch gesperrt wurde, versammelten sich die Abgeordneten am 15. November in dem Hotel Mielentz; der Namensaufruf ergab die Anwesenheit von 226 Mitgliedern. Auf der Tagesordnung stand der frühere Steuerverweigerungsantrag Waldeck, d'Ester und Genossen, den die Kommission dahin abgeändert hatte, „daß kein Ministerium berechtigt sei, Steuern zu erheben, bis dieser Beschluß wieder von der Nationalversammlung aufgehoben ist". Dagegen stellten Schulze, Schornbaum und Philipps das Amendement: „Die Versammlung wolle beschließen, daß das Ministerium Brandenburg nicht berechtigt sei, über Staatsgelder zu verfügen und Steuern zu erheben, solange die Nationalversammlung nicht ungestört in Berlin ihre Beratungen fortzusetzen vermag, und erhält dieser Beschluß mit Ablauf des 17. November Kraft und Wirksamkeit." Die Debatte über die verschiedenen Anträge dauerte noch fort, als das Haus militärisch besetzt wurde, was Veranlassung gab, daß alle Antragsteller ihre Anträge zugunsten des Amendements Schulze, Schornbaum usw. zurückzogen. Während der Abstimmung über dieses betrat Major von Herwarth mit vier Offizieren und einem Pikett Soldaten den Sitzungssaal und forderte die Versammlung auf, das Lokal zu verlassen, widrigenfalls er Gewalt anwenden müsse. Dem Präsidenten von Unruh gelang es im Vereine mit Rodbertus, den Major von Herwarth zu bewegen, sich mit dem Militär auf einige Minuten bis zum Schluß der Abstimmung zurückzuziehen, worauf der Antrag Schulze einstimmig angenommen wurde. „Sämtliche Mitglieder erheben sich — so lautet der stenographische Bericht —. Donnernder Beifall ertönt aus dem Saale und von den Tribünen. Die Abgeordneten umarmen einander. Die auf den Tribünen anwesenden Zuhörer schwenken die Hüte und wehen mit den Tüchern. Erst nach Verlauf mehrerer Minuten gelingt es dem Präsidenten, die Ruhe wieder herzustellen."

Schulze gab eine sehr anschauliche Schilderung des Verlaufs der Sitzung am 16. November an seine „lieben Freunde" in Delitzsch:

„Ich berichte in fliegender Eile über die ewig denkwürdige Sitzung des gestrigen Abends. Außer dem Belagerungszustand war seit gestern morgen auch das Standrecht publiziert; die Entwaffnung der Bürgerwehr ging in der Art vor sich, daß man einzelne Straßen absperrte, und dann die Häuser durchsuchte, ohne jedoch viel zu finden. So glaubte man endlich, daß wir nicht mehr wagen würden, Sitzung zu halten, und besetzte das Köllnische Rathaus, wo wir tags vorher uns versammelt hatten. Als wir uns hier 11 Uhr einfanden, mußten wir daher unverrichteter Sache wieder zurückkehren und traten um 4 Uhr nachmittag erst zu einer Vorbesprechung, dann 7 Uhr zu einer förmlichen Sitzung im Saale des Mielentzschen Restaurants zusammen. Die Steuerverweigerungsfrage bildete den Gegenstand der Verhandlung, die deshalb niedergesetzte Kommission entschied sich in einem von dem Abg. v. Kirchmann als Referenten vorgetragenen Bericht dafür; mit ihr war die große Mehrheit der Versammlung. Um jedoch auch die unbedeutende Minorität, welche gegen die Steuerverweigerung in der von der Kommission vorgeschlagenen Form war, welche ungefähr dahin lautete:

> „Die Nationalversammlung beschließt, daß jedermann berechtigt ist, die Steuern zu verweigern, solange das Ministerium Brandenburg nicht abtritt und die Nationalversammlung diesen Beschluß nicht zurücknimmt"

zu gewinnen, und möglichste Einstimmigkeit in dieser wichtigen Frage, welche das letzte parlamentarische Mittel, die äußerste Grenze passiven Widerstandes ist, zu bewirken, formulierte ich sofort dazu das Amendement: (ungefähre Worte)

> „Die Nationalversammlung beschließt, daß das Ministerium Brandenburg nicht befugt ist, Staatsgelder zu verwenden und Steuern zu erheben, solange als die Nationalversammlung nicht ungestört ihre Sitzungen in Berlin fortzusetzen vermag; daß dieser Beschluß mit Ablauf des 17. November dieses in Kraft tritt."

und reichte es auf Wunsch aller Parteien ein, nachdem es einige Freunde mit unterschrieben hatten.

Kaum begann die Debatte, als die Nachricht kam, Militär sei gegen uns im Anzuge. Man hatte bisher noch nie gewagt, in unsere Sitzungen einzudringen, vielmehr sperrte man nur die Lokale vor oder nach den

Sitzungen, um weitere Versammlungen zu hindern, bei welcher Gelegenheit im Schützenhause die bekannte Exmission unsers zurückgebliebenen Bureaus, in den Personen des Vizepräsidenten Plönnies usw. vorkam. Diesmal aber drang das Militär in das Haus, wurde jedoch von den Anwesenden in den Vorzimmern auf jede mögliche Weise festgehalten. Wir kamen eben zum Schluß der Debatte, als ein Stabsoffizier, gefolgt von mehreren andern Offizieren, Unteroffizieren und Soldaten in den Saal drang. Es war der Major von Herwarth vom 2. Garderegiment.

Ein furchtbarer Schrei des Unwillens erhob sich, die Deputierten standen von ihren Plätzen auf und drangen aufs Militär ein, indem sie ihnen zuriefen, daß sie einen Hochverrat zu begehen im Begriffe ständen. Die Militärs schämten sich, waren befangen, unentschlossen und wichen den überall auf sie einstürmenden Vorwürfen und Drohungen, nachdem ihnen auf ihre Bitten: man möge doch den Saal räumen, sie müßten sonst Gewalt brauchen! — das entschiedenste Nein entgegengerufen wurde. Eine schriftliche Ordre von Wrangel konnten sie nicht vorzeigen, und da uns das Zustandekommen des Steuerverweigerungsbeschlusses zu wichtig war, wurde ihnen zu verstehen gegeben, man sei bereits in der Abstimmung, wenn sie sich eine Weile entfernten, würde man dann die Sitzung von selbst schließen können und sie der unangenehmen Exekution vielleicht enthoben sein.

Eine allgemeine Begeisterung beseelte die Deputierten und das Publikum, die Männer sprangen aus den Logen in den Saal, uns zu schützen, viele rissen die Kleider auf, ihre Brust den Bajonetten zu bieten, und alle erklärten feierlich, eher auf ihren Plätzen zu sterben, als die Sitzung vor der Beschlußnahme und vor der förmlichen Schließung durch den Präsidenten zu verlassen. Jeder Offizier wurde von Gruppen Deputierter bestürmt, und fast keiner fand eine Silbe zur Antwort.*) Ich wendete mich zu den Unteroffizieren und Gemeinen mit den in höchster Entrüstung ausgerufenen Worten:

„Eure Väter und Brüder haben uns hierher gesendet, für ihr Recht, ihre Freiheit einzustehn; die Hand verdorre, die es wagt, sich gegen die geheiligten Vertreter des Volks zu erheben! Wenn ihr in eure Dörfer, eure Städte zurückkehrt, wird man euch anspeien; wenn ihr das Bajonett gegen uns braucht, ist Landesverrat usw." Wer mag aber die Worte weiter behalten, die in solchen Augenblicken dem Munde entströmen. Die großen kräftigen Leute wurden blaß, sie suchten mich zu begütigen;

*) Waldeck rief dem Major Herwarth die Worte zu: „Holen Sie die Bajonette und stechen Sie uns nieder! Ein Landesverräter, der diesen Saal verläßt." Stenographischer Bericht S. 276f.

Tränen standen einzelnen in den Augen, sie täten das ja nicht, war ihre Antwort. Alle waren förmlich niedergedonnert von der Haltung der Versammlung und verließen den Saal, draußen Wache haltend, so daß wir die Sitzung wirklich vollenden und den Beschluß fassen konnten. Mein Amendement wurde einstimmig unter ungeheurem Jubelruf angenommen! Der Präsident schloß die Sitzung. So verließen wir den Saal unterm Jauchzen des Volkes, und die Verbrüderung der Versammlung nach diesen schweren Stunden war wahrhaft herzerhebend.

Nun tun Sie das Ihre. In Pommern und den Marken tritt die Landwehr zusammen, alles ist für uns.*) Werden die Provinzen aber nicht bald und energisch weitere Lebenszeichen geben, so wird der Kampf hier, der nun schwerlich noch 24 Stunden aufzuhalten ist, da man absichtlich immer strenger mit der Bewaffnung vorschreitet, fürs erste wohl kaum glücklich enden! Könnte ich nur wenige Tage in unsern Kreis! Aber es ist zu wichtig, daß wir hier in beschlußfähiger Anzahl zusammenbleiben, und ich darf nicht vom Posten.

In Halle hören wir von einer provisorischen Regierung, Beschlagnahme der Kassen usw. Das wichtigste Mittel ist: daß Väter und Brüder der hier stehenden Soldaten herkommen und ihnen persönlich sagen, was zu sagen ist.

Eben geht der Beschluß der Frankfurter Versammlung ein, die sich zwar matt und philiströs aber doch entschieden für uns erklärt. Nun frisch auf, und Nachricht womöglich sicheren Personen, denen man mehr anvertrauen kann als Briefen. Schulze."

Zunächst einigten sich nunmehr eine Anzahl von Abgeordneten, von neuem in einer Proklamation an das preußische Volk zu appellieren. Schulze, der an ihrer Abfassung zweifellos teilgenommen hat, übergab ein Exemplar seinem Freunde Dr. Fiebiger in Delitzsch, der sie auch in dem Delitzscher Kreisblatt inserieren ließ. Sie lautete:

„Preußen!

Die Nationalversammlung hat gegen die ungesetzlichen Gewaltmaßregeln des Ministeriums Brandenburg an das preußische Volk appelliert und Millionen haben geantwortet. Mit einstimmigem Jubel hat man unsere Beschlüsse für die Ehre und Freiheit des Vaterlandes anerkannt.

Auch die Krone hat die Volksstimme aufgefordert, sich zu erheben. Es ist geschehen, und — man sperrt den König ab vom Volke! ‚Man

*) Die Nachrichten in der Nationalversammlung über Bewegungen in Pommern, den Marken und in Halle waren meist übertrieben und unrichtig.

könne nicht zugeben', hat das Ministerium Brandenburg die Stirne, öffentlich zu sagen, ,daß das Gefühl des Königs weich gemacht werde'.

Eure Adressen werden nicht überreicht, Eure Deputationen nicht vorgelassen. Der König ist nicht mehr frei, von einer verbrecherischen Schar bewacht, die ihm die Erhebung des ganzen Landes geflissentlich verbirgt, um Thron und Vaterland ihren hochverräterischen Plänen zum Opfer zu bringen. Der Sitzungssaal, die Bureaus der Nationalversammlung sind zu Wachtstuben geworden, unser Archiv, die wichtigsten Dokumente, darunter über 12000 Petitionen aus allen Teilen des Landes, werden von den Soldaten, den verblendeten Söhnen des Vaterlandes, zerrissen, umhergeworfen; man hat die Herausgabe dieser Papiere unserem Präsidenten wiederholt verweigert. Was sind diesen Menschen die Wünsche, die Rechte und Freiheiten von 16 Millionen Preußen! Und wie man Eure Petitionen mit Füßen tritt, so dringt man mit Bajonetten in die Beratungen Euerer Vertreter, bricht ohne Scheu die vom Könige selbst publizierten Gesetze über den Schutz der persönlichen Freiheit, das Hausrecht, und verhängt Belagerungszustand und Standrecht, wo die geheiligten Personen der Abgeordneten tagen. Ein Treubruch, so scheußlich und offenbar, wie ihn die deutsche Geschichte nicht kennt! Lügen, Verdrehungen aller Art gehen in amtlichen Erlassen in das Land; die Zeitungen werden gezwungen, ihnen ihre Spalten zu öffnen, während man die Stimme der Wahrheit in der Presse mit drohender Gewalt erstickt. Aber es hat ihnen nichts geholfen! Die Nationalversammlung harrt mutig aus, und die Plätze der Deputierten, welche pflichtwidrig und feig ihren Posten verlassen haben, füllen sich von Tag zu Tag, indem die Stellvertreter von selbst herbeieilen, um an der Ehre und der Gefahr dieser Tage teilzunehmen. Wenn die über uns verhängte rohe Gewalt auch eine kostbare Zeit von Tagen und Wochen raubt, welche bei unseren dringenden Arbeiten zum Wohle des Volkes hätten verwendet werden können: so hat man uns doch nicht abzuhalten vermocht, den Kampf gegen die brutale Gewalt mit allen zu Gebote stehenden Mitteln zu führen. Die Anklage des Ministerii wegen Hochverrats ist eingeleitet und demselben die Verwendung der Staatsgelder und die Erhebung der Steuern durch einstimmigen Beschluß vom 15. November untersagt.

An dem Volke ist es, unsere Beschlüsse auszuführen!

Berlin, den 18. November 1848.

Der Abgeordnete des Kreises."

Die Hoffnungen der Nationalversammlung auf tatkräftige Unterstützung seitens der Bevölkerung gingen nicht in Erfüllung; am 21. November schrieb Schulze seinen „lieben Freunden“ dieserhalb:

„Wir müssen, wollen wir uns nicht ruinieren, unsere parlamentarische Stellung innehalten, und es ist jetzt Sache des Volks, auf unsere Appellation nicht bloß wie geschah zu antworten sondern seiner Entscheidung auch Kraft zu geben. Raten läßt sich von hier aus nichts weiter, als daß Städte und Land im engsten Verbande zusammenhalten und niemand isoliert handelt. Nach Brandenburg gehen wir nicht, und wenn unsere Stellvertreter festhalten, so kommt dort keine beschlußfähige Versammlung zustande. Wie es aber auch kommt, — ob man dem Lande alsdann die oktroyierte Verfassung aufdrängt, unser ist die Zukunft, und der jetzige Kampf ist auch dann nicht verloren, wenn wir ehrenvoll unterliegen. Das Volk ist nicht organisiert und ohne Führer, es wagt den Kampf nicht, und läßt uns im Stich, wenn es gilt. Eure eigenen Anfragen an uns beweisen am besten eure Unentschlossenheit und Ratlosigkeit, da unsere und eure Stellung und Aufgabe doch so leicht zu begreifen sind. Es mag so vielleicht besser sein. Über uns und unsere Gegner hinweg schreitet die Sache, der wir dienen, unaufhaltsam zum Siege. Die Freiheit will Opfer und Kämpfe, sie wird keinem Volk über Nacht an den Kopf geworfen. Schulze.“

In den Tagen bis zu dem von dem Ministerium geforderten Wiederzusammentritt der Nationalversammlung am 27. November sandten die liberalen Fraktionen derselben zwei Deputationen nach Frankfurt a. M., um die dortigen Abgeordneten für ihre Sache zu erwärmen. Die Aufnahme, welche sie bei einem Teile ihrer preußischen Landsleute fanden, war keine ermutigende, sodaß sich Rodbertus, mit welchem auch Schulze gekommen war, bitter darüber beklagte.*)

Am 27. November fand im Dom zu Brandenburg eine Sitzung der dort erschienenen Abgeordneten von der Rechten und dem Rechten Zentrum (Fraktion Harkort) der Nationalversammlung statt. Voller Empörung schrieb Schulze darüber die zwei letzten Briefe an Reil vom 1. und 3. Dezember:

---

*) Hierüber berichtet Ernst von Saucken-Tarputschen in einem Brief aus Frankfurt vom 28. November 1848 an seine Frau (Deutsche Rundschau, Berlin 1905 Juliheft): wo er Schulze den „groben plumpen Gesellen von Rodbertus“ nennt.

„Berlin, 1. Dezember 1848.

Das Gefürchtete ist geschehen; durch Perfidie und die elendesten Mittel ist die Brandenburger Sippschaft heute beschlußfähig geworden. Auf die gestern schon an uns gelangte bestimmte Nachricht davon sind einige 80 von uns und der Linken heute hinübergegangen, um der Rechten die Majorität zu Wasser zu machen und jämmerliche Beschlüsse zu hindern. Wir sind noch 60 bis 70 hier, da mein und meiner Freunde Arntz und Bucher Vorschlag, daß wir alle heute hinübergehen und den Antrag mit imposanter Majorität durchsetzen wollten: Die Versammlung vertagt sich, bis das Ministerium Brandenburg abtritt und sie ihre Sitzungen in Berlin abhalten könne, die Renitenten, zirka 50 von der äußersten Linken, nicht bewegen konnte, und wir daher der Majorität nicht sicher waren. Gewiß ist es das Politischste, das für das Vaterland beste, den Kampf in Brandenburg mit aller Macht fortzusetzen, da unsere Position hier unhaltbar ist. Untätigkeit, Zurückziehen, sei es auch aus den ehrenhaftesten Konsequenzen, ist der politische Tod! Das Volk vergißt uns, sobald die Brandenburger irgend etwas tun, sei es auch noch so kläglich; daß wir sein Recht wahrten, vergißt es über seinem Bedürfnis, und daß das letztere wirklich dringend ist, steht wohl fest. Dennoch konnte ich mich nicht entschließen, ohne der Majorität gewiß zu sein, hinüberzugehen und an den zu erwartenden Halbheiten teilzunehmen, wo nur energische Beschlüsse retten können. Von den Führern unserer Partei sind Phillipps, v. Kirchmann, Bucher mit hinüber; Arntz, Pilet und ich sind für das Gehen nur bei sicherer Majorität. Rodbertus, v. Berg, Hildenhagen wollen nicht gehen. Wenn ich mit Arntz, der heut in Brandenburg rekognosziert, mich entschließe, geht noch eine Zahl sicher mit hinüber. Allein die ganze Sache ist so ernst und wichtig, daß ich allein die Verantwortlichkeit nicht übernehmen kann. Ich habe noch nie bei Euch wegen unserer Stellung zu den vorkommenden Fragen Rat geholt; hier aber, wo es sich um Vertretung meines Wahlkreises handelt, muß ich meiner Wähler und Wahlmänner Meinung wissen, und sie die meine, damit wir uns beiderseits entscheiden, ich eventuell mein Mandat niederlegen kann, wenn eine Einigung unmöglich ist. Ich treffe daher Sonntag morgens in Delitzsch ein; veranlasse nebst Bernhardi, dem ich gleichzeitig geschrieben habe, sofort Sonntag oder Montag eine Versammlung der Wahlmänner vollständig mit förmlicher Vorladung, das ist die Hauptsache. Haltet ihr die Volksversammlung für gut, so habe ich nichts dagegen. Nur alles so rasch, als es geht. Eile tut not, es kommt alles auf das erste Auftreten an, wenn noch gerettet werden soll, was möglich ist. Grüße die Eltern. Dein Schulze."

„Berlin, 3. Dezember 1848.

Die Linke hat sich endlich entschlossen, in Masse nach Brandenburg zu gehen, und ich habe Dir von dort aus, wo heute in großer Vorberatung unsere Taktik festgestellt wurde, in wenigen Zeilen mein Nichteintreffen zum Sonntag gemeldet; zugleich auch Bernhardi geschrieben, der, wenn eine Zusammenkunft der Wahlmänner schon verabredet sein sollte, statt meiner die Vertretung übernehmen mag. Um sicher zu gehen, melde ich dies Dir von Berlin aus heute nach der Rückkehr nochmals und bemerke, daß ich morgen in den ersten Mußestunden, wo ich zum freien Aufatmen gelange, ausführlich an die Eltern und Dich schreiben werde. Vale Schulze."

Die liberalen Mitglieder der Nationalversammlung hatten deren Zusammentritt am 3. Dezember in Brandenburg nicht hindern können; als aber dort die Rechtsbeständigkeit des alten Präsidiums von Unruh — von Plönnies — Philipps nicht anerkannt werden sollte, machten sie die Erledigung der vorliegenden Geschäfte durch Entfernung aus dem Sitzungssaale unmöglich. Die Versammlung wurde am 5. Dezember aufgelöst und alsbald eine neue Verfassung oktroyiert: hierdurch vollzog nun das Ministerium Brandenburg auch seinen Bruch mit dem Frankfurter Parlament, indem es den Schluß von dessen Verfassungsberatungen nicht abwartete sondern selbständig alle einschlagenden Fragen für Preußen regelte. Damit wurden aber zugleich alle Illusionen in Frankfurt zu Grabe getragen, welche ein Aufgehen Preußens in Deutschland durch die Preisgabe seiner staatlichen Zusammengehörigkeit für möglich geglaubt hatten und in dem Erlaß einer gesamtstaatlichen Verfassung erkennen mußten, daß ihre Hoffnungen, Preußen werde wieder ausschließlich zu provinzialständischen Vertretungen zurückkehren, gescheitert waren.

Die neue Verfassung war dem von der aufgelösten Nationalversammlung ausgearbeiteten Entwurf so sehr nachgebildet und daher so freisinnig, daß selbst Männer wie Hansemann ihr Erstaunen nicht unterdrücken konnten; besonders gerieten aber die Führer der Hofkamarilla, die Gerlach und ihre Freunde, vor Entsetzen außer sich. Sie waren seit Monaten dafür eingetreten, daß man jede Verständigung mit den konstitutionellen Kreisen ablehne, und auch der König war hastig aufgefahren, als Graf Brandenburg ihm den Entwurf zur Genehmigung vorlegte. „Man möge ihn für einen Pietisten, für einen Hund oder sonst etwas halten", — hatte er zu Leopold von Gerlach gesagt — „er hielt es seiner Verantwortlichkeit gegen Gott entgegen, so etwas zu unterschreiben und zu beschwören". Trotzdem gelang es dem Grafen Brandenburg, den Widerstand des Königs zu brechen.

Die neue Verfassung setzte zwei Kammern als Volksvertretung ein; die zweite Kammer bestand aus 350 Mitgliedern, die von Wahlmännern mit Stimmzetteln gewählt wurden; diese gingen wieder aus einer allgemeinen gleichen und geheimen Wahl der Urwähler hervor.

Ließ auch das Ergebnis der neuen Wahlen zur zweiten Kammer vielfach einen Wechsel in der politischen Gesinnung der Bevölkerung namentlich in den kleinen Städten und auf dem Lande erkennen,*) so hatte doch der Wahlkreis Delitzsch-Bitterfeld an Schulze festgehalten. Auch sonst waren die Führer des Linken Zentrums und der Linken fast alle in die Kammer zurückgekehrt, während die rechte Seite des Hauses nicht nur an Zahl zugenommen hatte sondern durch den Eintritt Georg von Vinckes einen nicht gering anzuschlagenden Gewinn verzeichnete. Das Stärkeverhältnis der Parteien ergab sich bei dem Antrage Vinckes vom 19. März 1849, eine Adresse an den König als Antwort auf die Thronrede zu richten. Der Antrag wurde mit 172 Stimmen der Rechten gegen 159 Stimmen angenommen.

Die Kammer erfreute sich aber nur eines kurzen Daseins; als sie die Fortdauer des Belagerungszustandes in Berlin ohne ihre Zustimmung für ungesetzlich erklärte, diese Zustimmung indessen ausdrücklich verweigerte, verfiel sie dem Schicksal ihrer Vorgängerin: sie wurde am 27. April aufgelöst.

Von den Gegenständen, mit denen sich die zweite Kammer bis dahin beschäftigte hatte, waren es die Adreßdebatte, das Vereinsgesetz und die deutsche Frage, bei denen Schulze das Wort nahm.

In dem Adreßentwurfe wollte die Rechte dem Könige Dank für die Verleihung der Verfassung vom 5. Dezember aussprechen, in welcher sie

*) Hierzu hatte der bekannte Bauernbrief vom Dezember 1848 des Abgeordneten F. Harkort, Mitglied der Rechten der Nationalversammlung, nicht wenig beigetragen. Nach einer Angabe in der Biographie Harkorts von L. Berger (Leipzig 1895) „ließ die Linke durch zwei ihrer besten Federn, Schulze-Delitzsch und Dr. Ule, eine Entgegnung in demokratischem Sinne unter dem Titel: ‚Was ein Landmann zu dem Schreiben des Herrn Harkort sagt', veröffentlichen. In ihrer Art geschickt abgefaßt, vermochte dieselbe doch dem wuchtigen Angriff des Gegners nach keiner Seite die Spitze zu bieten und sah sich lediglich auf die Verteidigung beschränkt". Es ist dem Schreiber dieses trotz seiner Bemühungen nicht gelungen, einen Abdruck der Schulze-Uleschen Flugschrift aufzutreiben.

die Beendigung der revolutionären Bewegung erblickte. Daß Schulze, der die Konstitution auf dem Rechtsboden, nicht auf dem Boden der Gnade aufgebaut haben wollte und die Oktroyierung einen Staatsstreich nannte, sich dem Dank nicht anschloß, war natürlich. Das Vereinsgesetz bezweckte, „einem die gesetzliche Freiheit und Ordnung gefährdenden Mißbrauch des Versammlungs- und Vereinigungsrechts" vorzubeugen; sehr heftig wandte sich Schulze gegen den Entwurf, der mit dem Mißbrauch auch den Gebrauch jener Rechte unterdrücken würde. Gegenüber denen, welche die Fortdauer der politischen Aufregung beklagten, erklärte er, daß er diese Aufregung wünsche, weil sie allein das Volk wachhalte und es aus dem Schlafmützentum befreie, das den deutschen Namen bei den freien und gebildeten Nationen Europas fast in Verruf gebracht habe. Damit wolle er nicht die Ruhe des Polizeistaates eintauschen. Und wenn man auf die Diktatur der republikanischen Regierung in Frankreich verweise, so erinnere er an das kleine Belgien, das dank dem Festhalten an seinem konstitutionellen Regierungsprinzip von den revolutionären Zuckungen seiner Nachbarstaaten unberührt geblieben sei, und an welchem inmitten Europas die Wirren der letzten Jahre ohne Gefährdung seiner Existenz vorbeigegangen wären. Die deutsche Frage aber war inzwischen spruchreif geworden, nachdem das Frankfurter Parlament die Beratung der Reichsverfassung beendet und das preußische Erbkaisertum proklamiert hatte. Mit wechselnden Empfindungen war man in Berlin dem Fortgang der Dinge gefolgt. Die Umgebung des Königs, „die Gerlach und Genossen, diese Virtuosen in der Kunst, mit Worten zu spielen und sehr kleinliche Interessen mit den großen Ideen von Thron und Altar zu vermengen und in feierliche Worte zu kleiden", wiederholte dem König stets auf das Neue, daß, wenn er dem Frankfurter Rufe folge, er sich damit „vor dem Götzen der Volkssouveränität, der in Frankfurt angebetet wird, beuge", und daß mit der Annahme der Kaiserkrone die Anerkennung der Revolution und deren Ergebnisses, jenes „ruchlosen Machwerks der Paulskirche", gleichbedeutend sei. Zwar rechnete der König wohl im Stillen damit, an die Spitze Deutschlands zu treten; zugleich schreckte er aber vor der Notwendigkeit, Österreich aus diesem zu verdrängen, zurück. Ein anderes wäre es gewesen, wenn ihm die Kaiserkrone von den Fürsten Deutschlands angeboten worden wäre. Auf eine solche Übereinkunft mit diesen hatten mit großem Eifer auch Camphausen, der als Vertrauensmann des preußischen Ministeriums in Frankfurt weilte, und Minister von Bülow hingearbeitet, allerdings mit negativem Erfolge. Denn nur die kleinstaatlichen

Fürsten zeigten sich zum Teile dazu bereit. Trotzdem setzten die Befürworter des Einheitsgedankens ihre Bemühungen, den König zu gewinnen, fort; als er dagegen auf die politischen Verwicklungen hinwies, die aus seiner Zusage dem preußischen Staate erwachsen könnten, rief ihm Beckerath zu, daß die Gefahr für Preußen stets eine sieglockende Sonne gewesen sei; aber abwehrend erwiderte er: „Wem sagen Sie das? Ich bin kein Friedrich der Große.“

So gab er denn der Kaiserdeputation am 3. April den von dem Ministerium ausgearbeiteten Bescheid, daß er die ihm angetragene Würde nur mit Zustimmung der gekrönten Häupter der deutschen Fürsten annehmen könne und mit deren Regierungen zuvor die Reichsverfassung geprüft werden müsse. Diese Antwort brachte das Ergebnis der nationalen Bewegung zum Scheitern; das Linke Zentrum der zweiten Kammer gab unter Führung von Rodbertus und von Unruh seiner Enttäuschung in einem Antrag lauten Ausdruck, daß die Kammer die von dem König für nötig gehaltene Vereinbarung der deutschen Einzelstaaten unter sich und mit der deutschen Nationalversammlung mißbillige, die von der letzteren vollendete Verfassung vielmehr als rechtsgültig anerkenne und deren Abänderung nur auf dem von der Verfassung selbst vorgesehenen Wege zulässig sei. In der Debatte suchte Graf Brandenburg den von der Regierung vertretenen Standpunkt zu rechtfertigen, und er betonte gegenüber dem Hinweise auf die öffentliche Meinung, welche die Lösung der deutschen Frage im Sinne der Beschlüsse des Frankfurter Parlaments verlange: „Ich erkenne die Macht der öffentlichen Meinung an; aber man darf nicht rückhaltlos das Schiff den Winden und Strömungen hingeben. Sonst wird es niemals in einen sicheren Hafen gelangen, niemals!“ Als letzter Redner nahm Schulze für den Antrag das Wort. Nach einem Rückblick auf die Vereinigung der Kabinette in dem alten Deutschen Bund, die er eine auf Gegenseitigkeit gegründete Assekuranz des Absolutismus nannte, bezeichnete er es als undenkbar, daß die Einzelregierungen sich freiwillig mit der ihre Rechte einschränkenden Reichsverfassung befreunden würden und daß deren Befragung das ganze Verfassungswerk preisgeben heiße, während die Proklamierung des erblichen Kaisertums die Existenz der Nation, die Einheit des deutschen Volkes bedeute. Wenn man von dem Rechtsboden spreche, so dürfe man diesen nicht für ein System anrufen, vermittelst dessen Deutschland zu Domänen von so und soviel Fürsten geworden sei, das aber im Widerspruch zu dem lebendigen Bewußtsein der gegenwärtigen Zeit stehe. Ursprünglich seien die Fürsten nur Vasallen des Kaisers gewesen, die allerdings später das morsche Band des Lehnstaates zerrissen hätten; Preußen, das dabei eine sehr tätige Rolle gespielt habe, dürfe jetzt seine geschichtliche und namentlich seine deutsche Sendung nicht vergessen, dürfe nicht an das Heiligste tasten, ohne welches kein Volk bestehen könne: an das Selbstgefühl des Volkes, an das Vertrauen des deutschen Volkes auf seine nationale Zukunft, seine geschichtliche Bestimmung. Nur indem die Kammer sich von der Entschließung der Regierung lossage, schütze sie sich vor der Mitschuld an der schwersten Sünde, die an einem Volke begangen werden könne und von der es keine Sühne gäbe, vor der Sünde wider den heiligen Geist der Geschichte! Mit 175 Stimmen gegen 159 ward darauf der Antrag Rodbertus in der Beschränkung auf die Rechtsgültigkeit der Reichsverfassung angenommen.

Nach Auflösung der Kammer nahm Schulze die Gelegenheit wahr, in einer Volksversammlung am 1. Mai in Stettin ihre Tätigkeit zu rechtfertigen. In der Rede, der ersten dieser Art, die sich im Wortlaut erhalten hat,*) führte er aus, daß selbst die oktroyierte Verfassung die Verhängung des Belagerungszustandes nur für den Fall des Kriegs oder Aufruhrs vorsehe, diese Momente aber gegenwärtig für Berlin nicht zuträfen; das Ministerium könne also aus der Weigerung der Kammer, die Fortdauer des Belagerungszustandes, welcher vor Einführung der Verfassung ausgesprochen worden war, gutzuheißen, einen Auflösungsgrund nicht herleiten. Wenn das Ministerium aus Furcht, die Gesetze behufs Aufrechterhaltung der Ordnung möchten verletzt werden, die Gesetze aufhebe, so sei dies ein Zustand, der wohl bei den Karaiben und Botokuden Platz greifen möge, nicht aber bei einem gesitteten Volke. Ebensowenig durchschlagend seien die Vorwürfe des Ministeriums gegen die Haltung der Kammer in der deutschen Frage. Wenn jetzt die deutsche Einheit nicht zustande komme, so liege die Schuld nicht an dem Volke sondern an den Regierungen. Gerade weil Deutschland gewöhnt sei, in Preußen einen Vorkämpfer zu erblicken und Preußen schwer in der Wagschale der Einheit wiege, darum habe Deutschland Preußen die Spitze angeboten, und es sei Pflicht der Abgeordneten gewesen, darüber ihre Meinung zu äußern und ihrer Enttäuschung über die verneinende Antwort des Königs Ausdruck zu geben. Nun werde es Aufgabe der neuzuwählenden Kammer sein, dem Volke zu einer freiheitlichen Neugestaltung seines Staatslebens zu verhelfen; es gelte, hierfür alles einzusetzen, da es sich um alles handele.

Wenige Wochen später wurde ein neues, das bekannte Dreiklassen-

*) Sie ist im dritten Band dieses Sammelwerkes abgedruckt.

Wahlgesetz mit Öffentlichkeit der Stimmabgabe für Urwähler und Wahlmänner oktroyiert und wurden Neuwahlen ausgeschrieben. Zur Beratung darüber, wie sich die liberalen Kreise zu letzteren stellen sollten, traten Deputierte der in der Provinz Sachsen bestehenden „Vereine zur Wahrung der Volksrechte“ am 11. Juni außerhalb der preußischen Landesgrenze in Köthen zusammen. An der Besprechung nahmen neben Schulze auch Rodbertus und von Unruh teil. Es wurde ein provisorisches „Zentralkomitee zur Wahrung des allgemeinen Wahlrechts“ mit dem Sitze in Magdeburg gebildet und nach eingehenden Erörterungen mit großer Mehrheit beschlossen, sich an den Wahlen zur zweiten Kammer nicht zu beteiligen. Man meinte, da die Regierung ihre reaktionären Wege unbekümmert um die Majorität der Volksvertretung verfolge, so müsse die Demokratie den Mittelparteien die parlamentarische Tätigkeit in der verfassungswidrig zustande gekommenen Kammer überlassen und unter Wahrung ihrer Prinzipien durch Wort und Schrift für Aufklärung des Volkes während der beginnenden Reaktionsperiode wirken.*) Schulze hatte dem Antrage auf Wahlenthaltung nicht zugestimmt; wie sehr er den Beschluß bedauerte, zeigen zwei Briefe an seinen Freund Stadtrat Ludwig in Mühlhausen i. Th., der Mitglied des Vereinigten Landtags gewesen war und später in der Konfliktszeit Mitglied des Abgeordnetenhauses wurde.

I.

„Delitzsch, den 7. Juli 1849.

Dein Brief hat mir zugleich Freude und Sorge gemacht. Freude, insofern Deine ruhige und praktische Ansicht mit der meinigen (auch Pilets)**) stimmt. Sorge, eben weil Du leider recht hast. Die Prinzipienreiterei, dieses Nehmen des Volkes, wie es sein soll aber nicht wie es ist, hat unserer Partei einen üblen Streich gespielt, und wenn nichts Außerordentliches geschieht, wird sie ihn nicht gleich wieder verwinden. Ich kann leider nichts tun und muß sogar das Nichtwählen hier organisieren, weil Hildenhagen,**) der zu meinem Wahlkreis gehört, wie toll ist, und sich die Partei spalten würde, wenn auch die Mehrheit mit mir geht. Unter diesen Umständen hielt ich es für besser, das Nichtwählen wenigstens in einer anständigen Form durchzuführen, was uns hier gelingt. Überhaupt hatten wir uns in Köthen der Majorität unterworfen; unter

*) Parisius: Leop. Freiherr Hoverbeck, Berlin 1897, Bd. I, S. 105.

**) Vertreter der Wahlkreise Stendal und Bitterfeld in der Nationalversammlung.

65 Deputierten der Vereine waren etwa fünf ruhig und besonnen genug, das Unpolitische der beliebten Maßregel einzusehen. Du liesest ja den gleichen Spuk aus allen Provinzen in den Zeitungen; was blieb da zu tun? Ich mußte mich anschließen und kann nun nicht mit wählen.

In anderer Lage befindest Du Dich, da Du Dich zu nichts verpflichtet hast. Ich mag Dir zu nichts raten, Du mußt die Sachlage dort übersehen. Wenn die demokratische Partei nicht ganz sicher ist, durchzukommen, dann soll sie ja nicht wählen, dies der einzige Rat, der sich geben läßt, der aber nur negativer Natur ist. Wenn Ihr etwa wählen solltet, und es fehlte Euch ein zweiter Kandidat außer Dir — nun so wäre ich vielleicht da. Ich hätte dann durch Organisation der Nichtwahl in meinem Kreise meiner Verpflichtung genügt und könnte prinzipienmäßig: die Ungültigkeit der Wahlen und die Rechtlosigkeit*) der ganzen Kammer in dieser Kammer selbst aussprechen. Nur kann ich überall nicht als Kandidat auftreten und vertraue mich deshalb nur Deiner Diskretion, mit der Bitte, gegen niemand Dich darüber auszusprechen. Es ingrimmt mich entsetzlich, vor diesen Lumpen den Kampfplatz zu räumen.

Daß man mir bei meiner Anstellung die möglichsten Schikanen in den Weg legt, weißt Du wohl schon. Obgleich mir bei Abnahme der Justitiariate, die jetzt an den Staat zurückgefallen sind,**) durch Just. Minist. Reskript meine Anziennität im Staatsdienst als Obergerichtsassessor ausdrücklich vorbehalten ist, ich bereits im zwölften Jahre Assessor bin — will man mir junge Leute beim hiesigen Amtsgericht vorziehen weil ich zuviel politische Verbindungen hätte.

Nun unsere Saaten gehören der Zukunft. Geht's so fort, so werden wir die Ernte nicht erleben. Eins aber haben wir vor unseren Gegnern voraus. Während sie nur die gemeinsten materiellen Interessen vertreten, fühlen wir uns, getragen von einer großen geschichtlichen Idee, zu jedem Opfer und Kampfe bereit; mit uns warme Begeisterung, bei ihnen feige Philisterei, hohler Fanatismus!

Nun schreibe mir bald was Ihr tut.

Dein alter getreuer Schulze."

*) Vgl. hierüber die Stettiner Rede Schulzes vom 1. Mai 1849.

**) Durch die Verordnung vom 2. Januar 1849 war die Patrimonialgerichtsbarkeit in Preußen aufgehoben, den Patrimonialrichtern aber die Anstellung im Staatsdienst entsprechend ihrem Dienstalter und Einkommen zugesichert worden.

II.

„Delitzsch, den 2. August 1849.

In der gestrigen Köthener Versammlung ist auf unseren (Rodbertus, Moritz, Hildenhagen, Pax) Antrag beschlossen worden:

die von unserer Partei abgegebene Erklärung solle die Form einer Denkschrift, nicht eines Protestes erhalten.

Der Protest ist bereits vom Volke durch Nichtbeteiligung an der Wahl gegen das Wahlgesetz eingelegt, und unsere Aufgabe blieb nur:

diesen Schritt in seiner ganzen Bedeutung und seinen Folgen nach bei unserer Partei zu klarem Bewußtsein zu bringen, bei den Gegnern vor Mißdeutung zu sichern.

Dies ging nun auch in einem Protest; allein hier blieben wir beim Legitimationspunkt sitzen. Protestieren gegen eine Rechtsverletzung kann nur der Verletzte. Wenn nun auch in unserer Versammlung einige 60 Vereine aus den Provinzen Sachsen, Brandenburg, Pommern sowie die Provinzen Ost- und Westpreußen vertreten waren, so war dies nur ein kleiner Teil der Nichtwähler; der entworfene Protest hätte daher erst von allen noch unterschriftlich vollzogen werden müssen. Daß aber der größere Teil hierzu schwerlich zu bewegen war, steht fest, da unsere desfallsigen Versuche vor der Wahl nur sehr wenig Erfolg hatten. Auf solche Weise wäre der großartige Protest des Volkes durch seine Nichtbeteiligung an den Wahlen, trotz aller Drohungen und Machinationen der Gegenpartei, durch einen schriftlichen Protest unserer Versammlung nur geschwächt worden. Die Gegner konnten uns mit Recht einwerfen: wer uns das Recht gegeben habe für die anderen zu protestieren; sie konnten leicht dartun, daß der unsrige nur ein Minoritätsprotest sei. Zur Denkschrift dagegen gehört keine förmliche Legitimation; hier mag sich selbst ein einzelner im Sinne einer ganzen Partei aussprechen, wieviel mehr eine so besuchte Versammlung als die unsere. Schickt doch von den Mühlhauser Vereinen nachträglich eine Beitrittserklärung nach Magdeburg.

Zur Abfassung der Denkschrift wurde ein Komitee von fünf Personen: Rodbertus, Menk, v. Kirchmann — der aber nicht persönlich anwesend war — ich und Streckfuß (Deputierter der Berliner Vereine) erwählt, und wir werden das Ding bis zum Zusammentritt der Kammern fertigen, drucken lassen und ein Exemplar jedem Mitgliede der ersten Kammer mitteilen, es überdem möglichst allgemein durch Blätter und den Buchhandel verbreiten.

Von alten Freunden waren Kobath für die preußischen Vereine und Bauer von Krotoschin da. Nicht ein einziger Deputierter der äußersten Linken war da, vielmehr nur unsere Partei vertreten.

Daß Du mich nicht angemeldet, versteht sich von selbst; der Einfall kam mir nur für den Fall, daß bei Euch die demokratische Partei in Masse gewählt und Du selbst Dich als Kandidat geführt hättest. Aber, wenn ich schon im ganzen bei unserer früheren Ansicht verharre, ist es doch besser, daß Ihr mit der Majorität der Demokratie gegangen seid, da das vereinzelte Auftreten Eures Wahlkreises zu nichts geführt hätte.

Eine anderweite Versammlung wird nach einigen Monaten in Köthen von Magdeburg aus anberaumt, zur festeren Organisation unserer Partei. Ein desfalls ausgearbeitetes Statut der Berliner drei radikalen Deputierten wird den einzelnen Vereinen zur Beratung und Erklärung zugesandt werden. Die Herren wollten es gleich beraten und angenommen wissen — allein da wäre die Zentralbehörde nach Berlin und in ihre Hände gekommen, da kein einziger namhafter Mann gegenwärtig dort freie Hand zur Wirksamkeit hat, und das konnte uns nur schaden. Ich setzte mich daher heftig dagegen und so bleibt das provisorische Komitee in Magdeburg vorläufig unser Mittelpunkt.

Nun noch eins. Das Komitee zur Unterstützung deutscher Flüchtlinge in St. Gallen fordert uns zu Beiträgen auf, da die Verwendungen die Kräfte der Schweiz übersteigen. Unzweifelhaft ist das eine Ehrenschuld der ganzen Nation, und Du wirst sicher Deines Orts und Kreises für Sammlungen sorgen, das eingehende Geld aber am besten nach Magdeburg an das Zentralkomitee senden — nur bald!

Ich selbst denke den Herbst und Winter, wenn ich, wie es scheint, keine Anstellung bekomme, bei Netzow*) und Rodbertus wenigstens zum Teil zuzubringen und manche Arbeiten dort in der Muße des Landlebens zu vollenden.

Nun lebe wohl! Dein alter Schulze."

* * *

Mit den vorstehend im einzelnen mitgeteilten Reden ist Schulzes Tätigkeit in der Nationalversammlung und in der zweiten Kammer nicht erschöpft. So sprach er u. a. noch zu den Fragen der neugeschaffenen Schutzleute, für die er kein Bedürfnis sah, des Malmöer Waffenstill-

---

*) Rittergutsbesitzer von Netzow in Wietzen (Pommern), Mitglied des Linken Zentrums der aufgelösten Nationalversammlung.

standes, der Handwerkerangelegenheiten und des Jagdgesetzes, bei welchem er gegenüber der von dem Frankfurter Parlament ausgesprochenen unentgeltlichen Aufhebung aller Jagdrechte die Entschädigung derjenigen Personen verlangte, die schon Pachtzahlungen für zukünftige Zeiten geleistet hatten.

Für das rasch wachsende Ansehen, das Schulze in der Nationalversammlung gewann, spricht seine Wahl in die Kommission, welche zur Untersuchung der sog. Schweidnitzer Vorfälle dorthin entsendet wurde; seiner Kenntnis der gewerblichen Verhältnisse namentlich in den kleinbürgerlichen Kreisen verdankte er seine Berufung in den Ausschuß für Handwerkerfragen und in diesem zum Vorsitzenden.

In seinen Ausführungen fand er stets hohe Töne, wie sie der Beredsamkeit jener Tage zu eigen waren. Im Kampfe mit seinen Gegnern glaubte er diese bei allen großen Fragen auf das spätere Urteil der Geschichte verweisen zu können. Gar manches mutet uns heute fremdartig an: das Pathos jener Tage scheint uns oft außer Verhältnis zu den Anlässen zu stehen, bei denen es verschwendet wurde. So z. B. in der Debatte, welche die Haltung des Ministeriums gegenüber dem Beschlusse der Nationalversammlung in der Schweidnitzer Offizieraffäre vor ihren Richterstuhl zog. „Erheben Sie sich zu der ganzen Höhe Ihrer Sendung!" — rief er der Nationalversammlung zu — „... Wehe uns, wenn die Geschichte uns in einer so großen Frage klein finden wird!" Aber er unterlag damit doch nur der allgemeinen Auffassung von dem Zauber, den das Wort auf die Zuhörer ausübte. In der Frankfurter Paulskirche beobachten wir die gleiche Erscheinung und auch der König hatte keine geringere Meinung von der Wirkung seiner eigenen rhetorischen Leistungen. Und war dieser nicht selbst der beste Zeuge für die Gewalt, die den Hörer in den Bann des Worts zwang? So unsympatisch ihm Heinrich von Gagern durch seine Rolle in der revolutionären Bewegung war: als letzterer im November 1848 nach Berlin kam, um den König für die Annahme der Kaiserkrone zu gewinnen, da empfand er für ihn dank seiner begeisterten Beredsamkeit, mit welcher er auf den Widerstrebenden einzuwirken suchte, eine Mischung von Widerwillen und Bewunderung, so daß er ihn beim Abschied umarmte und ihn seinen Freund nannte: „Hoffentlich," meinte er allerdings zu Bunsen, „werde ich seiner Freundschaft nie bedürfen."

Und hier finden wir nun wieder die Wurzel für den Glauben an die Macht des Wortes: es war der Glaube an die Ideale jener Zeit. Deren sieghaftem Durchbringen schien selbst die materielle Macht nicht widerstehen zu können und gerade die spätere Erkenntnis des Irrtums, in dem man dieserhalb befangen war, macht uns die schmerzhafte Resignation erklärlich, zu der sich nachher Jahre hindurch die besten der Nation selbst verurteilten. Ihre ganze Persönlichkeit war von dem Idealismus durchglüht, mit welchem sie für ihre Anschauungen kämpften; es war das ein naives aber zugleich rührendes Empfinden, von dem ihre Überzeugungen beherrscht wurden: es genüge diese auszusprechen, um sicher zu sein, daß sie von der Gesamtheit der Nation geteilt würden. Je stärker der Glaube hieran war, je selbstverständlicher man mit dieser Hoffnung gerechnet hatte, desto niederschmetternder mußte die Erkenntnis sein, daß die Rechnung nicht zutraf, daß die Erwartungen, die an die Reife und Weisheit und an das politische Verständnis des Volkes geknüpft worden waren, nicht in Erfüllung gingen.

Nur aus dem Glauben an die Wirkung des Wortes und an den Sieg, der den Ideen nicht ausbleiben könnte, läßt sich auch die Haltung der Nationalversammlung z. B. gegenüber dem Wiener Oktoberaufstand erklären. Ob sie wirklich selbst erwartete, daß die Frankfurter Zentralgewalt, die in Wahrheit doch gar keine Gewalt besaß, oder gar die preußische Regierung, welche die Bevölkerung mehr und mehr auf den Boden der Ordnung zurückzudrängen suchte, jene Beschlüsse sich zu eigen machen würden? Und doch waren diese zweifellos ganz ehrlich gemeint. Nicht bloß werden sie durch die fieberhaft erhitzte Zeit erklärt. Die Liberalen sahen in der Revolution*) in Wien wie in Berlin den Rechts-

*) Für den Enthusiasmus, mit welchem Schulze die Märzereignisse begrüßt hat, zeugen einige in seinem Nachlaß aufgefundene Verse, die er im Dezember 1848 niedergeschrieben hat:

Die heilige Nacht.

Ein Kindlein wurde geboren
Dereinst in heilger Nacht,
Das aus des Hirten Krippe
Das Heil der Welt gebracht.

So wurde auch uns geboren
Im neuen Heilesjahr
Beim Toben der Märzesstürme
Ein Kindlein wunderbar.

Das war eine Nacht voll Wehen,
Wie bebte der Königsthron!
Die bleiche, kreisende Mutter,
Die Revolution!

boden für ihre parlamentarischen Vertretungen, und es war für sie eine gebotene Notwendigkeit daran festzuhalten, wollten sie nicht ihre Bestrebungen selbst preisgeben. Die Nationalversammlungen galten ihnen dort wie hier als mit der Krone gleichberechtigte Volksvertretungen, berufen von deren Trägern und ausgerüstet mit feierlichen Versprechungen, um zeitgemäße Verfassungszustände zu vereinbaren, und ihre militärischen Bedrohungen, ob durch Windischgrätz oder durch Wrangel, mußten sie mit gleichen Sorgen erfüllen.

So begeistert von der Freiheit sich Schulze in seinen Reden in der Nationalversammlung zeigte, seiner Parteistellung nach war er Monarchist. Deshalb hatte er seinen Platz im Linken Zentrum genommen und den Eintritt in die Linke des Hauses abgelehnt, weil dieser auch überzeugte Republikaner angehörten. Der Unterschied in der politischen Anschauung beider Gruppen machte sich unter anderem gerade in den letzten Tagen der Nationalversammlung in den gegen das Ministerium Brandenburg gerichteten Anträgen geltend: während die Linke erklärt, daß es überhaupt nicht zur Verwendung von Staatsgeldern und Erhebung von Steuern berechtigt sei, wenigstens bis zu dem Zeitpunkt der Wiederaufhebung dieses Beschlusses durch die Nationalversammlung, wollte das Linke Zentrum die Steuern nur so lange verweigern, bis die Nationalversammlung ihre Beratungen in Berlin wieder ungestört fortsetzen könne. Allerdings handelte es sich auch bei Schulze um die Aufrichtung der konstitutionellen Monarchie; in der zu vereinbarenden Verfassung sollten gesetzlich diejenigen Rechte festgelegt werden, welche das Volk durch die Märztage

---

Zur Wiege die Barrikade,
Von toten Leibern umschränkt;
Es ward an der Mutter Brüsten
Das Kindlein mit Blute getränkt.

Das Kind, die junge Freiheit!
Ja, Könige zogen heran,
Wie einst die Weisen von Osten,
Und boten die Gaben an.

Doch von sich die gleißenden Ehren
Das Kindlein stieß mit Hast,
Griff spielend nach den Kronen —
Die Könige sind erblaßt.

Da hub sich ein Fahnden und Morden
Wie beim Herodes vordem:
Die Freiheit, ihr blutigen Toren,
Stirbt nimmer in Bethlehem!

seiner Meinung nach errungen hatte und ihm von dem König zugesagt worden waren. Aus der gleichen Anschauung entsprang daher seine stete Betonung der Rechte der Nationalversammlung, deren Antastung er nicht energisch genug bekämpfen zu müssen glaubte.*)

Den Schluß der politischen Tätigkeit Schulzes in dieser Periode bildet seine Verteidigung vor dem Geschworenengericht in Berlin im Februar 1850. Schon am 16. Mai 1849 war Waldeck unter dem Vorgeben verhaftet worden, daß er an dem hochverräterischen Plane zur Herstellung einer sozialdemokratischen Republik beteiligt sei. Nach siebenmonatlicher Untersuchungshaft wurde er freigesprochen, nachdem selbst der Staatsanwalt die Schriftstücke, auf Grund deren die Anklage erhoben

---

*) Aus dieser Zeit hat sich noch der Brief erhalten, den Schulze am 26. Oktober 1849 an ein Patenkind in Delitzsch richtete. Einem Namensvetter, Ziegeldeckermeister Friedrich Schulze, war ein Söhnchen geboren worden und der Vater, ein begeisterter Freiheitsfreund, hatte — eine bezeichnende Auswahl — sowohl unsern Schulze als auch Gottfried Kinkel, Temme und Waldeck gebeten, Patenstelle bei dem Kinde zu übernehmen. Kinkel verbüßte wegen seiner Teilnahme an dem badischen Aufstande damals seine Zuchthausstrafe in Naugard; Temme saß als Mitglied des Stuttgarter Rumpfparlaments in Untersuchungshaft; Waldeck war eben erst von der Anklage der Beteiligung an einem hochverräterischen Unternehmen freigesprochen worden. Alle nahmen die Patenstelle an; ihre zustimmenden Briefe, welche sich erhalten haben, sind von L. Parisius in der Vossischen Zeitung vom 14. Juli 1892 veröffentlicht worden. Schulze schrieb dem jungen Weltbürger:

„In verhängnisvoller Zeit geboren, hast Du, geliebter Pate, doppelt den Beruf: ein ganzer Mann zu werden, der einst das Seine redlich dazu beiträgt, daß es besser werde in unserm Vaterlande. Du bist arm geboren, nun so brauche Deine Kräfte, Dich emporzuarbeiten; das Leben wird Dir nicht leicht entgegenkommen, es wird Dich rauh begrüßen – mag Dich sein rauher Gruß stählen zum Kampf mit den bösen Mächten, die den Aufschwung der Menschheit darniederhalten. Die Männer, die Dein Vater zu Deinen Taufzeugen erkoren hat, müssen alle dulden um die gute Sache des Volks, mehr oder weniger — das soll Dich zu Opfern und Mühen um dieselbe Sache anspornen, um die schon so viele seit Jahrtausenden zu Schaffot, Scheiterhaufen und Kerker verurteilt sind.

Du hast einen guten Namen, Namensbruder. Die Schultheiße, Schultzen waren es, denen unsere Vorfahren in ihren uralten Freimannengerichten die Handhabung des Rechts anvertrauten. Sei Du ein echter Schultz, der da steht für das Recht seines Volkes und die alten Schulden heischt von seinen Feinden mit Zins und Zinseszins! Das walte Gott, nicht der Gott der Pfaffen, sondern der freien Menschen!

Delitzsch, 26. Oktober 1849.

Dein Pate
Hermann Schulze."

worden war, als gefälscht erkannt und letztere als ein „Bubenstück“ bezeichnet hatte, „ersonnen, um einen Mann zu verderben“. Noch vor Beendigung des Prozesses gegen Waldeck erhob die Berliner Staatsanwaltschaft gegen 42 Mitglieder der Nationalversammlung, darunter Schulze, Anklage, welche auf deren Steuerverweigerungsbeschluß vom 15. November 1848 aufgebaut wurde. Indessen verweigerten die Anklagesenate ihre Zustimmung hierzu, weil ein Gesetz aus dem Juni 1848 die Unverantwortlichkeit der Abgeordneten zur Nationalversammlung für ihre Reden und Abstimmungen ausgesprochen hatte. So ward die Anklage darauf beschränkt, daß die Betreffenden durch Verbreitung des Steuerverweigerungsbeschlusses mittels dessen Versendung in ihre Wahlkreise zum Aufruhr aufgefordert hätten, worauf das preußische Landrecht Festungs- und selbst Zuchthausstrafe gesetzt hatte, auch „wenn noch keine wirkliche Gewalt verübt worden und noch kein Schaden geschehen ist“. Unter den Angeklagten befanden sich acht Geistliche der evangelischen und der katholischen Kirche; drei gehörten dem Lehrerstande und acht dem Justizdienst an, während vier Verwaltungsbeamte waren. Um sie ihrem eigentlichen Forum in den verschiedenen Gerichten der Orte zu entziehen, wo sie den angeblichen Aufruhr hatten herbeiführen wollen, wurden sie sämtlich in Berlin vor Gericht gestellt. Am 4. Februar 1850 begann der Prozeß, am 8. gelangte die Anklage gegen Schulze zur Verhandlung.

Die Anklageschrift gab zunächst eine historische Darstellung der Ereignisse vom 8. bis zum 17. November, wobei sie von der „feindseligen Gesinnung“ sprach, welche die „der königlichen Botschaft (bezüglich der Verlegung des Sitzes der Nationalversammlung nach Brandenburg) ungehorsamen Abgeordneten“ gegenüber der Regierung bewiesen hätten. Sie bezeichnete indessen nicht die Teilnahme an den Sitzungen nach dem 8. November für strafwürdig sondern nur die Verbreitung des Steuerverweigerungsbeschlusses und der Proklamation vom 18. November in den Wahlkreisen der Abgeordneten, wodurch beabsichtigt worden sei, „das Volk aufzureizen“, um durch die zu unterlassende Steuerzahlung die Krone wenn nicht zur Entlassung des Ministeriums Brandenburg, so doch zur Zurücknahme der angeordneten Verlegung der Nationalversammlung aus den Mauern Berlins zu zwingen. Allerdings mache sich nach dem preußischen Landrecht nur derjenige des Aufruhrs schuldig, „der eine Klasse des Volks ... ganz oder zum Teil zusammenbringt, um sich der Ausführung obrigkeitlicher Verfügungen mit vereinigter Gewalt zu widersetzen oder von der Obrigkeit zu erzwingen“; aber das Gesetz wolle nicht nur ein räumliches Zusammenbringen einer Klasse des Volks sondern auch die Hinleitung zu Handlungen zu demselben Zwecke verbieten. Eine solche Handlung sei indessen durch die Verbreitung des Steuerverweigerungsbeschlusses begangen worden. Bezüglich dieses versage die den Abgeordneten gesetzlich zugestandene Unverantwortlichkeit, welche sich nur auf ihre Abstimmungen, ausgesprochenen Worte und Meinungen beziehe. Da die Angeschuldigten ihren Wohnsitz nicht in Berlin hatten, mußte der Gerichtshof es gestatten, daß man Zeugen aus der Heimat herbeibrachte, die über das Gesamtverhalten der Angeklagten Auskunft gaben.*) Aus Delitzsch traten neun Bürger auf, die eine Schilderung von dem Privatleben und der öffentlichen Wirksamkeit Schulzes in Delitzsch namentlich in den Hungerjahren 1846 und 1847 gaben und bekundeten, daß alle Briefe Schulzes im November 1848 zur Ruhe gemahnt, von jeder Gewalttätigkeit und Widersetzlichkeit abgeraten und niemals zur Erhebung eines Aufstandes aufgefordert hatten. Unter dem Eindrucke dieser Aussagen räumte die Staatsanwaltschaft selbst ein, daß Schulze zwar keine Exzesse hervorgerufen, gleichwohl durch Mitteilung des Steuerverweigerungsbeschlusses eines Versuchs des Aufruhrs sich habe zuschulden kommen lassen.

In seiner Verteidigungsrede**) wandte Schulze sich gegen die Auffassung des Staatsanwalts, die in den Angeklagten „der Königlichen Botschaft — über die Ernennung des Ministerium Brandenburg — ungehorsame Abgeordnete" sah. Er wußte diesen Argumenten mit solcher Wucht und Überzeugung entgegenzutreten, den konstitutionellen Standpunkt zu wahren und die Ausführungen des Staatsanwalts über die Strafbarkeit der Verbreitung der Steuerverweigerungsbeschlüsse — Ausführungen, die uns heute allerdings nur ein Lächeln abgewinnen — in ihrer ganzen Nichtigkeit zu zerpflücken, so daß sein Verteidiger äußerte, den eben gehörten Worten nichts hinzufügen zu können, und daß der Vertreter der Staatsanwaltschaft die Erklärung abgab, die Anklage sei allerdings vom Standpunkt des Absolutismus aus erhoben; Preußen habe im Jahre 1848 zwar einige konstitutionelle Einrichtungen aber noch keine konstitutionelle Verfassung gehabt, welche die absolute Gewalt des Königs beschränkt hätte. Die Geschworenen sprachen jedoch am 21. Februar sämtliche Angeklagten mit Ausnahme von Lothar Bucher frei.

Schulzes Verteidigungsrede, die den Höhepunkt in dem Prozeß bezeichnete, erregte allenthalben das größte Aufsehen, war sie doch eine

---

*) Für das Folgende s. Bernstein a. a. O. S. 74f.

**) Sie ist nebst der Anklageschrift im dritten Band dieses Werkes abgedruckt.

geschichtliche und sittliche Würdigung der Tätigkeit der Nationalversammlung. Die Zeitungen brachten sie in größter Ausführlichkeit, und bereits vor gefälltem Urteilsspruch schrieb Rodbertus am 18. Februar aus Jagetzow an Schulze:

„... Mit dem lebendigsten Interesse verfolgen wir Ihren Prozeß. Uns scheint eine Verurteilung unmöglich, aber wieviel moralische Unmöglichkeiten sind in der letzten Zeit nicht möglich geworden! Übrigens schuldigt Ihnen Berg, Bucher, Hildenhagen, die ganze Demokratie Dank. Ihre Reden sind meisterhaft und werfen einen dicken, dicken Schatten auf die Talente beider gegenwärtiger Kammern zugleich. Selbst die erbittertsten Gegner können sich des Rühmens nicht erwehren. Es ist kaum glaublich, daß soviel Licht nicht auch die tiefste Finsternis eines Geschwornen sollte erleuchten können. — Aber sei's auch ohne Kokarde — ich denke, wenn man sie wieder tragen dürfte, wird sie überhaupt abgeschafft sein. —"

Und fünfundzwanzig Jahre später wiederholten seine Parteifreunde im preußischen Abgeordnetenhause: „Noch lebt in uns, die wir jene Zeit mit Ihnen als gereifte Männer durchlebt haben, die Erinnerung an die gewaltige Verteidigungsrede, in der Sie das verfassungsmäßige Recht der Abgeordneten der Anklage gegenüber wehrten und siegreich durchführten."

Nach Beendigung des Prozesses mußte Schulze daran denken, die Wiederaufnahme seiner beruflichen Tätigkeit zu betreiben. Mit Beginn des Jahres 1849 war die Patrimonialgerichtsbarkeit in ganz Preußen aufgehoben worden und er dadurch, allerdings mit Zusicherung seiner Anstellung im Staatsdienst unter Berücksichtigung seines Dienstalters und Einkommens, seines Amts verlustig gegangen; im März desselben Jahres beantragte er nun bei dem Appellationsgericht in Naumburg seine Anstellung als Kreisrichter in Delitzsch; indessen stand dieser die noch nicht erfolgte Pensionierung seines Vaters entgegen. Auf eine Vorstellung bei dem Justizminister im August empfing er zur Antwort, daß ihm „die Aussicht auf Anstellung als Rechtsanwalt oder Richter in der Provinz Sachsen nicht eröffnet werden könne, solange sich das Resultat der gegen Sie wegen Aufreizung gegen die Anordnungen der Regierung schwebenden Voruntersuchung nicht übersehen läßt. Es wird eine Äußerung von Ihnen darüber erwartet, ob Sie eine Richterstelle in den Departements der Appellationsgerichte zu Ratibor, Posen, Bromberg und Insterburg anzunehmen bereit sind". Als nun der Steuerverweigerungsprozeß mit seiner Freisprechung geendet hatte, wiederholte Schulze sein Ersuchen um Verleihung einer Rechtsanwaltsstelle; von neuem erwiderte der Justizminister, daß er sich hierzu nicht bewogen finden könne, wohl aber wolle er ihm interimistisch eine Hilfsrichterstelle in Wreschen, Departement Posen, mit einem Jahreseinkommen von 600 Talern übertragen, das mit dem Herbste 1850 auf 800 Taler erhöht werden solle. Schulze nahm die Stelle zwar sofort an, zögerte aber mit der Abreise. Denn inzwischen hatte er sich mit einer jungen Dame, Bertha Jacob in Berlin, verlobt, die ihm besonders durch ihre musikalische Begabung nahegetreten war und von der er voraussetzte, daß sie bereit sein werde, sein keineswegs glänzende Aussichten bietendes Lebenslos zu teilen. Ein Zweites kam hinzu. Die Stadtverordnetenversammlung in Demmin in Pommern erwählte ihn unaufgefordert zum Stadtsyndikus mit einem Jahresgehalt von 600 Talern und boten ihm diese Stellung mit den Worten an: „Ihre Bestrebungen für das Wohl und die Hebung des Handwerkerstandes sind uns allen nur zu gut bekannt." Erst als die Wahl die Genehmigung der Regierung in Stettin nicht fand, siedelte er mit seiner Frau im Herbste nach Wreschen, einer kleinen Stadt mit halb polnischer, halb jüdischer Bevölkerung, über.

Dort harrte seiner eine große Last von Arbeit.*) Bei dem Gerichte schwebte ein endloser Prozeß noch aus der polnischen Zeit des achtzehnten Jahrhunderts. Die berghoch aufgetürmten Akten boten ein Wirrsal, in welches sich kein Richter mehr hineinwagte; jahrelang waren weder Termine noch Verhöre anberaumt worden, so daß die Beteiligten kaum mehr das Ende des Rechtsstreits zu erleben hofften. Schulze bekam den Auftrag, die Angelegenheit wieder in Fluß zu bringen, und er wurde mit Rücksicht auf die fast unübersehbare Last von jedem anderen Amtsdienste befreit. In der Tat gelang es ihm nach kurzer Zeit, die Akten zu ordnen; es konnten wieder Termine angesetzt und die Interessenten, die zum Teil in Polen lebten, zu Vernehmungen geladen werden. Noch vor Beginn der Gerichtsferien des Jahres 1851 war der Prozeß im vollen Gange und es wurden bereits Zahlungen aus der aufgehäuften Masse geleistet.

Inzwischen war Schulze ein Sohn geboren worden und er gedachte, den ihm zustehenden Urlaub in den Gerichtsferien zu einer Reise in die Heimat zu benutzen, um sich von den Anstrengungen der Arbeit zu erholen. Das Justizministerium, das ihm schon vorher die Auszahlung von Wartegeld für die Zeit vom April 1849 bis dahin 1850 verweigert hatte, machte Schwierigkeiten: erst auf das Dazwischentreten des Kreisgerichtsdirektors wurde ihm der Urlaub bewilligt, jedoch die Bedingung

*) Für das Folgende s. Bernstein a. a. O.

daran geknüpft, daß er nicht nach Delitzsch gehen dürfe, wohl weil die Regierung dort politische Demonstrationen der Freunde Schulzes befürchtete. Dieser trat den Urlaub zwar an, weigerte sich aber, sich jener Beschränkung zu unterwerfen, wie er denn auch die Vaterstadt aufsuchte, um seinen Eltern das Enkelkind zu zeigen. Dessen Erkrankung verursachte eine Überschreitung der Urlaubszeit; der Appellationsgerichtspräsident in Posen entzog ihm deshalb das Gehalt für einen Monat und versagte ihm zugleich im voraus jede Urlaubsbewilligung für das nächste Jahr, nachdem ihm schon vorher die Amtsentlassung angedroht worden war. Schulze beantragte im September bei dem Justizminister die Aufhebung jener Verfügung und schloß seine Eingabe mit den Worten: „Sollten Eure Exzellenz mir wider die Verfügung des Königlichen Appellationsgerichtspräsidii keinen Schutz gewähren können, so bitte ich, da ich meine Gesundheit im Staatswesen zu opfern nicht gesonnen bin und ohne Gehalt auch nicht einen Monat lang hier subsistieren kann, um meine Entlassung aus dem Justizdienste vom 1. Oktober dieses Jahres an." Darauf erhielt er seine Entlassung.

Vergeblich suchte der Direktor des Kreisgerichts, Guderian, in dem Konflikte zu vermitteln. In einer anfangs September an das Appellationspräsidium in Posen abgegebenen Bescheinigung hatte er schon erklärt, daß Schulze „die Ferienzeit des Jahres 1850 mit besonderem Erfolge dazu verwendet hat, dem hiesigen Königlichen Kreisgerichte überwiesene veraltete und bedeutende Kreditsachen zum Austrage zu bringen, daß derselbe in der Tat einen Teil dieser Sachen zum völligen Austrage gebracht, einen anderen Teil dazu vollständig vorbereitet, ferner nicht nur hierbei sondern überhaupt bei Bearbeitung aller ihm übertragenen Rechtsangelegenheiten gründliche Rechtskenntnisse, praktische Ausbildung, anhaltenden und ausdauernden Fleiß dokumentiert hat, sowie daß während seiner jüngsten Abwesenheit in der diesjährigen Ferienzeit der Gang der Geschäfte nirgends gelitten hat". Nun wiederholte er nach Schulzes Entlassung aus dem Staatsdienst jene Angaben mit dem Hinzufügen, daß dieser „sich durch ausdauernden Fleiß, Pünktlichkeit und Eifer im Dienste ausgezeichnet, allen ihm übertragenen Arbeiten mit Liebe zur Sache unausgesetzt und ohne Aufenthalt unterzogen und im allgemeinen als ein sehr brauchbarer und tüchtiger Geschäftsmann bewährt hat". Und ebenso erklärte der Magistrat Wreschens, daß „der Obergerichtsassessor Schulze hierorts sich nicht nur allein tadellos sondern so verhalten hat, daß seinem Andenken die allgemeine Hochachtung folgt und seinen Abgang die Hilfsbedürftigen ohne Unterschied der Religion und Nationalität beklagen". Noch ein Jahr später schrieb ein Wreschener Amtsgenosse an Schulze:

„... Ihrem Wirken in Wreschen wird keine Folge mehr gegeben. Die großen Sachen, die Sie teils abgewickelt teils der Beendigung nahe geführt haben, sie ruhen und werden wohl bald ganz schlafen. Diese seit dem Jahre 1792 gangbaren resp. verschleppten v. Czarneckischen Konkurssachen! Wie wurden sie von Ihnen aus ihrem fast 60jährigen Schlafe durch Energie und Kraft emporgehoben, erweckt und mit Beharrlichkeit dem Ende nahe geführt; mehr als 100000 Taler sollten, wenn Sie auch nur noch ein halbes Jahr in Wreschen gewirkt hätten, aus dem selbst dem Gerichte lästigen Gewahrsam herauskommen und fruchtbringend sich über den Landbau und andere Kulturzweige in dem Umlaufe ihrer halbverarmten Eigentümer verbreiten. Jetzt? ach, es ist dazu keine Aussicht vorhanden. — Wenn das der Herr Minister wissen möchte! Ich bin fest überzeugt, Sie würden sofort ein Kommissorium zur Beendigung dieser Riesenarbeit erhalten. Aber dergleichen Dinge kommen zur Kenntnis der höchsten Behörden nicht, und ... die Interessenten trauern über Ihren Weggang. Mir, der ich als Kalkulator in diesen Sachen mitgewirkt habe, verschafft es eine Erleichterung meines Mitgefühls, wenn ich mich Ihnen gegenüber vertraulich darüber aussprechen kann ..."

III. Die genossenschaftlichen Anfänge.

Aus der von der preußischen Nationalversammlung gebildeten Kommission für Handel und Gewerbe, deren Vorsitz dem Abgeordneten von Unruh übertragen worden war, wurde im Juli 1848 eine Unterabteilung „für Handwerksangelegenheiten" ausgeschieden und zu ihrem Vorsitzenden Schulze gewählt. Allein und soweit die sie beschäftigenden Fragen über das Handwerk hinausgingen und die Fabrikindustrie berührten, mit der Kommission für Handel und Gewerbe zusammen arbeitete sie bis zum 6. November, wo sie Schulze mit der schriftlichen Berichterstattung beauftragte.*) Die Unterkommission hatte an manchen Tagen zwei Sitzungen abgehalten und war einmal auch am Sonntag zusammengetreten, weil der ihr zugewiesene Stoff ungewöhnliche Ausdehnung gewann. Über 1600 Petitionen waren bei ihr eingegangen, welche die Abänderung der Gewerbeordnung zum Gegenstand ihrer Vorstellungen machten; ferner wurden ihr Anträge aus der Nationalversammlung selbst zugewiesen und ihr endlich eine Zusammenfassung der bezüglich gewerblicher und Handwerkerfragen bei dem Ministerium eingegangenen Wünsche — vom 18. Juni 1848 mit zwei Nachträgen vom Juli und September — übermittelt. Weiter zog sie die Beschlüsse der zu Frankfurt a. M. stattgehabten Handwerker- und Gesellenkongresse, welche unabhängig voneinander dort getagt hatten, in den Kreis ihrer Beratungen. Zu letzteren wurden auch Handwerkerdeputierte, die aus den Provinzen abgeordnet waren, zugezogen; diese nahmen an den Debatten teil und stellten selbst Anträge. Sie verlangten, ebenso wie der Frankfurter Handwerkerkongreß es getan hatte, daß an Stelle der preußischen Gewerbeordnung vom 17. Januar 1845 zunächst ein „Interimistikum" trete, das den obligatorischen Befähigungsnachweis als Vorbedingung für die selbständige Ausübung eines Handwerks und den Innungszwang vorschreiben sollte. Daß man sich auf die vorläufige Ordnung der Frage beschränken wollte, hing mit dem Umstand zusammen, daß man glaubte, den einschlägigen Beschlüssen der deutschen Nationalversammlung in Frankfurt a. M., deren volkswirtschaftlicher Ausschuß

*) F. Schneider: Vor fünfzig Jahren. Bl. f. Gen.-Wesen, Jahrg. 1898, Nr. 46.

gleichfalls jene Fragen sehr eingehend erörterte, nicht vorgreifen zu dürfen. Andererseits hofften die Befürworter des „Interimistikums" wohl mit Recht, daß, wenn damit die schon an und für sich nicht allzugroßen Rechte der Gewerbefreiheit völlig zu Grabe getragen würden, dies nicht ohne Eindruck auf die Frankfurter Gesetzgebungskommission bleiben könne.

Die Forderungen des „Interimistikums" fanden nicht den Beifall der Mehrzahl der Kommission; zwar hatte Schulze selbst am 11. Juli in der Nationalversammlung einen Antrag*) eingebracht, der im wesentlichen der gleichen Ideenwelt angehörte; aber das der Kommission unterbreitete Material eröffnete ihr neue Gesichtspunkte. Namentlich waren es praktische Anregungen, die in ihr laut wurden, und Mitteilungen über die Versuche, welche an den verschiedensten Orten gemacht worden waren, um diese in das Leben überzuführen. Überall wurde in den Handwerkerkreisen über den Mangel an Kapital geklagt und die Gewährung von Vorschüssen aus staatlichen Kassen verlangt. Andere Wünsche gingen auf Errichtung von gemeinschaftlichen Verkaufshallen (Vereinshallen, Industriehallen) seitens des Staates, allerdings mit dem Hinzufügen, „daß an Orten, wo solche bestehen, einzelne Meister in ihren eigenen Magazinen nur die in ihren Werkstätten verfertigten Fabrikate verkaufen dürften". Besondere Petitionen führten dagegen zu Vorschlägen, welche die Kommissionsmitglieder zu ihren eigenen Anschauungen verdichteten: es war die Gewährung von Vorschüssen aus Staatsmitteln an

*) „Bis zum Erlaß einer neuen Gewerbeordnung wird vorläufig unter Suspension aller entgegenstehenden Bestimmungen des Gesetzes vom 2. Nov. 1810 und der Gewerbeordnung vom 17. Januar 1845 verordnet wie folgt:

§ 1. Niemand wird von jetzt ab mehr zum selbständigen Betriebe eines Handwerks zugelassen ohne vorgängigen Nachweis seiner Tüchtigkeit durch Prüfung bei einer Innung oder der gesetzlichen Prüfungskommission.

§ 2. Die Fertigung von Arbeiten, welche Gegenstand des Handwerksfleißes sind, wird bei sämtlichen auf Staatskosten erhaltenen Instituten — namentlich Strafanstalten und Militärkommandos — soweit es die Natur der Sache nur irgend zuläßt, in Zukunft beschränkt. Ebenso sollen öffentliche Arbeiten auf Staatskosten ferner nicht mehr an Beamte in Entreprise gegeben werden.

§ 3. Konzessionen zum Hausierhandel mit Handwerkserzeugnissen werden von jetzt ab nicht mehr erteilt."

Die Anträge sind in der Nationalversammlung nicht zur Beratung gekommen, Schulze zog sie am 9. Oktober mit der Begründung zurück, daß sie in der Kommission für Handwerkerverhältnisse beraten worden seien und diese über alle Punkte Beschluß gefaßt habe, so daß in der nächsten Zeit ein sie behandelnder größerer und umfassenderer Bericht fertiggestellt sein werde.

ganze Innungen gegen solidarische Verbürgung sämtlicher Innungsmitglieder. Die Kommission lehnte nunmehr in wiederholten Abstimmungen bei Anwesenheit von zehn Mitgliedern einstimmig ab, den Zwangseintritt in die Innung in das Interimistikum aufzunehmen, wohl aber befürwortete sie, „daß nur den in der Innung befindlichen Handwerkern ein Kredit durch den Staat unter solidarischer Verpflichtung der Innungen eröffnet werden könnte."

Leider hat die Kommission den versprochenen schriftlichen Bericht über ihre Verhandlungen nicht mehr erstattet, da das Ministerium Brandenburg der Tätigkeit der Nationalversammlung schon Mitte November ein Ende machte. Über den Gang der Beratungen in der Kommission besitzen wir noch die Äußerung eines Mitgliedes, des Abgeordneten Theodor Müllensiefen, Glasfabrikanten aus Crengeldanz (Westfalen),*) eines durch Charakter und gemeinnützige Wirksamkeit gleich ausgezeichneten Mannes, der vierzehn Jahre später an Schulze schrieb:

„So klar, als wenn es erst gestern erlebt, stehen noch die ersten Anknüpfungspunkte dieses näheren Verhältnisses (zwischen ihm und Schulze) vor meiner Seele, als Du mit unendlicher Langmut in jener Kommission für die Handwerkerfrage, deren Vorsitzender Du warst, die aufgeregten Gemüter durch Vernunftsgründe zu beschwichtigen vermochtest und bis zur Stunde nicht nur unzählige Männer des Handwerks sondern mehr und mehr die erstaunte gebildete Welt durch eine Anzahl angehäufter Beweise zu der Überzeugung geführt hast, wie das Heil der Handwerker eben in der Verwirklichung derjenigen Grundsätze zu finden ist, welche gerade den Gegensatz derjenigen bilden, welche sie damals für die einzig richtigen hielten."

So hat Schulze jedenfalls durch die Kommissionsverhandlungen abgesehen von der Kenntnis der Dinge, die er sich schon in Delitzsch erworben hatte, einen genauen Einblick in die Bedürfnisse der Gewerbetreibenden und in ihre erfüllbaren und unerfüllbaren Wünsche getan. Zweifellos hat er es dabei nicht bewenden lassen. Allerwärts standen die Klagen der Handwerker auf der Tagesordnung. So hatte im Königreich Sachsen die Regierung einen 384 Fragen über Gewerbs- und Arbeitsverhältnisse umfassenden Bogen ausgearbeitet, in welchem auf die Leipziger Tischlerinnung hingewiesen worden war, die einen gemein-

*) Auf die Wohlfahrtseinrichtungen der Glasfabriken der Gebrüder Müllensiefen in Crengeldanz hat Schulze später in seiner Schrift „Die arbeitenden Klassen und das Assoziationswesen in Deutschland" (Bd. I, S. 223 dieses Sammelwerkes) hingewiesen.

schaftlichen Fonds zum Einkauf von Holz und zu einer permanenten Ausstellung ihrer fertigen Waren zusammengeschossen, also gleichzeitig eine Rohstoff- und eine Magazingenossenschaft gebildet hatte.*) Ebenso wurde aus Süddeutschland berichtet, daß dort seit mehreren Jahren an verschiedenen Orten Gewerbehallen errichtet worden waren, welche ihren Mitgliedern Vorschüsse auf die eingelieferten Waren gaben.**)

Auch sonst fehlte es wohl nicht an mehr oder weniger ausgereiften Projekten, hatten doch die französischen Nationalwerkstätten die allgemeine Aufmerksamkeit auf sich gezogen, so rasch sie auch wieder ihr Ende fanden. Handwerkerproduktivgenossenschaften waren in Paris schon lange vor dem Jahre 1848***) — eine Tischlergenossenschaft 1832 und eine Goldarbeitergenossenschaft 1834 — gegründet worden. Gerade die Erörterung über die Möglichkeit der Übertragung der Assoziationsform in die gewerblichen Kreise Deutschlands nahm in der Tagesliteratur schon seit 1844 und wohl noch früher einen breiten Raum ein. Jetzt wurden die Gründe dafür und dagegen auch in den Volksversammlungen besprochen, in denen — namentlich in Berlin — nicht wenige Redner sich auf ihre in Frankreich gemachten Erfahrungen berufen konnten. Selbst das preußische Ministerium war nicht abgeneigt, die Gründung einer Produktivgenossenschaft unter den verarmten Webern in Ratibor in Oberschlesien finanziell zu unterstützen.

Für Schulze begann nach der Auflösung der zweiten Kammer des Preußischen Abgeordnetenhauses — Frühjahr 1849 — eine Pause der Muße. Sein Amt als Patrimonialrichter war in Wegfall gekommen; eine anderweitige staatliche Anstellung wurde ihm bis zum Ausgang des gegen ihn eingeleiteten Steuerverweigerungsprozesses versagt. Er benutzte die freie Zeit, um im Sommer zunächst in der reichen Bibliothek von Rodbertus auf dessen Gute in Jagetzow, wo er als Gast weilte, zu arbeiten. Auszüge, die er z. B. aus der Histoire de la Révolution française von Thiers machte, haben sich noch erhalten. Dann aber begann er in Delitzsch mit der Kleinarbeit in den Kreisen der Handwerker und Arbeiter, die ihn bis zur Übernahme des Richteramtes in Wreschen beschäftigte. Die Erfolge, so beschränkte sie auch vorläufig bleiben mußten,

*) B. Penndorf: Erörterung des Genossenschaftsgedankens in den Jahren 1848 und 1849. Bl. f. Gen.-Wesen Jahrg. 1907, Nr. 5.

**) E. Baer: Zur Vorgeschichte der deutschen Kreditgenossenschaften. Heidelberg 1907.

***) H. Crüger: Die Erwerbs- und Wirtschaftsgenossenschaften in den einzelnen Ländern. Jena 1892.

machten solches Aufsehen, daß er schon im Frühjahr 1850 öffentlich Rechenschaft darüber in seinen „Mitteilungen über gewerbliche und Arbeiterassoziationen“ (Leipzig 1850)*) ablegte. Er verwahrte sich hierin dagegen, neue Theorien zu entwickeln, um mit ihnen die soziale Frage aus der Welt zu schaffen; es gehöre vielmehr, wie er dort sagte, die gemeinsame Arbeit ganzer Generationen und das praktische Erfassen von allen Seiten dazu, um deren allmähliche Lösung anzubahnen. Zwar forderte er die Vereinigung der Beteiligten, aber er wies zurück, daß ihnen der Staat eine angemessene Existenz gewährleiste, so daß sie nicht mehr nötig hätten, für eigne Gefahr und Rechnung zu arbeiten. Vielmehr gelte es, den Mitgliedern jener Vereinigungen die Vorbedingungen einer lohnenden Arbeit, nämlich die Beschaffung der nötigen Mittel soviel als möglich zu gewähren, ohne die Ergebnisse der Arbeit selbst zu gewährleisten, indem es jedem einzelnen überlassen bleiben müsse, wie sie die gebotenen Vorteile durch ihre Tätigkeit und Geschicklichkeit benützen.

So wollte er „unter Assoziation oder Genossenschaft eine Verbindung unter den wenig bemittelten, vorzugsweise arbeitenden Klassen verstanden wissen, welche dahin strebt, bei wirtschaftlichen Zwecken den einzelnen kleinen und im Verkehr verschwindenden Kräften durch ihre Vereinigung soviel als möglich die Vorteile einer Großkraft zu Gebote zu stellen. Die Voraussetzung eines solchen Unternehmens ist, daß man sich irgendwie in einer ungünstigen Stellung dem großen Kapitale gegenüber fühlt, sei es in der Konsumtion, sei es in der Produktion, und aus dieser ungünstigen Stellung wollen sich die Mitglieder eben durch ihre Verbindung emanzipieren. Ganz vorzüglich beteiligt ist aus diesem Grunde hierbei der bisher selbständige kleine Gewerbe- und Handwerkerstand, der durch die Konkurrenz der neuen, hauptsächlich der Fabrikindustrie, welche auf den Großbetrieb hingewiesen ist, in seiner Existenz sich gefährdet sieht“.

Bei dem Zusammenschluß zu Assoziationen hielt er an dem Gesichtspunkte fest, daß deren Zweck leicht faßlich und ihr Ziel dem gewöhnlichen Gesichtskreis nicht zu weit entrückt sein müsse, die Früchte und Vorteile vielmehr als nahe und sichere jedermann in die Augen fallen.

Wesentlich war für ihn ferner, daß die über Ordnung und Verwaltung der Assoziationen zu treffenden Bestimmungen, soweit immer möglich, in die Hände der Mitglieder selbst gelegt würden; den Ausschüssen und Vorständen solle nur die Ausführung der gefaßten Beschlüsse obliegen. Die hieraus erwachsenden Unbequemlichkeiten und Weiterungen

*) Abgedruckt in Bd. I, S. 1 dieses Sammelwerks.

müßten gegenüber dem dadurch geweckten Vertrauen und Interesse der einzelnen für die Angelegenheiten der Assoziation zurücktreten, was für das Gedeihen der Sache viel wichtiger als die ewige Bevormundung sei. Außerdem bereite die Wahrung der möglichsten Selbständigkeit in diesen nächsten Lebenskreisen die Erziehung für freiere Bewegung in Staat und Gemeinde am besten vor.

Nach diesen Grundsätzen hatte Schulze eine Kranken- und Sterbekasse in Delitzsch ins Leben gerufen, von der Erwägung ausgehend, daß, wenn der Arbeiter durch Erkrankung schon schwer getroffen werde, da er dadurch des Erwerbs für sich und die Seinen beraubt sei, dieser Nachteil sich noch durch die unerschwinglichen Ausgaben für Arzt und Apotheker verstärke. So gab er der Kasse den Charakter einer Versicherung, um die Folgen der Erkrankung für diejenigen, welche ihre eigenen und ihrer Familien Versorger sind, soviel als tunlich auf die Schultern aller Mitglieder zu verteilen. Gegen Zahlung regelmäßiger Beiträge sollte dem Mitglied bei Erkrankungsfällen unentgeltliche Behandlung durch den Vereinsarzt und die unentgeltliche Verabreichung der von dem Arzt verschriebenen Medikamente aus der Vereinsapotheke und endlich eine Unterstützung in barem Gelde aus der Vereinskasse gewährt werden, insofern das Mitglied durch die Krankheit arbeitsunfähig geworden sei. Trotzdem in den Herbstmonaten 1849 die Cholera in Delitzsch wütete, zählte der Verein, der mit 136 Mitgliedern begonnen hatte, Anfang 1850 deren schon 300 und er besaß einen aufgesammelten Fonds von 180 Talern.

Besondere gewerbliche Assoziationen entstanden ferner auf Schulzes Anregung in Delitzsch unter den Tischlern und den Schuhmachern, welche sich die Beschaffung der Rohstoffe und der die Arbeit erleichternden Werkzeuge und Maschinen sowie die Errichtung von Magazinen zum Verkauf fertiger Waren zur Aufgabe machten. Als Regel wurde daran festgehalten, „überall klein anzufangen und die Unternehmungen nur so weit auszudehnen, als es die vorhandenen Mittel mit Sicherheit erlauben". Hier war aber bereits die Frage der Kapitalbeschaffung, der Sicherung des nötigen Kredits gelöst worden, indem die Mitglieder der Assoziationen dafür die solidarische Verpflichtung übernahmen. Dieses Ergebnis war um so beachtenswerter, als gerade jene Gewerbe, wie Schulze hervorhob, „in kleineren Orten regelmäßig eine Menge Unbemittelter in sich fassen, welche nicht imstande sind, sich ihr Material in größeren Quantitäten anzuschaffen und daher den Zwischenhändlern in die Hände fallen, von denen sie ihr Bedürfnis zu den einzelnen Bestellungen mit einem Aufschlag von 50 bis 60, zuweilen 80 bis 100 Prozent entnehmen, so daß dieser Mehraufwand für das Material, da sie der Konkurrenz halber die Preise nicht gleichmäßig steigern dürfen, nicht selten den besten Teil des Arbeitslohns verschlingt". Die Assoziation der Delitzscher Schuhmacher konnte Anfang 1850 erst über eine Tätigkeit von drei Monaten berichten. Sie besaß 57 Mitglieder, von denen jedes zwei Taler in die Kasse eingeschossen hatte, während mehr als 850 Taler unter solidarischer Verbürgung angeliehen worden waren. Aus den hierfür betätigten Ankäufen von Leder in der Leipziger Neujahrsmesse und deren Weiterverkauf an die Mitglieder gegen bare Zahlung war ein Nutzen nach Abzug aller Kosten von 68 Talern erwachsen. Dieser günstige Erfolg gab den Beteiligten Veranlassung, sofort in der Ostermesse Einkäufe in Höhe von 2300 Talern zu machen, aus denen man sich einen Gewinn von 200 bis 300 Talern versprach.

Zwischen der Krankenkasse und den gewerblichen Assoziationen stand der Vorschußverein. Die Zeitverhältnisse hatten es dem unbemittelten Gewerbetreibenden und dem Arbeiter noch schwerer als früher gemacht, Vorschüsse, und dann auch nur zu wucherischen Zinsen, aufzutreiben. Die Erkenntnis, „an wie kleine Summen oft Wohlstand und Existenz ganzer Familien geknüpft sind, wie wenig in manchen Fällen dazu gehört, um den redlichen Arbeiter emporzuhalten oder nicht selten für immer in das Elend zu stoßen", hatte — wiederum auf Schulzes Veranlassung — zu der Gründung des Vereins geführt, der „unbemittelten Einwohnern der Stadt durch bare Vorschüsse zu Hilfe kommen will, soweit dieselben dadurch im Nahrungsstande und Gewerbebetriebe erhalten werden können, ohne daß der Vorschuß den Charakter eines Almosens annimmt". Für kleinere Darlehen bis zu 10 Talern sollte die Sicherung des Vorschußentnehmers in seiner Rechtlichkeit, Geschicklichkeit und seinem Fleiße bestehen, bei größeren Darlehen ein Pfand oder Bürgschaft gefordert werden. Das Vereinsvermögen wurde aufgebracht durch Geschenke und laufende Beiträge, sowie durch unverzinsliche Darlehen. Diese drei Kategorien der Beitrag-, Geschenk- und Darlehenleistenden waren die Mitglieder. Für die aufgenommenen Darlehen haftete die Vereinskasse ausschließlich mit ihren Forderungsbeständen, so daß, „wenn die darin angelegten Fonds erschöpft werden und zur Befriedigung der Darleiher nicht ausreichen, weder die Mitglieder des Vereins noch die verwaltenden Ausschüsse und Beamten gehalten sind, aus eigenen Mitteln einen etwaigen Ausfall, den die Gläubiger erleiden, zu decken".

Durchsieht man die wenigen Blätter, in welchen Schulze diese Mitteilungen über seine Schöpfungen machte, so fällt zunächst in die Augen, daß er bei ihnen keinen Unterschied zwischen Handwerkern und Arbeitern kannte. In ihrer sozialen Lage, ihren Bedürfnissen und Forderungen fanden sich beide in seinen Augen zusammen, bildeten beide den Mittelstand der bürgerlichen Gesellschaft. So selbstverständlich war diese Zusammengehörigkeit für ihn, daß er nicht selten das Wort Arbeiter anwandte, wenn er von den Handwerksmeistern sprach. Beiden, den Gewerbetreibenden sowohl als den Arbeitern, sollten deshalb auch die Assoziationen gelten; ihr Zweck war, „den Arbeitern die Konkurrenz dem Kapital gegenüber erst möglich zu machen, da das letztere bei dem jetzigen Stand der Dinge allein diejenigen Bedingungen gewährt, welche notwendig sind, um mit Vorteil zu arbeiten". Deshalb schied er die Assoziationen in solche, die sich mit Gegenständen beschäftigen, bei denen alle „Arbeiter" eines Ortes gleichmäßig und unmittelbar interessiert waren wie Krankenpflege und dgl., und in solche, welche sich auf die „Arbeiter der einzelnen Branchen" beschränkten. Letztere sollten aber nicht in einen Gegensatz zu den bestehenden Innungen treten, er hoffte vielmehr, daß in diesen die Assoziationsideen Eingang fänden, um ihnen die Möglichkeit zu gewähren „durch Aufnahme eines solchen neuen jugendlichen Elements in ihren altehrwürdigen Schoß frische Lebenskraft wieder zu gewinnen und in inniger Gemeinschaft mit Leben und Erwerb ihren wahren Beruf zu erfüllen". Deshalb glaubte er, daß ihnen die ihren Angehörigen daraus erwachsenden Vorteile mehr neue Mitglieder zuführen würden, als alle Zwangsgesetze.

Aus jener Verschiedenheit der den Assoziationen zugewiesenen Aufgaben erklärt sich auch die verschiedenartige Struktur ihres Aufbaus. Krankenkasse und Vorschußverein wollten über plötzliche Notstände hinweghelfen, von denen Jedermann betroffen werden kann und sich auf die gesamte Einwohnerschaft des Orts erstrecken. Auf die Wohltaten der ersteren hatten die Mitglieder einen durch Beitragszahlungen erworbenen Anspruch; der Vorschußverein dagegen wollte außerhalb seines Mitgliederkreises und nur nach Maßgabe seiner Kassenbestände helfen. Anders die gewerblichen Assoziationen. Für sie galt es, ein Geschäft für gemeinschaftliche Rechnung und Gefahr zu betreiben, in welchem die Mitglieder durch Übernahme der solidarischen Verpflichtung für die Verbindlichkeiten der Assoziation ihre ganze Persönlichkeit einzusetzen hatten. Es ist gewiß nicht von ungefähr, daß Schulze über die Wirksamkeit sowohl der Krankenkasse als der Schuhmacher-Assoziation zahlenmäßige Angaben machte, bei dem Vorschußverein indessen einstweilen auf die Zukunft verwies, obgleich dieser über die Summe von etwa 160 Talern verfügte. Hiervon rührten aber 107 Taler aus Geschenken her, darunter 5 Taler von Schulze selbst und 24 Taler aus dem Ertrag eines Konzerts „mit Tanz", 45 Taler aus unverzinslichen Darlehen und lediglich 2 Taler aus Mitgliederbeiträgen.

Nur die ersten Samenkörner hatte Schulze in Delitzsch ausstreuen können, als er seine neue amtliche Stellung in Wreschen antreten mußte. Aber schon hatten seine Anregungen auch außerhalb der Vaterstadt Wurzel geschlagen. In zwei Ehrenbriefen überbrachten ihm die Handwerkervereine zu Torgau und Demmin (Pommern) ihre Glückwünsche zu seiner Freisprechung in dem Steuerverweigerungsprozeß, wobei der Torgauer Verein ihm zugleich den Dank für seine Betätigung im Jahre 1848 zur Reorganisation der Gewerbe auf dem Wege der Assoziation aussprach; die Demminer Handwerker aber erinnerten sich mit dem Gefühle des Dankes einer Rede, welche Schulze vor ihnen — vermutlich als ihm dort das Amt des Stadtsyndikus angeboten worden war — im Sinne seiner Bestrebungen gehalten hatte: „Diese Worte sind nicht verhallt, sondern tief eingedrungen in unser Herz und schon zeigt sich bei den meisten Gewerken die Ausführung Ihrer gemachten Vorschläge."

Als Schulze im Herbste 1851 von Wreschen nach Delitzsch zurückkehrte, war es natürlich, daß er sein Interesse wieder den Assoziationen zuwandte. Von ihnen hatten die Krankenkasse und die gewerblichen Vereinigungen erfreuliche Fortschritte gemacht; dagegen war die Wirksamkeit des Vorschußvereins auf ein Minimum zusammengeschrumpft, seine Mitgliederzahl auf 30 gesunken.

Schon bei Begründung des Vereins hatte Schulze darauf hingewiesen, daß die niedrigen Monatsbeiträge von 1 Sgr. (10 Pfennigen) auch den Unbemittelten ermöglichen würden, sich bei dem Unternehmen zu beteiligen. „Nicht nur, daß für die Leute dadurch die Vorteile eines Sparvereins an das Institut geknüpft werden, gewinnt dieses selbst an seinen Kassenbeständen, wenn es die eigenen Beiträge der Kreditsuchenden zur Aufsammlung der erforderlichen Summen benutzen kann". Diesen Gedanken hatte in dem benachbarten Eilenburg Schulzes Freund und politischer Gesinnungsgenosse Dr. Bernhardi unter gleichzeitiger Anlehnung an die Statuten der Delitzschen gewerblichen Assoziationen weiter verfolgt, als er dort einen Vorschußverein in das Leben rief. Er verlangte aber, daß die Vorschußempfänger die Mitgliedschaft des Vereins erwarben und sich zur solidarischen Verbürgung aller für einen bekannten. Indem sie so Inhaber des Vereinsgeschäftes wurden, wurden sie Träger des Gewinnes und Verlustes und zugleich waren sie in der Lage, fremde Gelder in größeren Beträgen an sich zu ziehen. So war in Eilenburg an Stelle eines Sparvereins auf unzulänglicher Grundlage eine neue die Fesseln der einzelnen Gewerbszweige durchbrechende Assoziation der Gesamtbevölkerung und zwar mit großem Erfolge getreten. Schulze zögerte nicht, die Erfahrungen Bernhardis für Delitzsch zu verwerten. Er veranlaßte im April 1852 eine Statutenveränderung des Vorschußvereins, wonach auch hier die Mitglieder sich für dessen Verbindlichkeiten solidarisch verpflichteten, und von dieser Zeit ab ist Schulze bei seiner Tätigkeit für das Genossenschaftswesen nicht mehr von der Forderung der Solidarhaft aller Beteiligten abgewichen.

War hiermit auch die dauernde Grundlage für den Aufbau der Assoziationen, an welchem Namen Schulze für seine Vereinigungen noch Jahre hindurch festhielt, gefunden, so war deren innerer Ausbau keineswegs bereits festgestellt. Bei dem Mangel aller Vorbilder konnte es nicht fehlen, daß in der Zeit der Organisation auch Schulze noch nicht den sicheren Boden unter sich fand, auf den er sich allerdings sehr bald zu stellen wußte. So warf er die Frage auf, ob es nicht möglich sei, der Kostenersparnis wegen und im Interesse der Sicherheit des Rechnungswesens die Kassenführung des Vorschußvereins der Stadtkasse zu übertragen; er ging sogar noch einen Schritt weiter. Die Mittel, welche dem Vorschußverein zuflossen, waren gegenüber dem auftretenden Bedürfnisse zu klein, die zuerst angesammelten Beiträge durch eingetretene Verluste vielfach aufgezehrt. Der Vereinsvorstand wandte sich daher im Februar 1852 an den Magistrat der Stadt mit der Bitte um Gewährung eines auf drei Jahre zinsfreien Darlehens von 200 Talern, indem er ausführte, daß der Reservefonds der Kasse von 178 Talern und die jährlichen Beiträge der Mitglieder wohl als genügende Sicherheit anzusehen seien. Der Magistrat solle dagegen das Recht haben, ein Mitglied seiner Körperschaft und zwei Stadtverordnete als Stimmberechtigte in den Ausschuß des Vereins zu entsenden und einer von ihnen solle durch Wahl der Ausschußmitglieder deren Vorsitzender werden. Der Magistrat gab zum Glück für das Genossenschaftswesen dem Ersuchen keine Folge, wie es scheint selbst ohne schriftlichen Bescheid. So sah sich der Vorschußverein wieder auf seine eigene Kraft angewiesen.

Daß Schulze für die Assoziationen unausgesetzt tätig blieb, muß um so mehr anerkannt werden, wenn man seine damaligen persönlichen Verhältnisse in das Auge faßt. Ohne Pensionsanspruch aus dem Staatsdienst ausgeschieden, war er, wenn ihm auch die Eltern eine Wohnung in dem alten großen Familienhause eingeräumt hatten, darauf angewiesen, durch Privatarbeiten den Unterhalt für sich und Weib und Kind zu erwerben. Dank des Vertrauens, das er in der Bürgerschaft der Vaterstadt genoß, lieferten ihm*) Rechtsgutachten in verwickelten Prozessen sowie Entwürfe zu Verträgen und Testamenten ein bescheidenes Einkommen, zu welchem die sehr mäßigen Zinsen des Einbringens seiner Frau traten. Im Jahre 1853 verband er sich mit einem Rechtsanwalt in solcher Weise, daß er in den ihm von seinen Mandanten anvertrauten Angelegenheiten die Ausarbeitung der Schriftsachen übernahm, während der Rechtsanwalt die Termine abhielt. Auch in Vormundschaftssachen wurde sein Rat in steigendem Umfange eingeholt und die Gerichte gewährten ihm in Anerkennung seiner gutachtlichen Ausarbeitungen bereitwillig Einblick der Akten in den Registraturen.

Schon vorher war er aber bemüht, eine feste Lebensstellung zu gewinnen. Ein Rechtsanwalt Köster in Hagen in Westfalen hatte sich bereit erklärt, ihn als Gehilfen aufzunehmen; die Verabredungen waren getroffen und bereits eine Wohnung gemietet. Da schritten Landrat und Regierung ein und der Aufenthalt in Hagen wurde ihm untersagt. Nunmehr vermachte ihm sein Vater testamentarisch den Grundbesitz der Familie, um zu verhüten, daß „wenn die Reaktion mächtiger werde", ihm Bürger- und Aufenthaltsrecht in der Heimat vorenthalten werden könne.

Schulzes Freunde und Verwandte drangen aber in ihn, seine Gaben und Kenntnisse in höherem Maße auszunützen. Ihnen schien es nicht genug, daß er die Arbeit und Mühe nicht scheute, ohne jedes Entgelt die Statuten der in den Kinderschuhen steckenden Assoziationen zu entwerfen, deren Versammlungen zu leiten, ihre Protokolle auszufertigen und bei der Führung der nötigen Geschäftsbücher mitzuwirken. Ihr Wunsch war, daß er sich größeren Aufgaben widme. Ein Brief an seinen alten Freund Reil legt Zeugnis davon ab, wie er jenen Einwendungen begegnete. Er schrieb diesem am 26. Mai 1852.**)

„Erstens bin ich nicht freiwillig aus dem Staatsdienst geschieden, sondern herausgemaßregelt...., ein Los, welches mir und allen von gleicher politischer Stellung gemein ist. Freilich hätte ich mich noch 1 bis 2 Jahr hinschleppen können, unter der Bedingung, das Lasttier des ganzen Gerichts zu sein, nie in Urlaub zu gehen und geistig und physisch zugrunde zu gehen, auch meine alten Eltern und Heimat nicht

*) Bernstein a. a. O.

**) Schon abgedruckt in Parisius: Schulze-Delitzsch und Alwin Soergel, Berlin 1899.

wieder zu sehen und mir nebenbei Gehaltsabzüge machen zu lassen. Da bin ich lieber gleich gegangen, als mich später halb ruiniert doch wegschicken zu lassen. Das ist für jeden, der die Verhältnisse kennt, sehr einfach.

Sodann ist ebenfalls etwas für den Augenblick nicht in meiner Macht Stehendes, wo ich meinen Wohnsitz aufschlagen will; ich bedarf der Unterstützung meiner Eltern und kann sie in dem Umfange wie jetzt, nur in ihrem Hause erhalten. Auswärts würde das, was sie mir hier ohne großen Aufwand gewähren können, wie Wohnung usw., viel mehr kosten, und ich würde mein kleines sauer erarbeitetes Kapital in wenigen Jahren absorbieren.

Sind die Verhältnisse demnach gegeben, so kommt es nur darauf an, darin sich die möglichst tüchtige Wirksamkeit zu sichern. Mit der poetischen ist es jetzt nichts mehr. Unter anderen Zeiten und Umständen hätte vielleicht ein Dichter aus mir werden können; jetzt ist es zu spät. Das bloße Versemachen und Reimeschmieden ist für den Jüngling recht hübsch, eines Mannes aber ist diese Beschäftigung als Haupttätigkeit seines Lebens nicht würdig. Wer nicht wirklich poetischer Gestaltung gewachsen ist, der mag sein Talent wohl zur Ausschmückung bedeutender Stunden, festlicher Erheiterung usw. nützen, sich und anderen einen augenblicklichen Genuß dadurch schaffen, aber der Gesellschaft muß er noch etwas anderes dabei sein und leisten, will er seine Mannesstellung wirklich wahren ...

Was habe ich nun bei den gegebenen Verhältnissen zu tun? Gewiß zuerst nur einem lange gefühlten Drang nachzugeben und die gewonnene freie Zeit zur Ausfüllung mancher wesentlicher Bildungslücken, vorzüglich in den Naturwissenschaften, zu verwenden. Schon habe ich mir mindestens eine Übersicht verschafft, die mich befähigt, den ungeheuren Fortschritten der Neuzeit zu folgen. Ich denke auch weiterzukommen, da das Interesse mit jedem Fortschritt wächst.

Aber damit ist es nicht genug. Ich muß auch der Gesellschaft etwas sein und leisten, das stellte ich ja als Forderung auf. Meine Vorbildung und ganze Stellung wiesen mir eine doppelte Tätigkeit, eine eigentlich juristische und eine sozialistische, um Dir den Gefallen zu tun, das Wort zu brauchen.

Ich bin nicht mehr Richter, auch nicht Rechtsanwalt, nicht durch meine Schuld, kann also nur als Winkelkonsulent, Bauernadvokat wirken. Das wäre nun Dir und vielen nicht vornehm genug. Ich denke anders. Seitdem ich anfing, einen juristischen Beruf vor Augen zu haben, hat mir nichts als so ehrwürdig und poetisch erscheinen wollen, als die alte schöne Würde eines Armenadvokaten, und das bin ich wirklich jetzt in vieler Hinsicht und. kann in der Tat mehr wirken als Du vielleicht glaubst.

Daß ich nach wie vor der Vertrauensmann der ganzen Gegend bin trotz aller Kabalen meiner Gegner, ist auch etwas. Daß ich in der sozialen Frage, der größten und wichtigsten des Jahrhunderts, nicht mit leeren Deklamationen sondern mit recht praktischen Organisationen fortwährend wirke, davon hättest Du Dich bei Deiner letzten Anwesenheit füglich überzeugen können. Ist es denn in Deinen Augen wirklich nichts, Hunderten von Familien Kredit und Existenz zu verschaffen, sie vor den Folgen der Krankheiten und des Elendes zu schützen, durch Belebung und Vermehrung des Verkehrs ihre Umstände zu verbessern? Und das nicht durch Almosen sondern durch Leitung und Anregung ihrer eigenen Kraft, wodurch unausbleiblich ihr menschliches Selbstgefühl und ihre bürgerliche Tüchtigkeit in jeder Weise gehoben wird.

Freilich, von Deinem ästhetischen kavalieren Höhepunkt hast Du keinen Blick in diese niederen Regionen. Du hast keinen Begriff von der menschlichen Erquickung, die mir bei diesen guten und wackeren Leuten oft wird, wenn ich ihren regen Sinn für Bildung, ihre Opferfähigkeit und Herzenswärme mit der Erbärmlichkeit der Bourgeoisie vergleiche und neue Lust und Kraft zu gemeinnützigem Streben aus dem Verkehr mit ihnen schöpfe. Wenn ich ein Starker bin, wie du sagst, was ist ein schönerer Beruf, als den Schwachen zu helfen?

Ich bescheide mich gern, daß mein Wirkungskreis klein und eng ist; ich hätte ihn gern größer, aber deshalb verschmähe ich ihn nicht, da ich eben keinen anderen haben kann und bestrebe mich lieber, ihn recht auszufüllen, als daß ich mich vornehm zurückzöge und gar nichts täte. Wir müssen im kleinen beweisen, daß wir des großen wert sind, und wenn mir wirklich einmal noch eine größere freiere Wirksamkeit würde — was ich fast bezweifeln muß — so hat mich nur diese Tätigkeit im kleinen dazu befähigt. Mit einem Worte, ich arbeite mit aller Kraft, von den höchsten Ideen, die mich je begeistert haben, so viel realisieren zu helfen, als ich kann, und ist es nur ein Stein zum Bau, etwas ist es doch. Aber ehe diese Auffassung nicht allgemein wird, wird's auch mit dem Bau nichts... Lebe wohl.

Dein Schulze.

Wenige Monate später — März 1853 — erschien Schulzes „Assoziatiosbuch für deutsche Handwerker und Arbeiter“ (Leipzig bei

E. Keil);*) in ihm konnte er schon über die Vereinigungen nicht nur in Delitzsch und Eilenburg, zu denen am ersteren Orte noch eine Assoziation zur Beschaffung der nötigen Lebensbedürfnisse getreten war, sondern auch über solche in Bitterfeld, Braunschweig und Wolfenbüttel berichten. Der Zusammenstellung der an den verschiedenen Orten erzielten Erfolge sandte er eine Würdigung des Assoziationswesens in England und Frankreich voraus, wozu ihm die Schriften V. A. Huber's**) und A. Cochut's***) die Unterlagen geliefert hatten. Von neuem trat er dabei den Ideen des Sozialismus entgegen, der die Garantie der lohnenden Tätigkeit aller Gesellschaftsglieder dem Staate aufbürden wollte und damit dessen vollständige Reorganisation auf ganz neuen Grundlagen forderte. „Das Ausschauen nach dem sozialen Heiland — wiederholte er — nützt zu nichts: die Gesellschaft muß sich selbst dieser Heiland werden und das alte: Hilf dir selbst, so hilft dir Gott! ist nirgends mehr als hier am Platze... Die von den Sozialisten vorgeschlagenen Mittel zur Hebung des Übels — sagte er an einer anderen Stelle — sind insoweit zu verwerfen, als sie, anstatt die Ausschreitungen des in der Gesellschaft überwiegenden Elements des Individualismus auf das gerechte Maß zurückzuführen, auf die völlige Ertötung desselben hinauslaufen und somit den entgegengesetzten Pol einseitig zur Geltung zu bringen suchen. Man hat hierbei nicht bedacht, daß man in der Individualität der Grundform aller Wesenheit zu nahe tritt und so die Natur selbst gegen sich herausfordert, was derartigen Versuchen von Haus aus die Möglichkeit des Gelingens abschneidet. Diesen Fehler vermeiden die Assoziationen. Da ist nicht von Eingriffen in das Familienleben, von Beschränkung in der Wahl des Berufs, nicht von einem Zwang zum Eintritt, von Gründung und Oberleitung des Etablissements durch den Staat die Rede; da erstickt nicht die freie Regung mannigfacher individueller Kräfte und Beziehungen in kasernenmäßiger Disziplin; da wird nicht der geschickte und ungeschickte, der fleißige und unfleißige Arbeiter durch gleichen Tagelohn für alle in eine Klasse geworfen und somit ein Hauptsporn zur Tüchtigkeit und Tätigkeit gelähmt. Ganz nach eigenem Ermessen treten die einzelnen in die Verbände ein, welche nur der freien Entschließung der Mitglieder ihre Entstehung verdanken." Zugleich zog er

*) In dem ersten Bande dieses Sammelwerkes S. 19ff. abgedruckt.

**) Huber: Über die kooperativen Arbeiterassoziationen in England, Berlin 1852.

***) Cochut: Les associations ouvrières, Paris 1851 (in der Tübinger Zeitschrift für Staatswissenschaften, Jahrg. 1851).

auch eine Parallele der Genossenschaften mit den Innungen, und wir begegnen bereits hier dem Ausspruche: „Die Assoziationen sind die Innungen der Zukunft“.

Der Zweck des kleinen Buches war ein ausschließlich praktischer: es wollte in ausführlicher Weise die Mittel und Wege zur Gründung und Leitung von Assoziationen angeben, weshalb es die erforderlicheu statutarischen Bestimmungen und bücherlichen Einrichtungen auf das eingehendste besprach, die Zusammensetzung der Vorstände und Ausschüsse sowie ihre Arbeitsteilung, die Rechte und Pflichten der Einzelmitglieder und der Generalversammlungen erörterte, so daß es schon ein vollständiges genossenschaftliches Handbuch darstellte. Schulze hob selbst hervor, daß damit ein gültiges Endurteil in der von ihm vertretenen Sache noch nicht gesprochen sei. Wohl aber betonte er, daß gerade in der tätigen Mitwirkung der Handwerker und Arbeiter, für welche er auch hier wieder eine Scheidung nicht zuließ, das Korrektiv für alles Verfehlte in der eigenen Praxis liege. Deshalb wollte er in der Erfahrung über die von ihm angestrengten Versuche und nicht in der Schulweisheit irgendeiner Partei die allein zulässige Kritik erblicken.

Es war begreiflich, daß Schulze auch seine alten politischen Freunde für seine Bestrebungen zu interessieren suchte. Und in der Tat fand er bei einer Reihe von ihnen Zustimmung, die sich freiwillig oder gezwungen aus dem politischen Leben ausgeschaltet sahen und sich nunmehr bemühten, durch Eintritt in das Genossenschaftswesen eine neue gemeinnützige Tätigkeit zu entfalten. Mußte doch Schulzes Aufforderung, die Mitglieder der Assoziationen zur Teilnahme an den Angelegenheiten von Gemeinde und Staat zu erziehen, gerade bei ihnen auf fruchtbaren Boden fallen. Briefliche Äußerungen aus dem Kreise seiner Gesinnungsgenossen haben sich von Kirchmann und Rodbertus erhalten. Jener schrieb ihm aus Ratibor am 28. Juni 1853:

„Lieber Schulze!

Meinen herzlichen Dank für Ihre beiden Briefe und das mir übersandte Buch. Ich habe mit großem Interesse Ihre Ansichten und Erfahrungen verfolgt und es ist mir ein außerordentlich wohltuendes Gefühl dabei gewesen, endlich aus der bloßen Rederei in die wirkliche Tat, in die Ausführung zu kommen. Ich bin überzeugt, daß Ihr Buch in dieser Beziehung von den wohltätigsten Folgen sein wird. Wenn ich nicht hier durch mein Amt so sehr geniert wäre, hätte ich mich gleich auch hier mit einigen Bürgern an die Sache gemacht, da die Handwerker hier mit mir in fortwährender Verbindung stehen und ich die hiesigen

Verhältnisse unausgesetzt verfolge. Ich bin von den neuen sozialen Theorien sehr zurückgekommen und glaube, daß, wie die Menschen einmal sind voll Selbstsucht und Faulheit, ohne Konkurrenz und ohne die Grundsätze des jetzigen Verkehrs keine Gesellschaft bestehen geschweige vorwärtskommen kann. Ich überzeuge mich immer mehr, daß, seltene Ausnahmen abgerechnet, die kein System umgehen kann, der fleißige und energische Mann noch überall bei uns fortkommt; nur der faule, unwissende, liederliche geht zugrunde. Dennoch ist ohne Verletzung der Grundsätze des individuellen Eigentums und der Konkurrenz im einzelnen an dem System zu bessern, und die richtigste Form bleibt ohne Frage die Assoziation. Sie verdienen sich daher unendlichen Dank, daß Sie Ihre Kraft dieser großen Frage widmen, deren politische Bedeutung Sie dabei ganz richtig erkannt haben. Alle unsere demokratischen Ideen bleiben unausführbar, wenn wir nicht imstande sind, der großen Masse Selbständigkeit und eine bessere materielle Lage zu verschaffen, und beides muß der politischen Reform vorhergehen, wenn letztere Bestand haben soll. Deshalb ist die Besprechung der Assoziation die wichtigste demokratische Maßregel, die ich kenne.

Sie wünschen, daß ich in der Schlesischen Zeitung das Buch besprechen soll. Ich habe mich zunächst an einen Bekannten in Breslau gewendet und ihn darum gebeten, weil ich so lange aus dem Zeitungsschreiben heraus bin und es aus andern Gründen soviel als möglich vermeide. Ich werde auf jedem Schritt und Tritt beobachtet und ausspioniert, und man spähet mit 100 Augen nach irgendeinem wunden Fleck, um meiner loswerden zu können. Will ich einmal im Amte bleiben, so muß ich vieles an sich Äußerliche vermeiden; dennoch werde ich Ihrem Wunsche nachkommen, wenn er von anderer Seite nicht schon besser ausgeführt werden sollte.

Der Ihrige
von Kirchmann."

Kritischer aber ablehnend lautete das interessante Urteil von Rodbertus:

„Jagetzow, 27. Juli 1853.

Mein lieber Freund!

Auf zwei Briefe bin ich Ihnen noch die Antwort schuldig und ebenso noch den Dank für Ihr Assoziationsbuch, das ich mit großem Interesse gelesen habe. Ich fing auch sogleich eine Antwort darauf an, aber nachdem ich zwei Bogen vollgeschrieben, merkte ich, daß sie eine Abhandlung geworden wäre, die Sie sicher gelangweilt hätte; so behalte ich denn das Bruchstück für mich. Ihr Herren von der Assoziation seid übrigens Sanguiniker; die Tatsachen kümmern Euch nicht allzusehr. Auch Sie erwähnen der wenigen Assoziationen, die in Paris ein paar Jahre gedauert haben, aber mit keiner Silbe der fünffach größeren Zahl, die, obgleich mit Kapital vom Staat unterstützt, kopfüber gegangen sind. Wenn Bucher*) Ihnen keine Mitteilung gemacht hat, so liegt dies daran, daß solche Assoziationen, als Sie im Sinn haben, in England kaum existieren. Und wenn Sie mich auf Mill**) verweisen, so erwidere ich, daß Mill gleichfalls eine andere Assoziationsform im Sinn hat — nämlich die der Lohnarbeit mit dem großen Kapital — und selbst wohl geneigt wäre, diese Form durch Gesetz zu erzwingen, ja bis zum Kommunismus vorzugehen. Sie werden nämlich in dem zweiten Teile von Mills Grundsätzen gesehen haben, daß er von den Prinzipien des ersten Teils viel aufgegeben hat. Sie haben übrigens recht getan, sich unter den Nationalökonomen gerade diesen Schriftsteller auszusuchen, und zwar besonders deshalb, weil er schon den zweifelnden Freihändler vorstellt. Die Erwähnung Ihres Buches in der Nationalzeitung werden Sie mit einigem Kopfschütteln gelesen haben, denn, wenn ich nicht irre, erstreben Sie mit den Assoziationen gerade das Gegenteil von dem, was Ihnen dort angedichtet wird und was die Nationalzeitung seit einiger Zeit für das non plus ultra nationalökonomischer Weisheit hält. — Nehmen Sie, lieber Freund, schließlich in Summa meine unmaßgebliche Ansicht: Wenn jede kleine Stadt einen Mann von Ihrer Einsicht und Energie hätte, der sich mit nichts als dem Assoziationswesen des Orts beschäftigte, die größere Stadt natürlich mehrere solche Persönlichkeiten, Berlin in diesem Verhältnis etwa hundert, ganz Deutschland also ein so großes und ausgezeichnetes Assoziationsbeamtenheer, als es die Geschichte noch nicht gesehen hat, — so würde dieser ganze Aufwand eminenter Talente und Kräfte doch nichts weiter bewirken, als daß die kleineren Gewerbetreibenden an einem etwas langsameren Feuer geröstet würden. Denn das größere Kapital — das ist das Lebensgesetz des Freihandels — verschlingt unausweislich das kleinere Kapital und saugt zugleich der Arbeit das Mark aus den Knochen. Die Geschichte hat ein mehrhundertjähriges Reich gesehen, in welchem der Freihandel, von keinen Zollschranken oder Gewerbebeschränkungen beeinträchtigt, auf größerem Raum gewaltet hat, als dies heute irgendwo der Fall ist: das römische Weltreich. Hier sind zur Zeit des Kaiserreichs die grauenhaften Werke des Freihandels deutlich zu er-

*) Lothar Bucher, der als Flüchtling in London lebte.

**) John Stuart Mill, der bekannte englische Nationalökonom.

kennen. Auch damals rief man, nachdem das Verderben vollendet war: **latifundia perdidere Romani.** Im Altertum existierte noch nicht die Trennung von Grundeigentum und Kapitaleigentum; Grundbesitz und Kapitalbesitz war noch eins. Die damalige Klage über die **latifundia** ist daher recht eigentlich die Klage über das große Kapital. Daß die Arbeiter damals noch Sklaven waren, verändert nichts an der Sache. Es gestaltete vielmehr die römischen Verhältnisse wirtschaftlich günstiger, als die unsrigen, denn deshalb konnte nicht der Pauperismus des Arbeiterstandes existieren, sondern bloß die Vernichtung des kleinen Besitzes durch den großen. Rom kannte also bei seinem Freihandel nur eine Geisel weniger, als wir. — Gegen dies Lebensgesetz des Freihandels, diesen wahren Vampyrismus, gibt es kein Kraut, das auch den freien Bestrebungen der **einzelnen Individuen** gewachsen wäre. Es gibt nur ein wirksames Prinzip dagegen, durch dessen Bekämpfung sich nach meiner Meinung diejenige demokratische Fraktion, die ich die individualistische im Gegensatz zur sozialistischen nenne, außerordentlich blamiert und zeigt, daß sie im wesentlichen schon reaktionär ist — und dies eine wirksame Prinzip, erschrecken Sie nicht, heißt Staats-Sozialismus. Sie brauchen namentlich deshalb nicht zu erschrecken, weil Freistaatssozialismus auch noch immer Staatssozialismus wäre. Beiläufig gesagt, daß L. Napoleon dies erkannt hat, darin liegt lediglich das Geheimnis seiner Macht. Aber auch dieser Staatssozialismus soll zunächst gar nicht dem kleinen Kapital zugute kommen — das ist ein mittelalterliches Prinzip —, sondern der Arbeit. Für die kleine Rente muß man nur deshalb einiges Mitleid haben, weil sie fast immer mit der Arbeit verbunden ist. An sich möchte sie ihrem Verhängnis um so rascher entgegengehen. Existierte nur der Gegensatz große Rente und Arbeit, so würde sich die Entscheidung um so leichter und besser machen. — Übrigens sehe ich zu meinem Schrecken, daß, so aphoristisch ich mich auch ergehe, ich doch schon wieder auf dem Wege zu einer Abhandlung bin und ich breche daher mit Gewalt ab . . .

Mit aufrichtiger Freundschaft der Ihrige.

Rodbertus."

Das Assoziationsbuch hatte zunächst den Erfolg, daß Schulze mit Beginn des Jahres 1854 in der von Wieck in Leipzig herausgegebenen Deutschen Gewerbezeitung ein Organ für seine Bestrebungen fand. Einer achtmal im Jahre erscheinenden Beilage wurde der bezeichnende Untertitel „Innung der Zukunft" beigelegt und ihre Redaktion Schulze, allerdings ohne Honorar, überlassen. In seinen — wie es in der Ankündigung hieß — „dem deutschen Handwerker- und Arbeiterstande vorzugsweise gewidmeten Spalten“ sammelte das Blatt die auf das Assoziationswesen bezüglichen Nachrichten, und es gab Schulze die Möglichkeit, neu auftretende Organisationsfragen zu besprechen. War auch der Umfang der Beilage nur klein, so bot sie doch den Mittelpunkt für alle gleichartigen Bestrebungen, und sie trug das Interesse daran in immer weitere Kreise hinaus. Namentlich war in ihr der Boden für die regelmäßige Berichterstattung über die Fortschritte in den einzelnen Genossenschaften gegeben, womit dann auch im folgenden Jahre 1855 durch den Abdruck der Berichte der Vorschußvereine in Delitzsch, Eilenburg, Zörbig, Düben und Bitterfeld begonnen wurde.

Daß Schulze durch die „Innung der Zukunft“ in der Presse Fuß faßte, war für ihn aber um so wichtiger, als ihm dadurch in dieser ein Mitstreiter gegen die Maßregelungen erwuchs, denen die jetzt rasch wachsenden Genossenschaften seitens der Verwaltungsbehörden namentlich in Preußen ausgesetzt wurden. Der Umstand, daß an ihre Spitze vielfach Männer freiheitlicher Gesinnung traten, mußte sie der herrschenden politischen Partei schon von vornherein verdächtig machen, zumal der Gegensatz, in welchem sie zu den altverknöcherten Innungen standen, immer mehr zutage trat. Die Kreuzzeitung schwang sich — 1854 — zu der Behauptung auf, daß die Korporation konservativ, die Assoziation dagegen revolutionär sei. Stets von neuem wurde von den Genossenschaften verlangt, daß sie zu ihrer Errichtung die polizeiliche Erlaubnis einholen müßten und daß ihre Statuten der obrigkeitlichen Genehmigung bedürften. An manchen Orten wollte man ihre Existenz von dem Entscheid über die Bedürfnisfrage abhängig machen, ja sogar jede einzelne geschäftliche Handlung der Kontrolle des Magistrats unterstellen. Unaufhörlich mußte Schulze, an den die Genossenschaften sich immer wieder in ihrer Not wandten, das Recht der freien Vereinigung zur Förderung der materiellen Interessen der Mitglieder verteidigen, und wußte er diesen zu ihrem Rechte zu verhelfen.

* * *

Im Jahre 1855 hatte die Session des preußischen Landtags ihr Ende erreicht und die Neuwahlen standen vor der Türe. Daß Schulze sich die Frage vorgelegt hat, ob er in die politische Arena wieder eintreten solle, geht aus einigen am 19. Oktober an Reil, der an seinem

Wohnorte als Wahlmann aufgestellt worden war, gerichteten Zeilen hervor:

„Als Wahlmann hätte ich Dich wohl sehen mögen! Hier waren die ländlichen Wahlen gar nicht so übel und es kam nur darauf an, daß jemand das Banner erhob und die Wahl organisierte. Ich wollte es tun und hätte viel Chancen für mich gehabt. Allein da von allen Seiten Nachrichten einliefen, daß von den alten Gesinnungsgenossen niemand in den Kammern sein werde, so zog ich mich ganz zurück.

Es ist schlimm, daß die Demokratie ihr Interesse nicht besser gewahrt hat. In meinen Augen heißt dies sich selbst aufgeben und ich kann mich mit dieser fortgesetzten Passivität nicht befreunden."

Ersatz für die aufgenötigte Resignation in politischen Dingen fand Schulze in dem Fortgang der genossenschaftlichen Bewegung. Daneben knüpfte er gerade jetzt wertvolle Beziehungen mit einzelnen Personen an, mit denen er auch in der späteren Zeit eng verbunden blieb, so mit August Lammers, Viktor Böhmert und Viktor Aimé Huber.

Lammers,*) Redakteur der „Allg. Hildesheimer Zeitung", hatte in dieser das Interesse für das Assoziationswesen geweckt und sich mit Erfolg für dessen Verbreitung in Nordwestdeutschland bemüht. Ein für alle gemeinnützigen Bestrebungen begeisterter und nach den verschiedensten Seiten hin selbstschöpferischer Mann hat er bis zu Schulzes Tod ihm nahe gestanden. In dem ersten der noch erhaltenen Briefe Schulzes vom 15. November 1855 dankt ihm dieser mit warmen Worten:

„Sie können ermessen, wie wohltuend eine solche Bundesgenossenschaft, wie Ihr Blatt mir verhieß, auf einem Felde ist, dessen Anbau bisher der rohesten Empirie überlassen oder wohl auch ganz vernachlässigt war. Und doch drängt unsere Zeit mehr denn je, die Sache in Angriff zu nehmen, und es tut überall eine geschickte Anregung, eine tüchtige Leitung not, die Schwierigkeiten der ersten Anfänge zu überwinden. Daß Sie selbst und Ihr Blatt einen solchen Mittelpunkt für Ihre Gegend bilden werden, von wo die Propaganda in weitem Kreise ausgeht, darf ich wohl nun mit Grund hoffen."

In der weiteren Korrespondenz, die sich bald auch auf politische Fragen erstreckt, gedenkt Schulze wiederholt der tapferen Mitarbeit des neugewonnenen Freundes; so schreibt er ihm im August 1856:

„Der Vorschlag in Ihrem letzten Brief kann niemandem willkommener sein, als mir. Sammeln Sie nur recht viel Material von

*) Emminghaus: August Lammers, Dresden, 1908.

solchen auf anderen Prinzipien beruhenden Kreditinstituten; eine tüchtige Kritik, mögen die unseren auch dabei unterliegen, kann ja der Sache nur förderlich sein."

Und im Jahre darauf, im Dezember 1857 nach Hannover, wo Lammers die Redaktion der „Zeitung für Norddeutschland" übernommen hatte:

„Halten Sie die Sache der Assoziation, die ja endlich in Deutschland siegreich durchzudringen scheint, in Ihrem geschätzten Blatte nur ferner wie bisher aufrecht... — so denke ich mit so rüstigen und wackeren Bundesgenossen schon weiter zu kommen. Namentlich haben Sie, wie früher von Hildesheim und jetzt von Hannover, so entschieden auf Ihre Landsleute eingewirkt, daß Braunschweig und Hannover der Zahl und Bedeutung der Assoziationen nach in kurzer Zeit die erste Stelle in Deutschland — im Verhältnis zur Bevölkerung — einnehmen werden, wie gegenwärtig noch die preußische Provinz Sachsen."

Später war es besonders der Kampf gegen die hannoverschen Behörden, in welchem beide Männer zusammenstanden. Die dortige Regierung hatte die Gründung von Vorschußvereinen, weil diese angeblich einem Gewerbebetrieb oblagen, für konzessionspflichtig erklärt und bis zur eingeholten höheren Genehmigung sogar die Fortsetzung der Vereinsgeschäfte verboten. Bezüglich der dabei von den Verwaltungsbehörden gegen die Vereine unternommenen „Razzia", wie Schulze schreibt, und dem Ausgang der Angelegenheit verweisen wir auf die in dem ersten Bande dieses Sammelwerkes abgedruckten Aufsätze.*)

Viktor Böhmert, der damals Rechtsanwalt in Meißen war, trat Schulze zuerst im Frühjahr 1855 aus Anlaß der Gründung des Meißener Vorschußvereins näher; er hat in zwei schönen und pietätvollen Aufsätzen in dem „Arbeiterfreund" **) und in der „Vierteljahrsschrift für Volkswirtschaft, Politik und Kulturgeschichte" ***) seine ersten Begegnungen mit Schulze auf dem genossenschaftlichen und dem volkswirtschaftlichen Gebiete geschildert. Wir heben hier nur die Erzählung über seinen Besuch in Delitzsch im Mai 1855 hervor:†)

„Obgleich mich Schulze nur aus einigen Briefen und Aufsätzen in einem Meißener Lokalblatt kannte, forderte er mich auf, ihn in Delitzsch

*) Bd. I, S. 292, 295 und 311.

**) Der Arbeiterfreund, Zeitschrift des Zentralvereins für das Wohl der arbeitenden Klassen, 21. Jahrgang, Berlin 1883.

***) Bd. 81, Berlin 1884.

†) Arbeiterfreund a. a. O.

zu besuchen. Ich mußte dort mehrere Tage bei ihm wohnen und sah ihn in der Werkstatt seines Schaffens. Er führte mich der Reihe nach zu den Vorständen seiner Assoziationen, zu dem Lagerhalter des Ledermagazins seiner Schuhmacher, zu den Rechnungsführern und Kassenkontrolleuren, zeigte mir die Bücher, Formulare und den ganzen Geschäftsgang und ließ am liebsten immer die betreffenden Handwerker selbst sprechen und über ihre Angelegenheiten Bericht erstatten. Schulze verstand es meisterhaft, das Selbstbewußtsein der kleinen Leute zu wecken; sie merkten seinem ganzen Wesen an, daß er sie wie seinesgleichen betrachte und von ihnen lernen, ihre Ansichten und Erfahrungen benutzen, nicht aber als ihr Lehrer und Meister auftreten wolle. Alle diese ersten Assoziationsmänner in Delitzsch und Umgegend lernten unter Schulzes Führung erkennen, daß sie die verantwortlichen Träger einer neuen zukunftsreichen Institution seien, aber nur durch eigenen Fleiß, Sparsamkeit und solidarisches Zusammenstehen vorwärts kommen könnten. Diesen Geist und die moralische Kraft, die aus der Selbsterkenntnis entspringt, impfte Schulze allen seinen Genossenschaftsmännern ein und diesem neuen Geiste, dieser moralischen Kraft, die er in dem deutschen Gewerbestande zu wecken wußte, verdankt er seine Haupterfolge. Sittlicher Ernst galt ihm als die Vorbedingung für wirtschaftliches Vorwärtskommen und öffentliches Wirken. Als es sich einige Jahre später um eine Komiteebildung in einer anderen Stadt als Meißen handelte, schrieb er mir: „Lassen Sie sich nicht zu tief mit N. N. ein; der Mann ist ganz gut, steht aber sittlich nicht im besten Rufe und darf daher vor dem dortigen Publikum unsere Sache nicht vertreten!“

Kurz nach Böhmerts Besuch erfolgte — August 1855 — die erste briefliche Annäherung V. A. Hubers mit Schulze.*) Huber, ein streng konservativ und kirchlich gesinnter Mann, war im Jahre 1848 aus dem preußischen Staatsdienst ausgetreten, weil er sich mit dem konstitutionellen Königtum nicht befreunden konnte; er hatte sich seitdem hauptsächlich dem Studium des Arbeiter-Assoziationswesens in England, Frankreich und Belgien an Ort und Stelle gewidmet und die öffentliche Aufmerksamkeit für diese auch schon in verschiedenen Schriften wachgerufen. Nun wandte er sich nach der Lektüre des Assoziationsbuches an Schulze mit der Bitte, ihm „etwaige gedruckte Berichte und sonstige Data über den Fortgang und gegenwärtigen Stand der Assoziationssache in Ihrem Be-

*) **Parisius**: „V. A. Hubers Beziehungen zu Schulze-Delitzsch“ Bl. f. Gen.-Wesen, Jahrg. 1884, Nr. 1ff. **Häntschke**: „Aus Schriften und Briefen V. A. Hubers“, Bl. f. Gen.-Wesen, Jahrg. 1896, Nr. 24ff.

reiche zugehen zu lassen". Zugleich machte er Schulze auf seine demnächst erscheinenden „Reisebriefe" aufmerksam, allerdings mit dem charakteristischen Hinzufügen: „wenn Sie sich über manche Dinge darin wegsetzen können, die Ihnen nach Ihrem politisch-religiösen Standpunkt nicht anders als mißliebig sein werden. Da mir dies bei Ihrer trefflichen Arbeit über Assoziation so leicht wird, so darf ich die Hoffnung festhalten, daß es Ihnen bei mir nicht allzu schwer fallen dürfte".

Schulze wird zweifellos über die Zuschrift sehr erfreut gewesen sein, denn es entspann sich daraus ein Briefwechsel, in dessen Verlauf auch Huber im April 1856 in Delitzsch eintraf, wo er die bei den Assoziationen beteiligten Handwerker in ihren Werkstätten und Geschäftslokalen aufsuchte, meist ohne Schulze, dessen Begleitung er sich ausdrücklich verbat. In einem für die Augsburger Allgemeine Zeitung bestimmten Reisebrief äußerte er sich über seinen Delitzscher Aufenthalt:

„Über die Sache hier nur dies, daß alles seinen sehr guten Fortgang hat, und daß also in einem halben Dutzend Städten oder Städtchen hier herum ein paar hundert kleine Handwerker sich nachhaltig aus dem Auflösungsprozeß, dem sie unter den gewöhnlichen Umständen rettungslos entgegen gingen, sich auf den festen Boden eines selbständigen und zunehmenden Überschusses herausarbeiten, und zwar, obgleich das Prinzip der Assoziation nur erst in sehr beschränktem Maße entwickelt ist. Dazu ist offenbar ein bürgerlich verständiger und rechtlicher Sinn vorherrschend, und wo der alte Philistergeist in Neid, Mißtrauen, Borniertheit noch nicht überwunden ist, da erkennt man doch, was fehlt, und hat guten Willen, es zu gewinnen. Ich habe eine ähnliche und fast so gute Freude im Umgang mit den hiesigen Leuten gehabt, wie damals in England. Natürlich ist das alles leider ohne Christentum und in politischem Liberalismus; aber wer trägt da die Hauptschuld? Abgesehen davon ist Schulze ein sehr braver Mann, der in großer Einfachheit und Beschränktheit und unter fortwährenden Kränkungen von seiten der sogenannten konservativen Reaktion ohne Verbitterung und Trübseligkeit seinen freien Beruf erfüllt, der gewiß einzig in seiner Art ist, als wahrhaftig aristokratische Stellung, wie es keine zweite in Europa gibt, — mit großer Freude am Gelingen, großer Ruhe beim Mißlingen und, wie ich jedenfalls nicht anders finden kann, wirklicher Liebe zu den Leuten. . . . Was ich besonders bei ihm hoch anschlage, ist sein durchaus gutes und schönes häusliches Leben, — er ist ein vortrefflicher Ehemann und Papa und Sohn — lebt mit seinen alten Eltern in einem Hause, — der Alte 83 Jahre, aber bis auf Taubheit rüstig genug und geistig sehr tätig,

— die Alte 75 Jahre mit so hellen klaren Augen und raschem Wesen, als wäre sie kaum 60. Sonntag aßen die Alten mit uns, — es war ein netter Kindertag, wie wir es in Bremen nannten. Seine Frau ist viel jünger als er. Ton und Verhältnis zwischen ihnen beiden und den zwei kleinen Jungen ist durchaus wohltuend . . ."

Huber ward von da ab bis zum Jahre 1863 ein regelmäßiger Mitarbeiter der „Innung der Zukunft", in welcher er über das ausländische Assoziationswesen berichtete; auch sind die Beziehungen zwischen ihm und Schulze bald sehr enge geworden, denn schon im November 1856 intervenierte Huber auf Schulzes Veranlassung bei dem ihm politisch nahestehenden preußischen Minister des Innern zugunsten des Vorschußvereins in Osterfeld, dessen Gründung seitens der Polizeibehörde von der Vorlage seiner Statuten und deren obrigkeitlichen Genehmigung abhängig gemacht worden war. Der Minister mußte die Ungesetzlichkeit der Maßregeln zugestehen; er ließ aber in der Antwort einfließen, daß einer der Gründer im Jahre 1849 wegen Aufruhrs mit zweijähriger Zuchthausstrafe belegt worden sei. Trotz seiner ausgeprägt konservativen Gesinnung erwiderte Huber, daß es nach seiner Auffassung „ganz irrelevant ist, ob die Leute 1848 oder 1849 politische Torheiten begangen haben und auch ihre gegenwärtigen politischen Gesinnungen gehen mich in Beziehung auf diese Sache gar nichts an. Jedenfalls kann ich nie zugeben, daß es billig und weise ist, die politischen Torheiten von 1848 an der sozialökonomischen Weisheit von 1856 zu rächen — d. h. an dem Klügsten und Ersprießlichsten, was die Leute je getan oder tun werden. Daß ein Vorschußverein der bloße Vorwand einer politischen Verschwörung sei, wird man doch erst beweisen müssen — und auch dann würde ich es kaum glauben!"

Leider erfuhr später das Verhältnis Hubers zu Schulze einen jähen Bruch; als dieser im Frühjahr 1863 seine Reden in dem Berliner Handwerkerverein hielt, die nachher in den „Kapiteln zu einem deutschen Arbeiterkatechismus" vereinigt wurden, äußerte sich Huber in einem Privatbriefe, daß er in diesen Reden Schulzes Verhalten zu den Lohnarbeitern im Gegensatz zu seinem wohltätigen und bedeutungsvollen Wirken für die Handwerker „als ein bloß negatives, vielleicht durch politische Beziehungen zu dem großen Fabrikskapital (Reichenheim *) usw.) influenziertes ansehe und es entschieden und auch gegen ihn selbst getadelt

*) Der bekannte schlesische Großindustrielle; fortschrittliches Mitglied des preußischen Abgeordnetenhauses.

und die daraus erwachsende Stellung als eine falsche bezeichnet habe, deren Verlegenheiten er — Huber — in einem doktrinären Kohl der damals letzten Reden Schulzes in den Arbeiterversammlungen erkannte". Das Schreiben kam durch Indiskretion zur Veröffentlichung und wurde namentlich von Lassalle in seinem Streit mit Schulze ausgebeutet. Zwar suchte Huber jene Briefstelle in einer bald darauf erscheinenden Flugschrift zu mildern und zu widerrufen; aber Schulze war über die Andeutung, als ließe er sich von dem liberalen Großkapital beeinflußen, so erbittert, daß er ihm schrieb: „Huber setze sich dadurch den elenden Lügenschreibern der Kreuzzeitung gleich, zumal er noch solche Dinge wider besseres Wissen sage, da er ihn genug kenne, um zu wissen, daß er in niemandes Diensten stehe."

Als im Jahre darauf Ludolf Parisius an Huber das Ersuchen richtete, mit ihm auf dem Volkswirtschaftlichen Kongreß ein Referat über Baugenossenschaften zu erstatten, lehnte Huber ab, weil er dort nicht mit Schulze zusammentreffen wolle, „dem es beliebt hat — wie er schrieb — sich in eine persönlich feindselige Stellung zu mir zu werfen, welches mich begreiflich anderweitig durchaus nicht affiziert, wohl aber in diesem Falle die Sache benachteiligen würde". Schulze, dem die Antwort von Parisius vorgelegt wurde, teilte diesem — am 13. Juli 1864 — jenen Vorfall mit, indem er von seinem Briefe an Huber meinte: „Das war gewiß sehr mäßig, da ich ihn öffentlich abzumucken vollkommen berechtigt gewesen wäre. Weil er sich vor mir schämt, hat er mir allen Verkehr gekündigt und schreibt nicht mehr für die Zeitung (Innung der Zukunft). Bei mir ist diese Sache abgemacht; ich habe mich als Mann ausgesprochen ... Ich habe Huber nie und nirgends angefeindet, denn mir steht die Sache höher als die Person: was er im Dienst der gemeinsamen Sache tut, wird von mir unterstützt und niemals bekämpft werden. Auf dem Volkswirtschaftlichen Kongreß soll er daher ja erscheinen, da seine Erfahrungen über Baugenossenschaften dort von Wert sind."

Trotz des Mißtons, mit welchem Hubers Freundschaft mit Schulze schloß, haben die deutschen Genossenschaften alle Ursache, ihm dankbar zu sein. Zwar hat er zur Vertiefung und Ausgestaltung des Genossenschaftswesens nur wenig beigetragen, zumal er sich erst spät von seiner Vorliebe für die sogenannte monarchische oder latente Assoziation*) losreißen konnte, eine Assoziationsform, in welcher der Arbeitgeber oder eine andere Per-

*) Elvers: V. A. Huber. Bremen, 1872. Munding: V. A. Hubers Ausgewählte Schriften. Berlin, 1896.

sönlichkeit von hervorragender oder gebietender Stellung Einrichtungen schafft und unter seiner Leitung behält, die der Gesamtheit der Arbeiter gegen geringe Opfer die Vorteile des großen Kapitals gewähren sollte. Dieses „aristokratische Prinzip“ war begreiflicherweise den Schulzeschen Anschauungen der unbedingten Gleichberechtigung aller Genossenschaftsmitglieder durchaus entgegengesetzt. Aber Huber hat zuerst seinen politischen und kirchlichen Freunden den volkswirtschaftlichen Wert der Delitzscher Assoziationen, die in jenen Kreisen bisher als demokratische Schöpfungen angesehen wurden, vor Augen geführt, und seinem Eintreten ist es jedenfalls zuzuschreiben, daß, nachdem auch die preußischen Gerichte zu dem gleichen Urteil gekommen waren, Minister von Westphalen in einem Reskript vom September 1856 seine frühere Ansicht über die Konzessionspflicht der Genossenschaften widerrief. Damit war wenigstens in Preußen den polizeilichen Schikanen ein Ende gesetzt.

Noch eine andere Freude war Schulze im Jahre 1856 zuteil geworden: eine Einladung Gustav Freytags, der damals in Leipzig die „Grenzboten“ redigierte und ihm schrieb:

„Leipzig, 24. Oktober 1856.

Hochverehrter Herr!

Lange habe ich den Wunsch gehabt, Ihnen die große Hochachtung auszusprechen, mit welcher auch mich Ihre gesunde Tätigkeit zum Besten der Arbeitenden erfüllt, und den zweiten Wunsch, daß es Ihnen gefallen möge, für die Ihnen naheliegenden sozialen Fragen den „Grenzboten“ Ihre Feder zu gönnen. Durch Herrn Gustav Mayer*) wird mir die Hoffnung, daß Sie nicht abgeneigt sein würden, einem guten Zwecke zuliebe unser Mitarbeiter zu werden, und eile deshalb, Sie hochachtungsvoll und artigst darum zu bitten.

Bei dem unleugbaren Drange der Besitzenden und Gebildeten, ihren schwächeren Mitlebenden mehr zu geben, als die Abfälle ihres Geldbeutels und ihrer Küche, scheint es mir sehr an der Zeit, in weiteren Kreisen genauere Nachricht darüber zu verbreiten, was bis jetzt überhaupt zur Hebung der schwachen und gefährdeten Klassen geschehen sei, welche Ausdehnung und welche Erfolge die neueren philanthropischen Bestrebungen sowie die Vereine der Beteiligten selbst gehabt haben.

Das nächste wäre demnach eine Geschichte und Explikation der Sparkassenvereine und aller ähnlichen Unternehmungen.

---

*) Buchhändler in Leipzig, der sich für die Gründung eines Vorschußvereins daselbst interessiert hatte.

Daran möchten sich ähnliche Darstellungen der Wirksamkeit, Statuten usw. anderer Assoziationen, der Krankheits- und Sterbekassen und ähnlicher durch die Selbsttätigkeit der Mitglieder getragener Assekuranzen reihen.

Und ferner eine Schilderung und Empfehlung, vielleicht auch eine Kritik der wohltätigen Anstalten von neuerem Datum, der Wasch- und Badehäuser, Speiseanstalten, Kinderbewahranstalten usw.

Je weiter Sie selbst, hochverehrter Herr, Ihre schriftstellerische Tätigkeit zu unserer und der Sache Gunsten ausdehnen wollen, desto willkommener wird es mir sein; am willkommensten, wenn ich Sie als regelmäßigen Mitarbeiter des Blattes betrachten dürfte. Ich würde in diesem Falle ein besonderes Terrain, die sozialen Fragen, für unser Blatt so unter Ihren Schutz und Ihre Aufsicht stellen, daß nichts nach dieser Richtung in den Grenzboten abgedruckt würde, was Sie nicht gebilligt hätten; und ich würde einen gewissen Raum des Blattes, vielleicht acht bis zwölf Seiten in jedem zweiten Heft, für dies Gebiet von Stoffen unter Ihre Protektion stellen.

Da mir jede Form, in welcher Sie zu dem Publikum sprechen wollen, willkommen ist, so bemerke ich hier nur unmaßgeblich, daß die dem Publikum bequemste Form der einzelnen Artikel etwa acht bis zwölf Seiten beträgt, und daß der ideale Leser der Grenzboten ein etwas zerstreuter und ein wenig blasierter Herr ist, der von seinem eigenen Wissen ziemlich eingenommen ist, aber es doch als Wohltat empfindet, wenn man bei ihm so wenig als möglich voraussetzt und der den oft unbilligen Anspruch erhebt, auch ein wenig amüsiert zu werden, während man ihn zu belehren sucht. — Mit unseren Honorarbedingungen, den gewöhnlichen der Wochenschriften, wage ich nicht, Sie jetzt zu belästigen.

Vielleicht wird mir einmal bald die Freude, Sie persönlich zu begrüßen und Näheres mit Ihnen zu besprechen; unterdes, sehr verehrter Herr, genehmigen Sie die Versicherung der größten Hochachtung und Verehrung, mit welcher ich bin Ihr ergebenster

G. Freytag."

Der Aufforderung folgend, veröffentlichte Schulze eine Reihe von Aufsätzen in den Grenzboten, die erweitert und vermehrt im Jahre 1858 zu dem Buche „Die arbeitenden Klassen und das Assoziationswesen in Deutschland"*) zusammengefaßt wurden. Aber darüber hinaus erwuchs eine warme und durch ihre Beteiligung an der bald darauf erwachenden nationalen Bewegung immer mehr erstarkende Freundschaft zwischen beiden

*) Bd. I S. 191 ff.

Männern. Die Befriedigung, die Schulze über den Fortgang seines inneren und äußeren Lebens in dieser Zeit empfand, spiegelt sich in einigen Briefen an seinen Freund Reil wieder. Er schrieb ihm am 11. Januar 1856:*)

„. . . Ich arbeite so rüstig, als meine Kraft es zuläßt, an einem großen Ziele; ich verdiene daneben mein Brot durch wissenschaftliche Arbeiten, und ich habe für Kunst- und Naturgenuß wie heitere und ernste Geselligkeit noch immer den alten Sinn. . . . Freilich werden wir alt und die Zeit ist vielleicht nicht fern, wo wir mit gebrochener Kraft vor einem unerreichten Ziel stillstehen. Ist das aber nicht allgemeines Menschenlos?

Gerade am Schluß des alten Jahres fühle ich recht die Wahrheit des alten Satzes, daß man nur unbekümmert um die Kläffer rechts und links seinen Weg verfolgen soll, um es am Ende doch zu etwas zu bringen. Meine Wirksamkeit auf sozialem Gebiete ringt sich immer mehr durch und ich erhalte von allen Seiten Anerkennung und Nachfolge, wo ich es am wenigsten erwartete. In Österreich, wo mein Assoziationsbuch verboten ist, scheint es mit der Gewerbefreiheit auch Tag zu werden — trotz des Konkordats! So schrieben dieser Tage zunächst die Handelskammern zu Linz, dann die zu Kronstadt in Siebenbürgen an mich und erbaten sich meine Bücher und schriftlichen Rat. Ebenso ist die Sache im süd- und nordwestlichen Deutschland im vollen Angriff und nicht bloß die allgemeine Aufmerksamkeit sondern eine entschieden günstige Meinung hat sich auf unsere Organisation geworfen. Freilich erwarte ich von dem Wahnsinn der jetzigen Reaktion bei uns selbst in der nächsten Zeit Hemmnisse, da der Haß und das Mißtrauen dieser Menschen gegen die fraglichen Institute und mich alle Grenzen übersteigt. Nun ich werde kämpfen, solange ich mich rühren kann, das versteht sich, und verschließt sich mir Preußen, so geht es wo anders auch! —

Sonst geht es mir und den Meinigen gut. Meine Einnahmen — und das ist denn doch eine Hauptsache — für juristische Arbeiten haben sich mehr als verdoppelt. Besonders machen meine Rechtsgutachten Glück . . ."

Ein zweiter Brief ist vom 10. Juni 1856 datiert:

„Altes Haus!

Meine Assoziationen greifen in immer weiteren Kreisen durch und befestigen sich täglich mehr, so daß ich die ganze Angelegenheit jetzt für

*) Die Briefe sind bereits bei Parisius a. a. O. abgedruckt.

entschieden begründet halten kann, da auch meine Gegner sie anerkennen. Der famose Professor Huber besuchte mich im April auf einige Tage und besah sich hier, in Bitterfeld usw. alles, wo er dann über den Stand der Sache wahrhaft überrascht war . . . Über mich kommt es wie das Gefühl freien Aufatmens; seit vorigem Jahr verdiene ich selbst endlich wieder so viel durch meine Arbeit, als ich brauche mit den Meinigen. Das literarische Honorar ist zum Reisen bestimmt und wird von Jahr zu Jahr besser.

Wie immer

Dein Schulze."

Am 4. Mai 1857 schrieb er weiter:

„Meine sozialen Bestrebungen gehen rüstig fort und finden mit jedem Jahre mehr Verbreitung und Anerkennung, wie sich denn die Institute hier und in der Umgegend immer mehr konsolidieren und im Verkehr zunehmen*). Die Rückwirkung auf den Wohlstand und die Intelligenz der beteiligten Handwerker und Arbeiter läßt sich nicht mehr verkennen und es fangen endlich gesündere volkswirtschaftliche Ideen und Bestrebungen an, unter ihnen Platz zu greifen. Aus Ungarn, Siebenbürgen, Ostfriesland, Württemberg gingen mir schon häufiger Nachrichten über Gründungen von Assoziationen zu und neulich besprach das bekannte Pariser Journal „La Presse" in zwei langen tiefeingehenden Leitartikeln mein System mit höchster Anerkennung und empfahl es den Franzosen zur Nachahmung, hauptsächlich die Vorschußvereine.

Dein alter

Schulze."

Ein letzter Brief, wohl aus dem Herbste 1857, lautet:

„Ich habe viel zu tun, da ich neuerlich für das „Journal des Débats" und das „Journal des Économistes" — die bedeutendste volkswirtschaftliche Zeitung Europas — Berichte auf besondere Bestellung der Redaktionen übernommen und mich zu einer Reihenfolge von Artikeln in den Grenzboten verpflichtet habe, wodurch ich mit dem jetzigen Redakteur Freytag in Korrespondenz gekommen bin, den ich als Dichter hochschätze. Dazu soll noch ein Buch bis Ostern von Stapel und auch an juristischen Aufträgen, die ja hauptsächlich das Brot liefern, fehlt es nicht.

Euer Schulze."

*) Ende 1856 waren Schulze außer den gewerblichen Assoziationen schon 28 Vorschußvereine bekannt.

IV. Bis zur Gründung des Volkswirtschaftlichen Kongresses.

Schon die ersten Nummern der „Innung der Zukunft“ benutzte Schulze, einen eingehenden Bericht über die Entwicklung der Vorschußvereine in Eilenburg und Delitzsch in dem Jahre 1853 zu erstatten. Angesichts der erzielten Ergebnisse rief er aus: „In zwei unbedeutenden Landstädten wird es durch den bloßen Zusammentritt von Handwerkern, welche fast sämtlich den weniger bemittelten Klassen angehören, ohne Mitwirkung der Kapitalisten, ohne Unterstützung von irgendeiner Seite möglich, in einem Jahre mehr als 30000 Taler zur Aufhilfe des kleinen Gewerbes in Umlauf zu setzen, lediglich durch das Zusammenwirken solcher, denen vereinzelt auch ein kleiner Kredit verweigert zu werden pflegt, durch die Macht der Assoziation, durch die allein gesunden Prinzipien der Selbsthilfe und Solidarität! Nicht ein einziges Vorschußgesuch brauchte während dieser ganzen Zeit wegen Mangels an Kassenbestand abgelehnt zu werden, da die Institute des höchsten Kredits genießen und gegen solidarische Schuldverschreibungen ihrer Mitglieder den Betriebsfonds jeden Augenblick verstärken können.“ Hieran reihte Schulze die Resultate einer gerade damals auf der Grundlage der Wohltätigkeit errichteten Vorschußbank in Chemnitz, die trotz eines ihr überwiesenen unverzinslichen Kapitals von 1500 Taler nur Vorschüsse für 3223 Taler hatte hinausgeben können: ein Vergleich, der allerdings sehr zuungunsten „einer so bedeutenden Stadt trotz aller Mühen und Opfer der Leiter“ ausfiel.

Aber er begnügte sich nicht mit der Wiedergabe der trockenen Zahlen, sondern knüpfte daran nochmals eine ausführliche Schilderung der Einrichtung und des Ausbaus der Eilenburger und Delitzscher Vereine, „um den nötigen praktischen Halt bei Gründung solcher Assoziationen abzugeben und recht vielseitig zu so gemeinnützigen durch das dringendste Bedürfnis gebotenen Unternehmungen anzuregen“.

Im Jahre darauf erweiterte Schulze diesen Aufsatz zu dem anfangs nur kleinen Buche: „Vorschußvereine als Volksbanken“,*) das später noch

*) Bd. I 112ff.

bei seinen Lebzeiten fünf Auflagen erfuhr. „Eine vorzugsweise praktische Anweisung" nannte er es selbst, das nun schon die Eilenburger und Delitzscher Erfahrungen aus vier Jahren mitteilen konnte. Nach wie vor blieben die Ergebnisse des ersteren Vereins die bedeutenderen; in Delitzsch war dem Verein sogar eine Konkurrenz erwachsen, indem der Magistrat Ende 1853 — vielleicht um der Schöpfung Schulzes entgegenzuwirken — aus den Gewinnüberschüssen der Städtischen Sparkasse eine zweite Vorschußkasse mit einem Kapital von 3000 Talern gegründet hatte, welche ihre Darlehen zu 5% Zinsen ausgab. Weit entfernt, sich hierdurch entmutigen zu lassen, wies Schulze darauf hin, daß, da das Institut stets die Garantie zweier notorisch vermögenden Bürgen verlangte, hierdurch der bei weitem größte Teil des kleinen Gewerbestandes so gut wie ausgeschlossen sei, und daß dem Vorschußverein auch fernerhin die schwierigere Aufgabe der Befriedigung des Kredits der am wenigsten bemittelten Klasse besonders unter den Handwerkern und Arbeitern zu lösen haben werde. Zugleich kennzeichnete er bereits die verschiedenartige Entwicklung der Sparkassen und der Vorschußvereine: während jene bei dem Ausleihen ihrer Bestände auf möglichst hohe Sicherheit sehen müssen und deshalb mehr und mehr zu Hypothekenbanken werden, „stehe der in den Vorschußvereinen von Handwerkern und Arbeitern eingesteuerte Fonds den Sparern in der Form von Vorschüssen jederzeit bei ihrem Gewerbebetriebe wieder zu Gebote und gehe nicht wie dort dem kleinen Verkehre ganz verloren." Schon hatte man den Zinsfuß für die Vorschüsse in Delitzsch von den ursprünglichen 14 1/3 % auf 10 %, in Eilenburg bis auf 8 % ermäßigen können, Zinssätze, welche gemessen an denen, die der Handwerker bei privaten Geldgebern zahlen mußte und die sich bis auf 50 und 60 % erhoben, als überaus mäßige galten.

Noch blieben die Fortschritte, die das Genossenschaftswesen, aus welchem Schulze jetzt die Krankenkassen ausschied, machte, nur kleine; aber Schulze registrierte sorgfältig jeden neuen Rohstoff- und Vorschuß-Verein, der sich bildete, und legte schon damals den Grund zu den tabellarischen Zusammenstellungen aus den ihm zugehenden Jahresberichten, von denen später gerühmt werden konnte, daß sie an Übersichtlichkeit und Genauigkeit mit den Publikationen wohlausgestatteter staatlicher statistischer Zentralstellen wetteiferten.

Zur Ausbreitung seiner Ideen fand Schulze neben der „Innung der Zukunft" in der Leipziger „Gartenlaube" dank ihrer für die damalige Zeit ungewöhnlich großen Verbreitung einen wertvollen Bundesgenossen. Daß dieses Familienblatt im wahren Sinne des Wortes schon frühzeitig seine

Spalten Schulze zur Verfügung stellte, dessen werden die Anhänger des Genossenschaftswesens sich stets mit Dankbarkeit erinnern. Aber Schulze wußte darin auch die besten Seiten seiner volkstümlichen Schreibweise zu entwickeln. „Geld und Kredit sind im Überfluß für die Handwerker und kleinen Gewerbetreibenden vorhanden — so rief er dort gelegentlich aus —! Kann denn niemand von ihnen Geld brauchen?“*)

Einen wesentlichen Fortschritt konnte Schulze verzeichnen, als es ihm gelang, das Assoziationswesen im September 1857 gelegentlich des Zweiten Internationalen Wohltätigkeitskongresses in Frankfurt a. M. vor einem Forum deutscher Volkswirte zu erörtern. Der Kongreß, auf dem Prinzip der Économie charitable von dem Belgier Ducpétiaux in Verein mit französischen Sozialpolitikern gegründet, hatte schon auf seiner ersten Versammlung im Jahre 1856 in Brüssel auf Antrag Hubers beschlossen, „daß die wirtschaftliche (distributive) Assoziation unbedingt zu empfehlen, über die produktive dagegen weitere Erfahrungen abzuwarten seien, ehe man sich über ihre Zweckmäßigkeit aussprechen könne.“ In Frankfurt standen nur Fragen über das Armenwesen, den Volksunterricht und das Gefängniswesen auf der Tagesordnung. Ein Versuch, im Zusammenhang mit der ersten Frage auf die Verhandlungen des Vorjahrs zurückzukommen, mißlang; die deutschen Kongreßbesucher vereinigten sich daher am dritten Tage, um einen längeren Vortrag Schulzes über das Assoziationswesen, seine Grundlagen und Fortschritte in Deutschland anzuhören. Eine Frucht dieser Besprechung war ein dem Wohltätigkeitskongresse überreichter Antrag:**) „Der Internationale Wohltätigkeitskongreß wolle beschließen, daß das Prinzip und die fortschreitende Entwicklung der auf verständiger Selbsthilfe und eigener Kraft beruhenden Assoziationen, insbesondere der Vorschußvereine und der gewerkschaftlichen Genossenschaften zur gemeinschaftlichen Anschaffung der Rohstoffe für ihre Fabrikation wie der Vereinigungen zur Beschaffung der notwendigen Lebensbedürfnisse unter den Handwerkern oder anderen gewerblichen Arbeitern auf dem gegenwärtigen Kongresse zum Gegenstand der Beratung gemacht, demnächst aber auch unter die Beratungsgegenstände der folgenden Kongresse aufgenommen werden.“

Der Kongreß nahm zwar den letzteren Antrag an; er trat indessen in späteren Jahren nicht mehr zusammen. Wohl aber war jene Aussprache zunächst Veranlassung, daß der Berliner Zentralverein für das

*) Bd. I 186ff.

**) Böhmert: Die Entstehung des volkswirtschaftlichen Kongresses in der Vierteljahrsschrift für Volkswirtschaft usw. Jahrg. 1884.

Wohl der arbeitenden Klassen, dessen verdienter Präsident Lette der Frankfurter Versammlung beigewohnt hatte, von da ab dem Genossenschaftswesen andauernd seine Teilnahme widmete, und daß Schulze, der auch in den Ausschuß des Vereins gewählt wurde, in dessen Organ, dem „Arbeiterfreund", eine weitere Stätte für die publizistische Befürwortung seiner Anschauungen gewann.

Schon im Frühjahre 1857 hatte Böhmert,*) der inzwischen die Redaktion des Bremer Handelsblattes übernommen hatte, zum Zusammentritt eines deutschen volkswirtschaftlichen Kongresses aufgefordert; nun fand seine Anregung in Frankfurt allgemeine Zustimmung und ein engerer Ausschuß ward zur Verfolgung des Gedankens eingesetzt. Schulze gehörte diesem zwar nicht an; er veröffentlichte aber in den Grenzboten eine Reihe von Aufsätzen über die verschiedenen ihn interessierenden Punkte. Er besprach darin die Lage der kleinen Gewerbetreibenden, die er hier wieder unter dem Namen der Arbeiter zusammenfaßte, und die Zwecklosigkeit der Rückkehr zu den alten Innungsbeschränkungen, um alsdann der auf Almosenverteilung beruhenden Wohltätigkeit die auf Selbsthilfe begründeten Genossenschaften gegenüberzustellen. Ein letzter Aufsatz behandelte den Internationalen Wohltätigkeitskongreß als Vorläufer eines deutschen Kongresses für das Assoziationswesen. Indem er der Berufung eines solchen nachdrücklich das Wort redete, bezeichnete er als dessen Aufgabe, „daß er neben der wissenschaftlichen Pflege der Volkswirtschaftslehre und deren Verbreitung im Publikum auch alle praktisch darauf fußenden Versuche, die angewandte Wissenschaft also, in den Kreis seiner Erörterung ziehe, insbesondere aber der Organisation der auf vernünftiger Selbsthilfe beruhenden Bestrebungen zur Hebung und Sicherung des Loses der arbeitenden Klassen sein Hauptaugenmerk zuwende."

Die Aufsätze erschienen gesammelt in dem Buche „Die arbeitenden Klassen und das Assoziationswesen in Deutschland als Programm zu einem deutschen Kongreß".**) Schulze ließ es bei ihnen nicht bewenden; es galt für ihn, das bei den Männern der Wissenschaft und in den gebildeten Kreisen erwachte Interesse für das Genossenschaftswesen auszunützen. So warb er gleichzeitig in der „Gartenlaube" und in dem „Arbeiterfreund" für den Kongreß. Ebenso steuerte er zu dem von Breitkopf & Härtel in Leipzig herausgegebenen Hauslexikon (dritte Auflage 1858) einen längeren Aufsatz „Assoziation" bei, in dem er deren Geschichte, Wesen und Einrichtungen zusammenfaßte

*) V. Böhmert: Rückblicke und Ausblicke eines Siebzigers. Dresden 1900.
**) Bd. I S. 191 ff.

und die Erfolge der Vereinigungen in Deutschland dem Leser vor Augen führte.

Eine weitere größere Arbeit unternahm er, um volkswirtschaftliche Kenntnisse bei dem großen Publikum zu verbreiten. Er begann mit der Herausgabe einer volkstümlich gehaltenen Darstellung der „Elemente der Volkswirtschaftslehre". (Grundbegriffe der Volkswirtschaft aus dem Wesen des Menschen abgeleitet.) „Es gibt kein Thema — so sagte er in der Ankündigung —, über welches man so viele fix und fertige Urteile zu hören bekommt, als über die alltäglichen Schlagworte: Notstand der arbeitenden Klassen — Übermacht des Kapitals — Mißverhältnisse zwischen Produktion und Konsumtion — Druck der Konkurrenz usw. Diese Dinge treten den Leuten sozusagen auf die Zehen, drängen sich jedem auf — und doch gebricht es den meisten an den einfachsten Elementarkenntnissen in einem Fache, wo sie lehren wollen." Er beabsichtigte deshalb, die Grundbegriffe und Grundlehren der Volkswirtschaft in gemeinfaßlicher Sprache darzulegen, wobei ihm wahrscheinlich Bastiats „Volkswirtschaftliche Harmonien" als Muster vorschwebten. Das Werk sollte etwa 30 Bogen stark in fünf Heften zu je 6 Silbergroschen erscheinen, von denen aber nur das erste Heft im März 1858 zum Druck gelangte, es behandelte auf sieben Bogen in vier Kapiteln den Haushalt in der Gesellschaft, die wirtschaftliche Organisation, die einzelnen Momente der wirtschaftlichen Bewegung, Tausch und Wert. Ein fünftes Kapitel — Kapital und Kredit — lag im Manuskript vor, als der Verleger in Konkurs geriet. Schulze mag, da der Drucker des ersten Heftes ihn für dessen Herstellungskosten verantwortlich machte, die Freude an der Fortsetzung des Werkes verloren haben, oder er konnte einen neuen Verleger nicht finden — jedenfalls verzichtete er auf die fernere Ausführung des Planes; selbst das Schicksal der Druckexemplare des ersten Heftes ist nicht zu ermitteln. Doch werden wohl die Gedanken, die Schulze seinen Lesern unterbreiten wollte, später teilweise und in abgekürzter Form in seinen „Kapiteln zu einem deutschen Arbeiterkatechismus" wiedergekehrt sein.

Trotz dieses Mißgeschickes fuhr Schulze fort, das Zustandekommen des Kongresses zu betreiben. Auf seine Veranlassung fand Anfang Juni des Jahres 1858 eine Beratung von Vorstand und Ausschuß des Zentralvereins für das Wohl der arbeitenden Klassen hierüber statt; diese hielten es jedoch für zweckmäßiger, zunächst nur zu einer Vorversammlung nach Gotha, dem Regierungssitze des allen freiheitlichen Bestrebungen zugeneigten Herzogs Ernst, einzuladen, welche die Aufgaben, die Gegenstände und Einrichtungen eines später zu berufenden Kongresses besprechen sollte.

Aber Schulze drängte noch mehr; er wollte, daß es nicht nur bei den Vorbereitungen zu diesem bleibe, sondern ihm kam es darauf an, daß sich die Autorität einer solchen Versammlung für seine Bestrebungen einsetze. Schon in seinem Buche über die arbeitenden Klassen hatte er einen lediglich das Assoziationswesen behandelnden Kongreß gefordert. „Aber ein nationaler, ein deutscher Kongreß muß es sein — so war seine Schlußfolgerung mit Beziehung auf den Internationalen Wohltätigkeitskongreß — da die Bewegung eben in Deutschland einen eigentümlichen und wahrhaft nationalen Charakter angenommen hat. Fern von aller sozialistischer Beimischung, vollständig der industriellen und humanen Entwicklungsstufe des deutschen Handwerkers und Arbeiters entsprechend möchten wir ihm vor allem diesen Charakter rein erhalten wissen." *) Nun plante er, daß neben und mit dem von ihm befürworteten Kongreß für die Arbeiterfrage, wie er ihn nannte, auch der Kongreß der deutschen Volkswirte tagen möge. In gleichem Sinne suchte er auf Böhmert, welcher dem in Frankfurt gewählten engeren Komitee angehörte, einzuwirken. Er schrieb, nachdem er augenscheinlich sich schon vorher mit Gustav Freytag in Verbindung gesetzt und von diesem die Antwort erhalten hatte: „Ich gratuliere von Herzen zur Vollendung des guten Buchs" an Böhmert am 28. Juni:

„Hierbei das Büchelchen, welches für den Kongreß zu werben bestimmt ist . . . Die Frage der Assoziation ordnet sich dem Richterstuhl der Volkswirtschaft vollständig unter. Ich denke, Sie teilen die Ansicht über die Kompetenz dieser Wissenschaft in der sozialen Frage, die ich am Ende meines Büchleins ausgesprochen habe, vollständig, und so Gott will, werden wir die Économie charitable in die ihr zukommenden Grenzen zurückweisen . . . Auf Freytags ausdrücklichen Wunsch soll das Büchelchen dem Herzog von Gotha überreicht werden; da könnte man gleich auf den Kongreß vorbereiten?"

Nachdem sich in Gotha Geneigtheit gezeigt hatte, diesen Kongreß aufzunehmen, zeigte sich Freytag auch weiterhin als treuer Berater. In einem nicht datierten Schreiben an Schulze mahnt er: „In Ihrem Briefe an den Herzog haben Sie die Güte, sich auf mich zu beziehen; der Herzog wird dann wahrscheinlich von mir einen Bericht einfordern; das übrige gibt sich von selbst. Ich bin dafür, daß Sie als Eventualität sogleich den Kongreß in Gotha mit ungefährer Angabe der Zeit erwähnen und sich direkte Bitte um Patronat vorbehalten, falls Sie dies wollen."

*) Bd. I S. 265.

Demzufolge sandte Schulze am 5. Juli sein Buch über die arbeitenden Klassen an Herzog Ernst mit den folgenden Begleitzeilen:

„Die Schrift behandelt die Arbeiterfrage, in welcher der Verfasser das Prinzip der Selbsthilfe der arbeitenden Klassen, ihrer freien Bewegung auf dem Felde des Erwerbs, der Selbständigkeit ihrer auf diesen Zweck gerichteten Genossenschaften und Unternehmungen, und hierin, wie er glaubt, den eigentlich deutschen Standpunkt vertritt, gegenüber der ihrem Wesen nach durchaus undeutschen Zentralisation, dem steten Gängeln und Bevormunden, dem System der Staatsinitiative und Staatssubvention auf diesem Gebiete, wie wir es bei unseren westlichen Nachbarn ausgebildet sehen.

Daß dem Verfasser dabei die inhaltschweren Worte Eurer Hoheit von ‚der traurigen Hingebung zu dem bequemen, aber höchst ungermanischen Prinzip, die Sorge für alles Gemeinnützige der Regierung zu überlassen', sich aufdrängen mußten, war natürlich. Wenn schon ohnedem in allen deutschen Herzen unvergessen lebt, was Eure Hoheit der deutschen Sache in verhängnisvollen Tagen waren und noch sind, so ist jener fürstliche Ausspruch in einer Angelegenheit doppelt unschätzbar, bei welcher Befangenheit und Vorurteile aller Art nicht selten selbst die regierenden Kreise eingenommen haben und zu den verderblichsten Maßregeln drängen, welche gerade die Gefahren, die man am meisten fürchtet, erst heraufzubeschwören geeignet sind.

Auf Eure Hoheit richteten sich daher die Blicke einer Anzahl deutscher Mitglieder des letzten internationalen Wohltätigkeitskongresses zu Frankfurt, als das Bedürfnis eines Deutschen Kongresses in dieser hochwichtigen Frage von ihnen lebhaft empfunden wurde, und sobald die erforderlichen Einleitungen dazu getroffen sind, hoffte man bei der alleruntertänigsten Bitte um Höchstdero Patronat für die Zusammenkunft in Gotha einer huldreichen Gewährung entgegensehen zu dürfen."

Sofort antwortete der Herzog:

„Es wird von meiner Seite keiner Versicherung des besonderen Interesses bedürfen, das mir Ihre Schrift über Arbeiterassoziationen einflößen mußte. Sie wissen bereits, wie sehr mein eigenes Bestreben darauf gerichtet ist, in allen wichtigen materiellen Fragen das einzig richtige Prinzip des ‚self government' in unserer Nation zu wecken und zu fördern.

Die Tragweite der Idee, die in Tausenden von unergiebigen Teilchen zersplitterten Arbeitskräfte eines ganzen Volkes durch Bildung von Genossenschaften in wirksame Kapitalien zu verwandeln, um aus dem Volke heraus den Wohlstand der gesamten besitzlosen Masse mit allen seinen segensreichen Folgen erstehen zu lassen, ist an sich so großartig, daß ich ihr im Prinzip unbedingt den Preis vor allen anderen der schwebenden materiellen Fragen zuerkenne.

Es kommt nur darauf an, nicht bloß — wie Sie erschöpfend getan — dem Publikum die Wichtigkeit der Sache und ihre Ausführbarkeit zu beweisen und im allgemeinen Anleitung zu ihrer Ausführung zu geben, sondern hauptsächlich darauf: speziell praktische Normen für die Art und Weise hinzustellen, in welcher die besitzlose Masse jeder, der kleinsten wie der größten, Stadt zu verfahren habe, um auf dem einfachsten, gesetzlich zu sichernden und unverfänglichsten Wege die Einführung und Fortbildung der fraglichen Genossenschaft zu bewerkstelligen.

Es scheint mir dabei vor allem berücksichtigt werden zu müssen, daß man es mit dem weniger gebildeten Teile der Gesellschaft zu tun hat, in welchem es wohl an guten Köpfen und energischen, zur Einleitung der Sache geeigneten Charakteren nicht fehlt, dem jedoch im allgemeinen der Plan vollkommen mundgerecht vorgezeichnet werden muß.

Daß zu diesem Zwecke ein, die beste Praxis der Ausführung beratender und das Resultat veröffentlichender, Kongreß von Sachverständigen das geeignetste Mittel ist, darüber bin auch ich nicht im Zweifel, und ich freue mich aufrichtig, daß ein solcher bereits nach Gotha ausgeschrieben wurde. Wenn ich selbst auch zu meinem Bedauern gerade in der betreffenden Zeit durch den Gebrauch eines Seebades abgehalten sein werde, mich persönlich an den Beratungen zu beteiligen, so werde ich doch mit dem höchsten Interesse von denselben Kenntnis nehmen und gern bereit sein, zur Verwirklichung der aus ihnen entspringenden Vorschläge in meinen Landen nach Möglichkeit beizutragen.

Indem ich mich Ihnen besonders verbunden für die sehr freundliche Aufmerksamkeit erkenne, mit welcher Sie in dieser vaterländischen Angelegenheit meiner gedacht, verbleibe ich in vorzüglicher Hochachtung und mit den besten Wünschen für die Sache Ihr ergebener

Ernst

Oberhof bei Gotha, den 27. Juli 1858.

Noch in demselben Monat versandte der Ausschuß, der Schulze zu seinen Arbeiten zugezogen hatte, Einladungen zu einer im September in Gotha abzuhaltenden Versammlung an etwa hundert theoretische und praktische Volkswirte und insbesondere auch an Genossenschaftsmänner, indem er vorschlug, zur Besprechung zu bringen:

die Reform der Gewerbegesetze,
das Assoziationswesen in Deutschland,
die Durchfuhrzölle des Zollvereins,
Spielbanken, Lotto und Lotterien,
die Wuchergesetze.

Aber der Lokalausschuß war mit diesem Programm nicht einverstanden. Schulze schrieb darüber an Lammers am 5. August:

„In Gotha, wo ein Ausschuß der angesehensten Männer für die Zusammenkunft zusammengetreten ist, sind einige Bedenken wegen Form und Zeichnung der Einladungen aufgetaucht, die zu beseitigen ich selbst morgen hingehe und auch Böhmert dazu veranlaßt habe. Man wünscht dort keine spezielle Tagesordnung, um der Zusammenkunft nicht den Charakter einer Vorversammlung zu rauben, hat vielmehr den Zweck allgemeiner dahin gefaßt:

Stiftung eines Vereins deutscher Volkswirte mit periodischen Versammlungen zum Zwecke der Pflege und Popularisierung der Volkswirtschaftslehre und ihrer praktischen Anwendung im Leben, namentlich der auf vernünftiger Selbsthilfe beruhenden Bestrebungen zur Hebung der arbeitenden Klassen.

Ich habe dagegen gar nichts, da uns dies ja gar nicht hindert, wenn nächst Erreichung eines solchen Hauptzwecks Zeit übrig ist, über die auf die Tagesordnung gebrachten Gegenstände dennoch zu verhandeln."

In der Tat begab sich Schulze nach Gotha und wußte so geschickt zu vermitteln, daß sich Ausschuß und Lokalkomitee auf einen neuen Wortlaut der Einladungen — etwa wie er von Schulze in seinem Brief an Lammers skizziert war — einigten. So trat der Kongreß zusammen, der nach Feststellung seiner Statuten sofort in die Beratung der schon genannten Gegenstände eintrat. Das Referat über das Assoziationswesen ward von Schulze erstattet.*) Er schloß seine Rede: „Eine Hilfe von Ihnen, meine Herren, wollen die Assoziationen nicht, denn sie sind die verkörperte Selbsthilfe. Aber daß es denselben so eifrig darum zu tun ist, aus Ihrer Prüfung die Sanktion der praktisch befolgten Grundsätze vor dem Richterstuhle der unbestechlichen Wissenschaft zu empfangen, das möge Ihnen, meine Herren, ein hoffnungsvolles Unterpfand dafür sein, daß die der hohen Lehre, deren Kultus uns hier vereinigt, so lange vorenthaltene Herrschaft in unserem Volke mindestens, das der wahren

*) Bd. I S. 270 ff.

Wissenschaft von je die bereite Heimat geboten hat, in nicht ferner Zeit ihre Segnungen verbreiten wird."*)

Über den Eindruck, den das Referat auf die Hörer machte, schreibt Böhmert,**) „daß die Kongreßmitglieder beinahe einmütig darin waren, daß der Arbeiter eines der ersten Menschenrechte — die Freiheit der Arbeit — nicht länger beraubt werden dürfe, daß aber andererseits an Stelle der durch die moderne Technik überwundenen Zünfte die freiwilligen Genossenschaften den Gewerbetreibenden vorwärts helfen müßten. Mit Einstimmigkeit bereitete der Kongreß den uneigennützigen Bestrebungen von Schulze-Delitzsch einen wohlverdienten Triumph und forderte das deutsche Volk zur Einführung dieser Organisationen auf."

Nach Schluß des Kongresses berichtete V. A. Huber in dem Gothaer Gewerbeverein über die auf seiner neuesten Reise in England und Frankreich bei den dortigen Assoziationen gemachten Erfahrungen. „Dem interessanten Vortrage***) folgte ein feuriger Appell von Schulze-Delitzsch an das Ehrgefühl der Handwerker und eine Darlegung der Notwendigkeit, sich von dem abgelebten Zunftwesen abzuwenden und der Gewerbefreiheit und dem Genossenschaftswesen sich zuzuwenden. Die Rede wirkte selbst auf bisherige Gegner der Gewerbefreiheit bekehrend und erweckte eine Begeisterung, die sich schwer schildern läßt. Der Kongreß selbst aber bewies durch sein Hineintreten in die Mitte der Handwerker und Arbeiter, um sie zu belehren und zu bekehren, daß er ein wirklich populäres und echt nationales Werk begonnen habe und es an der rechten Begeisterung und Aufopferung für das Gemeinwohl nicht fehlen lassen wollte."

Da der Volkswirtschaftliche Kongreß der Besprechung des Assoziationswesens einen so breiten Raum in seinen Beratungen eingeräumt hatte und auch bei seinen folgenden Tagungen — 1859 in Frankfurt a. M., 1860 in Köln, 1862 in Weimar und 1863 in Dresden — stets Schulze mit der ausführlichen Berichterstattung darüber betraute, so fiel die Veranlassung zur Berufung eines besonderen Kongresses für die Arbeiterfrage hinweg. Der Volkswirtschaftliche Kongreß, an dessen Spitze Präsident Lette-Berlin getreten war, bewies sein andauerndes Interesse für die Entwicklung der Genossenschaften — welchen Namen Schulze seit 1859 an Stelle des Ausdrucks Assoziationen treten ließ — außerdem noch dadurch, daß er deren Jahresberichte, die von Schulze statistisch und tabellarisch zusammengestellt wurden, bis zum Jahre 1864 auf seine Kosten

*) Bd. I S. 294.

**) Böhmert, Rückblicke und Ausblicke S. 18.

***) Böhmert, Vierteljahrschrift für Volkswirtschaft S. 223.

in Buchform veröffentlichen ließ. Dadurch wurde die öffentliche Aufmerksamkeit in höherem Maße auf die Leistungen der Genossenschaften gelenkt, als es bei den bisher in der „Innung der Zukunft“ besprochenen Berichten der Fall gewesen war.

Konnte sich nun auch die Genossenschaftssache in Gotha eines durchschlagenden Erfolges erfreuen, so blieb die äußere Lebenslage Schulzes für ihn nach wie vor ein Gegenstand der Sorge. Noch immer sah er sich auf das ungewisse Einkommen aus seiner privaten Tätigkeit angewiesen. Nachdem im Frühjahr 1858 zwei Rechtsanwälte in den Kreisen Delitzsch und Bitterfeld gestorben waren, wandte er sich daher im April und im Juni des Jahres an das preußische Justizministerium mit dem Ersuchen um Übertragung einer Rechtsanwaltstelle; seine Eingaben fanden nicht einmal eine Antwort. Da auch in der „neuen Ära“ zunächst kein Wechsel des Justizministers eintrat, schrieb Schulze an Lammers, der ihn in das öffentliche Leben zurückführen wollte, am 4. Dezember 1858:

„Daß ich mein Recht auf eine Anwaltstelle jetzt durchsetzen werde, dazu ist keine Aussicht, da der Justizminister Simons an seiner Stelle geblieben ist, dem ich das Wort nicht mehr gönne. Ich schaue deshalb nach einem Platze als Kommis, Inspektor p. p. eines industriellen Etablissements mich um und habe bereits an meine westfälischen Freunde geschrieben, da meine Stellung hier immer unhaltbarer wird, je mehr die Bedürfnisse meiner Familie mit Heranwachsen der Kinder zunehmen. Meinem Lieblingswunsch, mich mit ganzer Kraft der Verbesserung der sozialen Zustände meines Volkes widmen zu können, mit Schrift und Wort an den verschiedensten Orten einzuwirken, sehe ich mich immer mehr entrückt. Ja, wenn wir Engländer wären, — aber bei uns kann das nur ein Mann von bedeutenden Mitteln, über die ich nicht zu gebieten habe!“

Und drei Wochen später — am 27. Dezember 1858:

„Noch zwei Worte über meine Privatangelegenheiten. Ich habe mich entschlossen, nächsten Sommer von Ende Mai ab meine juristische Praxis hier ganz im Stiche zu lassen, mit meiner Familie einen Sommeraufenthalt zu beziehen und ungestört mich literarischen Beschäftigungen zu widmen, um die Möglichkeit zu erproben, ob ich mich damit durchbringe. Fort von hier muß ich, wenn etwas werden soll; hier hört das Überlaufen von früh bis Abend nicht auf. Bringe ich es jährlich auf 800 Taler so bin ich zufrieden. Freilich würde die rechte Wirksamkeit für die Assoziationssache erfordern, daß ich jährlich als Agitator meine Rundreise hielte; daran kann ich aber nicht denken.“

Für den gehässigen Geist, mit welchem die Regierungsorgane selbst zu dieser Zeit den achtundvierziger Steuerverweigerer verfolgten, spricht eine Beschwerde, die Schulze mehrere Monate später, im Mai 1859, gegen den Delitzscher Landrat von Rauchhaupt einlegte, der einem Landschulzen unter Hinweis auf dessen Amtseid Vorwürfe darüber gemacht hatte, daß er mit Schulze geschäftlichen Verkehr pflege und ihn sogar zu Besuch bei sich eingeladen habe. Schulze wies hierbei darauf hin, daß er, der aus der Erteilung von Rechtsgutachten und Hilfsarbeiten für den Rechtsanwalt Weiße seinen Unterhalt ziehe, damit in seinem Erwerbe geschädigt werde, und verlangte, daß dem Landrat von der ihm vorgesetzten Behörde sein ungesetzliches Verhalten untersagt werde. Acht Monate brauchte diese, um endlich am 7. Dezember 1859 zu einer Ablehnung des Antrages zu kommen: „eine Beschränkung Ihres Erwerbes kann in dem fraglichen Vorgange nicht gefunden werden, da Sie Ihren Unterhalt, wie Sie selbst angeben, durch Privatarbeiten bei Rechtsanwälten also nicht im gewerblichen Verkehr mit dem Publikum beziehen." Erst eine abermalige Beschwerde bei dem Ministerium des Innern schaffte Remedur.

V. Die Errichtung der Anwaltschaft der Erwerbs- und Wirtschaftsgenossenschaften.

Obgleich das kleine Delitzsch durch den Verlauf der Dinge zu dem natürlichen Mittelpunkt aller genossenschaftlichen Bestrebungen geworden war, bestand doch zwischen den einzelnen Vereinigungen keinerlei organischer Zusammenhalt. Schulze blieb lediglich der unermüdliche Berater und Aneiferer, und auch die „Innung der Zukunft" sah sich auf die Sammlung und Besprechung der ihr zugehenden genossenschaftlichen Nachrichten beschränkt. Die Hoffnung, Gleichgesinnte zu einem Kongreß für die Arbeiterfrage zusammentreten zu sehen, hatte Schulze angesichts der Begründung des Volkswirtschaftlichen Kongresses selbst aufgegeben. Aber so sehr dieser auch sein Interesse dem Assoziationswesen zuwandte, so war es doch nur einer der Gegenstände, mit denen er sich beschäftigte, und außerdem konnten sich seine Diskussionen nicht über prinzipielle Fragen und Forderungen hinaus erheben. Eine agitatorische Stelle bot der Kongreß den Genossenschaften also nicht, und ebensowenig war auf ihm Raum zur Erörterung geschäftlicher Sondervorfälle. Und doch drängte es dazu, einen Ort hierfür zu finden. Aus den vier Vorschußvereinen mit 1019 Mitgliedern und 54384 Talern Vorschüssen, von denen Schulze zuerst im Jahre 1854 in tabellarischer Form berichtet hatte, waren Ende 1858 bereits 45 Vereine mit 11183 Mitgliedern und 2086036 Thalern an hinausgegebenen Vorschüssen geworden, und fast täglich schien deren Zahl zu wachsen, damit indessen auch die Zweifelsfragen, die Schulze nicht ausschließlich mit dem Hinweise auf sein Assoziationsbuch oder auf sein Buch „Vorschußvereine als Volksbanken" lösen konnte. Noch immer glaubten die Gebildeten, daß es unmöglich sei, den Handwerkern und Arbeitern die Leitung der Vereine zu überlassen, daß ihre dem Wohltätigkeitssinn entspringende Mitwirkung unentbehrlich sei. Hier zu wehren, wurde Schulze nicht müde. Ein Beispiel für die gesunde und packende Art, in welcher er die Schwankenden zu überzeugen und zu Mut und Entschlossenheit anzufeuern wußte, gibt ein Brief vom 25. März 1859 an den Schriftsteller Oelsner in Breslau, der mit einigen Freunden die Gründung eines Vorschußvereins beabsichtigte:

„Um des Himmels willen — schrieb ihm Schulze — helfen Sie nicht, die Reihe jener Zwittergeburten (ein wenig Bienfaisance und ein wenig Bevormundung der Bourgeoisie) um eine vermehren! Das ist gerade dieselbe Geschichte wie in Leipzig; da glaubten die hohen Herren vom Kaufmannsstande auch nicht, daß es ohne sie ginge, warfen den auf Selbsthilfe gegründeten Plan des Innungsmeistervereins um und stifteten die Kreditanstalt für Gewerbetreibende.*) Aber trotzdem, daß sie diese ihre Schöpfung mit 10000 Talern zinsfreier Kapitalien sofort dotierten, ließ ich nicht nach, und wir fingen ein Jahr darauf (1856) unseren Vorschußverein mit den bescheidensten Anfängen an, der aber 1858 schon 69000 Taler an seine Mitglieder an Vorschüssen hergeben konnte und jene großartige Kreditanstalt bereits überflügelt hat. Keine Bevormundung höherer Klassen, indem diese die Leitung in den Händen behalten! Lehren Sie die Kreditbedürftigen, auf eigenen Füßen zu stehen, selbst sich das Kapital durch ihre Solidarität verschaffen und selbst verwalten ... Fort mit den Krücken; die Leute können auf ihren eigenen Füßen stehen, wenn sie nur wollen!"

Wenige Wochen darauf gelang es dem Zentralverein für das Wohl der arbeitenden Klassen unter Präsident Lettes Führung die Berliner Bezirks-Darlehnskassen für Schulzes Anschauungen zu gewinnen. Aus einem Berichte für das Jahr 1857 war hervorgegangen, daß 84 Kassen, welche meist aus dem Jahre 1848 stammten und auf dem Prinzip der Wohltätigkeit gegründet waren, bei einem Vermögen von 85018 Talern nur 68761 Taler zinsfreie Vorschüsse gewährt und fortwährend mit Verlusten zu kämpfen hatten. Diese ungenügende Wirksamkeit gab Schulze Gelegenheit zu dem Vergleiche mit den Ergebnissen der auf der Selbsthilfe aufgebauten Vorschußvereine, die dem Handwerker- und Arbeiterstand zwar nur gegen Zinszahlung Hilfe gewähren, „deren Leitung, Risiko und Gewinn aber ihnen selbst gehören und die ihrem Kreditbedürfnis in dessen vollem Umfange zu genügen versprechen, ohne daß sie dabei der Gönnerschaft irgend jemandes verpflichtet werden". Die Mahnung fiel auf guten Boden. Einer aus der Mitte der Kassen angestrebten engeren Verbindung der Kassen lieh der Zentralverein seine Unterstützung; Präsident Lette stellte sich an die Spitze der Vereinigung und veranlaßte unter Hinweis auf die Beschlüsse des Volkswirtschaftlichen Kongresses in Gotha, daß Schulze zu einem Vortrage nach Berlin berufen wurde. Es war ein geschickter Schachzug, daß er hinzufügte, es solle damit noch nicht aus-

*) Über die Leipziger Vorkommnisse siehe Bd. I S. 183ff.

gesprochen sein, daß die Reform der Kassen „gerade nach einer alleinseligmachenden Schablone von Delitzsch oder sonst woher geschehen müsse;*) die Frage, ob nicht die flottierende Bevölkerung der großen Städte, die Schwierigkeit, eine Sicherheit über guten Willen und Geschick des einzelnen, der Hilfe sucht oder sie erhalten hat, zu erlangen usw., Modifikationen nötig machen werden, bleibt zu vollem Rechte bestehen; andererseits ist mit dem Schulzeschen Statut noch keineswegs die Macht des assoziativen Elements ausgenutzt; ja wir wollen es selbst als ein richtiges und fruchtreiches Resultat begrüßen, wenn die Diskussion der Zentralvereinigung mit einem Verdammungsurteil gegen die Schulzesche Idee schließt und ihr in Berlin auch nicht ein Verein gewonnen bleibt: aber dies Urteil sei dann ein motiviertes, es zeige die Arbeit der unparteiischen Prüfung bis ins einzelne und stütze sich nicht auf Sentiments und Antipathien eines unklaren Wohlwollens, welche in Gefahr geraten könnten, nur für den Ausdruck einer untätigen Liebe zum Hergebrachten gehalten zu werden." Zu einem solchen Verdammungsurteil kam es indessen nach dem Schulzeschen Vortrage**) — am 27. April 1859 — nicht; im Gegenteil ward der Zentralverein einer der eifrigsten Förderer der Selbsthilfebestrebungen, wie die Aufsätze Schulzes in dem Arbeiterfreund beweisen. Damit hatten sich Schulzes Ideen denn auch in Berlin Eingang verschafft.

Gerade in dieser Zeit schien sich Schulzes Arbeitskraft zu verdoppeln; nicht nur führte er seinen literarischen Strauß mit der hannoverschen Regierung aus,***) sondern er bekämpfte in den „Grenzboten" Schöpfungen, welche, wie die Erfurter „Assoziation",†) seinen Prinzipien zwar halbwegs entgegenkommen, halbwegs aber besondere Wege einschlagen wollten, und er warb in der „Gartenlaube" immer wieder für die Ausbreitung der Vorschußvereine, indem er zugleich von den bestehenden Vereinen genauere Nachrichten als bisher zur Vervollständigung der „zur Fortbildung der Sache unerläßlichen Statistik" verlangte. Schon jetzt begann sich die Prophezeiung zu erfüllen, welche er bei seiner Berichterstattung für das Jahr 1855 ausgesprochen hatte, „daß die Zeit nicht allzufern sein dürfte, wo es kein Städtchen im Lande gibt, in dem die Vorschußvereine nicht Wurzel gefaßt hätten und wo sie durch die Menge ihrer Institute, durch die Zahl der bei ihr beteiligten kleineren Gewerbetreibenden den Großbankunternehmungen als

*) Arbeiterfreund 1859 S. 457 ff.

**) Bd. I S. 176 ff.

***) Bd. I S. 295 ff.

†) Ebenda S. 278 u. Anm.

finanzielle Macht kühn zur Seite treten dürfen". So forderte er denn in Verbindung mit genossenschaftlichen Freunden in Meißen, Dresden, Eisleben, Leipzig, Sangerhausen, Zerbst, Luckenwalde und Luckau im April 1859 die Vorschußvereine zu einer in der Pfingstwoche vom 14. bis 16. Juni in Dresden abzuhaltenden Versammlung auf „behufs Mitteilung über die bei ihnen bestehenden Einrichtungen und gemachten Erfahrungen sowie der Verständigung über gemeinsame Interessen ... Möge unseren gemeinnützigen Instituten — so schloß der Aufruf — durch eine recht zahlreiche Beteiligung ein weiterer Anstoß und nachhaltige Förderung in dem weitesten Kreise aus dieser ersten Vereinigung erwachsen!" Das war also eine Beschränkung des erhofften Kongresses für die Arbeiterfrage auf die Angelegenheiten der Vorschußvereine; aber auch ihre Beratungen drohten noch im letzten Augenblick vereitelt werden zu sollen. Schulze schrieb darüber an Bensemann, neben Lette der eifrigste Befürworter der Prinzipien der Selbsthilfe unter den Berliner Darlehnskassen, am 6. Juni: „Nachdem man uns in Dresden für unseren Vereinstag in der Pfingstwoche die besten Zusicherungen gegeben hatte, erhebt man plötzlich Schwierigkeiten seitens der Behörden dagegen, und ich erfahre bis morgen telegraphisch, ob wir am Ende noch vor Torschluß den Ort der Zusammenkunft ändern und andere Einladungen aussenden müssen. Ich war gestern selbst in Dresden, und man war so erbittert über die nachträgliche und böswillige Quengelei, daß gerade die Sachsen wünschten, man möge Berlin zu der Zusammenkunft wählen, damit Preußen in dieser allgemeinen deutschen Angelegenheit jene engherzige Kleinstaaterei beschäme. Schon gestern schrieb ich deshalb von Dresden aus an Lette, damit er mir die Versicherung gleich durch den Minister verschafft, daß man unserer Zusammenkunft in Berlin nichts in den Weg legen werde ... Ich bitte auch Sie um Förderung der Sache und dergestalt zeitige bestimmte Antwort, daß ich spätestens Donnerstag früh die anderweiten Einladungen an die Vereine expedieren kann, wenn die Dresdener Behörden O .... bleiben, wofür die Vermutung spricht."

Ehe noch Bensemanns Antwort — wie es scheint in Schulzes Sinne — eintraf, war von Weimar die Bereitwilligkeit ausgesprochen worden, die Versammlung bei sich aufzunehmen, wo dann nun der „erste Vereinstag deutscher Vorschuß- und Kreditvereine, welche auf der Selbsthilfe der Kreditbedürftigen aus dem kleineren und mittleren Gewerbestande beruhen", wie er sich nannte, stattfand. 29 Vereine hatten 38 Vertreter entsandt, sie besprachen in zweitägiger Arbeit Organisationsfragen, verlangten gesetzliche Erleichterungen rücksichtlich der Legitimation bei Prozessen und Rechtsgeschäften und empfahlen die Errichtung eines mit einem halben Prozent des jährlichen Reinertrags eines jeden Vereins zu dotierenden Zentralbureaus, welches die Verbindung der Vereine anbahnte und die Korrespondenz mit den Vereinen führte. Schulze wurde gebeten, an dessen Spitze zu treten.*)

Ein weiterer Beschluß bestimmte die „Innung der Zukunft" zum amtlichen Organ des Zentralkorrespondenzbureaus. Ende 1858 hatte Schulze, als Lammers ihm die Gründung einer genossenschaftlichen Zeitschrift nahelegte, geantwortet: „Von der Ausführbarkeit eines Genossenschaftsblattes auf dem von Ihnen angedeuteten Wege bin ich nicht überzeugt; ich habe zu klägliche Erfahrungen darin gemacht und schreibe noch jetzt für die ‚Innung der Zukunft' ohne Honorar, nur um mir ein Organ für das spezielle Fach zu sichern." Auch im Frühjahr 1860 mußte das jetzt zehnmal im Jahr erscheinende Blatt, das nach Wiecks Tode in den Verlag von Gebrüder Baensch in Leipzig übergegangen war, von neuem um Abonnenten in den Genossenschaftskreisen werben: „Jeder, der es einsieht, daß das seit einer Reihe von Jahren immer bedeutender aufgetretene Assoziationswesen eine Lebensfrage für die arbeitenden Klassen bildet, wird die Notwendigkeit eines bestimmten Organs anerkennen, durch welches alle Ergebnisse der in den verschiedensten Gegenden unseres Vaterlandes verwirklichten Assoziationen veröffentlicht werden und aus dessen statistischen Material sich jederzeit der neueste und richtige Standpunkt zur Beurteilung der erreichten Erfolge und des fernerhin zu Geschehenden gewinnen läßt. Nur dadurch, daß die einzelnen Assoziationen ... sich gegenseitig den Stand ihrer Verhältnisse, die gehabten Erfolge oder erlittenen Nachteile gewissenhaft mitteilen, nur dadurch, daß jeder einzelne Verein die von den übrigen gesammelten Bausteine in seinem Nutzen verwenden kann, ist es möglich, dem Assoziationswesen die höchste und für den einzelnen wie für das Gesamtvaterland segensreichste Entwicklung zu geben."

Indessen scheint dieser Appell nicht den gewünschten Erfolg gehabt zu haben, denn die Verleger wollten, wie Schulze in einem Rundschreiben zum Jahresende mitteilte, ihm das Blatt nur noch gegen Ersatz der Druckkosten abliefern, so daß er selbst den Vertrieb besorgen sollte. Dabei berechneten sie aber die Druckkosten so hoch, daß diese durch den Abonnementspreis nicht gedeckt wurden. Schulze übernahm nun das

*) Vgl. Bd. I S. 513.

Blatt im Selbstverlag, wodurch es zu einer ganz selbständigen, von der „Deutschen Gewerbezeitung" losgelösten Zeitschrift wurde. „Wenn die äußere Ausstattung des Blattes nicht gleich so elegant sein sollte wie bisher, so werden wir — meinte Schulze — den Wert desselben nicht in solchen Dingen suchen, und kann und wird auch hier, sobald das Unternehmen sich nur einigermaßen deckt, alles Wünschenswerte leicht nachgeholt werden ... Mögen unsere Vereine durch ihre Beteiligung wie durch ihre Bemühungen für den Vertrieb im eigenen Mitgliederkreise wie außerhalb desselben beweisen, daß der auf dem Vereinstage gefaßte Beschluß kein vorzeitiger war, dessen Ausführung an der leider noch so weit verbreiteten Indolenz gegen alle gemeinnützigen Unternehmungen dieser Art scheitert."

Ausführlich schrieb bezüglich des geschäftlichen Teils der Herausgabe Schulze an Lammers am 26. Dezember 1860:

„Hierbei ein Zirkular, aus welchem Sie ersehen, daß ich nun auch in den Orden der Journalisten eingetreten bin, und zwar invita Minerva, weil ich mußte, indem sich kein anderer Weg zeigte, ein ganz selbständiges Organ für die Genossenschaftsbewegung herzustellen, wie es die Vereine wünschten, und wie ich selbst insofern es wünschen mußte, um die Sache vollkommen in der Gewalt zu behalten und nach allen Seiten hin wegen Fortbildung des Vereinswesens aus einem Geiste zu wirken. Das Unternehmen ist freilich sehr klein, ich mußte mich auf weniger als zwölf Nummern im Jahre beschränken, um nicht der Kaution nach hiesigem Preßgesetz zu verfallen, und habe auch wirklich auf zehn Bogen des Jahres Raum genug für die Organisation, die Interessen und die Statistik der deutschen Genossenschaften. Mehr wie einen Reichstaler durfte man als Jahresabonnement ohnehin nicht nehmen, und da auf Absatz unter Privatpersonen nicht zu rechnen ist und nur die Vereine selbst als Träger des Unternehmens betrachtet werden können, so steht im günstigsten Falle ein Absatz von 150—200 Exemplaren zu hoffen, ja ich muß darauf gefaßt sein, vielleicht nur 100 Exemplare unterzubringen. Denn daß sich von den mir bekannten 370 Genossenschaften aller Art mehr als 130—150 beteiligen sollten, und zwar fast ohne Ausnahme nur mit einem Exemplar, ist nicht anzunehmen; da müßte ich meine Leute nicht kennen. So läßt sich denn für einen baren Taler nicht gut mehr geben als die zehn Bogen, und da mich das Blatt — ich muß doch 300 Exemplare auflegen — mit Versendung jährlich zirka 140—150 Reichstaler kostet, so schreibe ich's gratis und bin froh, wenn mein Verlag herauskommt ... Schulze."

In einer würdigen Ansprache machte Schulze den Lesern der „Innung der Zukunft“ von den neuen Verhältnissen Mitteilung:*) „Nicht länger wie bisher an das gesicherte Unternehmen wohlmeinender Männer sich anlehnend — gleichsam von fremder Firma gedeckt — drängt es die ‚Innung der Zukunft‘, welche wir im eifrigen Ringen erblicken, zur ‚Innung der Gegenwart‘ zu werden, ganz selbständig ihren Weg zu gehen. Als laute Mahnerin an die eigene Kraft, als ‚Herold der Selbsthilfe‘ im Erwerb in unserer Arbeiterwelt stand es ihr ferner nicht wohl an, anders als in vollster Unabhängigkeit, nur allein auf sich selbst gegründet, vor dem Publikum aufzutreten.“

Der buchhändlerische Vertrieb des Blattes geschah nach wie vor von Leipzig aus — durch Buchhändler G. Mayer —. Als Schulze 1862 nach Potsdam übergesiedelt war, wollte er den Verlag nach seinem neuen Wohnort überleiten, nachdem die Polizeidirektion das seit Anfang 1863 in zwölf Monatsnummern erscheinende Blatt als ein technisch-wissenschaftliches für nicht kautionspflichtig erklärt hatte. Da Schulze aber in ihm zwei Aufsätze über die Arbeit veröffentlichte, verlangte die Polizeibehörde, weil sie darin eine Besprechung sozialer Fragen erblickte, eine Kautionsstellung von 1500 Talern. In einem erregten Streit zwischen Schulze und der Polizeidirektion verwahrte sich Schulze, daß jene Aufsätze dem Blatt den Charakter eines wissenschaftlichen genommen hätten; er ließ jedoch das Blatt sofort in elf Nummern erscheinen, wodurch die Kautionsleistung entfiel, und kündigte mit Eintritt des nächsten Jahres die Zurückverlegung des Erscheinens nach Leipzig an; „ja bei weiteren Beanstandungen kann und wird die Verlegung des Blattes in das Ausland(!) auch schon jetzt im Augenblicke geschehen, wozu alle Einleitungen getroffen sind, wie wir unseren Lesern zu deren Beruhigung versichern.“ In der Tat ging das Blatt 1864 in den Verlag von Ernst Keil in Leipzig über; Anfang 1866 nahm es gelegentlich der Umwandlung in ein Wochenblatt den Titel „Blätter für Genossenschaftswesen“ an und erscheint unter diesem Namen seit 1892 in dem Verlage von J. Guttentag in Berlin.

Blieb die Ausgestaltung der „Innung der Zukunft“ in den Händen Schulzes, so waren es die Genossenschaften selbst, welche die Fortentwicklung des Zentralkorrespondenzbureaus, dem sich anfangs 30 Vereine angeschlossen hatten, zu einer Anwaltschaft betrieben. Schon sechs Monate nach dem Weimarer Tage wandten sich Vorstand und

*) Bd. I S. 521 ff.

Verwaltungsrat des Vorschußvereins in Luckenwalde an die deutschen Vorschuß- und Kreditvereine mit dem Hinweis auf das die Zeitungen durchlaufende Gerücht, daß Schulze aus Rücksicht auf die wachsenden Bedürfnisse seiner Familie in den Staatsdienst zurücktreten werde, woraus sich von selbst ergebe, daß er dem Genossenschaftswesen mehr oder weniger fremd werden müsse. „Unseres Erachtens aber dürfte es der gerechtfertigte Wunsch einer jeden Verbindung sein, die auf dem von Herrn Schulze ins Leben gerufenen segensreichen Prinzip der Selbsthilfe beruht, nicht nur einen Teil der Wirksamkeit dieses Mannes sich zu erhalten, sondern womöglich sich seine ganze Kraft zu sichern." Um dies zu erreichen, schlug Luckenwalde den Vereinen vor, ein Opfer zu bringen, das bei seiner Geringfügigkeit den Namen eines solchen nicht verdiene, nämlich eine Beitragsleistung von 3 bis 4 % des Reingewinns statt des in Weimar beschlossenen $^1/_2$ % an das Zentralkorrespondenzbureau, um daraus eine Remuneration für Schulze zu gewinnen, die ihm ermögliche, nicht nur das Bureau zu führen, sondern auch der offizielle Berater aller derjenigen Vereine zu sein, welche sich zu jener Beisteuer bereit erklären würden. „Bedenken wir wohl, daß das Gedeihen unserer Vereine erst ein beginnendes ist, und daß es noch sehr not tun dürfte, die Gesamt- wie die Spezialinteressen derselben von einem Manne bedacht und gepflegt zu sehen, der wie kein anderer der Gegenwart berufen ist, in einem solchen Amte mit dem segensreichsten Erfolge zu wirken."

Schulze erklärte sich mit dem Vorschlage einverstanden; in einer Erklärung vom Januar 1860*) antwortete er bezüglich der ihm angebotenen Stellung u. a.: „Vor allem muß diese eine durchaus würdige sein, da ich bei meiner Wirksamkeit des moralischen Einflusses eines auf freies Vertrauen gegründeten Ansehens nicht entbehren kann. Die Hebung der Erwerbszustände der am meisten beteiligten Klassen greift überall in das sittliche und intellektuelle Gebiet zurück, und die hier anklingenden Saiten können von mir nur dann mit Erfolg angeschlagen werden, wenn ich selbst unantastbar in dieser Beziehung dastehe. Dazu gehört namentlich die vollste Selbständigkeit meinerseits sowohl in Beziehung auf das, was man mir bietet, als auf das, was man von mir dafür verlangt. Das ganze Verhältnis muß daher rein geschäftlich auf der allein gesunden Grundlage von Leistung und Gegenleistung begründet werden, indem nur so jeder Teil dadurch, daß er sich selbst wie den anderen vollkommen gerecht wird, sein Selbstgefühl, seine innere Freiheit und Charakterwürde

*) Bd. I S. 514 ff.

wahrt. Aber wie ich jede Remuneration, die ich nicht durch meine Arbeit verdiene, ablehnen müßte, so würde ich es auch in Beziehung auf alle und jede Anmutungen, in der mir zugedachten Stellung irgend etwas gegen meine Überzeugung zu tun und zu vertreten. Niemals werde ich mich zum bloßen Lohndiener von Ansichten und Bestrebungen hergeben, die etwa unter den Mitgliedern der Genossenschaften sich geltend machen könnten, im Falle ich von deren Verderblichkeit und Verkehrtheit überzeugt wäre. Das, was ich den Genossenschaften biete, ist der redliche Wille, ihren und ihrer Mitglieder wahren Interessen mit meiner besten Kraft — und das heißt bei mir eben nach meiner besten Überzeugung — zu dienen. Meine Grundsätze in dieser Hinsicht sind bekannt, von unseren Vereinen bereits erprobt und bewährt befunden, und auf diesem von uns betretenen Wege, welchem Wissenschaft und Praxis zur Seite stehen, weiter vorzuschreiten, das bereits Erreichte zu festigen und fortzubilden und für manches sich hervordrängende weitere Bedürfnis die weiteren genossenschaftlichen Formen zu finden: das ist es, wozu ich mich allein verpflichten kann und will."

Bezüglich der Honorarfrage schlug Schulze eine Beitragsleistung von 2 % des Reingewinns mit einem Mindestsatz von 2 Talern und einem Höchstsatz von 12 Talern vor, wogegen er zusagte, „keine Anstellung im öffentlichen Dienste oder in einem Privatunternehmen anzunehmen, welche mich hinderte, der bezeichneten Aufgabe so viel von meiner Zeit und Kraft zu widmen, — als mir die Sorge um die eigene Subsistenz dazu überhaupt übrig läßt — ein Maß, welches natürlich durch die Höhe der zu gewährenden Remuneration einigermaßen bedingt wird. . . . Ich erblicke aber in dem gegenwärtigen ersten Versuche dieser Art in Deutschland, wenn er gelingt, einen Vorgang von hoher Bedeutsamkeit für das öffentliche Leben. . . . Das von den Genossenschaften gegebene Beispiel mag sich das ganze deutsche Volk zur Lehre nehmen. . . . Ehe wir es in Deutschland nicht dahin gebracht haben, daß das Volk den Vorkämpfern für humanen, sozialen und politischen Fortschritt eine unabhängige, wenn auch noch so bescheidene Existenz gewährt, so werden wir gegen andere Völker — z. B. die Engländer — in Entwicklung unserer öffentlichen Zustände stets im Nachteil stehen. . . . In diesem Sinne hat das jetzige Projekt unserer Assoziationen eine wahrhaft nationale Bedeutung, eine Tragweite, welche weit über die Personalfrage hinausreicht. . . . Wie ungewiß aber auch der Ausfall sein mag, eins bleibt ja doch über jeden Wandel sicher und fest: daß ich selbst, auch wenn der Plan scheitert, soweit mich die notwendige Fürsorge um das eigene Bedürfnis nicht abzieht, meine Tätigkeit der Sache der Genossenschaften in unveränderter Gesinnung erhalten werde. Was dieselben daher auch tun und beschließen, ich bleibe doch der Ihre!"

Schulze erklärte sich nachträglich mit der Festsetzung der Höchstgrenze des Beitrages auf 20 Taler einverstanden, und im Juli des Jahres konnte Luckenwalde den Genossenschaften mitteilen, daß „in dem nunmehr zur Wirklichkeit gewordenen Projekt etwas Gutes und Gemeinnütziges zustande gekommen ist, an dem wir alle uns um so mehr zu erfreuen haben, als es das Wahrzeichen ist einer großen brüderlichen Handreichung. In diesem Sinne empfangen Sie Dank für Ihre bereitwillige Unterstützung bei dem Werke. Es lebe lange! Lange lebe Schulze-Delitzsch!"

Bis zum Juli 1860 waren 62 Genossenschaften, am Jahresende 106 auf der freiwillig gewählten Grundlage dem Zentralkorrespondenzbureau beigetreten.

In gleichem Sinne wie in seiner Erklärung sprach sich Schulze auf dem Volkswirtschaftlichen Kongreß in Köln im September 1860 aus, nachdem er diesen von der Übernahme des Amts in Kenntnis gesetzt hatte. Er nannte den Vorgang einen schlagenden Beweis für die innerliche Erstarkung der Assoziationsbewegung und wiederholte, von welcher prinzipiellen Bedeutung ihm die Maßregel erscheine. „Nirgends verlangt man von Männern, die sich dem gemeinen Wohle, dem öffentlichen Leben widmen, so viel und gewährt ihnen dafür so wenig als in Deutschland. Daß zu jedem Wirken zunächst die materielle Existenz gehört, daran denkt man bei uns gar nicht, und da solche Männer nur selten mit äußeren Glücksgütern gesegnet sind, müssen sich oft die besten Kräfte von solchen Aufgaben ganz zurückziehen oder reiben sich in sorgenvollem Kampfe um des Lebens Notdurft vor der Zeit auf ... Möchte daher das Beispiel der wackeren Handwerker und Arbeiter doch beim deutschen Volke auf allen Gebieten des öffentlichen Lebens Nachahmung finden zum Frommen und Gedeihen des Vaterlandes! Denen aber gegenüber, welche meine Stellung ihres Ursprungs unmittelbar aus dem Volke halber verdächtigen oder verhöhnen, erkläre ich meinerseits, daß ich gerade darin, in diesen Quell meiner Mission die höchste Ehre setze!"

Indessen blieb der Zugang zu dem Zentralkorrespondenzbureau vorerst nur ein beschränkter; ein von den Genossenschaften eingesetzter Ausschuß erließ im September 1861, als die Liste der Schulze namentlich bekannten Genossenschaften bereits die Zahl von 373 erreicht hatte, einen erneuten Aufruf zum Beitritt, der u. a. sagte:

„Den älteren Genossenschaften und unter ihnen vorzüglich den größeren erlauben wir uns folgende Erwägungen zu unterbreiten.

Herr Schulze hat nur seine Talente mit auf die Welt gebracht: seine Willensstärke, seine Beharrlichkeit, seine Geschäftserfahrung ist das mühsam errungene Kapital, aufgespeichert aus Jahrzehnte lang unausgesetzter und harter Arbeit. Dieses Kapital nutzen die Genossenschaften täglich mit großem Erfolge für ihre Vereinstaschen. Freilich ist dieses Kapital an jedem Orte etwas verschieden angewandt und demselben die eigene Arbeit der Leiter, welche der engere Ausschuß weit entfernt ist zu unterschätzen, hinzugefügt. Soll aber die Arbeit des einzelnen den möglichen Nutzen wirklich bringen, dann bedarf es eben des Zusammenströmens an einem Orte, in einem großen und starken Geiste, um da verglichen, von neuem durcharbeitet, verbreitet und zugänglich gemacht zu werden. Das Zentralbureau ist deshalb ein naturgemäßes und unentbehrliches Organ des Genossenschaftswesens.

Es ist wahr, die älteren Vereine werden die Hilfe des Zentralbureaus nicht so oft in Anspruch zu nehmen genötigt sein als die jüngeren. Wenn sie jedoch der Hilfe bedürfen, wird es in Fällen sein, welche erhöhte Anstrengung und vergrößerte Arbeit unabweislich nötig machen. Es sei hier erinnert an die Konflikte der Vereine mit der Oberstaatsanwaltschaft und der Regierung zu Frankfurt a. d. O. und den Steuerbehörden in Preußen und Sachsen. In solchen Fällen kommt die dem einen Vereine geschaffte Hilfe allen anderen zustatten, — ein besonders hervorzuhebender Umstand. Man sage ja nicht, die Genossenschaften seien nun allen Gefahren ähnlicher Art entwachsen — es werden neue entstehen, von denen man jetzt noch keine Ahnung hat.

Sollten aber auch alle von außen kommenden Gefahren beseitigt sein, so bringt doch die Natur des Geschäftes in ihr selbst liegende Schwierigkeiten, Konflikte, Rechtsfragen täglich neu an die Oberfläche, welche einer vielseitigen, geschäftsgewandten und umfassenden Behandlung unterworfen werden müssen, um Erfolg zu sichern. Die auf Selbsthilfe gegründete Genossenschaft nimmt täglich einen größeren Raum ein in dem Gewerbs- und Verkehrsleben Deutschlands. Die Vorschußvereine müssen Depositenbanken werden, wollen sie das Geldbedürfnis auf der einen Seite mit dem Geldüberfluß auf der anderen naturgemäß vermitteln — das Streben danach ist vielseitig erkennbar. Die Rohstoffvereine haben teilweise als Ziel die genossenschaftliche Produktion im Auge. Nun, ein gefahrloser und organischer Übergang zu beidem bedarf angestrengten Fleißes vieler geschickter Arbeiter unter einer wohlwollenden und allseitig anerkannt tüchtigen Leitung."

Erst von jetzt ab war ein beträchtlicherer Anschluß — 208 Genossenschaften Ende 1861 — an das Zentralkorrespondenzbureau bemerkbar, welchem im Jahre darauf der Name „Anwaltschaft der deutschen Erwerbs- und Wirtschaftsgenossenschaften" beigelegt wurde.

Schon auf dem Volkswirtschaftlichen Kongreß zu Köln hatte Schulze der Verleumdungen gedacht, welchen er von gewissen Seiten aus Anlaß der ihm von den Genossenschaften gebotenen, angeblich glänzenden Lebenslage ausgesetzt war. In Wahrheit vereinnahmte er aus seiner genossenschaftlichen Tätigkeit nach genauen Aufstellungen in den Jahren 1859 266, 1860 577, 1861 1009, 1862 1456, 1863 2433, 1864 3008, 1865 3266 Taler. Hiervon trug er aber die Kosten seines Bureaus — 1861 428, 1862 309, 1864 857, 1865 813 Taler — und seiner im Interesse des Genossenschaftswesens gemachten Reisen. Noch 1861 bezeichnete Schulze in einem Briefe an Rudolf von Bennigsen es als fraglich, ob er zur Generalversammlung des Nationalvereins kommen könne, „da ich mich in der absolut zwingenden Lage befinde, den Sommer zu literarischen Arbeiten für meine Existenz zu benutzen ... Ich will mich nun mit Agenturen einrichten, die mir reichlich angetragen werden, und mir so ein Bureau gründen, um das deutsche Genossenschaftswesen fortführen zu können. Die materielle Unabhängigkeit ist die Grundlage jeder anderen, darüber sind wir wohl einverstanden". Aber doch rechnete er — in der dritten Auflage der „Vorschußvereine als Volksbanken", 1862 — damit, daß sich die Vereinsbeiträge in den nächsten Jahren so weit aufbessern würden, um jemanden zu finden, dem er den eigentlich geschäftlichen Teil der Aufgabe anvertrauen könne, indem er selbst alsdann der parlamentarischen und literarischen Vertretung des Genossenschaftswesens nach wie vor einen Teil seiner Zeit und Kraft zu widmen bereit sei. „Jedenfalls — heißt es dort weiter — ist die Sache der Mühe und Opfer wert, die dafür von so vielen Seiten gebracht sind, und in der heranreifenden Frucht ihrer Tätigkeit werden alle die wackeren Männer, die dem Verfasser seit einer Reihe von Jahren in seinen Bestrebungen so erfolgreich unterstützten, den Lohn finden, und zugleich die Lust und den Mut, dem weiteren Ausbau des begonnenen Werkes Zeit und Kraft zu widmen."

Im Jahre 1866 endlich wurde Schulze von den Genossenschaften ein festes Jahresgehalt von 2000 Talern und später von 2400 Talern ausgesetzt, welches auch bis zu seinem Tode keine Änderung mehr erfuhr.

VI. Die genossenschaftliche Bewegung bis zum Erlaß des Genossenschaftsgesetzes.

Fanden sich nun auch in der Anwaltschaft die Interessen der Genossenschaften zusammen, so blieb doch Schulze unaufhörlich bemüht, diese selbst zur Mitarbeiterschaft an ihrer Ausgestaltung und Vervollkommnung heranzuziehen. Zunächst dienten ihm hierbei die seit 1859 alljährlich wiederkehrenden und in steigender Teilnehmeranzahl beschickten Versammlungen der Vereine, die in verschiedenen Teilen Deutschlands abgehaltenen „Vereinstage". Daneben traten seit 1860 die von Schulze in Buchform veröffentlichten „Jahresberichte über die auf dem Prinzip der Selbsthilfe der Beteiligten beruhenden deutschen Genossenschaften der Handwerker und Arbeiter",*) nachdem diese Berichte vorher in der „Innung der Zukunft" zusammengestellt worden waren.

Auf den Vereinstagen gab Schulze regelmäßig eine Übersicht über den Stand des Genossenschaftswesens, worauf die Teilnehmer ihre Erfahrungen und Wünsche austauschten und endlich organisatorische Fragen zur Erörterung kamen. Die Ergebnisse gipfelten in Beschlüssen, deren Beobachtung den Genossenschaften empfohlen wurde, jedoch ohne ihnen dies zur Pflicht zu machen.**) Es blieb den Beteiligten überlassen, sich von der Richtigkeit der geäußerten Anschauungen zu überzeugen und diese praktisch zu verwerten; dagegen war jeder Zwang zur Befolgung dieses oder jenes Lehrsatzes ausgeschlossen. Schulze selbst war es, der sich dagegen wandte, daß die Genossenschaften sich blindlings seiner Autorität unterwarfen: „Wenn die Vorschußvereine — sagte er 186· auf dem Vereinstag in Mainz in Anlehnung an ein bekanntes Wor

*) Sie erschienen von dem Jahre 1859 bis 1860 bei Gustav Mayer später Julius Klinkhardt in Leipzig, von 1897 ab bei J. Guttentag in Berlin. Der Titel wurde schon im Jahre 1861 in „Deutsche Erwerbs- und Wirtschaftsgenossenschaften des kleinen Gewerbestandes" abgeändert; vom Jahre 1862 an fehlt auch der letztere Nachsatz.

**) Die Beschlüsse der ersten 24 Vereinstage über die genossenschaftlichen Fragen auf den verschiedensten Gebieten sind von Fr. X. Pröbst unter dem Titel „Grundlehren der deutschen Genossenschaften" München, B. Ackermann, I 187 II 1884, gesammelt worden.

Lessings — die Wahl zwischen Vorschriften hätten, bei denen sie ihre Selbständigkeit einbüßen würden, aber keine Fehler machen könnten, und zwischen ihrer Selbständigkeit, bei der Fehler unvermeidlich sind, so müssen sie sich für die Selbständigkeit entscheiden.“ Frühzeitig trat auf den Vereinstagen ferner das Verlangen nach gesetzlicher und für ganz Deutschland einheitlicher Festlegung der den Genossenschaften unentbehrlichen Rechtsformen auf; schon 1860 in Gotha legte Schulze einen Gesetzesentwurf vor „zur Erleichterung der Legitimationsführung der Vereine bei Prozessen und Rechtsgeschäften“ *); bis zum Erlaß des preußischen Genossenschaftsgesetzes verschwand der Gegenstand nicht mehr von der Tagesordnung der Vereinstage. Auch hier waren es die Freiheit und Selbständigkeit der Genossenschaften, welche Schulze verlangte: strenge Unterordnung unter gesetzliche Vorschriften, deren Erzwingung den Gerichten zustehen sollte, aber keine Abhängigkeit von Verwaltungsbehörden mit wechselnden von der Tagespolitik beeinflußten Anschauungen. In welcher Form immer staatliche und kommunale Behörden für die Errichtung von Genossenschaften die Einholung ihrer Genehmigung verlangten: immer wieder trat Schulze ihnen entgegen, und als 1865 der von der preußischen Regierung ausgearbeitete Gesetzentwurf die Anerkennung der Genossenschaften durch die Verwaltungsbehörde als Vorbedingung ihrer Unterstellung unter das Gesetz verlangte, da erklärte er:**) „Noch sind den Genossenschaften die Anmutungen und förmlichen Verfolgungen, die sie von den Verwaltungsbehörden besonders in Preußen und Hannover erlitten haben, in zu frischem Andenken, und sie wollen in keiner Hinsicht dazu beitragen, das Gesetz zu einem Hort der sogenannten „Gutgesinntheit“ zu machen, dessen Wohltaten man sich durch politische Zugeständnisse an die gerade herrschende Partei erkauft . . . Die Genossenschaften wissen aus Erfahrung zu gut, welche Eingriffe in ihre Selbständigkeit man seitens der Behörden bereits versucht hat, als daß sie nicht die bisherige Freiheit mit allen Unzuträglichkeiten der mangelnden gesetzlichen Anerkennung einem Schutze vorziehen sollten, welcher für sie in nichts als willkürliche Maßregeln auslaufen würde. Sie beanspruchen weder Privilegien noch Staatshilfe, sondern den Schutz der Gesetze in erlaubtem Verkehr und Erwerb, wie ihn der Staat im eigenen Interesse allen Bürgern schuldet, wie ihn namentlich die wohlhabenden Gewerbetreibenden durch das durch ganz Deutschland geltende

*) Man vergleiche den betr. Abschnitt Bd. I S. 346 u. f.

**) In dem Jahresberichte für 1865. Man sehe auch Bd. I S. 388 u. f. „Der erste preußische Genossenschaftsgesetzentwurf“.

Handelsgesetzbuch genießen. Sowenig wie die Handelsgesellschaften unserer Kaufleute und Fabrikanten von der Anerkennung der Verwaltungsbehörden abhängig gemacht und ihrer Kontrolle unterworfen werden können, sowenig vertragen die Genossenschaften eine solche Bevormundung!"

Und welche Unzuträglichkeiten und Schwierigkeiten waren es, mit denen die Genossenschaften damals zu kämpfen hatten, deren Beseitigung sie trotzdem nicht durch die Annahme jenes Gesetzes erkaufen wollten: sie erhoben sich bei der Vollziehung jedes Willensaktes, bei der Ausstellung jeder Vollmacht, bei der Führung jeden Prozesses. Waren doch einige Richter so weit gegangen, daß sie zur Abgabe von Erklärungen für die Genossenschaft selbst den durch Protokoll beauftragten Vorstand nicht befähigt erachteten, sondern die Unterschrift eines jeden Vereinsmitgliedes forderten. Noch 1862 hatte der Oberstaatsanwalt in Frankfurt a. d. O. Anklage gegen sämtliche 157 Mitglieder des Vorschußvereins in Lübben wegen Verletzung der Wuchergesetze erhoben, begangen durch Erhebung von Provision neben den Zinssätzen, und zwar bei den Vorschußnehmern, die selbst ohne Ausnahme wieder zu jenen 157 Mitgliedern zählten! Die Hartnäckigkeit, mit welcher Schulze auf den Vereinstagen, dem Volkswirtschaftlichen Kongresse und im Preußischen Abgeordnetenhause sowie in der Tagespresse und in dem „Arbeiterfreund" auf gesetzlicher, durch Richterspruch sicher zu stellender Regelung der Angelegenheiten der Genossenschaften und auf Verwerfung verwaltungsbehördlichen Gutdünkens bestand, trug denn auch endlich ihren Sieg davon.

Die Auflösung des Landtages im Frühjahr 1866 machte die endgültige Erledigung des vorjährigen Gesetzentwurfs unmöglich; im November legte die Regierung einen neuerdings ausgearbeiteten Entwurf vor, welcher jedoch besonders durch die konservative Partei bekämpft wurde, die dem freien Genossenschaftswesen widerstrebte und ihm innungsmäßige Vereinigungen unter Staatsaufsicht entgegenstellen wollte. Bismarck nannte damals die Kreditgenossenschaften „Kriegskassen der Demokratie". Die Regierung hatte wieder an dem Konzessionsparagraphen festgehalten; als aber Schulze von neuem erklärte: „Lieber kein Gesetz als ein Gesetz mit diesem", gab sie ihren Widerstand auf, und der so abgeänderte Entwurf ward am 27. März 1867 endlich zum Gesetz erhoben. Im Juli 1868 fand seine Einführung in die Staaten des Norddeutschen Bundes statt.

Von den Gesichtspunkten, die Schulze auf den Vereinstagen stets in den Vordergrund zu schieben wußte, seien nur einige hervorgehoben. Zunächst das unbedingte Festhalten an der Selbsthilfe der Beteiligten: keine finanzielle Unterstützung seitens Dritter, keine Annahme von Geldern zu niedrigeren als den marktgängigen Zinsen, ausschließlich rein geschäftsmäßiger Verkehr mit den Geldgebern und den Geldnehmern. „Leitung, Risiko und Gewinn muß den Mitgliedern der Genossenschaft selbst gehören — führte er aus —, ohne daß sie der Gönnerschaft irgend jemandes verpflichtet werden.“ *) Eine zweite schon 1860 in Gotha erhobene und seitdem oft wiederholte Warnung erging gegen das Zusammenschweißen verschiedenartiger genossenschaftlicher Organisationen zu einem wirtschaftlichen Ganzen. Sie verurteilte den von einigen Vorschußvereinen gemachten Versuch, gleichzeitig Nahrungsmittel und Verbrauchsgegenstände, Rohstoffe u. a. m. für die Mitglieder zu beschaffen. „Es gilt als allgemein anerkannter Erfahrungssatz — sagte Schulze —, daß man bei einem reinen Vorschußgeschäft, welches nur gegen Sicherheit Geld ausleiht, weniger riskiert als bei jedem anderen Handels- oder produktiven Unternehmen, weil seine Ware, das Geld, stets gesucht und plötzlichen Wertschwankungen nicht ausgesetzt ist. Schon deshalb soll man die zum großen Teil auf fremdes Kapital, darunter die Ersparnisse kleiner Leute gegründeten Vorschußgeschäfte nicht in das Risiko fremdartiger, von der Spekulation nie ganz zu trennender Unternehmungen hineinziehen. Dazu kommt noch, daß einerseits zur Leitung eines jeden derartigen Geschäfts besondere Kenntnisse und eine sehr verschiedene Befähigung gehört, welche nicht leicht bei einer und derselben Person zusammentreffen, andererseits das Interesse der Mitglieder an solchen Nebengeschäften ein höchst ungleiches ist.“ **) Deshalb besondere Genossenschaften für jeden besonderen Geschäftszweig!

Ein Drittes war sein Widerstand gegen Bildung von Genossenschaften aus Genossenschaften. Gerade weil er fast bis an sein Lebensende an der unbeschränkten Haftbarkeit der Mitglieder als der unerläßlichen Grundlage der Genossenschaften festhielt, wollte er nicht deren Gefahr vergrößern, gegen welche er keineswegs blind war, bekämpfte er den Eintritt des einen Vereins in einen zweiten. Zwar ließ er anfangs Ausnahmen für Rohstoff-, Produktiv- und Konsumgenossenschaften gelten, die durch ihre eigenen Interessen veranlaßt, einem am gleichen Ort seßhaften Vorschußverein beitreten möchten, aber schon 1877 hatte auf seine Anregung die Gesetzgebungskommission des Reichstags als selbstverständlich ausgesprochen, daß eingetragene Genossenschaften nicht einer anderen

*) Aus dem Jahresberichte für 1858 über die deutschen Vorschuß- und Kreditvereine.

**) Aus den Verhandlungen des Vereinstages in Gotha, 1. Juni 1860.

eingetragenen Genossenschaft als Mitglied angehören dürfen.*) „Vermöge der Solidarhaft — so führte er aus —**) müssen sämtliche Mitglieder mit ihrem Privatvermögen für alle Verpflichtungen den Vereinsgläubigern aufkommen ... Tritt daher einer unserer genossenschaftlichen Vereine einer anderen ebenfalls als Genossenschaft organisierten Gesellschaft bei, so haftet das Privatvermögen der Mitglieder der ersteren auch für alle die zweite Gesellschaft belastenden Schulden, deren Geschäftsgebarung sich ihrer Kenntnisnahme größtenteils durchaus entzieht.“ Gerade die Solidarhaft bedinge, daß dem einzelnen Genossenschafter eine unmittelbare Einwirkung auf die Gesellschaftsangelegenheiten durch Teilnahme an den Beschlüssen der Generalversammlungen, Wahl der Verwaltungsorgane, Stellung von Anträgen usw. gewährt werde; dies wäre ihm aber nur dann möglich, wenn die Verwaltung der Genossenschaft seiner Wahrnehmung von ihrem Gebahren nicht räumlich so weit entrückt sei, daß die persönliche Kontrolle aufhöre. Und endlich bleibe der einzelne des wesentlichsten seiner genossenschaftlichen Rechte, der persönlichen Einsprache in die Gesellschaftsangelegenheiten, des hauptsächlichsten Korrelats der von ihm zu tragenden unbeschränkten Haftpflicht beraubt, indem nur die Vorstände des Vereins, dem er angehört, seine Interessen wahrnehmen können, er also durch deren Handlungen weiter verhaftet werde. So stellte er denn, als er unmittelbar vor seinem Tode 1883 seine Forderungen bezüglich der Revision des Genossenschaftsgesetzes zusammenfaßte, an deren Spitze den Satz: „Eingetragene Genossenschaften können einer anderen eingetragenen Genossenschaft nicht beitreten.“ Diese Forderung ward nicht verwirklicht, doch der spätere Verlauf der Entwicklung des Genossenschaftswesens hat zur Genüge gezeigt, wie berechtigt sein Verlangen war.

Ein letztes, an dem Schulze in der Struktur der Genossenschaften unverbrüchlich festhielt, war die Gleichberechtigung der Mitglieder. Wie er deren Bevormundung durch Außenstehende widerstrebte, so bekämpfte er es auch, daß innerhalb der Vereine einer hinter dem anderen durch verschiedenartige Verteilung der Rechte zurückstehe. Die verhältnismäßig hohen prozentualen Gewinne, welche die Genossenschaften anfänglich allenthalben erzielten, führten ihnen rasch Einzahlungen in einem die Erwerbungen durchaus übersteigenden Maße zu; so sehr Schulze diese Vermögensbildung als Grundlage ihrer Kreditwürdigkeit willkommen hieß, so lebhaft betonte er das Bedenken, daß trotz der Stimmengleich-

*) „Material zur Revision des Genossenschaftsgesetzes“ Leipzig 1883 in Bd. I S. 466 u. f.

**) Bd. I S. 546 f.

heit aller die wohlhabenderen Mitglieder ein Übergewicht in der Verwaltung über die minderbegüterten gewinnen möchten. Und wie er vorher die Festsetzung eines Mindestbetrags der Beiträge für notwendig erachtet hatte, so empfahl er nun, über einen Höchstbetrag nicht hinauszugehen. „Die genossenschaftliche Bewegung — so sprach er 1863 in Görlitz — habe angefangen bei den Arbeitern. Der Mittelstand habe sich teils allein helfen können, teils habe er das Risiko gefürchtet, teils war er auch eifersüchtig auf den mittellosen Arbeiter, der mit ihm die gleichen Vorteile genießen solle. Inzwischen habe sich indessen der Mittelstand nach Überwindung seiner Vorurteile und im wohlverstandenen eigenen Interesse der genossenschaftlichen Bewegung angeschlossen, ja an einigen Orten sich derselben ganz bemächtigt, leider hier und da mit der verderblichen Tendenz, den Unbemittelten auszuschließen. Vor dieser Richtung wolle er mit allem Ernste warnen. Die Genossenschaften müssen durchaus bestrebt sein, die Sympathien und Interessen der Unbemittelten an sich zu knüpfen. Es sei von höchster Wichtigkeit für die großen kommerziellen und politischen Krisen, daß der Kleinste und Ärmste neben dem Bemittelten als gleichberechtigtes Mitglied eines solchen Vereins dastehe. Das bilde einen Einigungspunkt, eine Ausgleichung und Versöhnung der Klassen — Interessen, wie sie nicht erwünschter und wohltätiger für alle Teile gedacht werden können. Und eine fernere Aufgabe der Genossenschaften sei die Verbreitung von Bildung. Es sei eine Pflicht unserer Zeit, die Massen mehr und mehr zu humanisieren. Die Genossenschaften bezwecken diese Organisation der Massen; sie suchen durch Hebung der Bildung und der materiellen Lage der Arbeiter die Entwicklung der intellektuellen und sittlichen Kräfte zu fördern, welche allen Schichten des deutschen Volkes in so reichem Maße verliehen seien."

Demselben Gedankengange entsprechend wollte Schulze auch die Mitwirkung von Personen aus sozial höherstehenden Kreisen in der Geschäftsleitung der Genossenschaften auf die Zeit beschränkt wissen, bis deren Mitglieder sich in diese genügend eingearbeitet, bis jene also sich selbst überflüssig gemacht hätten.

Zu den Beratungen der Vereinstage, auf denen Schulze nicht nur ein Lehrender, sondern wie er freimütig bekannte, auch ein Lernender war, hatten sich schon 1861 zu den Vertretern der Vorschußvereine diejenigen der Rohstoffgenossenschaften gesellt. Die Verhandlungen wurden dadurch vielgestaltiger und lebhafter; eine Aufzählung der zur Erörterung gestellten Gegenstände würde heißen die Geschichte des deutschen Genossenschaftswesens schreiben. Aber über die stets neu auftauchenden Interessen des Tages hinaus wußte Schulze die Blicke seiner Mitstreiter zu lenken, wie er dies später auch regelmäßig in seinen großen Reden auf den die Vereinstage beschließenden Festessen tat: „Gehen Sie, meine Herren — rief er ihnen 1862 am Schlusse der Verhandlungen in Potsdam zu — als Sendboten der großen genossenschaftlichen Bewegung in ihre Heimat zurück und bedenken Sie, daß der deutsche Mittelstand, den in seiner wirtschaftlichen und gewerblichen Selbständigkeit zu erhalten und zu fördern wir unternommen haben, die große Aufgabe hat, einer der Hauptträger der Kultur und der politischen Entwicklung unseres Vaterlandes zu sein!"

Begreiflicherweise fehlte es gegenüber den von den Vorschußvereinen zu verzeichnenden Fortschritten auch nicht an Fehlschlägen. Schulze verheimlichte sie nicht; er berichtete vielmehr regelmäßig darüber in aller Ausführlichkeit, so zuerst schon über die großen Verluste, die 1861 bei dem Dresdener Spar- und Vorschußverein eingetreten waren. Aber er untersuchte ihre Ursachen, die durchweg auf eine Abweichung von den gewonnenen Erfahrungen zurückzuführen waren, und ertrug sie mit unüberwindlichem Optimismus. Und in der Tat war die Entwicklung der Vorschußvereine auch in der Folgezeit eine alle Erwartungen übertreffende. Ernster gestaltete sich die Frage der Produktivgenossenschaften. In ihnen hatte Schulze in seinem Assoziationsbuche die Krönung des genossenschaftlichen Gedankens gesehen und in dem 1862 erstatteten „Bericht über die Genossenschaften des kleinen und mittleren Gewerbestandes" nannte er sie wie auch später und zuletzt noch 1871 auf dem Nürnberger Vereinstage von neuem die „Vergesellschaftung in der Arbeit selbst". Aber — fügte er hinzu — „sie vermögen keine rechte Wurzeln bei dem deutschen Handwerker zu schlagen, der lebhafte Scheu empfindet, mit seiner Isolierung auch seine Selbständigkeit aufzugeben. Darin mag denn der Grund liegen, daß von den wenigen Versuchen von Produktivassoziationen die meisten sehr bald verunglückten, und daß man am weitesten da kam, wo man selbst bei der gemeinsamen Magazinierung fertiger Waren die gemeinsame Produktion ausschloß." Das Mißlingen der Versuche mußte von Schulze um so schwerer empfunden werden, als er sich sagte, daß es häufig nicht nur mit der Einbuße der Existenz der Mitglieder, sondern auch mit dem Vermögensverlust derer, die namentlich aus den Arbeiterkreisen den Unternehmungen ihre Spargroschen anvertraut hatten, gleichbedeutend war. Deshalb seine wiederholten Hinweisungen, daß für die Produktivgenossenschaft mehr als anderswo Geschäftskenntnisse, zielbewußte Leitung, Unterordnung der Mitglieder unter den selbstgewählten Vorstand und eine gewisse Summe von Eigenvermögen notwendig seien. Und in dem Jahresberichte für 1864 führte er aus:

„Welche schwere Verlegenheiten und Verwicklungen die Produktivgenossenschaften sich bereitet haben, welche ohne alle Vermittlung, ohne der geschäftlichen Aufgabe hinsichtlich der Leitung wie der nötigsten Fonds im mindesten gewachsen zu sein, begannen, davon sollten sich alle diejenigen, welche zu solchen übereilten Unternehmungen aufmuntern, doch einmal durch unmittelbare Anschauung vom Gange der Dinge selbst überzeugen. Der Verfasser, dem von ihm seit Beginn der Bewegung befolgten Grundsatze getreu, sich durch persönliche Beteiligung bei den verschiedenen Arten der Genossenschaften über ihren Geschäftsgang genau zu informieren, hat auch denjenigen Produktivgenossenschaften, welche nach seiner Ansicht zu vorschnell begannen, als sie sich im Drange der Umstände an ihn wendeten, Rat und Beistand nicht versagt. Ja er ist, soweit seine Mittel dies zuließen, in ihr Risiko mit eingetreten, wenn er irgend glaubte, einem Bruch vorbeugen zu können, weil er einen solchen nach der obigen Andeutung für unheilvoll hielt. Eben dadurch hat er aber die großen Sorgen und den schweren Kampf, die in allen solchen Fällen unvermeidlich auf den Mitgliedern lasten, aus eigner Erfahrung kennen gelernt. Wie viele Mißgriffe und Verluste konnten bei gehöriger Vorbereitung der Sache, bei einem Aufschieben der Geschäftseröffnung um ein oder wenige Jahre in den meisten Fällen vermieden werden, welche jetzt schwer auf dem jungen Unternehmen lasten und Mut und Vertrauen der Mitglieder niederdrücken!"

So verneinte er auch die Frage, ob die Vorschußvereine die Errichtung von Produktivgenossenschaften in die Hand nehmen sollten, solange die sonstigen Voraussetzungen für deren Gedeihen noch nicht geboten seien, und er ließ sich durch die Angriffe nicht beirren, die er sich dieserhalb seitens des ständigen Ausschusses des Vereinstages der deutschen Arbeitervereine in Frankfurt a. M. im Sommer 1865 zuzog. Aus jener Erklärung hatte dieser den Schluß gezogen, daß die Vorschußvereine aufgehört hätten, in Wahrheit Volksbanken zu sein und deshalb zu deren Gründung neben den „Handwerkerbanken" aufgefordert. In einem Flugblatt „Die Produktivgenossenschaften und die Vorschußvereine"*) beleuchtete Schulze alle in Betracht kommenden Gesichtspunkte; es war eine traurige Genugtuung für ihn, daß er im Jahre darauf über die Zusammenbrüche der Produktivgenossenschaften der Schalweber in Berlin und der Maschinen-

---

*) Abgedruckt in Bd. I S. 821f.

bauer in Chemnitz berichten mußte. Die letztere kam zu Fall, weil den Leitern die kaufmännische Bildung und das Dispositionstalent fehlte und sie bei ungenügendem Eigenkapital bedeutende Wechselverbindlichkeiten eingegangen waren, zu deren Deckung sie bei Ausbruch des preußisch-österreichischen Krieges nicht die notwendigen Mittel aufbringen konnten. Die Produktivgenossenschaft der Berliner Schalweber schien anfangs einen sehr erfreulichen Aufschwung zu nehmen; um so überraschender kam ihr Niedergang. Er war — schrieb Schulze in seinem Jahresberichte für 1865 — „eine schlagende Widerlegung aller derjenigen, die da meinen, daß es den Arbeitern nur an Kapital fehle, um Fabrikanten zu werden, und daß alles übrige, insbesondere Geschäftskenntnis und kaufmännische Bildung, mit dem Kapital sich gleichsam von selbst einfände. Die Assoziation der Berliner Schalweber ist nicht etwa infolge des Mangels an Kapital oder Kredit, sondern im Gegenteil vielmehr infolge des Überflusses an Kredit zugrunde gegangen, welcher zusammentraf mit der Unerfahrenheit in der Geschäftsführung. Es drängte sich dem Geschäft, weil es als das einer Assoziation bekannt war, der Kredit förmlich auf, es wurden ihm von vielen Seiten Garne offeriert, und der Vorsteher war gegenüber solchen Offerten nicht standhaft genug, sondern kaufte große Vorräte, ohne dafür Verwendung zu haben. Hierzu kam, daß er sich den Kostenpreis der produzierten Waren nicht genau berechnete, sondern sich damit begnügte, fort und fort Waren produzieren zu lassen und durch einen Reisenden nach außerhalb möglichst vorteilhaft zu verkaufen. Ob die Kosten des Reisenden zu dem Betrage der von ihm verkauften Waren im rechten Verhältnis standen, sowie ob die Kosten der Rohstoffe und die sonstigen Verwaltungsunkosten durch den Preis der Waren gedeckt würden, blieb überall ununtersucht. Es wurde flott verkauft, und das Geschäft schien im besten Gange zu sein, bis die wiederholten Kapitalvermittlungsgesuche eine Prüfung der Buchführung und des Geschäftsstandes von sachverständiger Seite herbeiführten, welche die vorhandenen Mängel aufdeckte. Nun drängten die Gläubiger auf Befriedigung ihrer Forderungen, und man mußte sich zur Liquidation entschließen, welche nicht ohne Verluste der Beteiligten zu vollziehen war." *)

*) Einen fast scherzhaft klingenden Beitrag zur Frage, aus welchen Gründen manchmal Produktivgenossenschaften zur Auflösung gebracht werden, teilte Schulze auf dem Vereinstag in Konstanz 1873 mit: In Königsberg hatte ein Maurermeister eine Produktivgenossenschaft mit seinen Arbeitern gebildet und ihnen aus dem Reingewinn einen nach der Höhe des Arbeitslohnes zu verteilenden Anteil zugesichert. Als die Arbeiter später höhere Löhne vergeblich forderten, traten sie in Streik, worauf die Produktivgenossenschaft aufgelöst wurde.

Ein abschließendes Urteil über die Frage gab Schulze endlich in seinem Buche: „Die Genossenschaften in einzelnen Gewerbszweigen“;*) trotzdem damals infolge des nach dem Frankfurter Friedensschluß eingetretenen industriellen Aufschwunges die Zahl der Produktivgenossenschaften erheblich gewachsen war, ließ er sich in seiner warnenden und mahnenden Haltung nicht beirren.

Eine weitere Enttäuschung erfuhr Schulze auf dem Gebiete der Rohstoffgenossenschaften. Gerade in ihnen hatte er bei Beginn seiner gemeinnützigen Tätigkeit in Delitzsch den besten Ansporn zur Besserung der Lage der kleinen Handwerker gesehen, und die Erfolge der ersten Jahre hatten ihm Recht gegeben; in einer Reihe mitteldeutscher Städte war man bald seitens der Angehörigen der verschiedensten Gewerbszweige von dem gemeinschaftlichen Einkauf der Rohstoffe zur Magazinierung der angefertigten Waren und deren Verkauf auf den Messen in Leipzig und Braunschweig übergegangen. Mit besonderem Stolze berichtete er von Jahr zu Jahr auf den Volkswirtschaftlichen Kongressen, wie die Delitzscher Schuhmacherassoziation mit ihren Erzeugnissen die New Yorker Industrieausstellung beschickt habe und wie ihr eine Staatslieferung anvertraut worden sei. Aber noch mehr schlug er an, daß jene Bestrebungen für das ganze Gewerbe bahnbrechend seien und es auf eine höhere Stufe stellen. Und erst die Rückwirkung auf den einzelnen, auf dessen Selbstgefühl, die Wurzel aller Sittlichkeit! „Ein Mann, der sich bis dahin in der kläglichsten Lage befand und oft in herabwürdigender Weise behandelt sah, wenn er fremden guten Willen in Anspruch nahm, der den Kredit, dessen er nicht entbehren konnte, als eine Gnade erbetteln und froh sein mußte, wenn er nur die Ladenhüter bekam, fängt allmählich an, sich als Glied einer großen Genossenschaft zu fühlen, die im Verkehr eine Macht ist. Er tritt nicht kläglich als Bittsteller wie in früherer Weise auf, er braucht nicht stundenlang zu warten, bis man ihn abfertigt, er wird in allem als ebenbürtig mit jedem anderen behandelt. In dem Gefühl der Existenz aus eigener Kraft gewinnt er erst den rechten moralischen Halt in sich selbst, den jede Abhängigkeit auf diesem Felde erschüttert, und in der Selbstachtung, welche hiervon unzertrennlich ist, wird allmählich eine Läuterung seines ganzen Wesens angebahnt, die nicht bloß seiner gewerblichen Energie, sondern schließlich der humanen Sittigung des ganzen Menschen zustatten kommt.“**) Ende 1859 waren Schulze schon 67 Roh-

*) Bd. I S. 748ff. Vgl. besonders S. 804f.

**) „Die Entwicklung des Genossenschaftswesens in Deutschland“ in Bd. I S. 270ff. Vgl. besonders u. a. S. 287f.

stoffgenossenschaften in den Gewerben der Schuhmacher, Schneider, Tischler, Weber, Schmiede und Buchbinder bekannt; ihre Zahl schmolz später wieder erheblich zusammen, da sie von der von Schulze stets bekämpften Borgwirtschaft in den eigenen Kreisen nicht lassen wollten und die dabei erlittenen Verluste die erzielten Gewinne überstiegen. Erst seitdem sie selbst diesen Krebsschaden erkannt hatten und um Abhilfe bemüht waren, gelangten sie wieder zu größerer Bedeutung.

Von den Konsumvereinen hatte Schulze bereits auf dem ersten Volkswirtschaftlichen Kongreß in Gotha 1859 gesagt, daß sie neben den Vorschußvereinen und Rohstoffgenossenschaften „als vorzügliche Mittel zur Selbsthebung der unbemittelten Gewerbetreibenden und der arbeitenden Klassen zu empfehlen seien“. Indessen brachen sie sich, namentlich solange die Genossenschaftsbewegung hauptsächlich auf die kleineren Orte beschränkt blieb, nur langsam Bahn, trotzdem Schulze schon in seinem Assoziationsbuch 1853 neben den Hinweisen auf die Erfahrungen in England von den Erfolgen in Delitzsch und Eilenburg berichten konnte. Auch hier waren es ebensosehr die materiellen Vorteile der ihnen angeschlossenen Mitglieder — Einkauf besserer Waren bei billigeren Preisen, als sie der Detailhandel gewährte — als auch und vielleicht noch mehr höhere Gesichtspunkte, um derentwillen er die Ausbreitung der Vereine befürwortete. Es galt für ihn, den Konsumenten, und namentlich denjenigen aus den arbeitenden Klassen, an die Barzahlung zu gewöhnen*) und ihn vor unnötigen Einkäufen zu bewahren, zu denen ihn bisher der gewährte Kredit, mochte er auch nur gegen Wucherzinsen eingeräumt werden, so leicht verführte; außerdem hoffte er, die Zahl der Kleinhändler auf das richtige Maß zurückzuführen, dessen Überschreitung mit der Vergeudung von Arbeitskräften und Kapitalien gleichbedeutend sei, wodurch diese aber der Produktion der Güter unnützerweise entzogen würden, was wiederum in der Verteuerung ihrer Waren zum Ausdruck komme. Indessen erst 1864 konnte er die Rechnungsabschlüsse von 38 Vereinen mit 800 000 Mark Verkaufserlös veröffentlichen; zwei Jahre später war der letztere allerdings bereits auf das Dreifache gewachsen.

Frühzeitig hatte Schulze den Wert der regelmäßigen statistischen Berichterstattung über das Genossenschaftswesen erkannt, so wenig leicht es auch war, das Material zu sammeln und es nach einer bestimmten Ordnung zu verwerten. Aber immer ausführlicher wurden seine Angaben; aus den 12 Kolonnen, in denen er 1857 die Ergebnisse der

*) Bd. I S. 836 f.

Vorschußvereine unterbrachte, wurden 1862 schon 20, und es war ihm eine Genugtuung, daß der 1863 in Berlin tagende Internationale statistische Kongreß sein Formular ausdrücklich guthieß, wie auch seine Zusammenstellungen von dem hervorragendsten Fachmann seiner Zeit, dem Vorsteher des Preußischen Statistischen Amtes, Engel, als die beste private Leistung auf dem statistischen Gebiete bezeichnet wurden.

Besonders angelegen ließ es sich Schulze von Anfang an sein, aus der Genossenschaftsbewegung das politische Moment auszuschließen; er hieß die Mitarbeiter aus jedem Lager willkommen. Trotzdem konnte er nicht verhindern, daß von anderer Seite versucht wurde, diese Gefahr in seine Bestrebungen hineinzutragen. Als die Agitation Lassalles die Arbeiterbevölkerung Berlins zur Forderung der Staatshilfe an Stelle der Selbsthilfe aufrief, glaubte Ministerpräsident von Bismarck, der in dem Politiker Schulze einen seiner unbequemsten Gegner sah, die Gelegenheit gefunden zu haben, dem Einflusse Schulzes in den gewerblichen Kreisen die Spitze zu bieten. Schon vorher hatte er den König von Preußen vermocht, aus seinen Privatmitteln einem schlesischen sozialdemokratischen Arbeiter Florian Paul zur Errichtung einer Webereiproduktivgenossenschaft eine nicht unbeträchtliche Summe vorzuschießen, welche später verloren ging. Nun richtete er im August 1865 an den preußischen Handelsminister Grafen Itzenplitz ein Schreiben, in dem er die Einsetzung einer Kommission zur Beratung der Arbeiterfrage anregte. In ihr sollte u. a. erörtert werden, inwieweit durch staatliche Förderung des Genossenschaftswesens eine Besserung der Lage der Arbeiter herbeizuführen sei. In diese aus 40 Personen bestehende Kommission war auch der liberale Landtagsabgeordnete Julius Faucher berufen worden, indessen hatte ihn die Einladung durch einen Zufall nicht erreicht. Itzenplitz schlug daher vor, für ihn Schulze zur Teilnahme aufzufordern. Aber Bismarck antwortete,*) daß die zu wählende Kommission keinen parlamentarischen Charakter tragen, sondern nur zur Information der Regierung als Enqueteinstanz gebildet werden solle und fuhr dann fort: „Diesem Standpunkte scheint es mir auch zu entsprechen, wenn die Regierung nur solche sachkundige Mitglieder des Abgeordnetenhauses einberuft, die nicht zu den hervorragendsten und entschiedensten Gegnern der Regierung gehören, und von denen sie daher annehmen kann, daß dieselben nicht das gebotene Diskussionsfeld lediglich für ihre politischen Parteiinteressen ausbeuten werden. Dieses Bedenken halte ich Schulze-Delitzsch gegenüber

*) Poschinger: „Aktenstücke zur Wirtschaftsgeschichte des Fürsten Bismarck." Bd. I. Berlin, 1890.

um so gewichtiger, als seine ganze agitatorische Wirksamkeit überwiegend darauf gerichtet ist, politischen Einfluß auf die Arbeiter und Handwerker zu gewinnen, um die Fortschrittspartei gegen die Regierung zu verstärken. Es scheint mir unserem Interesse mehr zuzusagen, gerade durch die bevorstehenden Beratungen zu konstatieren, daß der Beirat Schulzes für die Lösung der in Rede stehenden Fragen entbehrt werden kann."

Die Kommission trat am 21. August 1865 in Berlin zusammen; an demselben Tage war der siebente, von 60 Genossenschaften beschickte Vereinstag in Stettin eröffnet worden. Hier ward nun Tags darauf von Rudolf Parisius der Antrag eingebracht und einstimmig angenommen:

„Mit Rücksicht auf die von dem preußischen Ministerium der am 21. August cr. in Berlin zusammengetretenen Kommission für die Arbeiterverhältnisse vorgelegten Fragen:

1. Was kann geschehen, um die auf Selbsthilfe beruhenden Genossenschaften (Vorschuß- und Kreditvereine, Vereine zur Beschaffung von Rohstoffen, Konsumvereine, Produktivassoziationen) zu fördern?
2. Welche dieser Assoziationen können auch unter Fabrikarbeitern Eingang finden, und auf welchem Wege würde dies zu erreichen sein?

erklärt der allgemeine Vereinstag:

I. Die einzige Förderung, welche die auf Selbsthilfe beruhenden Genossenschaften von der preußischen wie von anderen Regierungen beanspruchen, ist:

a) daß sie ihre Organe im Staat streng anweise, sich aller durch die Gesetze nicht gerechtfertigten Versuche, die Genossenschaften unter die der polizeilichen Kontrolle unterliegenden Vereine zu stellen, fernerhin zu enthalten;

b) daß sie dem Gesetzentwurfe, welcher die endliche Regelung der privatrechtlichen Stellung der Genossenschaften, d. h. die Beseitigung der für sie in der jetzigen Lage der Gesetzgebung vorhandenen Schwierigkeiten in betreff Erwerbs, Aufgabe und Verfolgung von Vermögensrechten bezweckt, und welcher im Preußischen Abgeordnetenhause in der Sitzung von 1863 von dem Anwalt der Genossenschaften eingebracht ist, nicht mehr entgegenstehe, sondern dahin zu wirken suche, daß derselbe zum Gesetze erhoben werde.

II. Die auf Selbsthilfe beruhenden Genossenschaften der oben bezeichneten Art, namentlich die Konsumvereine und Produktivgenossenschaften, aber auch die Vorschuß- und Kreditvereine erfreuen sich schon gegenwärtig lebhafter Beteiligung der Fabrikarbeiter; diese Beteiligung nimmt von Tag zu Tag einen erfreulicheren Aufschwung; demselben stehen keine anderen Hindernisse entgegen als die zu I. aufgeführten.

III. Alle Versuche der Staatsregierungen, die auf Selbsthilfe beruhenden Erwerbs- und Wirtschaftsgenossenschaften überhaupt oder innerhalb einzelner Berufsklassen durch positive Eingriffe der Staatsgewalt fördern zu wollen, müssen als unbedingt schädlich zurückgewiesen werden."

Ein Zusatzantrag:

„Die deutschen Genossenschaften, insbesondere die preußischen, sprechen ihr Bedauern darüber aus, daß das Ministerium zu der in Berlin berufenen Kommission zur Besprechung der Arbeiterangelegenheiten den Schöpfer und Anwalt der Genossenschaften als den kompetentesten Sachverständigen zuzuziehen versäumt hat"

fand auf Wunsch Schulzes selbst nicht die genügende Unterstützung.

Bismarcks Versuch, einen Keil in die Genossenschaftsbewegung zu treiben, schlug fehl, indem die regierungsseitig berufene Kommission in ihrer großen Mehrheit am 3. September des Jahres die in dem Stettiner Beschlusse ausgesprochenen Grundsätze zu ihren eigenen machte und den Wunsch aussprach, daß man den Genossenschaften möglichst freie Bewegung gestatte. Schon in der Eröffnungsrede hatte Graf Itzenplitz die wohltätige Wirkung der Genossenschaften als unleugbar bezeichnet und hinzugefügt, daß der wichtigste Teil der sozialen Hilfe, nämlich die moralische Hebung und die geistige Bildung des Arbeiterstandes sich der unmittelbaren Einwirkung der Staatsgewalt entziehe; „es lassen sich nicht Gesetze geben, welche die Menschen zwingen, sparsam, mäßig und gottesfürchtig zu sein: der Hauptteil der Arbeit in dieser Beziehung wird der werktätigen Kraft des einzelnen zu überlassen sein, und man wird sich darauf beschränken müssen, äußere Hindernisse, welche der Wirksamkeit dieser Arbeit entgegenstehen, zu beseitigen".

Aber die Stettiner Tagung hatte noch ein interessantes Nachspiel. Am lautesten hatte dort der Vertreter der schon vorhin genannten Assoziation Berliner Schalweber, Petri,*) die Errichtung von Produktivgenossenschaften durch die eigene Kraft der Beteiligten gefordert. Diese

*) Vgl. auch Bd. I S. 834.

geriet indessen, wie bereits erwähnt, noch im Winter des gleichen Jahres durch die Schuld der Leiter in finanzielle Bedrängnis, und sie wandte sich nun mit der Bitte um einen Staatsvorschuß in Höhe von 10 000 bis 15 000 Talern an Bismarck, dem ein solcher Antrag mehr als gelegen kam. In einem Briefe vom 27. Februar 1866 an den Finanzminister von Bodelschwingh, in dem er Petri einen „unbescholtenen, strebsamen und intelligenten Mann" nennt, führte er aus,*) daß die Regierung derartige Unterstützungen durch positive Mittel in Erwägung genommen habe, und daß nach dem Urteil des Berliner Polizeipräsidenten und des vernommenen Sachverständigen das Petrische Projekt einen durchaus soliden geschäftlichen Charakter trage. Er beantrage ein Darlehen von 5000 Talern aus dem Allerhöchsten Dispositionsfonds, und es schiene ihm, daß für dessen Rückzahlung in den Beständen und der Solidität des Geschäftsleiters ein gewisser Grad von Bürgschaft liege, wenn auch nicht unbedingte Sicherheit vorhanden sei. „Wenn diese aber bei Unterstützungen der in Rede stehenden Art schon der Natur der Sache nach immer nicht zweifellos sein dürfte, so würde ich glauben, daß bei den vorliegenden speziellen Verhältnissen die Gewährung eines Darlehns im Interesse der Regierung läge: Der Geschäftsführer der qu. Assoziation, Petri, hat sich nämlich früher zu den Schulze-Delitzschschen Grundsätzen bekannt und erst die gemachten Erfahrungen sowie die ihm von jener Seite nicht genügend gewährte Unterstützung haben die Assoziation zu dem Entschluß gebracht, sich an die Königliche Regierung zu wenden. Da auf diese Weise sich hier in Berlin unter den Augen von Schulze-Delitzsch selbst eine nach seinen Grundsätzen gebildete Assoziation von ihm abgewandt und sich der Regierung genähert hat, so scheint mir die Tatsache auch in politischer Beziehung nicht ohne Bedeutung zu sein, und ich würde gerade aus diesem Grunde glauben, daß die von der qu. Assoziation ausgestreckte Hand von der Regierung nicht ganz zurückzuweisen sein möchte."

Trotzdem der Finanzminister auf das Bedenkliche einer solchen Unterstützung hinwies und diese infolgedessen auch unterblieb, ging Bismarck von seiner Parteinahme gegen die Schulzeschen Genossenschaften nicht ab. Als fast zu gleicher Zeit der Generaldirektor der Landesfeuersozietät in Merseburg für die Unterstützung der Schneiderassoziation in Halle a. S. eintrat, schrieb er ihm**) am 2. März 1866: „Es hat sich . . . von neuem herausgestellt, daß eine auf den Prinzipien von Schulze-Delitzsch

*) Poschinger a. a. O. S. 80.

**) Poschinger a. a. O. S. 82.

gegründete Assoziation nicht lebensfähig ist und dies nur durch den Zutritt der Regierung und eine leitende Aufsicht möglicherweise werden kann." *)

Schulze sah allen diesen Bestrebungen gelassen zu; er fand seine Genugtuung in dem endlich am 27. März 1867 von der preußischen Regierung angenommenen Genossenschaftsgesetze, das nur in ganz unwesentlichen Punkten von dem seinerzeit von ihm eingebrachten Entwurfe abwich. So hatten die Genossenschaften nach langen Anstrengungen die Sicherung ihrer rechtlichen Stellung erkämpft.

* *
*

Mit dem äußeren Wachstum der Genossenschaften hielt die Ausgestaltung der Organisation des von Schulze geleiteten Verbandes gleichen Schritt. Dem 1860 in Gotha errichteten Zentralkorrespondenzbureau, der späteren Anwaltschaft, war anfangs ein aus 15 Vereinen bestehender engerer Ausschuß zur Seite gesetzt worden, dessen Mitglieder bei allen weitergreifenden zur Vertretung der Gesamtinteressen nötig werdenden Maßregeln befragt werden und sich durch Kooptation nach Bedürfnis verstärken sollten. Dieser Apparat war zu schwerfällig, und schon im darauffolgenden Jahre wurde der Ausschuß auf fünf Personen beschränkt. Als aber die Genossenschaften sich zu Landes- und Provinzialunterverbänden — zuerst 1860 — zusammenschlossen, erfuhr der Ausschuß im Jahre 1863 eine Änderung dahin, daß er aus deren Vorsitzenden und drei jedesmal von dem Vereinstage zu wählenden Deputierten bestand, von denen mindestens einer den Rohstoff- oder Magazingenossenschaften angehören mußte. 1864 fielen, nachdem sich die Zahl der Unterverbände vermehrt hatte, auch die Deputierten weg; zugleich wurden die Verhältnisse der Anwaltschaft neu geregelt: Schulze selbst war es, der stets der Ausdehnung der Teilnahme des Ausschusses an den Verbandsangelegenheiten das Wort redete, wenn er auch ganz selbstverständlich nach wie vor die Seele der genossenschaftlichen Bewegung blieb.

Zahlenmäßig gestaltete sich deren Entwicklung bis Ende 1866 folgendermaßen:

---

*) Ebenso erklärte zwölf Jahre später, im September und Oktober 1878, Bismarck in Reden im Deutschen Reichstage die Gewährung von Staatsmitteln zu Produktivgenossenschaften für eine Sache, „von deren Unzweckmäßigkeit er auch noch heute nicht überzeugt sei".

	Zahl der berichtenden Vereine	Mitgliederzahl	Betrag der hinausgegebenen Kredite Mk.	Geschäftsguthaben der Mitglieder	Reservefonds Taler
Vorschußvereine					
1854*)	4	1 019	163 152	7 302	1 224
1866	532	193 712	85 010 145	5 773 106	556 398
Rohstoffgenossenschaften					
1859*)	15	764	277 623**)	32 043	6 198
1866	11	572	144 278	21 574	1 608
Magazingenossenschaften					
1863*)	2	181	201 273**)	13 455	—
1866	4	150	34 119	12 759	1 002
Produktivgenossenschaften					
1863*)	1	8	9 759**)	1 635	—
1866	3	27	8 860	3 445	—
Konsumvereine					
1864*)	38	7 709	802 767**)	64 299	14 736
1866	46	14 083	826 598	46 982	6 058

Die Beitragspflicht der einzelnen Genossenschaften zu den Verbandskosten endlich war inzwischen dahin geändert worden, daß die Vorschußvereine 2 % ihres Reingewinns, die Rohstoff- und Konsumgenossenschaften $^1/_3$ und die Produktivgenossenschaften $^1/_6$ vom Tausend ihres Verkaufserlöses — alles mit Innehaltung eines Mindestbetrags von 2 Talern und eines Höchstbetrags von 30 Talern aufzubringen hatten. Hiervon wurde der vierte Teil den Unterverbänden zurückerstattet und der Anwaltschaft als Gehalt 2000 Taler und zur Bestreitung ihres Bureauaufwands 3200 Taler zugewiesen.

*) Erstes Jahr, in welchem statistische Angaben über die Genossenschaftsart gemacht wurden.

**) Summe des Verkaufserlöses.

VII. Die Gründung des Nationalvereins.

Am 7. Oktober 1858 hatte Prinz Wilhelm die Regentschaft Preußens angetreten, nachdem er schon ein Jahr lang an Stelle des unheilbar erkrankten Königs die Staatsgeschäfte geführt hatte; wenige Tage darauf bildete er das erste Ministerium der „Neuen Ära“, in welches einige gemäßigt liberale Männer, mit dem Fürsten Hohenzollern an der Spitze, berufen wurden, während Manteuffel und seine Freunde ausschieden. Mit freudigen Erwartungen wurde dieser Systemwechsel, welcher den Bruch mit dem Einfluß der Kreuzzeitungspartei bedeutete, in ganz Preußen begrüßt. Die noch zu Ende des Jahres stattfindende Neuwahl zum Abgeordnetenhause ergab eine gründliche Niederlage der bisher herrschenden feudalen Partei und eine überwältigende Mehrheit für das neue Ministerium. Fast allenthalben hatten die Führer der Linken in der achtundvierziger Nationalversammlung davon Abstand genommen, an den Wahlen teilzunehmen, um nicht der Regierung durch hastiges Überstürzen die Aufgabe zu erschweren. Zwar fehlte es nicht an Stimmen, welche die Richtigkeit dieser Auffassung anzweifelten. Zu ihrer Verteidigung hob Schulze in einem Brief vom 4. Dezember 1858 an Lammers*) hervor, wie es zunächst gelte, das Ministerium nicht in Verlegenheit zu setzen, da der Prinzregent sich vor der „Umsturzpartei“ weidlich fürchte. Zwar war Schulze selbst als Kandidat aufgestellt worden, indessen, wie von vornherein vorauszusehen war, ohne Erfolg, weil bei dem aufgebotenen Beamtenapparat nur die kleinere Hälfte der Wahlmänner sich für ihn erklärte. „Aber das nächste Mal“ — so schrieb er an Lammers — „wird es schon besser gehen; der Gewinn für dieses Mal ist, daß die Demokratie, die ganze große Volkspartei im Lande, doch wieder entschieden sich zu beteiligen angefangen hat ... das nächste Mal möchten wohl einige von uns in die Kammern bringen.“ Und als Lammers seine Bedenken über jene Haltung wiederholte, antwortete Schulze in einem Briefe vom 27. Dezember 1859: „Um auf die Politika zurückzukommen, so haben Sie an dem Scheitern von Kirchmanns Bewerbung in Berlin gesehen, wie sehr ich Recht hatte mit meinem Urteil über die Mehrheit der dortigen Wahl-

*) Bd. III S. 115f.

männer. Aber daß ich mich vor Interpellationen p. p. jener Sorte Halbmenschen in der Kammer und auf den Wahlversammlungen fürchten sollte, davon ist nicht die Rede, das dürfen Sie mir sicher glauben. Die Herren kennen mich von dieser Seite viel zu gut, als daß sie mich damit sehr inkommodiert haben würden. Sie haben sich natürlich mit den preußischen Kammerverhandlungen 1848 und 1849 und mit den aus unserer politischen Krisis entstandenen Kriminalprozessen nicht so bekannt gemacht, sonst würden Sie den Stand der Dinge in dieser Hinsicht kennen. Die ernsteste und kritischste Situation, die es hier jemals gab, war die der im Steuerverweigerungsprozesse Angeklagten vor den Geschworenen in Berlin 1858, deren Liste (der Geschworenen) der Polizeipräsident Hinkeldey aufgestellt hatte. Ich lege Ihnen ein Päckchen meiner nach dem stenographischen Bericht in der Nationalzeitung treu wiedergegebenen Verteidigungsrede bei, aus der Sie ersehen, daß ich auch in dieser Lage nicht einen Augenblick angestanden habe, meine Überzeugung auszusprechen, obschon ich nebst Bucher am schwersten graviert war, weil das zum Steuerverweigerungsbeschluß erhobene Amendement zum Kommissionsantrag — welchen v. Kirchmann vertrat — von mir gestellt und in meinem Wahlkreis alles ausgeführt, die Kassen mit Beschlag belegt, das Landversorgungshaus von den Bürgern besetzt und der Bataillonskommandeur, der sich gegen die Nationalversammlung erklärte, vom Bataillon fortgejagt war. — Dasselbe hätte ich auch auf die bereits vorbereiteten Interpellationen getan, da ich keine Silbe, die ich 1848 gesagt, zurücknehmen kann und will. Und das hätte bei einem Auftreten in Berlin in jenem brühwarmen Loyalitätsschwindel nach Obenhin nur unnützerweise böses Blut gemacht und meine Wahl sicher gehindert. Ebenso in Breslau. Ja, wenn das nächste Mal das Volk, wie zu hoffen steht, sich mehr beteiligt, und wir bessere Wahlmänner bekommen, da sieht die Sache anders aus."

Trotzdem versuchte er bei einer der folgenden Nachwahlen in Berlin sein Glück, allerdings wieder ohne Erfolg, wie er in einem Briefe an Keil berichtete.*) Trotzdem blieb er guten Mutes: es war schon ein Fortschritt, daß man gewagt hatte, in der Residenz des Landes unter den Augen des Hofes für ihn zu stimmen. „Wir sind ein Stück weitergekommen, meinte er — und diese Ereignung ist für unsere inneren Zustände äußerst wichtig."

Auch weiterhin blieb Schulzes Interesse für die praktische Betätigung

*) Vgl. Bd. III S. 116f.

an der Politik ungeschmälert, wie aus einem Brief an Lammers vom 19. Februar 1859 hervorgeht,*) in dem er sich zur dauernden Mitarbeiterschaft an der „Zeitung für Norddeutschland“ bereiterklärte. Interessant ist, daß er in seinem ersten Beitrage sofort auf Bismarck zu sprechen kam, mit welchem er in späteren Jahren im Preußischen Landtage so oft und in so heftigen Kämpfen zusammentraf.

Aber der Ausbruch des sardinisch-österreichischen Krieges lenkte die Blicke über die inneren preußischen Zustände hinaus und rief die Frage nach der Zukunft Deutschlands wach. In einem Aufsatz, den Schulze nach dem Waffenstillstand von Villafranca für die „Gartenlaube“ schrieb, der aber nicht zur Veröffentlichung kam,**) finden wir ein anregendes Stimmungsbild, mit welchem Mißtrauen in Preußen das Auftreten Napoleons III. auf dem lombardischen Kriegsschauplatz beobachtet wurde, und welche Sorge man um die Wiederkehr der Rheinbundzeit hegte. Daher verlangte Schulze, der die Einigung Italiens mit warmen Worten begrüßte, daß Preußen jeder Einmischung Frankreichs in die deutschen Verhältnisse mit Waffengewalt entgegentrete und dabei sich seiner nationalen Aufgabe bewußt sei: „Was bleibt Preußen, der kleinsten unter den Großmächten,“ — so fragte er — „wenn es fast alle Kabinette gegen sich und kein einziges für sich hat? Wir antworten: wenn es sich nur treu bleibt, genug, um den Kampf zu bestehen. Wenn es die ... Prinzipien nicht verläßt, die es groß gemacht haben, sich zur Höhe, zum Bewußtsein seiner deutschen Sendung erhebt, wenn es in der Ausbildung freisinniger, den Bedürfnissen wie dem Bildungsstande des Volkes gemäßer Institutionen in einer gerechten, von der Selbstbeteiligung des Volkes getragenen Verwaltung die neuerlich eingeschlagene Bahn immer weiter und entschlossener verfolgt, so ist es das eigene Volk, das sich in altbewährter Treue und Wahrhaftigkeit schart, Thron und Vaterland zu verteidigen ... Und dann, wenn Preußen unbekümmert und offen vor aller Welt neben dem Ausbau seiner inneren gesetzlichen Freiheiten das Ziel der deutschen Einigung weiter verfolgt, welches es beim Beginn der jetzigen Krisis auf seine Fahnen schrieb, erhält es noch einen anderen Machtzuwachs, den wir nicht hoch genug veranschlagen können. Es ist die Zustimmung, die Sympathie des ganzen deutschen Volkes, in dem der Drang nach endlicher, einheitlicher Gestaltung als der ersten Bedingung einer würdigen nationalen Stellung gegenüber dem Ausland bei den jetzigen Verwicklungen, die ihm den

*) Vgl. Bd. III S. 117f.
**) Vgl. Bd. III S. 118f.

Mangel davon so schmerzlich fühlbar machten, stärker als je erwacht ist ... Erhebt sich, was alle Einsichtigen längst erkannt haben, zum allgemeinen Bewußtsein auch in den deutschen Bruderstämmen: daß es die Macht und Integrität Deutschlands, deutsche Art und Bildung ist, für die Preußen einsteht, daß in Preußens Existenz als seinem mächtigsten Hort das ganze Deutschland gefährdet ist, weil Preußen seinem Wesen wie seiner geschichtlichen Bestimmung nach nichts anderes ist und sein kann als deutsch: dann hat Preußen gewonnen! ... Darum handeln! weil Preußen es kann und vorzüglich weil es muß; noch eine kurze Spanne Zeit und die Frist zum Handeln ist vorbei. Dann gilt es stillhalten, und wohl ihm, wenn man ihm dann noch vergönnt, seine Ketten zu küssen, und nicht eines Tages ein Napoleonisches Bulletin erscheint, von Wien kontrasigniert: daß Preußen aufgehört habe zu existieren! Das aber wäre zugleich Finis Germaniae!"

Wahrscheinlich war der Aufsatz die Frucht von Unterhaltungen, welche Schulze gelegentlich des Vereinstages der deutschen Vorschußvereine am 14. bis 16. Juni in Weimar mit einigen seiner dort anwesenden Freunde gepflogen hatte. Aber angesichts der täglich sich drängenden Ereignisse erkannte Schulze, daß auch für ihn die Zeit zum Handeln gekommen sei. Schon hatten patriotisch gesinnte Männer in Nassau — am 21. Juni — und in Württemberg — am 30. Juni — in öffentlichen Ansprachen das deutsche Volk auf den Ernst der Zeit aufmerksam gemacht, und so berief Schulze im Verein mit den Landtagsabgeordneten Fries-Weimar und Hering-Eisenach, die dem Weimarer Tage angewohnt hatten, zur Besprechung der Lage eine Versammlung von dreißig meist im öffentlichen Leben stehender Männer aus Thüringen und Franken nach Eisenach. An dieser — am 17. Juli — nahmen u. a. Streit aus Koburg, Dölitzsch aus Altenburg, Joseph aus Leipzig, Schaffrath aus Dresden, Titus aus Bamberg und Schüler aus Jena teil; Schulze war der einzige Preuße. Die Mehrzahl von ihnen waren schon Mitglieder der Nationalversammlung in Frankfurt a. M. gewesen. Sie einigten sich auf eine Resolution „deutscher Demokraten",*) in welcher gefordert wurde, daß der Bundestag durch eine feste, starke und bleibende deutsche Zentralregierung ersetzt werde, der eine Nationalversammlung zur Seite stehe, daß die Initiative hierzu von Preußen ausgehen müssen, dem daher die Leitung der deutschen Militärkräfte und die diplomatische Vertretung Deutschlands nach außen zu übertragen sei. Zum Schlusse erklärte die Resolution: „es ist Pflicht

*) Vgl. Bd. III S. 136 f.

jedes deutschen Mannes, die preußische Regierung, insoweit sie ihre Bestrebungen darauf richtet, nach Kräften zu unterstützen, und es wird gewiß dem deutschen Volke kein Opfer zu schwer sein, um es nicht der Unabhängigkeit, der Einheit und dem Glücke des deutschen Vaterlandes freudig zu bringen."

Gleiche Erwägungen führten zwei Tage darauf und unabhängig von der Eisenacher Versammlung in Hannover 35 meist der Ständekammer angehörende Männer unter dem Vorsitz Rudolf von Benningsens zusammen. Auch sie sprachen sich dahin aus, daß angesichts der noch fortdauernden äußeren Gefahren für Deutschland ein kräftiger Aufschwung des nationalen Geistes und eine rasche Entwicklung seiner politischen Kräfte dringend erforderlich sei ...*) „Unsere Hoffnung richten wir auf Preußens Regierung, welche durch den im vorigen Jahre aus freiem Antriebe eingeführten Systemwechsel ihrem Volke und ganz Deutschland gezeigt hat, daß sie als ihre Aufgabe erkannt hat, ihre Interessen und die ihres Landes in Übereinstimmung zu bringen ... Das deutsche Volk hat in den meisten Teilen unseres Vaterlandes mit Einmütigkeit zu erkennen gegeben, daß für die Zeiten der Gefahr und des Kriegs die Vertretung unserer Interessen und die Leitung unserer militärischen Kräfte vertrauensvoll in Preußens Hände gelegt werden solle, sobald nur klare Ziele, eine feste Leitung und ein entschiedenes Handeln von Preußen zu erwarten ist." Auch hier galt die Berufung eines deutschen Parlaments als unerläßlich, und es wurde zum Schlusse die Hoffnung ausgesprochen, „daß die Regierungen sich nicht einer Bewegung entziehen würden, welche das deutsche Volk zu den größten Opfern bereit findet, um endlich eine Gesamtverfassung des Vaterlandes zu erreichen, die nach innen das Recht und die freie Entwicklung der einzelnen und nach außen die Selbständigkeit und Unabhängigkeit der Nation sichert."

Die so in verschiedenen Teilen Deutschlands gleichzeitig zum Ausbruch gekommene Erkenntnis, daß man nicht länger die Hände in den Schoß legen dürfe, veranlaßte den erneuten Zusammentritt von 31 Männern in Eisenach, welche — wie es in der von ihnen erlassenen Erklärung heißt — sich teils zu der demokratischen, teils zu der konstitutionellen Partei aus verschiedenen deutschen Ländern zählten. Noch überwogen unter ihnen die Nord- und Mitteldeutschen; aus Süddeutschland waren nur vier erschienen, aus Preußen neben Schulze noch Dr. J. Frese, v. Unruh, Fr. Duncker und Zabel, Redakteur der Nationalzeitung, aus

*) Vgl. Bd. III S. 137ff.

Berlin. Sie wiederholten am 14. August die frühere Eisenacher Erklärung, welcher sie noch die Mahnung anfügten:*) „Von allen deutschen Vaterlandsfreunden, mögen sie der demokratischen oder der konstitutionellen Partei angehören, erwarten wir, daß sie die nationale Unabhängigkeit und Einheit höher stellen als die Forderungen der Partei und für die Erreichung einer kräftigen Verfassung Deutschlands in Eintracht und Ausdauer zusammenwirken."

Die Versammelten beschlossen zugleich, sich als gemeinschaftlichen Ausschuß für die Vorbereitung einer aus den verschiedenen Fraktionen der liberalen Parteien zu bildenden deutschen Nationalpartei zu konstituieren und zu einer erneuten Zusammenkunft „hierzu geneigte und geeignete Patrioten Nord- und Süddeutschlands" auf den 15. und 16. September nach Frankfurt a. M. einzuladen.**)

Die Eisenacher Erklärung fand in allen Teilen Deutschlands den lebhaftesten Widerhall; in einer ganzen Reihe der größeren Städte schlossen sich die angesehensten Bürger ihr an. Auch Herzog Ernst von Koburg-Gotha erklärte sich mit den Zielen der Bewegung in einer Denkschrift vom 18. August einverstanden.***) Er führte in ihr aus, daß das deutsche Volk zunächst einmal geistig geeinigt werden müsse, und zwar in einer straffen äußeren Organisation. Dem Druck dieses zentralisierten Volkswillens würden dann schon von selbst alle partikularistischen und dynastischen Widerstände gegen die deutsche Einigung weichen. Wenige Tage später — am 21. August — hatte er in Reinhardsbrunn eine Besprechung mit Schulze, welche durch Gustav Freytag vermittelt worden war. Es gelang ihm, Schulze, von dem er sagte, daß „ein großer patriotischer Zug seine Wege veredele", zu überzeugen, daß es notwendig sei, die Frage über die zu erstrebende Verfassungsform des einigen Deutschlands vorerst bei Seite zu lassen, um nicht sofort widerstrebende Elemente der nationalen Sache zu entfremden. Nach einer zweiten Unterredung des Herzogs mit Schulze am 9. September in Koburg, der auch Bennigsen, Unruh, Fries und andere beiwohnten, rühmte der Herzog von neuem von Schulze: „Innige Überzeugung, daß aller wahrer Fortschritt, wie sehr man auch über seine Ziele streiten mag, in der Tiefe des Volkslebens, der Volksseele und des Volkswohls seinen Ursprung nehmen muß, gab ihm und manchen seiner damaligen Genossen, an deren Bekanntschaft meine Erinnerungen

*) Vgl. Bd. III S. 141.

**) R. Schwab: Der deutsche Nationalverein. Berlin 1912.

***) S. hierfür und das Folgende: Herzog Ernst von Koburg-Gotha: Aus meinem Leben und aus meiner Zeit. Bd. II S. 532 ff.

gerne haften, einen edlen Schwung, der jeden Gedanken streberhaften Wesens ausschloß." Das wertvolle Ergebnis dieser erneuten Besprechung war, daß der Herzog dem Vereine die Zusicherung des Schutzes in seinem Lande gab, wenn ihm dieser anderswo verweigert werden sollte.

In Frankfurt, wo sich am 15. und 16. September etwa 150 Personen unter Bennigsens Vorsitz zusammenfanden, war anfangs eine Einigung nicht leicht. Namentlich übten die Süddeutschen an dem Eisenacher Programm lebhafte Kritik; sie erklärten sich besonders gegen den Ausschluß Deutschösterreichs aus dem zu einigenden Deutschland und erinnerten gegenüber der erstrebten Hegemonie Preußens an die ablehnende Haltung, die König Friedrich Wilhelm IV. bei dem Angebot der Kaiserkrone zehn Jahre vorher eingenommen hatte. Und war von der preußischen Regierung eine Förderung des freiheitlichen Gedankens zu erwarten? Schulze übernahm es, den letztgeäußerten Bedenken entgegenzutreten. Er verwahrte sich dagegen,*) daß man die preußische Regierung und das preußische Volk identifiziere. Als die Reichsdeputation im Frühjahr 1849 nach Berlin gekommen sei, habe sich die damalige Volkskammer entschieden für die Annahme der Kaiserkrone ausgesprochen und nach erfolgter Ablehnung dem Ministerium Brandenburg ein einstimmiges Mißtrauensvotum erteilt. Man möge aber nicht vergessen, daß es sich bei der Frage der Einigung Deutschlands für Preußen nicht nur um Rechte, sondern um sehr ernste und schwere Pflichten handele, und daß Preußen mit seiner ganzen Macht in den Kampf für die nationale Sache einzutreten habe.

Nach langen Debatten einigte man sich am zweiten Tage unter Beiseiteschiebung aller Einzelfragen auf den kurzen Satz:**) „Da die in Eisenach und Hannover angebahnte Bildung einer nationalen Partei in Deutschland zum Zwecke der Einigung und freiheitlichen Entwicklung des großen gemeinsamen Vaterlandes zur Tatsache geworden ist, so begründen die Unterzeichneten einen Verein, welcher sich zur Aufgabe setzt: für die patriotischen Zwecke dieser Partei mit allen ihm zu Gebote stehenden gesetzlichen Mitteln zu wirken, insbesondere die geistige Arbeit zu übernehmen, Ziele und Mittel der über unser ganzes Vaterland verbreiteten Bewegung immer klarer im Volksbewußtsein hervortreten zu lassen." Schulze riß in der Verteidigung des Antrags, die selbst ein Gegner***) „einen glänzenden Aufruf zur Einigkeit" nannte, auch die Zagenden mit sich fort. Nachdem er alle Einwendungen und Gegengründe bekämpft

*) Nach einem Bericht der Berliner Nationalzeitung.

**) Vgl. Bd. III S. 141.

***) Augsburger Allg. Zeitung 1859 S. 4406.

hatte, wies er auf das altgermanische Institut der Geschworenen hin, wie es sich bei unserem Brudervolk in England am reinsten erhalten habe, um mit den Worten zu schließen: „Wenn die Geschworenen dort zusammentreten, so dürfen sie nicht eher die Stätte verlassen, als bis sie sich über den Wahrspruch vollständig geeinigt haben.

Sie, die hier Versammelten, sind die Geschworenen des deutschen Volks in dieser großen Frage, und Sie dürfen diesen Saal nicht verlassen, bis Sie den Wahrspruch gefunden haben über die von der ganzen Nation heißersehnte Einigung.

Geistige Wächter hüten den Eingang und scheuchen alle zurück, die entweichen wollen. Es sind der Schmerz und Jammer unseres Volkes, seine zertretene Größe, seine geschändete Ehre! Die brennendste Scham müßte mich verzehren, wenn ich ohne Frucht von diesem Einigungswerke zurückkehren sollte zu denen, die mich gesendet; die brennendste Scham, die es gibt, nicht bloß in der eignen Seele, die Scham in der Seele meines Volks!"

„Man kann sich denken" — schrieb ein Teilnehmer der Versammlung — „welch tiefen nachhaltigen Eindruck diese erschütternden Worte hervorbrachten."

Die Versammlung verlangte für den Beitritt zu dem Verein Unterzeichnung des Statuts und Leistung eines jährlichen Beitrags; sie bestimmte ferner als Vereinssitz die Stadt Frankfurt a. M. und wählte einen aus 12 Personen bestehenden Ausschuß, darunter Schulze und Bennigsen, der am Schlusse der Besprechungen die Hoffnung ausdrückte, „daß durch die Resultate der Versammlung ein großer Schritt vorwärts getan sein möchte auf dem Wege zur Einheit, Macht und Freiheit des Vaterlands."

Das Frankfurter Polizeiamt verweigerte die Genehmigung der Statuten des Vereins; der Ausschuß führte zwar Beschwerde dagegen bei dem Senat der Stadt, indessen blieb auch dieser bei dem abweichenden Bescheid. Dadurch kam der Ausschuß auf die Zusage des Herzogs Ernst zurück, dem Verein in seinem Lande ein Asyl zu gewähren. Aber der Herzog hatte sich die Organisation des Vereins anders gedacht, als sie in Frankfurt beschlossen worden war, und es galt, ihn auch für die neue Form zu gewinnen. Wieder war es Schulze, der durch Vermittelung Gustav Freytags auf den Herzog, der sich auf seine Besitzungen in Schlesien begeben hatte, einzuwirken suchte. Dies schien noch um so notwendiger, als inzwischen die österreichische Regierung in einer diplomatischen Note Äußerungen, welche der Herzog gegenüber einer Deputation Gothaer Bürger zugunsten der Bestrebungen des Nationalvereins getan hatte, als „im Munde eines souveränen Fürsten ganz besonders tadelnswert" bezeichnete. Der Herzog ließ, trotzdem er sehr erbittert war, doch nur eine schwächliche Antwort nach Wien ergehen, und es lag die Gefahr nahe, daß er sich einschüchtern lassen werde. Der Vorstand des Nationalvereins mußte daher bemüht sein, „jede Abhängigkeit und Verwickelung in Beziehung auf den Herzog" zu vermeiden;*) er entschied sich, nachdem ihm das Domizil in Frankfurt endgültig verweigert worden, und die Übersiedelung nach Weimar oder Eisenach der gesetzlichen Vorschriften wegen unmöglich war, seinen Sitz in Koburg aufzuschlagen, wogegen auch der Herzog keine Einwendungen erhob.

Nun entwickelte Schulze eine sehr lebhafte Tätigkeit für den neuen Verein, wie seine Briefe an Bennigsen zeigen, mit welchem ihn sehr bald eine warme andauernde Freundschaft verband, und mit dem er auch das brüderliche Du tauschte. Er war sogar bereit, für einige Zeit nach Koburg zu gehen, um die Organisationsarbeiten zu leiten, wie er auch das erste Flugblatt des Vereins — Dezember 1859 —**) an das deutsche Volk verfaßte.

Eine zweite von Schulze herrührende Ansprache richtete sich an das Württembergische Volk — März 1860 —.***) Die süddeutschen Politiker konnten sich nicht mit den Tendenzen des Nationalvereins befreunden, welche zum Ausschlusse Deutsch-Österreichs aus Deutschland führen müßten. Vergeblich suchte der Ausschuß, die Bedenken zu zerstreuen. Eine aus ganz Württemberg beschickte Landesversammlung wiederholte im Dezember, daß ein Beitritt zu dem Vereine nicht zu empfehlen sei, man aber dessen Bestrebungen, „soweit sie den diesseitigen politischen Anschauungen entsprechen", nach Kräften unterstützen wolle. Auf Wunsch Bennigsens unternahm es Schulze, hierauf Antwort zu geben, die zunächst „den alten Fluch unseres Volkes, die Spaltung unter seinen einzelnen Stämmen", beklagte und betonte, daß weder die Hegemonie Preußens noch der Ausschluß Deutsch-Österreichs Dogmen des Vereins, sondern offene Fragen seien, deren Lösung einem künftigen Parlamente vorbehalten bleiben sollten. Namentlich sei es für jetzt unmöglich, die Deutsch-Österreicher zu einer festen über das bisherige lose Bundesverhältnis hinausgehenden Einigung mit dem übrigen Deutschland heranzuziehen, da dies einer Auflösung des Österreichischen Reichsverbandes gleichkommen würde. Die hierin liegen-

*) Brief Schulzes an Freytag vom 18. Oktober 1859. Bd. III S. 145ff.
**) Vgl. Bd. III S. 152ff.
***) Vgl. zu folgendem Bd. III S. 159ff.

den Hindernisse müssen also zuerst beseitigt werden. Daß aber die Leitung der deutschen Militärkräfte und die diplomatische Vertretung Deutschlands nach außen im Kriegsfall auf Preußen übertragen werde, sei eine im Sommer 1859 auch von den Württembergern erhobene Forderung. Zum Schlusse erinnerte Schulze an den hundertjährigen Geburtstag Schillers, dem das deutsche Volk wenige Monate vorher mit seltener Einmütigkeit gefeiert habe. „Ist dessen ergreifende Mahnung zur Einigkeit, wie sie sein letztes großes Volksdrama zuruft, sobald vergessen?“ — fragte er — „Nein, nein, wir glauben es nicht. Der Tag von Göppingen war nicht der Tag von Württemberg, und wir appellieren von ihm an das württembergische Volk zur besseren Erwägung an sein deutsches Herz und hoffen zu Gott, daß uns und dem Vaterlande die rechte Antwort werde!“ Einen besonderen Raum in dem Schreiben hatte Schulze den Anhängern des Ultramontanismus in Württemberg gewidmet, die gerade eben bestrebt gewesen waren, durch ein Konkordat mit dem päpstlichen Stuhle diesem die Entscheidung über gemischte Ehen und die Erziehung des Geistlichen zu überlassen. Schulze wies darauf hin, daß der Wortführer der Ultramontanen zugleich der Berichterstatter in der deutschen Frage in Göppingen gewesen sei und zog daraus naheliegende Schlüsse; vielleicht war es dieser Umstand, der die Absendung der Ansprache verhinderte.

VIII. Die deutsche Frage.*)

Ein Versuch der Regierungen der Mittel- und Kleinstaaten, den Nationalverein durch gesetzgeberische Maßregeln zu unterdrücken, scheiterte an dem Widerspruche des Prinzregenten von Preußen, — in Baden-Baden Juni 1860 — der jede Verfolgung des Vereins ablehnte, solange keine strafbaren Handlungen vorlägen. So trat der Verein zur ersten Heerschau seiner Mitglieder unter dem Vorsitze Bennigsens im September 1860 in Koburg zusammen. Wieder war es Schulze, welcher berufen wurde, zur Eröffnung der Verhandlungen das „Recht des deutschen Volkes zur Erringung der politischen Einheit"**) zu verteidigen. Zwei Momente hob er dabei hervor: die Einmütigkeit aller Anhänger des Vereins in den Zielen und die Überzeugung, daß — ungeachtet aller Verschiedenheiten über nebensächliche Punkte — „wir uns einigen wollen, weil wir uns einigen müssen." Aus der Entwicklung der Völker begründete er sodann die geschichtliche und ethische Bedeutung des Nationalitätsprinzips, welches ihnen erst die Berechtigung auf politische und soziale Existenz gewährt. Mehr als andere Völker habe aber der Deutsche, wie seine Geschichte lehre, das Recht, diese zu fordern. An ihm brach sich die römische Imperatorenherrschaft, in Luther fand das Papsttum den größten Gegner, seine Erhebung stürzte den französischen Welteroberer vom Throne — stets habe das deutsche Volk unter den traurigsten und schwierigsten Verhältnissen sein Alles eingesetzt für Ideen, welche der ganzen Menschheit zugute kamen. Allerdings wurden diese Taten durch Zeiten der Schmach und Erniedrigung abgelöst, welche zur politischen Spaltung und fast völliger Erstarrung führten; aber gerade damals eroberte der deutsche Geist in der Welt der Idee, in seiner Literatur und den Werken der Wissenschaft und Kunst, was ihm nach außen verloren war. Unvergängliche Verdienste hat sich dadurch Deutschland um alle Völker der Erde erworben und ist zum Vorkämpfer der Humanität, dem Endziel aller Geschichte geworden.

„So hat sich das deutsche Volk durch seine Taten und Leiden einen

---

*) Vgl. auch Bd. III S. 136f.

**) Vgl. Bd. III S. 170f.

Wechsel auf die Geschichte gezogen, für dessen Einlösung der Genius der Menschheit selbst bürgt ... Auf diesem Fels ankert unser Recht und unsere Hoffnung ... Lassen Sie uns beweisen, daß im deutschen Volke zur humanen Reife auch die politische sich zu gesellen beginnt, und gelingt uns dies, — so schloß er unter langanhaltendem Beifall — so wird man nicht lange mehr unserer Nation die Stelle vorenthalten, die ihr unter den Völkern Europas gebührt."

In den darauffolgenden Verhandlungen stand die deutsche Verfassungsfrage im Vordergrund. Denn man hatte die Notwendigkeit eingesehen, dem Eisenacher Programm, soweit es sich um die speziell preußische Spitze handelte, einen klareren und bestimmteren Ausdruck zu geben. In Süddeutschland wollte man vielfach von der Heraushebung Preußens nichts wissen; ganz ernsthaft verlangte man die Übertragung der zu schaffenden Zentralgewalt ganz allgemein an diejenige deutsche Regierung, welche willens sei, die Interessen Deutschlands wahrzunehmen und die unerläßlichen Schritte zur Herstellung der deutschen Macht und Einheit zu tun. Es gelang indessen den Antrag zu Fall zu bringen, nachdem er von mehreren anderen, darunter auch Schulze, bekämpft worden*) war. Dadurch, so hob er hervor, werde dem Programm jeder konkrete Halt entzogen; der Nationalverein werde bisher der absichtlichen Verhüllung seiner Tendenzen angeklagt: gerade dieser Unbestimmtheit müsse man ein Ende machen. Entscheide man sich hierfür, so sei eine Erklärung über die Konstituierung der Zentralgewalt nicht zu umgehen. Bei dieser handele es sich aber darum, ob man sie erst beliebig erdenken und sie mit einer noch zu schaffenden Macht bekleiden wolle, was doch kaum anders als nach Zertrümmerung sämtlicher Einzelstaaten möglich sei, oder ob man sich an die realen geschichtlich gegebenen Machtverhältnisse der Gegenwart halten werde. Das sei aber die Übertragung der Zentralgewalt an einen schon bestehenden staatlichen Organismus, mit einem Worte die Hegemonie eines Einzelstaates, damit sei auch die Frage für Preußen entschieden. Sei doch Preußen unbestreitbar der einzige rein deutsche Staat, welcher einer wirklichen selbständigen Machtentfaltung nach innen und außen fähig, der Durchführung der nationalen Forderungen den deutschen Einzelstaaten wie dem Auslande gegenüber gewachsen sei. Dabei würden jedoch nicht nur Rechte für Preußen erwachsen, wie man in Süddeutschland annehme, sondern noch weit mehr große und schwere Pflichten. Es müsse seine gesicherte, in gedeihlicher Entwicklung begriffene

*) Bd. III S. 177ff.

staatliche Existenz, seine Großmachtstellung einsetzen einer erst werdenden zukünftigen also immerhin noch fraglichen Gestaltung halber und auch als leitende Macht die größten Opfer an Blut und Geld bringen, um die Sache durchzukämpfen. Opfer, wie sie die Kräfte jedes anderen Staates übersteigen würden.

Auf der zweiten Generalversammlung des Nationalvereins — August 1861 — kam der Gegenstand zwar nicht wieder zur Sprache, trotzdem fand Schulze, der inzwischen als Vertreter eines Berliner Wahlkreises in das Preußische Abgeordnetenhaus eingetreten war, Gelegenheit, in einer Rede über die zu schaffende deutsche Flotte*) von neuem die Berechtigung Preußens um die Vorherrschaft in Deutschland hervorzuheben. Im Hinblick auf die Gefahr kriegerischer Verwicklungen mit Dänemark beantragte der Vereinsausschuß, Sammlungen zum Bau von Dampfkanonenbooten zu veranstalten und deren Ertrag, „da eine deutsche Zentralgewalt zurzeit nicht vorhanden sei, an das preußische Marineministerium abzuliefern mit der ausdrücklichen Bestimmung, die Gelder zum Bau der zum Schutze der deutschen Nord- und Ostseeküsten bestimmten Boote in den Reihen der preußischen Kriegsmarine zu verwenden." Schulze motivierte den Antrag; er wies darauf hin, daß Preußen der einzige Staat sei, der bisher etwas zur Schaffung einer Flotte und zum Schutze seiner Küsten getan habe, trotz der ungeheuren Opfer für das Heer, die das Land neuerdings habe übernehmen müssen, um den gesteigerten Ansprüchen, wie sie die politische Lage Preußens wie Deutschlands stellten, gerecht zu werden. Finanziell sei das, was man mit der Überweisung der Flottensammlung gebe, außerordentlich wenig. Aber trotzdem habe es eine weithinaus greifende Tragweite, einen unberechenbaren moralischen Wert sowohl für Preußen wie für Deutschland; es sei die Stärkung Preußens in seinem Vorgehen für die deutsche Sache, der Sporn für die preußische Regierung, dessen sie in ihrer von allen Seiten angefeindeten Lage bedürfe.

Allerdings machte der zwischen dem Preußischen Abgeordnetenhause und dem Ministerium aus Anlaß der Armeevorlage ausgebrochene Konflikt den Führern des Nationalvereins es nicht leicht, ihre Anschauungen nach wie vor zu verfechten. Schon in einem gleichfalls im Jahre 1861 ausgesandten Flugblatte hatten sie ausgesprochen, das Vertrauen auf den deutschen Beruf Preußens müsse ganz unabhängig davon sein, ob man zu den augenblicklichen Leitern der preußischen Politik Vertrauen haben

*) Bd. III S. 335ff.

könne oder nicht. Nicht dürfe derjenige, welcher etwa meinte, daß Preußen seinen deutschen Beruf verkenne, sich deshalb von ihm abwenden, sondern er müsse versuchen, die Regierung in die Bahnen zu lenken, die nach seiner Ansicht die richtigen seien. „Was Deutschland bedarf, sind nicht die Männer, welche gegenwärtig die Leitung der Geschäfte in Preußen haben, sondern das ist der preußische Staat."

Im Sommer 1861 hatte Graf Bernstorff das Ministerium des Äußeren übernommen, an Stelle von Schleinitz, nachdem er schon vorher auf Befehl des Königs den Entwurf einer neuen Verfassung für Deutschland auf der Grundlage eines Bundesstaats mit Ausschluß Österreichs ausgearbeitet hatte. Im Herbste unterbreitete der Großherzog von Baden dem König einen von Freiherrn von Roggenbach entworfenen Plan, der auf einen neben Österreich aufzurichtenden Sonderbund mit preußischer Zentralgewalt hinauslief; der Beitritt sollte dem freien Ermessen jeder einzelnen Regierung anheimgestellt werden. Aber der König konnte keine Entschließung fassen, und Bernstorff begnügte sich — im Dezember 1861 — mit der Versendung einer Note an die deutschen Höfe, welche wenigstens ausführte, daß ein Fortschritt nur durch den freien Zusammenschluß gleichartiger Staaten zu einer engeren Gemeinschaft innerhalb des großen Bundes, also durch die Errichtung eines Bundesstaates innerhalb des Staatenbundes, zu erreichen sei. Angesichts des Widerspruchs, den die Depesche von den Freunden Österreichs erfuhr, welche wieder die Triasidee in den Vordergrund schoben, verfolgte Bernstorff sein Projekt nicht weiter, wenn er auch die gegnerischen Vorschläge energisch zurückwies. Der Ausschuß des Nationalvereins versuchte daher im März 1862 in einer neuen Ansprache an seine Mitglieder, an deren Ausarbeitung auch Schulze teilgenommen hatte, das Ministerium vorwärts zu drängen. „Viele unter uns — sagte er — beklagen die passive Haltung der preußischen Regierung in dieser Zeit der Entscheidung und sehen mit tiefem Schmerz, wie dieselbe, statt die nationale Bewegung tatkräftig zu unterstützen und ihr voranzugehen, ihr anscheinend planlos zusieht. . . . Wer heute nicht entschlossen vorwärts geht, der muß eine Position nach der anderen verlieren, und statt die Bedingungen des endlichen Sieges vorzubereiten, wird er die Gegner ermutigen, das Vertrauen der Freunde schwächen und so alle Voraussetzungen einer zweiten Niederlage schaffen." Zwar fügte er hinzu: „Aber vergessen wir nicht, wie die preußische Regierung es war, welche zuerst die Berechtigung der nationalen Bewegung anerkannte und durch entschiedene Zurückweisung aller Versuche gewaltsamer Unterdrückung des Nationalvereins ihr den gesetzlichen Boden rettete und erhielt. Und dann; Ministerien sind wandelbar und vergänglich, die deutsche Nation aber und ihre Bedürfnisse, sie sind unwandelbar und unvergänglich. Wird der Sieg verzögert, so ist er doch nicht minder gewiß."

Aber während man so die Hoffnungen der Mitglieder aufrecht zu erhalten suchte, beschloß man doch gleichzeitig „infolge der wenig Vertrauen erweckenden neueren Haltung der preußischen Regierung und des Kriegs- und Marineministeriums die Ablieferung der Flottengelder bis auf weiteres einzustellen"; ein Beschluß, welcher im Herbste die Billigung der Generalversammlung fand.

Indessen schieden noch Mitte desselben Monats die Männer der neuen Ära aus dem Ministerium aus; ihre Nachfolger gehörten der reaktionären Richtung an. Unter dem Eindrucke dieses Ereignisses suchte man daher in den Kreisen der liberalen Politiker die Reihen noch enger als bisher zu schließen. Auf Veranlassung des Staatsrechtslehrers Bluntschli in Heidelberg erging die Einladung zu einer Versammlung sämtlicher gegenwärtigen und ehemaligen Abgeordneten aller deutschen Bundesländer einschließlich Deutsch-Österreichs, „welche die Einigung und freiheitliche Entwicklung Deutschlands erstreben", zu einer Versammlung in Weimar — Ende September —, „um über wichtige Fragen von gemeinsamem Interesse, welche in Ermangelung eines deutschen Parlaments zur Beratung an die Kammern der Einzelstaaten gelangen, eine Verständigung und ein möglichst gleichartiges Verfahren in den deutschen Kammern zu fördern."*) Die Beratungen wandten sich ganz selbstverständlich wieder zu der Frage der deutschen Einigung. Von ihr sagte ein von Bennigsen, Schulze u. a. eingebrachter Antrag, daß sie das gesamte Deutschland umfassen müsse und kein deutscher Bruderstamm ausgeschlossen werden dürfe. „Dies gilt namentlich auch in Beziehung auf das Verhältnis zu Deutsch-Österreich. Sollten aber der Herstellung einer Deutsch-Österreich umfassenden bundesstaatlichen Einigung für den Anfang unüberwindliche Hindernisse im Wege stehen, so darf dies für die übrigen deutschen Staaten kein Abhaltungsgrund sein, mit der Ausführung des nationalen Werkes an ihrem Teil zu beginnen. . . . Die Frage der deutschen Exekutivgewalt ist unter Mitwirkung und Zustimmung des deutschen Parlaments zu regeln." Wie begreiflich wurde der Antrag von süddeutschen Abgeordneten bekämpft, welche aus ihm trotz seiner vorsichtigen Fassung wieder die preußische Hegemonie herausleuchten sahen,

*) Bd. III S. 312 ff. dieses Sammelwerkes.

das Recht Preußens, an die Spitze Deutschlands zu treten, aber mit Rücksicht auf die dortigen Verhältnisse noch mehr als vordem anzweifelten. Schulze antwortete darauf, indem er die staatsrechtliche Gestaltung des österreichischen Kaiserstaates mit derjenigen Preußens verglich. „Preußen — rief er aus — ist in der Lage, das Höchste zu bieten, was der einzelne wie eine Gesamtheit überhaupt bieten kann: sich selbst, ganz und rücksichtslos; etwas, was Österreich beim besten Willen zu bieten nicht imstande ist. Preußen bietet eine geeinigte große deutsche Bevölkerung als den Träger seines Staates; in der Lage, dies zu bieten — und das scheint mir das höchste Gebot — ist nun einmal Österreich nach seinen Verhältnissen nicht, darüber kann kein Streit sein.“ Wohl gestand auch er zu, wie sehr die Regierung im Streit mit der Volksvertretung sich die Sympathie in Deutschland verscherze; aber mit den jeweiligen Ministerien dürfe man das preußische Volk nicht verwechseln. Indessen sei auch an den Verfassungsstreit die Existenz des preußischen Staates nicht geknüpft. Unter dem Wechsel der Regierungen bleibe das Volk allemal als Träger des Staates übrig. In einer solchen glücklichen Lage sei Österreich nicht, dessen Völker nur durch die Personalunion zusammengehalten würden. Mit einer Erinnerung an die von Preußen im deutschen Osten geleistete Kulturarbeit schloß er seine wirksame Rede, welche dem Antrage mit großer Mehrheit zur Annahme verhalf.

Indessen spitzten sich die Zustände in Berlin mehr und mehr zu; auch Graf Bernstorff war aus dem Ministerium getreten und sein Nachfolger Bismarck hatte bereits darauf hingewiesen, daß die deutsche Frage nicht durch Reden und Majoritätsbeschlüsse, sondern durch Blut und Eisen ihre Lösung finden werde. Auf der dritten Generalversammlung des Nationalvereins — Anfang Oktober in Koburg — beschränkte sich der Ausschuß darauf, die Ausführung der Reichsverfassung vom März 1849 zu fordern, da „mit dürftigen Ausbesserungen einer Bundesverfassung, deren innerstes Wesen die Zersplitterung und politische Ohnmacht sei, das deutsche Volk nicht abgefunden werden könne“. Dagegen gebe die Reichsverfassung die Möglichkeit eines kraftvollen Auftretens nach Außen und gesicherte Freiheit im Inneren. Wohl lasse sie die Oberhauptsfrage offen; aber deren Lösung im Sinne des Vereinsprogramms werde sich unausbleiblich aus der Natur der Dinge ergeben. Schon auf der ersten Generalversammlung — 1860 — hatte der Verein erklärt, „daß der Anspruch des deutschen Volkes auf bundesstaatliche Einigung in der Reichsverfassung von 1849 seinen Ausdruck gefunden habe“. Man war seitdem nicht darauf zurückgekommen, nicht zum wenigsten, weil Herzog

Ernst damals schon gedroht hatte, daß er dem Verein seinen Schutz entziehen müsse, wenn er die Reichsverfassung zu seiner Fahne erwählen würde. Nun waren es gerade die preußischen Mitglieder des Ausschusses gewesen, welche die Berufung auf die Reichsverfassung betrieben hatten. Bei den von den mitteldeutschen Regierungen geplanten Reformbestrebungen werde der Nationalverein in das Hintertreffen geraten, wenn er länger zögere, den Schritt zu tun, sagte Schulze. Auch Miquel, früher ein Gegner des Antrages, rief jetzt: „Heraus mit diesem Volksprogramm gegenüber den Programmen der Kabinette!" Es war bezeichnend, daß es ein Preuße war, Bürgers aus Köln, der in dem Antrage jede Bezugnahme auf das Programm von 1860 gestrichen haben wollte, weil es zuviel Hoffnungen auf Preußen gesetzt habe. Trotzdem fand es schließlich fast einstimmig Annahme. Zu dem Beschlusse äußerte der König Preußens sein höchstes Mißfallen, weil er in ihm ein Abweichen von der von dem Verein innegehaltenen gesetzlichen Basis sah. Aber der Verlauf der Dinge in Preußen machte sich auch innerhalb des Nationalvereins mehr und mehr geltend. Namentlich erbitterte das Schalten Bismarcks in der Schleswig-Holsteinischen Frage und gegenüber dem polnischen Aufstande. Selbst den besten Freunden Preußens sank der Mut. Der Ausschuß des Vereins erließ von neuem eine ausführliche Ansprache an seine Mitglieder — Ende Mai 1863 —, in welcher er seiner Enttäuschung über die vom preußischen Ministerium im Inneren und in den auswärtigen Angelegenheiten eingeschlagene Politik offenen Ausdruck gab. Er erinnerte daran, daß der Nationalverein im Jahre 1859 in der von dem gesamten Volke geteilten Erkenntnis gegründet worden sei, „es müsse die Leitung der deutschen Politik und Heeresmacht in die Hände Preußens gelegt werden". Man sei dabei von der Voraussetzung ausgegangen, „daß Preußen durch energische Vertretung aller nationalen Interessen sich fähig erweisen werde, seinen geschichtlichen Beruf tatkräftig zu erfüllen. Und was ist seither geschehen. Schritt für Schritt ist die preußische Regierung von ihrer Aufgabe zurückgewichen, bis zu dem Punkte, auf dem wir sie heute sehen, nicht als den Schirmherrn, sondern als den gefährlichen Widersacher der nationalen Interessen. . . . Heute wie im Herbste 1860 ist es die gleiche Gesinnung, welche den Nationalverein beherrscht; wenn aber diejenigen, die jetzt an der Spitze des preußischen Staates, vom eigenen Volke verurteilt, am Ruin der preußischen Staatsmacht arbeiten, vollends nach der Leitung Deutschlands greifen wollten, so würden sie in der ersten Reihe der Kämpfer gegen eine solche Vermessenheit dem Nationalverein begegnen."

Wenige Wochen später überraschte der Kaiser von Österreich die Welt mit einem Projekt der Reform der Bundesakte, wonach ein Bundesdirektorium, ein Bundesrat und ein aus Delegierten der einzelstaatlichen Vertretungskörper bestehendes Parlament, letzteres mit beratender Stimme, gebildet werden sollten. Endlich war die Berufung eines obersten Bundesgerichts vorgesehen. Bezeichnend war an den Vorschlägen, daß auch in den Kreisen der deutschen Fürsten die Erkenntnis sich durchgerungen hatte, daß die Bundesverfassung nicht länger in ihrer gegenwärtigen Gestalt aufrecht zu erhalten war.

Während nun die Anhänger Österreichs über die durch die Anträge bewiesene Initiative triumphierten, tat Bismarck noch das Seinige, um alle freiheitlich Gesinnten gegen sich aufzubringen. Der von Roon gewaltsam herbeigeführte Konflikt mit dem Präsidium des Abgeordnetenhauses wurde zum Anlaß von dessen Auflösung benutzt. Ihr folgten die verfassungswidrigen Preßordonnanzen, gegen welche der Kronprinz öffentlich seine Mißbilligung äußerte. Kein Wunder, daß die plötzliche Reformfreudigkeit der Wiener Hofburg ihre Wirkung weit in die Kreise hineintat, welche bisher stets auf der Seite Preußens gestanden hatten. Auch Herzog Ernst wollte es aufgeben, noch länger der Politik zu dienen, welcher er bisher seit Jahren als Schutzherr zur Seite gestanden hatte, und suchte Annäherung an Österreich. Von bitterer Sorge erfüllt, schrieb Bennigsen an Gustav Freytag (15. August 1863): „Wenn nicht in wenig Wochen das Bismarcksche Regiment beseitigt ist und König Wilhelm oder sein Nachfolger sich für die Berufung eines wirklichen Parlaments erklärt und wirksam auftritt, so steht für Preußen das Äußerste auf dem Spiele ... Halbe Maßregeln und Verbesserungen würden höchst nachteilig sein und der Nation die absolute Gewißheit vor Augen führen, daß Preußens Dynastie und Staatsmänner auch in der größten Bedrängnis keines männlichen großen Entschlusses fähig sind."*)

Im August fand die bekannte Versammlung aller deutschen Fürsten mit Ausnahme des Königs von Preußen in Frankfurt a. M. statt, um die Projekte des Kaisers von Österreich zu beraten. Zur gleichen Zeit und an demselben Orte beschäftigte sich der Zweite Deutsche Abgeordnetentag**) mit diesen Plänen. Er erklärte es für einen Gewinn, daß selbst aus fürstlichem Munde die Unzulänglichkeit des jetzigen Zustandes anerkannt werde, daß aber auch die gemachten Vorschläge zur Lösung der Frage nicht geeignet seien. Nach wie vor beharrte er darauf, daß nur die in

*) Oncken, Bennigsen Bd. I S. 605.

**) Vgl. zu folgendem Bd. III S. 316ff. und S. 200ff.

der Reichsverfassung von 1849 proklamierte bundesstaatliche Einheit die einheitlichen und freiheitlichen Bedürfnisse der Nation befriedigen und nur eine Nationalversammlung etwaige Abänderungsvorschläge beraten könne. Schulze übernahm es, neben Unruh für diejenigen preußischen Abgeordneten zu sprechen, welche der Resolution zustimmten. Die Rückwirkung des Kampfes des Abgeordnetenhauses mit dem Ministerium fand in seinen Worten starken Ausdruck; er gestand offen zu, daß für den Augenblick die preußische Spitze unmöglich sei. „Daß Preußen, umhüllt von dem Nessusgewand des inneren Konflikts, verhindert ist, seine Schuldigkeit in der deutschen Sache zu tun, daß wir nicht zur Verwirklichung der großen nationalen Ziele die preußische Volkskraft zur Verfügung stellen können, das erfüllt uns mit Trauer und Scham in diesen vielleicht entscheidenden Tagen." *)

Ein Passus der Resolution hob hervor, daß „der Ausschluß der vor dem Jahre 1848 nicht in den Deutschen Bund aufgenommenen preußischen Provinzen Posen und Ostpreußen unvereinbar mit den Forderungen der festeren Einigung und Stärkung deutscher Kraft sei, auf welche jede Reform des Bundes hinstreben muß". Schon der erste Referent, Ludwig Häußer aus Heidelberg, hatte die Zugehörigkeit dieser Provinzen zu Deutschland verteidigt, die Heimat Kants und Herders und der Männer, die 1813 selbsttätig ohne König und Regierung zuerst und alles hingegeben hätten, „nur um uns frei zu machen, und die auch seitdem mit den Erinnerungen und Arbeiten Deutschlands auf den Gebieten der nationalen wie der freiheitlichen Entwicklung in einem unlöslichen Bande verknüpft sind". Auch Schulze schlug in diese Kerbe ein. Er fügte aber noch hinzu: „Wollen Sie, meine Herren, mitwirken, daß Preußen in dem künftigen Deutschland noch außerdeutschen Provinzen hat, Provinzen, durch bloße Personalunion mit ihm verbunden? Da würden Sie die verkehrte und undeutsche Politik Preußens nur unterstützen. Ich glaube, wir haben an einer Großmacht genug, deren Schwerpunkt außerhalb Deutschlands liegt, und haben alles Interesse daran, Preußens außerdeutschen Großmachtskitzel zu vertreiben und Preußen zu einer rein deutschen Macht zu machen". Es ist bekannt, wie dieses Wort späterhin gegen Schulze ausgebeutet wurde, indem man ihm vorwarf, von einem preußischen Großmachtskitzel gesprochen zu haben, und außerdem den

*) Fürst Chlodwig von Hohenlohe schreibt in seinen Denkwürdigkeiten Bd. I S. 130 über diese Ausführungen: „Schulze-Delitzsch hielt eine sehr schöne Rede, die aber besser für eine Volksversammlung gepaßt hätte."

Schlußsatz ganz unterschlug. Noch bis an sein Lebensende hatte er sich gegen diese Verleumdung zu wehren.

Auf den Abgeordnetentag folgte die vierte Generalversammlung des Nationalvereins im Oktober in Leipzig.*) Inzwischen hatte Preußen das österreichische Reformprojekt mit Gegenvorschlägen beantwortet: Ministerkonferenzen, alternierendes Präsidium im Bunde und eine Nationalversammlung auf Grund direkter Wahlen. Sowohl gegen die österreichischen als auch gegen die preußischen Vorschläge hatte sich der Ausschuß erklärt, gegen letztere mit dem bezeichnenden Zusatze: „wenn sie von einer solchen Regierung überhaupt ernstlich gemeint sein könnten". Unabänderlich wurde an der Reichsverfassung festgehalten, „das Ziel der Nationalpartei ist und bleibt die Herstellung eines wahren Bundesstaates ... Nie aber wird sie den Rechtsboden der Nation preisgeben. Nur das deutsche Volk selbst in einem freigewählten Parlament kann über sein Verfassungsrecht entscheiden".

Der Antrag wurde durch Miquel vertreten, welcher „die geschmeidigste Kraft seiner Beredsamkeit"**) aufbot, um alle widerstrebenden Elemente noch einmal in einer Richtung zu vereinigen. Er verurteilte den Grundgedanken der österreichischen Reformakte, die Vorstellung von souveränen Staaten, welche sich über einzelne äußere und innere Fragen verständigen würden; er wandte sich aber zugleich gegen die antipreußischen Stimmungen, die in Süddeutschland allenthalben sich geltend machten. „Wer nicht das Vertrauen habe, daß der Entscheidungskampf in Preußen zugunsten der Freiheit und Vernunft entschieden werde, der dürfe nicht am Nationalverein teilnehmen, denn dieser habe das Vertrauen auf das preußische Volk zur Grundlage." Wohl billigte er die Kritik, welche Bismarck an dem österreichischen Projekt geübt habe; er ging aber darüber hinweg, weil Bismarck im Ernst keine Reform wolle, da „er alle seine Kräfte, die letzten verfügbaren Kräfte des Feudalismus gebrauchen muß, wenn er die beschworene Verfassung in Preußen und die konstitutionelle Monarchie zerstören will ... Niemals kann, solange der preußische Streit dauert, die deutsche Verfassungsfrage gelöst werden, nie ist aber auch eher Ruhe und ein befriedigender Zustand in Preußen möglich, ehe Preußen an der Spitze Deutschlands ist, ehe es die schwarzweiße Fahne niedergelegt und die schwarzrotgoldene erhoben hat". Auch Schulze nahm wieder an der Debatte teil; nach einem Vergleich der Zustände in Österreich und Preußen, der auch jetzt noch zugunsten des letzteren Staates ausfiel, wandte er sich gegen diejenigen, welche die preußische Spitze aus dem Programm des

*) Vgl. Bd. III S. 210ff.

**) Oncken: Bennigsen Bd. I S. 610.

Nationalvereins streichen wollten. Vermittelnd wies er zunächst darauf hin, daß von ihr kein Wort in der Reichsverfassung stehe, nur von einer einheitlichen, dauernden, erblichen Spitze sei dort die Rede. Wenn aber dereinst diese Frage werde entschieden werden, „dann wird auch das kräftige preußische Schwert mit in die Wagschale geworfen werden müssen... Was heißt es aber, wenn gesagt wird, die preußische Spitze müsse aus dem Programm gestrichen werden? Das will sagen: der Nationalverein erklärt, daß der preußische Volksstamm nie die Führung Deutschlands übernehmen kann... Das heißt, die nationale Bewegung abwerfen. Ich weiß wohl, wir Preußen sind nichts ohne Deutschland, ... aber auch die deutsche Frage kann nun und nimmer gelöst werden, wenn Preußen nicht mitgeht. Es wäre daher Verrat an der nationalen Sache, Preußen davon auszuschließen... Möge Preußen sogar durch großdeutsche Sympathie aus dem Vereine gedrängt werden — es wird dann seinen eigenen Weg gehen müssen, aber es wird es auch dann tun zum Heile des gesamten Vaterlandes!" So wurden denn die Anträge mit großer Mehrheit angenommen.

Wenige Tage später starb König Friedrich VII. von Dänemark. Gegen die Anerkennung seines Nachfolgers in Kopenhagen protestierten die Stände der Herzogtümer Schleswig-Holstein, und der Deutsche Bundestag ließ unter dem Drucke einer ganz Deutschland ergreifenden Bewegung zum Schutze der Rechte des Landes im Dezember Holstein und Lauenburg durch hannöversche und sächsische Truppen besetzen.*) Anfang 1864 griffen Österreich und Preußen auf Grund ihrer früheren Teilnahme an dem Londoner Protokoll von 1852 ein; ihre Truppen drangen — Ende Juli — siegreich bis Jütland vor. Der Nationalverein hatte die Sache des Erbprinzen Friedrich von Schleswig-Holstein-Augustenburg zu der seinen gemacht; aus dem Kreise seiner Führer ging in einer Sonderversammlung deutscher Landesvertreter, welche besonders aus Süddeutschland sehr zahlreich beschickt war, der Antrag hervor, „als Mittelpunkt der gesetzlichen Tätigkeit der deutschen Nation für Durchführung der Rechte der Herzogtümer Schleswig-Holstein und ihres rechtmäßigen Herzogs Friedrich VIII." einen Ausschuß von 36 Mitgliedern zu bestellen, der auch fortan das ständige Organ der Bewegung blieb. Schulze hatte sich von der Versammlung ferngehalten, weil er in ihr einen Bruch innerhalb des Abgeordnetentages und ein Überwiegen des großdeutschen Einflusses auf die preußisch Gesinnten befürchtete. „Was sollen die fünf bis sechs Preußen

*) Vgl. den Abschnitt über: Die Schleswig-Holsteinische Frage in Bd. III S. 339 ff.

gegen die Masse der Österreicher?" fragte er in einem Briefe an Bennigsen vom 27. November 1863.*) „Mich bringt kein Mensch dazu, mich zu beteiligen." Aber nun rang sich doch, namentlich in Norddeutschland, die Erkenntnis durch, daß die Waffenerfolge der preußischen Armee auch auf die Politik des Nationalvereins einwirken müßten. In einer Petition an den Bundestag hatte die Mehrheit der schleswig-holsteinischen Prälaten und Ritterschaft sich für den möglichst engen militärischen und maritimen Anschluß der Herzogtümer an Preußen ausgesprochen. Diesen Gedanken aufgreifend, waren es nun Bremer Mitglieder des Vereins, welche die Frage der Einheit des Vaterlandes in den Vordergrund rückten und die freiheitliche Ausgestaltung eine spätere Sorge sein lassen wollten. „Wir Liberalen und Nationalen müssen doch wahrlich so viel Vertrauen zu der unwiderstehlichen Macht unserer Ideen haben, daß wir uns vor Bismarck und Genossen nicht fürchten und ihnen die Früchte, welche sie vom Baume der deutschen Einheit für uns herabschütteln, nicht mißgönnen" — äußerte sich Böhmert in einem Briefe an Bennigsen vom Oktober 1864 — „... Ich vertraue, daß der Nationalverein in seiner diesjährigen Generalversammlung ... in dem Einheitsgedanken die wahre Vermittlung der verschiedenen Parteien im Schoß des Vereins finden wird." Wenig zuversichtlich antwortete Bennigsen: „Eure Bremer Ansichten und Vorschläge werden den größten Widerspruch erfahren. Preußische Spitze unter allen Umständen ist unser Programm nicht, noch weniger diplomatischer und militärischer Anschluß eines Einzelstaates an Preußen unter allen Umständen ... Ein solcher Anschluß kann je nachdem ebensogut den preußischen Partikularismus verstärken und die Mainlinie verbreitern als der nationalen Einigung dienen. In diesem Augenblick unter dem Eindruck der Bismarckschen Willkürherrschaft ist alles dies doppelt vorsichtig zu behandeln." Andererseits suchten auch die Gegner Preußens mehr Terrain zu gewinnen und planten ein erneutes Zusammentreten des Abgeordnetentages in Frankfurt. Ihnen widersprach im Einverständnis mit seinen Berliner Freunden Schulze; er meinte in einem Briefe an Bennigsen — Herbst 1865 —,**) daß die Versammlung „nur den antinationalen Parteien zurechtkommen werde, um gegen Preußen unter allen Umständen zu schüren ... Man wird in Frankfurt so exzessiv gegen Preußen losziehen, daß wir leicht genötigt sein können, für unser engeres

*) Vgl. Bd. III S. 218.

**) Vgl. Bd. III S. 218ff. Dort ist der Herbst 1864 angegeben. Oncken verlegt den Brief in den Herbst 1865. Eine sichere Feststellung des Datums ist nicht möglich, die innere Wahrscheinlichkeit spricht aber für Onckens Datierung.

Vaterland und dessen Interessen, die eine gewisse Partei als im Widerstreit mit den deutschen darstellt, einzutreten; die wollen wir aber jedenfalls vermeiden, weil es Bismarcks Position bei uns nur stärken könnte... Unsere süddeutschen Freunde haben den Hauptspektakel, den sie in Frankfurt sicher anrichten, zwar für jetzt sehr billig, die famosen Frankfurter Demokraten insbesonders; und doch kann ihnen und uns die Geschichte noch ziemlich teuer zu stehen kommen." Als aber Ende Oktober die Generalversammlung des Nationalvereins in Eisenach stattfand, mußte sich der Ausschuß, um die auseinandergehenden Anschauungen seiner norddeutschen und süddeutschen Mitglieder zu versöhnen, auf eine Resolution beschränken, welche sich über die preußische Hegemonie ausschwieg. Sie hielt an der Reichsverfassung als dem Rechtsboden der Nation fest, setzte aber hinzu: „über den Träger der Zentralgewalt hat die im Parlament vertretene gesamte Nation zu entscheiden, und dieser Entscheidung haben sich alle Parteien, Stämme und Staaten zu unterwerfen." Direkt gegen Bismarck gerichtet war der Schlußsatz: „Solange die freiheitsfeindliche und undeutsche Richtung der Regierungen in den Einzelstaaten besonders in Preußen fortdauert, ist die Durchführung der Reichsverfassung unmöglich." Die Resolution erfuhr das Schicksal aller Kompromisse: sie ging dem einen zu weit, dem anderen nicht weit genug. Während die unentwegten Anhänger Preußens den Vorwurf erhoben, sie gebe die früheren Beschlüsse preis, verlangten die radikalen Elemente, daß man die Frage der Zentralgewalt überhaupt unberührt lasse und nur die Einberufung eines deutschen Parlaments fordern solle. Zur Bekämpfung der letzteren Anträge nahm auch Schulze das Wort. In glänzender Rede*) untersuchte er nochmals das Verhältnis Österreichs zu Deutschland und fragte dann, welche Zukunft dem Vaterlande in den Händen derjenigen beschieden sein möchte, welche alle deutschen Staaten in Atome zerschlagen und zu einer Art Brei zusammenkneten wollten, um daraus die neue politische Gestaltung, wie der Töpfer seine Formen aus dem Ton zu formen. Gewiß könne man sich die Entwicklung der politischen Bewegung bis zu einer Revolution denken, aber auch diese werde die Stammeseigentümlichkeiten der einzelnen Länder nicht aufheben. Das zähe Festhalten an diesen gebe aber den Fürsten, wenn sie sich nicht gewaltsam mit den gebieterischsten Forderungen des Volkes für eine nationale Existenz in Konflikt brächten, die größte Sicherheit, ob man es bedaure oder nicht. „Da frage ich nun" — fuhr er fort — „wie das

*) Vgl. Bd. III S. 221 ff.

mit uns Preußen werden würde, wenn eine solche gewaltsame Erschütterung einträte. Glauben Sie, daß wir unsere selbständige politische Existenz, den Staat Preußen zertrümmern, aufgeben würden? Das fällt keinem von uns ein, so wenig wie einem von Ihnen, wenn die Katastrophe in Ihrem Lande einträte." Wenn aber die Vollendung des Einigungswerks geschehen werde, dann werde man sich schon gegenüber den Nachbarstaaten rüsten müssen, welche wüßten, daß Deutschland, wenn es einig und vollständig organisiert dastehe, der leitende Staat in Europa sein werde, und welche nicht untätig abwarten würden, bis der neue Staat fertig sei. „Und eben bis dahin, zur Regelung dieser Gefahren, da brauchen Sie Preußen als den wahrhaftesten Staat, damit es an der Spitze in diesen Kämpfen seine ganze Volkskraft einsetze, wie dies früher und jetzt wiederum geschehen ist. So steht es um die preußische Hegemonie ... Dieser Beruf Preußens, diese Befähigung, an die Spitze Deutschlands zu treten, ist aber bei weitem mehr eine Pflicht von äußerster Schwere für das preußische Volk als ein Recht." Professor Biedermann aus Weimar hatte in der Debatte geäußert, „daß Preußen vermöge dieses Berufs, die Regierung möge noch so abweichende Tendenzen verfolgen, stets zu den nationalen Zielen hingedrängt werde: das liege nun einmal in der ganzen Gestaltung, im Wesen des Preußischen Staates". Die Ausführungen eignete sich nun Schulze an, indem er fragte: „Haben die Männer, welche die Reichsverfassung geschaffen haben, bei der Einigung über die Zentralgewalt und bei dem Beschluß deren Übertragung an Preußen daran gedacht, diese oder jene Regierung oder Dynastie auf den deutschen Thron zu erheben? War nicht vielmehr das Volksbedürfnis, das Interesse der Nation dabei maßgebend, welchem man die volle Kraft des mächtigsten deutschen Staates dienstbar machen wollte, indem man sein Oberhaupt an die Spitze des Ganzen stellte? Die Dynastien wechseln, nur die Völker sind ewig, und eine augenblickliche Mißregierung vermag deren historischen Beruf nicht zu ändern. Und das ist nun einmal nicht anders. Sie können die Machtfrage von dem nationalen Einigungswerk nicht trennen, und da haben Sie nur die Wahl zwischen Preußen und Österreich." Daß aber Österreich, fuhr er fort, dessen Staaten nur durch das Band der Dynastie zusammengehalten würden, wo die einzelnen Reichsländer nur Domänen der herrschenden Familie seien, nicht an die Spitze Deutschlands treten könne, sei klar. Die Resolution des Ausschusses wurde dann auch fast einstimmig angenommen.

Je länger aber der Streit Bismarcks mit dem Preußischen Abgeordnetenhause fortdauerte, desto lauter ließen sich die Gegner Preußens in der deutschen Presse vernehmen, wie sie auch versuchten, in den großen Versammlungen ihren Anschauungen zum Siege zu verhelfen. Namentlich in Süddeutschland fanden sie für ihre Bemühungen günstigen Boden. Schulze wollte daher der nach Frankfurt auf Ende Oktober eingeladenen Generalversammlung des Nationalvereins anfangs fernbleiben; nur dem energischen Zureden von Metz aus Darmstadt*) gelang es, ihn zur Teilnahme daran zu bestimmen. Indessen einigte sich hier der Ausschuß nach einer bis 3 Uhr nachts dauernden und teilweise sehr erregten Diskussion auf eine Resolution, welche eine deutliche Abkehr von den Beschlüssen der vorjährigen Generalversammlung und eine Hinneigung zu den Wünschen der gemäßigten Mitglieder und der Freunde Preußens zeigte, indem unter Hervorhebung des Programms von 1860 die Übertragung der Zentralgewalt an Preußen, wenn auch unter den gewohnten Vorbehalten, wieder sichtbar in den Vordergrund geschoben wurde. Auch Schulze ergriff zu ihrer Verteidigung das Wort, indem er namentlich denjenigen entgegentrat, die unter Bekämpfung der inneren und äußeren Politik der preußischen Regierung verlangten, daß überhaupt kein deutscher Bundesstaat zur Zentralgewalt gelangen sollte. Ihnen rief er zu: das heiße, auf Realpolitik zu verzichten; „ich sage dagegen, es ist gerade ein Hauptfehler von uns Deutschen gewesen, daß wir nicht genug Realpolitik getrieben haben. Ehe wir nicht rechnen mit realen Faktoren in der Politik, eher bringen wir es bei Gott nicht weiter!“ So fand denn der Antrag mit großer Mehrheit Annahme.

Wenige Monate später brachte Bismarck die deutsche Frage zur gewaltsamen Lösung. Am 8. April 1866 ließ er dem Bundestag den Antrag auf Reform des Deutschen Bundes und auf Einberufung eines Parlaments überreichen, am 14. Juni erklärte Preußen, aus dem Bunde auszutreten, und der Krieg brach aus. In Reden in zwei Berliner Versammlungen — Ende April**) — und auf dem Deutschen Abgeordnetentage — 20. Mai***) — setzte sich Schulze mit dem Vorgehen Bismarcks auseinander. Glaubte er zwar an die Ehrlichkeit der Anträge vom 9. April nicht und erklärte er auch, daß auf deren Durchführung die preußische Regierung nur dann Anspruch machen könne, wenn sie zuvor das verfassungsmäßige Recht im eigenen Lande unbeschränkt in volle Geltung setze, so erklärte er doch zugleich, daß die Berufung des Parlaments der erste Schritt zur Einigung Deutschlands in Macht und Freiheit sei, und

*) Vgl. Bd. III S. 243—254.
**) Vgl. Bd. III S. 254ff.
***) Vgl. Bd. III S. 282ff.

daß das preußische Volk trotz der Wirren des inneren Konflikts seine Pflicht, dafür einzutreten, niemals vergessen habe. Auf dem Abgeordnetentage aber hielt er, nachdem er sich dessen Protest gegen den drohenden Krieg angeschlossen hatte, noch einmal eine große Abrechnung mit der äußeren und inneren Politik Österreichs, namentlich auch auf kulturellem Gebiete, indem er ihr die preußische gegenüberstellte. So wenig er dabei die augenblickliche Regierung seines Heimatlandes schonte und auf deren Sturz hoffte, so wenig unterließ er zu betonen, daß, wenn es zum Krieg kommen werde, das preußische Volk ihn mit allem Nachdruck führen werde. Und als man ihn unterbrechen wollte, erklärte er, daß er als preußischer Volksvertreter spreche und als solcher zu sprechen das Recht habe. Das war dieselbe Anschauung, die er unmittelbar vor dem Ausbruch des Krieges an Oesterlen in Stuttgart aussprach, der nicht preußisch werden wollte:*) „Sie haben darin gewiß ganz recht, aber meinen Sie denn, wir hätten in Preußen und ganz Norddeutschland Lust, österreichisch zu werden? Unsere Kultur, unsere wirtschaftlichen und humanen Errungenschaften, ja auch unsere politischen, so unsicher sie noch sind (wir kämpfen doch darum), vollständig preiszugeben?" Und ebenso schrieb er seinem alten Müllensiefen,**) der, durch die preußische Politik verärgert, in die Schweiz ausgewandert war: „Das preußische Volk ... tritt nur gezwungen in einen Kampf um die Existenz des Preußischen Staates ein. Der Sieg Österreichs, seine Pfaffen- und Dynastenwirtschaft gefährdet alle wirtschaftlichen und Kultur-Errungenschaften des deutschen Volkes, die Preußen sogar noch unter Bismarck, ja das ganze preußische Staatswesen unter jeder Regierung durch seine geschichtlichen Traditionen und den Geist seines Volkes immer noch vertritt. Und Deutschland hilft Österreich Preußen niederwerfen! Aber in Norddeutschland erhebt sich schon der alte protestantische Geist und fordert den Eintritt für Preußen ... Die Würfel sind gefallen. Möge Gott die verderben, die mit frivolen Händen den Wurf getan haben, — zum Heile Preußens und Deutschlands!"

Das schönste Bild aber malte er in einem Briefe***) an Professor Bigamo in Mailand — Anfang Juli —, in welchem auch seine Zugehörigkeit zu dem „Volke in Waffen" durchbricht: „Ganz Preußen ist jetzt zugleich Kriegslager und Lazarett. Ernst und ohne alle Demonstrationen ziehen sich unsere Landwehren zusammen und reihen sich dem Heere ein; schlagfertige, waffengeübte, allen Kriegsstrapazen gewachsene

*) Vgl. Bd. III S. 298.

**) Brief vom 20. Juni 1866, vgl. Bd. III dieses Sammelwerkes S. 229f.

***) Vgl. Bd. III S. 302ff.

Männer, die zwar nicht leichten Herzens ihren häuslichen Herd verlassen, aber davon, daß das Vaterland sie braucht, einmal überzeugt, sich wie die Löwen schlagen und nicht nachlassen, bis sie den Feind geworfen haben. Soeben zieht wieder, wie alle Tage, ein Trupp einberufener Wehrmänner vor meinem Hause vorüber, ernst, keineswegs in Jubel, eher die Sorge im Antlitz, aber mit festem Tritt und mit gedämpfter Stimme in einfacher Volksweise ihr Lied singend:

‚Preußische Landwehr sind wir,
Für Weib und Kind marschieren wir!'

so ergreifend feierlich, daß es mir unwillkürlich die Tränen in die Augen drängt."

IX. Kurhessen und Schleswig-Holstein.*)

Unter den Beschlüssen des im Herbste 1850 wieder zusammengetretenen Deutschen Bundestages hatte derjenige, welcher die Verfassung Kurhessens von 1831 aufhob und das Land der Mißregierung seines krankhaft bösartigen Fürsten preisgab, die größte Empörung in Deutschland hervorgerufen. Preußen war anfangs gewillt, in dem Streit zwischen dem Kurfürsten und den Landständen die Partei der letzteren zu ergreifen und die Rechte der Bevölkerung mit den Waffen zu verteidigen. Aber nach dem Zusammenstoß mit den vom Bundestag herbeigerufenen österreichischen Truppen bei Bronzell — 8. November 1850 — verlor Friedrich Wilhelm IV. den Mut und stimmte in Olmütz — 29. November 1850 — der Vergewaltigung des Landes bei. Seitdem waren alle Liberalen in ganz Deutschland nicht müde geworden, die Wiederherstellung der alten Rechtszustände in Kurhessen zu fordern. So beschloß auch der Ausschuß des Nationalvereins noch im ersten Jahre seines Bestehens — am 12. Dezember 1859 — eine Erklärung, in der er die Beseitigung der von dem Kurfürsten erlassenen Verfassung von 1852 verlangte und die Vereinsmitglieder aufrief, „allen gesetzlichen Einfluß in ihren Kreisen, besonders in der Presse und in den Landesvertretungen dahin auszuüben, daß dem kurhessischen Volke seine Verfassung von 1831 zurückgegeben werde". Die Generalversammlung des Vereins machte am 5. September 1860 die Erklärung zu der ihrigen. Die badische Regierung brachte im Sommer 1861 einen gleichlautenden Antrag bei dem Bundestage ein, und nun kam der Gegenstand von neuem auf die Tagesordnung der zweiten Generalversammlung des Nationalvereins vom 23. August 1861. Zu ihm nahm auch Schulze das Wort. Die der Versammlung vorgelegte Resolution sollte u. a. die „Überzeugung aussprechen, daß nur aus der Garantie fester Rechtszustände den Regierungen die Kraft erwachsen kann, Hand in Hand mit ihren Völkern den schweren äußeren Verwicklungen, die unser Vaterland bedrohen, vollkommen gerüstet entgegenzutreten." Schulze nahm diesen Satz zur Veranlassung, um die Verdächtigungen zurückzuweisen, als stehe die nationale

*) Vgl. Bd. III S. 324f.

Bewegung im Widerspruch mit dem monarchischen Prinzip. „Durch klare Aussprüche soll kundgegeben werden — sagte er*) —, daß, wenn die Regierungen den berechtigten Forderungen und Bedürfnissen des Vaterlandes im eigenen wohlverstandenen Interesse entgegenkommen, das deutsche Volk, vor allem unser Verein, gerne die Hand bietet.“ Dann aber zog er eine scharfe Grenzlinie zwischen dem monarchischen Prinzip und dem dynastischen, welches die ganze Bevölkerung des Landes als Inventarium der fürstlichen Domäne betrachte und das im 19. Jahrhundert nur die unverschämteste Heuchelei oder der unglaublichste Blödsinn noch aufrecht zu halten suchen. Wenn sich die Monarchie auf dem Höhepunkt des geistigen, wirtschaftlichen und politischen Lebens der Nation behaupte und sich innerhalb des Volkes stelle und nicht außerhalb der lebendigen Zeitbestrebungen, dann werde der Bestand der Throne auf sichereren Fundamenten ruhen als auf der Spitze der Bajonette. „Das Dynastentum wollen wir los sein, die Monarchie aber wollen wir behalten, ja die rechte nationale Monarchie müssen wir erst noch wieder herstellen.“ Wenige Monate später kam der Gegenstand zur Beratung im Preußischen Abgeordnetenhause, in welchem mehrere Anträge eingebracht worden waren, die von der preußischen Regierung die Wiederherstellung des früheren Rechtszustandes in Kurhessen verlangten. Schulze unterstützte die Anträge in längerer Rede, in der er die Pflicht Preußens hervorhob, ohne Rücksichtnahme auf den Bundestag, wie dies von anderer Seite empfohlen wurde, vorzugehen. Die Gegner aus den konservativen und den katholischen Fraktionen des Abgeordnetenhauses hatten als Konsequenz der Annahme der Anträge schon den Sieg der Umsturzpartei und die Entstehung der sozialen Republik herannahen sehen: „Welche von den politischen Parteien in Preußen — fragte Schulze**) — hat so viel getan, um gerade die soziale Frage auf gesunden volkswirtschaftlichen Boden, allem sozialistischen Schwindel entrückt, zurückzuführen als gerade die Demokratie? ... Mit Widerwärtigkeiten und Schwierigkeiten aller Art kämpfend, hat sie jene große Frage auf den allein gesunden Boden der Selbsthilfe zurückgeführt, dieses konservativste aller Prinzipien. So ist es ihr gelungen, dem geflissentlich hervorgerufenen Zwiespalte zwischen den besitzenden und arbeitenden Klassen im Keime entgegenzutreten ... Die Demokratie weiß sehr gut, daß die demokratische Staatseinrichtung so lange eine Lüge bleibt, als nicht ein gewisser Grad von Durchbildung in den Massen, ein gewisser Grad von Wohlstand Gemeingut des Volkes geworden

*) Bd. III S. 325 ff.

**) Vgl. Bd. III S. 337 f.

sind. Diese Aufgabe, Wohlstand und Bildung überallhin zu verbreiten im Volke, hat sich die Demokratie gestellt. Ich frage Sie, welche andere Partei hat mehr, ja auch nur das Gleiche auf diesem Felde geleistet?" Dann aber wandte er sich nochmals auf den Gegenstand der Anträge selbst: „Der langjährige Kampf, den die Hessen führen, ist einzig in seiner Art; so etwas, was wir dort sich entwickeln sehen, ist im guten wie im schlimmen nur in Deutschland möglich. Diese Kläglichkeit und Jämmerlichkeit der öffentlichen Rechtszustände auf der einen Seite und auf der anderen Seite diese grundtüchtigen Elemente im Volke, das in jahrhundertelangen Mißhandlungen, von jenem berüchtigten Menschenhandel — im 18. Jahrhundert — an bis in die neueste Zeit herab nicht demoralisiert, nein, dessen Geist dadurch nur gestählt ist! Es ist, als ob alles, was edel und tüchtig in deutscher Art und Wesen ist, in diesem Hessenlande wie in einem Brennpunkte zur Erscheinung treten sollte: die höchste Besonnenheit und Ausdauer, die strengste Wahrung des Rechtssinns und Rechtsstandpunktes allen Drohungen und Verlockungen gegenüber. Dadurch ist diese hessische Sache eine deutsche Sache geworden, nicht bloß im politischen Sinne, sondern auch in sittlicher Hinsicht eine allgemein deutsche, eine Verherrlichung deutschen Geistes nach beiden Richtungen. Deutsche Schmach und deutsche Ehre, deutsche Not und deutsche Rettung — die Not von oben im Hessenland und die Garantien der Rettung von unten aus grundtüchtigem Kernsinn des hessischen Volkes — das alles ist nicht hessisch, ist deutsch; das nehmen wir als etwas gemeinsames Deutsches, als ein Eigenstes für alle deutschen Stämme in Anspruch. Aber die hessische Sache ist nicht bloß deutsch, sondern auch noch ganz besonders eine preußische ... In der hessischen Frage war Preußen niedergeworfen, in der Wiederaufnahme dieser Frage muß Preußen sich wieder heben im Angesichte Deutschlands und der ganzen Welt, und das preußische Volk wird sich niemals so weit selbst aufgeben, seine Sache von der seiner hessischen Brüder zu trennen!" Der Ausgang der hessischen Angelegenheit ist bekannt. Nach langem Sträuben und stets neuen Winkelzügen mußte sich der Kurfürst, als ihm Preußen endlich ziemlich unverblümt mit seiner Entsetzung durch den nächstberechtigten Agnaten drohte, zur Wiedereinführung der Verfassung von 1831 bequemen.

Einen sehr viel größeren Raum in der Tätigkeit des Nationalvereins nahm die schleswig-holsteinische Frage ein. Nach der Niederwerfung des Aufstandes der Bewohner der Herzogtümer in den Jahren 1848 und 1849 hatte, eine Folge der preußischen Zugeständnisse in Olmütz, das von den Großmächten im Mai 1852 vereinbarte Londoner Protokoll

Schleswig-Holstein mit Dänemark staatsrechtlich dauernd vereinigt, den Herzogtümern aber Autonomie auf bestimmten Gebieten zugesichert. Ferner war die Thronfolge in einem mit dem historischen Rechte im Widerspruche stehenden Sinne geordnet worden. Der Londoner Abmachung ungeachtet suchte man in Kopenhagen andauernd die Einverleibung der Herzogtümer in den dänischen Gesamtstaat durchzusetzen, wogegen die schleswig-holsteinische Bevölkerung einen erbitterten Kampf in ihren ständischen Vertretungen und in der Presse führte. Keine Frage war in Deutschland populärer als diejenige der Elbherzogtümer; die Schmach, das stammverwandte Volk einer fremden Gewalt ausgeliefert zu wissen, fraß wie eine eiternde Wunde an dem Selbstbewußtsein des deutschen Volkes. Es war natürlich, daß sich der Nationalverein des die ganze Nation bewegenden Gegenstandes bemächtigte. Schon in der ersten Generalversammlung wurde die Veranstaltung einer Geldsammlung für die von der dänischen Regierung vertriebenen Schleswig-Holsteiner durch ganz Deutschland beschlossen; im Frühjahr 1861 veröffentlichte der Verein sein zweites Flugblatt — verfaßt von Advokat Lehmann in Kiel —, in welchem die Wiederherstellung der staatsrechtlichen Zusammengehörigkeit der Herzogtümer unter sich sowie Schutz für Schleswig gegen alle dänischen Einverleibungsversuche verlangt wurde. In der zweiten Generalversammlung vom 24. August 1861 kam die Frage zur eingehenden Beratung, indem sie mit der Forderung der Schaffung einer deutschen Flotte für den Fall eines Krieges mit Dänemark vereinigt wurde. Schulze, der die Begründung in letzter Stunde an Stelle des erkrankten Lehmann-Kiel übernommen hatte, ging von der Anschauung aus, daß — wie er an Streit-Koburg schrieb*) — die schleswig-holsteinische Frage „nicht eher angefaßt werden soll, bis sie mit Erfolg angefaßt werden kann, d. h. bis wir eine Flotte haben. In der Flottenfrage ist vor allem zu betonen, daß die deutsche Flotte die preußische ist und umgekehrt". Schulze rollte in seinem Referat**) die historische Entwicklung der Frage der Herzogtümer auf, in der er namentlich die schwächliche Haltung des Bundestags gegenüber den dem Londoner Protokoll zuwiderlaufenden Maßnahmen der dänischen Regierungen verurteilte. Die von jenem angedrohte Bundesexekution, die ausschließlich die Interessen Holsteins und Lauenburgs wahren sollte, schien ihm nur zur Ausscheidung Schleswigs aus Deutschland zu führen, was im Gegensatze zu der seit 1460 geschlossenen und „auf ewig ungeteilten" Verbindung der beiden

*) Vgl. Bd. III S. 341 Anm. 1.
**) Vgl. Bd. III S. 341 ff.

Herzogtümer stehe. Das Ausland aber, namentlich England, begünstige das Vorgehen der Kopenhagener Regierung, welche, hierauf gestützt, alle früher eingegangenen Verpflichtungen offensichtlich verletze. „So drängt uns denn — fuhr er fort — der Gang der Dinge von selbst mit innerer Notwendigkeit zum nationalen Standpunkt hin ... So gewiß wir von unserer gerechten Forderung des untrennbaren staatlichen Zusammenhangs Schleswig-Holsteins und der politischen Selbständigkeit beider dem dänischen Gesamtstaat gegenüber nicht abgehen können, so gewiß kann eine friedliche Ausgleichung dieser Forderung nicht erfolgen, sondern nur durch das Schwert herbeigeführt werden. Nur das Aufbieten der ganzen Nationalkraft mittels des Zusammenfassens der militärischen und diplomatischen Leitung in einer Hand vermag den Kampf mit Aussicht auf Erfolg aufzunehmen. Die Lösung der deutschen Frage ist daher zugleich die Lösung der schleswig-holsteinischen Frage, und eine andere, eine holsteinisch-lauenburgische Frage gibt es nicht in den Augen des deutschen Volkes. Zentralgewalt und Parlament! so heißt auch hier die Losung." Dies gab ihm den Übergang zur Flottenfrage. Er erinnerte an den Enthusiasmus, der im Jahre 1848 ganz Deutschland belebte, als es damals galt, eine Flotte zu schaffen, und an das klägliche Ende, das nachher die junge Schöpfung gefunden hatte. Wenn jetzt wieder nach einer so furchtbaren Erfahrung die Gründung einer neuen Flotte ohne Anregung seitens der Regierungen unmittelbar vom Volke aus angeregt werde, so sei das ein großes, ein bedeutendes Zeichen der Zeit, das bei anderen Nationen wohl kaum möglich sein möchte. Deshalb sei es auch Aufgabe des Nationalvereins, in diese so mächtig beginnende naturwüchsige Agitation einzugreifen. Zunächst gelte es nur, eine Flottille zum Schutze der Nord- und Ostseeküsten zu schaffen. „Nur der deutschen Zentralgewalt kann natürlich die Führung einer deutschen Flotte gebühren, aber bis dahin, wo sie existiert, muß auf ein Interimistikum Bedacht genommen werden, und hier bleibt uns gar keine Wahl als Preußen. Preußen ist der einzige Staat des nördlichen Deutschlands, der etwas zur Schaffung einer Flotte zum Schutze seiner Küsten getan hat und ernstlich Anstalt macht, sich zur See zu waffnen und dem deutschen Handel einen Anhalt, einen Schutz zu bieten ... Hat demnach Preußen gehandelt und ist es tatkräftig vorgegangen, so wird es Sache des Nationalvereins sein, Preußen seine Anerkennung zu zollen, Preußen entgegenzukommen. Es ist, finanziell genommen, ungeheuer wenig, die 100000—200000 Gulden, die wir günstigenfalls in die Wagschale werfen können, sie kommen bei einem Budget von 80 Millionen kaum in Betracht. Aber das, was Sie Preußen damit geben, hat eine weit hinausgreifendere Tragweite, einen unberechenbaren moralischen Wert sowohl für Preußen, wie für Deutschland: es ist die Stärkung Preußens zu seinem Vorgehen in der deutschen Sache, es ist der Druck, den Sie durch solche Konstatierung des Volkswillens auf die Regierungen der Mittel- und Kleinstaaten üben, der Sporn für die preußische Regierung selbst." Zum Schluß wandte er sich an die süddeutschen Mitglieder des Vereins: „Bezeugen Sie, daß es keine Trennung der Interessen, kein Binnen- und Küstenland, sondern nur ein einiges Deutschland gibt. Wenn der einsame Holzhauer auf den Höhen des Schwarzwaldes, der Alpenbewohner im bayerischen Hochland sein Scherflein zur deutschen Flotte steuert, dann werden auch wir eine deutsche Flotte haben!" Die Ausschußanträge wurden nach kurzer Debatte fast einstimmig angenommen.

Schulze richtete wenige Wochen später einen Aufruf an die deutschen Genossenschaften, in welchem er auch diese zu Beiträgen für die Flotte mahnte.*) Im ganzen gingen bei dem Nationalverein aus den Sammlungen etwa 186500 Gulden ein; das war fast die gleiche Summe, welche in dem Jahre 1848 zusammengekommen war — 193000 Gulden —. Schon im März 1862 beschloß der Ausschuß des Nationalvereins, die Ablieferung der eingegangenen Gelder an das preußische Kriegsministerium einzustellen, da die innere Politik der preußischen Regierung sich in immer größeren Widerspruch mit den von dem Verein vertretenen Anschauungen setzte. Zweifellos hat dieser Beschluß auf den Fortgang der Sammlungen sehr ungünstig eingewirkt.

Am 15. November 1863 starb König Friedrich VII. von Dänemark. Eine der ersten Regierungsakte seines Nachfolgers war die Anerkennung der sogenannten eiderdänischen Verfassung, welche, dem Londoner Protokoll entgegen, die Einverleibung Schleswigs in Dänemark aussprach. Schon vorher hatte Herzog Friedrich von Schleswig-Holstein-Augustenburg seine Thronansprüche auf die Herzogtümer geltend gemacht. Eine ungeheure Bewegung ergriff das deutsche Volk. Endlich zeigte sich die Möglichkeit, gut deutsches Land von der dänischen Herrschaft loszureißen. Die Führer des Nationalvereins erkannten, welche Werbekraft ihr Programm ausüben würde, wenn sie sich zu Trägern des Volkswillens machten. Am 22. November trat der Ausschuß zur Beratung der Sachlage zusammen. Wie man in Deutschland dachte, zeigt ein Brief Miquels an Bennigsen: „Tut nur das Äußerste. Aufruf an die Fürsten oder die Nation, an die deutsche Bevölkerung in Holstein und Schleswig ist jedenfalls nötig.

*) Vgl. Bd. III S. 363 ff.

Was denkst Du von Freischaren? Seid um Gottes willen nicht zu ängstlich. Nach meiner Meinung müßtet Ihr sofort einen Aufruf zum Aufstande für den rechtmäßigen Landesherrn erlassen, zugleich in einer anderen Schrift die deutschen Fürsten und das deutsche Volk zum Beistand auffordern." Der Ausschuß rechtfertigte die an ihn gerichteten Erwartungen. Er entsandte Bennigsen an Herzog Friedrich, um ihm die kräftigste Unterstützung seines Rechtes durch den Nationalverein zuzusichern, und er erließ in flammenden Worten eine Ansprache an die deutsche Nation, in welcher er die Pflicht, für Schleswig-Holstein einzustehen, hervorhob. „Wollen wir die Schmach dulden" — fragte er —, „daß ein deutscher Bruderstamm das Schicksal von Elsaß und Lothringen teile? Die deutsche Provinz Preußen war einst Polen unterworfen, Pommern unter schwedischer Herrschaft, die Rheinlande Frankreich einverleibt. Das Schwert unserer Vorfahren hat sie dem deutschen Vaterlande wiedererobert. Jetzt gilt's ein Gleiches für Schleswig-Holstein zu tun." Er forderte, Geld herbeizuschaffen und dafür eine andauernde Selbstbesteuerung der Nation. Unter dem Vorsitz Miquels ward ein Hilfsausschuß eingesetzt, dem neben Bennigsen und anderen auch Schulze angehörte. Ebenso bemächtigte sich das Preußische Abgeordnetenhaus der Frage. Bereits am 1. Dezember 1863 stellte Virchow den Antrag, die preußische Regierung möge dem Herzog von Augustenburg ihre Unterstützung angedeihen lassen. Aber innerhalb der Fortschrittspartei war man nicht ungeteilter Meinung. Es erhoben sich Zweifel, ob nicht die Regierung, wenn man sie zum Eingreifen in die Angelegenheit dränge, sich auf die Durchführung des Londoner Protokolls beschränken werde. Einige Mitglieder wie Jacoby, Jung u. a. fürchteten angesichts der Haltung des Ministeriums Bismarck in dem Verfassungsstreit, diesem Gelder zur Befreiung der Herzogtümer zu bewilligen, welche es vielleicht zu anderen Zwecken verwenden könne. Solange der innere Konflikt im eigenen Lande fortdauere, müsse man davon absehen, in irgend welche gemeinsame Aktion mit der Regierung einzutreten. Daneben wollte man in der konservativen Partei von den Rechten des Herzogs von Augustenburg überhaupt nichts wissen. In der Debatte am 2. Dezember nahm auch Schulze das Wort.*) Nachdem er sich gegen die Vertreter der letzteren Anschauung und gegen die Bedenken in den Kreisen der eigenen Freunde gewandt hatte, fuhr er fort: „Haben wir denn überhaupt eine Wahl? So wenig die Rede davon sein kann, von dem inneren Verfassungskampf abzustehen und ein Titelchen aufzu-

*) Vgl. Bd. III S. 368 ff.

geben von unserem und des Volkes Recht... so wenig können wir deutsche Lande und deutsches Recht dem äußeren Feinde preisgeben... Wir dürfen uns nicht die inneren Wirren dergestalt über den Kopf wachsen lassen, daß wir in die Lage kämen, still zu sitzen, wenn ganze Stücke von unserem Reichskörper abgerissen werden. Ein Stück Deutschland opfern, heißt ein Stück Preußen opfern; was Deutschland trifft, trifft auch uns. Nicht nur, daß Preußens Ehre, Preußens Stellung dadurch in Deutschland gefährdet, ja vernichtet werden, nein, meine Herren, auch seine Existenz; Schleswig-Holstein opfern heißt dem Landesfeind den Weg in das Herz des eigenen Landes öffnen!"

Schulze kam nun auf die Gefahren eines europäischen Krieges zu sprechen, der durch die Verwirklichung der von dem Bundestag gegen Dänemark angedrohten militärischen Exekution heraufbeschworen werden könnte. Gerade die Vertreter des arbeitenden Bürgerstandes wüßten die Segnungen des Friedens als das höchste Gut zu schätzen, aber: „der wahrt den Frieden am schlechtesten, der in großen Fragen Furcht vor dem Kriege zeigt. Bei so schwerer Unbill, bei so furchtbarer Schädigung können wir nicht passiv bleiben; wir können nicht stillhalten, wenn uns die Glieder vom Leibe gerissen werden! Wenn wir der Gefahr mutig in das Auge sehen und für die Zugehörigkeit Schleswig-Holsteins zu Deutschland einstehen, dann wird man in Europa uns mehr respektieren als jetzt, und wir werden mehr für den Frieden getan haben, als wenn wir die entgegengesetzte Politik verfolgen." Indem er sich noch mit den Einschüchterungsversuchen der englischen Regierung auseinandersetzte, schloß er mit einem feurigen Appell: „Die Volksvertretung des größten deutschen Staates hat jetzt den Beweis zu liefern, daß ihr die inneren Verfassungswirren nicht den freien und hellen Blick trüben, um für die Ehre und das Recht der deutschen Nation auch gegen den äußeren Feind Position zu nehmen. Würden wir klein befunden in dieser großen Sache, es wäre um uns geschehen nicht bloß in Deutschland, nein, im eigenen Lande!... Wir haben zu zeigen, daß in uns, den Vertretern des preußischen Volkes, der Herzschlag einer großen Nation pulsiert, nach innen wie nach außen, für Preußens Bürgerfreiheit und Verfassungsrecht, wie für deutsche Ehre und Unabhängigkeit. Diese Dinge gehören für mich ein für allemal zusammen, und ich kann sie nun und nimmermehr trennen; ich denke, meine Herren, man soll uns nach beiden Seiten hin auf unserm Posten finden!" Damit verhalf er dem Antrage Virchows zur Annahme.

Noch in demselben Monat trat der Deutsche Abgeordnetentag in Frankfurt a. M. zur Beratung über die schleswig-holsteinische Frage zusammen — 21. Dezember —. Er sprach sich gleichfalls für das Erbrecht des Herzogs Friedrich aus und wählte einen aus 36 Mitgliedern bestehenden Ausschuß, der für die Durchführung der Rechte der Herzogtümer besorgt sein und als Vermittelung zwischen dem Herzog und dem staatsrechtlich nicht organisierten deutschen Volke namentlich auch bezüglich der freiwillig aufgebrachten Geldmittel dienen sollte. Ein Teil der süddeutschen Abgeordneten bekämpfte die letztere Aufgabe als ungesetzlich; ihnen trat wieder Schulze entgegen.*) Zeigen wir unseren Regierungen, daß die ganze deutsche Nation entschlossen ist, für ihr Recht männlich einzutreten, daß sie heraus will aus dem Reich der bloß idealen Träume, daß sie begriffen hat, daß, wenn man ideale Ziele verfolgt, man die materiellen Mittel organisieren und dafür Rechnung tragen muß! Außer diesem kein Erfolg . . . Es kommt ungemein viel darauf an, daß in der rechten Zeit und in dem rechten Stadium dieser Bewegung die rechten Männer als Führer sich darstellen. Ich meine, es ist keine Anmaßung dieser Versammlung, wenn sie sich zu dieser Führerschaft berufen fühlt. Sie, meine Herren, sind gewählt zu Vertretern der Interessen in den einzelnen Staaten, und so bleibt nichts anderes übrig, da die Stelle eines deutschen Parlaments noch nicht ausgefüllt ist in dieser großen Krisis, als daß Sie diesen Versuch wagen, daß Sie sie ausfüllen, soweit es in Ihren Kräften liegt und die Situation Ihnen die Möglichkeit gibt." Den Schluß der Debatte bildete die Annahme des Antrages.

Schulze wandte sich zugleich auch an die deutschen Genossenschaften,**) um sie zu Beitragsleistungen für die Sache der Herzogtümer aufzurufen — Ende 1863 —.

Die Entwicklung der schleswig-holsteinischen Angelegenheit nahm einen raschen Verlauf. Noch vor Jahresschluß verlangten Österreich und Preußen als Mitunterzeichner des Londoner Protokolls zur Sicherung von dessen Abmachungen von dem Bundestag die Besetzung Schleswigs, und als dieser Anfang Januar den Antrag ebenso wie den früheren der Ausweisung des Herzogs aus Kiel, wo er seinen Wohnsitz genommen hatte, ablehnte, schritten die beiden Mächte einseitig vor. Am 14. Januar 1864 erklärten sie dem Bundestage, daß sie die schleswig-holsteinische Sache in die eigene Hand nehmen und ihr Ansinnen als europäische Großmächte ausführen würden. Sofort brachte Schulze mit anderen Freunden im Preußischen Abgeordnetenhause einen Antrag ein,

*) Vgl. Bd. III S. 380ff.

**) Bd. I S. 555ff.; Bd. III S. 366f.

welcher dieses Vorgehen in heftigen Ausdrücken verurteilte, indem damit Preußen von Deutschland abfalle und seine Großmachtstellung mißbrauche, zudem der Gang der preußisch-österreichischen Politik kein anderes Ergebnis haben könne, als die Herzogtümer wie 1852 so auch jetzt wieder an Dänemark auszuliefern. Dies fordere jedoch den Widerstand der übrigen deutschen Staaten und damit den Bürgerkrieg heraus, weshalb das Abgeordnetenhaus dieser Politik mit allen gesetzlichen Mitteln entgegentreten solle. In der Kommission, an welche der Antrag verwiesen wurde, empfing er noch den Zusatz, daß die preußische Regierung, indem sie eine rein deutsche Sache als eine europäische behandele, die Einmischung des Auslandes herbeiziehe. Die Diskussion im Abgeordnetenhause — 21. und 22. Januar 1864 — war eine überaus lebhafte. Bismarck hielt an dem Londoner Protokoll fest, das die Frage zu einer internationalen gemacht habe, weshalb sie auch nur durch internationale Verhandlungen zu lösen sei. Die konservative Fraktion des Hauses aber behandelte die Angelegenheit nur als eine ausschließlich holsteinische, nicht auch schleswigsche und führte aus, daß Holsteins Selbständigkeit bestehen bleiben könne, selbst wenn der König von Dänemark Herzog von Holstein sei. Es sei auch gegen die Interessen Preußens, sich für den Augustenburger einzusetzen, da man damit nur die Zahl der kleinen deutschen Staaten und wohl auch der Gegner Preußens im Deutschen Bunde vermehre.

Am zweiten Tage ergriff Schulze das Wort.*) Preußens Politik, führte er aus, im Gefolge Österreichs besiegele von neuem die größte Niederlage, welche es seit 1806 erlitten habe, die Demütigung von Olmütz. Wie schon in jener Zeit das Eintreten der preußischen Regierung für die ihr damals abgenötigte Anerkennung der staatlichen Zustände in Schleswig-Holstein alles Vertrauen in die Macht und den Willen Preußens, jemals selbständige Politik zu treiben, erschüttert habe, so müsse dies in noch höherem Grade jetzt der Fall sein. . . . Gewiß seien — so führte er weiter aus — die Eifersüchteleien der kleineren deutschen Staaten gegen Preußen vorhanden, aber das Ministerium gebe ihnen durch seine Politik eine nationale Grundlage, so daß sich jetzt die Sympathien des deutschen Volkes, welche jene Regierungen früher nicht für sich hatten, an deren Auftreten gegen Preußen heften, nur weil diese Regierungen der nationalen Sache gerecht werden. Endlich knüpfte er an eine Rede des Kriegsministers von Roon an, welcher die Mehrheit des Hauses beschuldigt hatte,

*) Vgl. Bd. III S. 389 ff.

daß sie aus tendenziöser Politik die unsinnige Behauptung aufstelle, das Ministerium wolle den Dänen eine Provinz abnehmen, um sie ihnen zu neuer Vergewaltigung zurückzugeben. Schulze sah hierin eine Empfehlung für den Passus der Resolution, welcher die Gefahr der abermaligen Überlieferung der Herzogtümer an Dänemark hervorgehoben hatte: „Binden Sie den Herrn Kriegsminister an das, was er selbst gesagt hat, nehmen Sie ihn in diesem Sinne beim Wort!" Die Resolution wurde alsdann mit großer Mehrheit angenommen.

Österreich und Preußen ließen indessen am 1. Februar ihre Truppen in Schleswig einmarschieren; in einer Reihe siegreicher Gefechte warfen sie die Dänen bis nach Jütland zurück. Von neuem wurde eine Konferenz nach London berufen, in welcher die deutschen Mächte eine reine Personalunion zwischen Dänemark und Schleswig-Holstein vorschlugen, und als Dänemark dies verweigerte, sich am 25. Juni vom Protokoll von 1852 lossagten. Die Feindseligkeiten begannen aufs neue, am 20. Juli wurden sie eingestellt und Friedensverhandlungen eingeleitet, in deren Verlauf Dänemark am 30. Oktober Schleswig und Holstein mit Lauenburg an Preußen und Österreich abtraten. Noch während des Feldzuges hatten sich die Stimmen gemehrt, welche die Einverleibung der Herzogtümer in Preußen forderten. Nach wie vor widersprachen ihnen die Führer des Nationalvereins. „Für Schleswig-Holstein habe ich gute Hoffnungen — schrieb Bennigsen am 18. Mai 1864 an seine Schwester —,*) obwohl die unsinnigen preußischen Annexionspläne eine einfache und rasche Lösung fortwährend erschweren und verzögern."

Aber nun zeigte Bismarck allmählich die Ziele seiner Politik. Anfänglich war er wohl ebenso wie Roon geneigt gewesen, die „legitimen" Ansprüche des Herzogs von Augustenburg anzuerkennen; auch König Wilhelm hatte diesem, als er im November 1863 nach Berlin kam, seine volle Sympathie ausgedrückt und den vertrauten Rat des Augustenburgers, Samwer aus Gotha, zwei Monate später, gelegentlich einer Anwesenheit in Berlin im Hause des Kronprinzen „ganz überraschend und heimlich" aufgesucht,**) um ihm den Schutz des Herzogs zuzusagen. Ebenso war von Bismarck in der Depesche an die deutschen Regierungen, mit welcher er den Einmarsch der preußisch-österreichischen Truppen in Schleswig Anfang Januar 1864 rechtfertigte, „die sofortige Vereinigung der Herzogtümer unter einer besonderen Dynastie" als erstrebenswert bezeichnet worden; vor Abbruch der Londoner Konferenzen verlangte er dort —

*) Oncken a. a. O. Bd. I S. 638.

**) Lenz, Geschichte Bismarck's Bd. I S. 227.

28. Mai 1864 — im Verein mit Österreich die vollständige Trennung der Herzogtümer von Dänemark und ihre Vereinigung zu einem Staat unter dem Augustenburger, weil dieser — wie ausdrücklich hinzugefügt wurde — nicht bloß in den Augen Deutschlands die meisten Rechtsansprüche auf die Thronfolge besitze, so daß seine Anerkennung durch den Bundestag gesichert sei, sondern auch die Stimmen der ungeheuren Majorität der dortigen Bevölkerung ohne Zweifel hinter sich habe. Am 1. Juni Nachmittag fand der Herzog bei einem durch Bismarck veranlaßten erneuten Besuch in Berlin einen ungemein gütigen Empfang bei dem König, der schon am Vormittag seiner Mutter gesagt hatte, daß ihr Sohn nun sicher zur Regierung kommen werde.*) Aber am Schluß einer Besprechung, zu welcher er am Abend desselben Tages bei Bismarck erschien, ließ dieser die Sache des Herzogs fallen. Er warf ihm vor, daß er sich in der Frage des Anschlusses an Preußen zweideutig und spröde bewiesen und den Rückhalt an Österreich und die liberalen Parteien nicht habe aufgeben wollen; auch habe er Bedingungen gestellt, die durch ihre partikularistische Tendenz weder mit den preußischen noch mit den deutschen Interessen, zumal im Hinblick auf die deutsche Seemacht, im Einklang gewesen seien. Die Geschichtschreibung neigt der Ansicht zu,**) daß Bismarck von Anfang an die Ansprüche des Herzogs nur als Vorwand genommen hat, um Österreichs Mithilfe zu seiner Politik zu gewinnen, daß aber die Annexion der Herzogtümer das Ziel war, welches er seit dem Tode des Königs von Dänemark unentwegt im Auge hatte. Auch er selbst hat an seinem 80. Geburtstage einer Deputation der Schleswig-Holsteiner bekannt, sein erster Gedanke sei damals gewesen: „De möt wi hebben".***) Einstweilen wies Bismarck die ihm ergebene Presse an, die angeblichen Erbrechte Oldenburgs und Hessens, ja selbst Preußens auf die Herzogtümer in den Vordergrund zu schieben, und die preußischen Kronsyndizi mußten die Ansprüche des Augustenburgers als beseitigt durch den Verzicht seines Vaters im Jahre 1852 erklären. Je offensichtlicher aber diese Zwischenspiele waren, desto weniger konnte man sich über deren Ursachen und Endzwecke ein Urteil bilden und in desto größere Erregung gerieten gerade infolgedessen alle politischen Kreise in Deutschland, zumal jetzt die preußischen Truppen die dänische Heeresmacht aus der Insel Alsen hinauswarfen. Begreiflich genug, daß in Preußen das Verlangen immer wieder laut wurde, man dürfe den Krieg nicht

*) Lenz a. a. O. S. 245.
**) Lenz a. a. O. S. 247.
***) Lenz S. 231.

umsonst geführt haben. Die gleichen Stimmen erhoben sich innerhalb des Nationalvereins; indessen hielten die maßgebenden Männer an dem alten Programm fest, wie der Antrag zeigte, den der Ausschuß der Generalversammlung in Eisenach am 1. November 1864 vorlegte.*) Der Antrag war, wie der Berichterstatter Miquel offen eingestand, ein Kompromiß. Im Ausschuß, welcher in der Forderung der Selbständigkeit der Herzogtümer einig war, waren die verschiedensten Meinungen aufeinander geplatzt. Während einige Mitglieder den engsten Anschluß an Preußen auf diplomatischem, militärischem und maritimem Gebiete befürworteten, hielten die meisten den handelspolitischen und maritimen Anschluß für ausreichend, wieder andere, darunter Schulze, wollten einem einzuberufenden Schleswig-Holsteinischen Landtage überlassen, welche Verträge mit Preußen zu schließen seien. Miquel brachte die einander widerstreitenden Anschauungen in seinem Referate zum Ausdruck; es bedurfte seiner ganzen rednerischen Geschicklichkeit, den einzelnen Anträgen zur Annahme zu verhelfen. Die Opposition, die sich besonders aus radikalen Mitgliedern des Preußischen Abgeordnetenhauses rekrutierte, führte immer wieder die innere Politik Bismarcks in das Feld, um jede Konzession an Preußen zu bekämpfen, und es war charakteristisch, daß sich die aus den Herzogtümern selbst stammenden Mitglieder in drei getrennte Lager teilten. Schulze trat ebenfalls zur Verteidigung des Antrages in die Schranken.**) Er erinnerte daran, wie das Preußische Abgeordnetenhaus sich getreu dem nationalen Standpunkt für die Loslösung der Herzogtümer von Dänemark und deren selbständigen Konstituierung unter Herzog Friedrich eingesetzt habe, trotzdem in den Ostseehäfen hunderte von abgetakelten Schiffen lägen, das traurige Schauspiel des gelähmten Seeverkehrs. Trotzdem wäre dort nicht eine Stimme gegen den Kampf; Kaufleute und Reeder, Arbeiter und Handwerker erklärten: wir müssen diesen Kampf aufnehmen, so schwer auch unsere Interessen bedroht sind, er muß im nationalen Sinne durchgeführt werden! . . . Preußen müsse daher verlangen, daß eine wehrhafte Flotte, eine deutsche Kriegsmarine hergestellt werde. Damit sei der maritime Anschluß der Herzogtümer mit ihren Häfen an Preußen so lange unerläßlich, als eine deutsche Flotte nicht vorhanden sei. Keine größere Schädigung könne man der fortschrittlichen Mehrheit des Abgeordnetenhauses zufügen, als wenn man im Lande den Glauben verbreite, als berücksichtige sie den Schutz der gefährdeten Küstenländer nicht genügend, als überlasse sie deren maritimen Schutz ausschließlich dem

*) Vgl. Bd. III S. 407.

**) Vgl. Bd. III S. 407 ff.

Ministerium. Auch das Abgeordnetenhaus hätte gewünscht, die Führung des Krieges, welcher den Stand des Verfassungskampfes verschob und die Position der Liberalen viel schwieriger machte, dem Ministerium Bismarck nicht anvertrauen zu müssen, aber man müßte sich mit den Tatsachen abfinden. Niemand wisse, welche neuen Kämpfe noch bevorständen und welche Gefahren damit verknüpft seien, wenn nicht beizeiten die Kriegshäfen in den Stand gesetzt, der Kanal gebaut, die Flotte vervollständigt würden. In allen diesen Punkten müßten sich die Schleswig-Holsteiner auf Preußen stützen, solange der deutsche Bundesstaat nicht konstituiert sei, und wohl habe Preußen das Recht, von ihnen eine Antwort auf die Frage zu verlangen, wie sie ihre Interessen mit denen des Gesamtvaterlandes vereinigen wollten. Die Abstimmung ergab die Annahme der Ausschußanträge mit großer Mehrheit.

Auch fernerhin vertrat Schulze die gleiche Anschauung. „Ich hoffe" — schrieb er am 9. Januar 1865 an Bennigsen*) —, „daß in der schleswig-holsteinischen Sache der Annexion von der Kammermehrheit entschieden entgegengetreten und die nationale Auffassung von dem Selbstbestimmungsrecht der Herzogtümer aufrecht erhalten wird; daß ich und unsere näheren Freunde dafür eintreten, versteht sich von selbst. Aber der militärisch-maritime und diplomatische Anschluß, das sind freilich Dinge, die ein Preußisches Abgeordnetenhaus nicht von sich weisen kann, weil es eine Frage der eigenen Existenz — und sicher auch des deutschen Interesses — ist, wir namentlich ohne die Häfen der Herzogtümer und ohne den Kanal nicht imstande sind, unsere Kriegsmarine jemals gehörig zu entwickeln und unsere wie die deutschen Nord- und Ostseeküsten zu decken."

Die Spannung über das endgültige Schicksal der Herzogtümer, welche immer noch in dem gemeinsamen Besitz von Österreich und Preußen waren, hielt an, da Bismarck seine Beziehungen zu dem Augustenburger nicht abgebrochen hatte. Im Februar legte er diesem die Bedingungen vor, unter denen er zu seiner Anerkennung gewillt war: Vereinigung der schleswig-holsteinischen Armee mit der preußischen, Besetzung der Festungen Sonderburg, Rendsburg und Friedrichsort durch preußische Truppen, Abtretung des für den Bau eines Nordostseekanals erforderlichen Terrains an Preußen, Eintritt in den Zollverein und Übertragung des Post- und Telegraphenwesens auf Preußen. Dadurch hätte sich der Herzog zu einem vollständigen Abhängigkeitsverhältnis von Preußen bequemen müssen; so-

*) Vgl. Bd. III S. 237 ff.

sofort erhob Österreich Protest dagegen. Ende März trat der Sechsunddreißigerausschuß, darunter auch Bennigsen und mehrere Nationalvereinsmitglieder, mit dem engeren Ausschuß der Vereine von Schleswig-Holstein und einer Anzahl von preußischen Abgeordneten in Berlin zu einer Aussprache zusammen. Sie bezeichneten als „die im nationalen Interesse nützlichen und mit Preußen zu vereinbarenden Einrichtungen: Ausbildung der schleswig-holsteinischen Armee nach preußischem Muster, unter preußischer Inspektion, Verfügung und Oberbefehl im Kriegsfall; Anlegung von Festungen und Häfen durch Preußen; Verfügung Preußens über die seedienstpflichtige Mannschaft; Beitrag Schleswig-Holsteins zur preußischen Flotte; Eintritt in den Zollverein; Bau und Benutzung eines Nordostseekanals durch Preußen. Als unverträglich mit der Selbständigkeit der Herzogtümer wurden dagegen der preußische Fahneneid, die preußische Aushebung für das Heer und die preußische Verwaltung von Zoll, Post und Telegraph bezeichnet. Wohl versuchte Bismarck, die von ihm im Februar aufgestellten Bedingungen einer schleswig-holsteinischen Landesversammlung vorzulegen; die Berufung scheiterte aber, da sich Preußen mit Österreich über den Wahlmodus nicht einigen konnte.

Die Gasteiner Konvention — 14. August 1865 — brachte eine provisorische Regelung der Verhältnisse dahin, daß der Besitz der Herzogtümer beiden Mächten gemeinsam sein, die Verwaltung Holsteins Österreich, die von Schleswig aber Preußen zustehen sollte; die Zukunft blieb in der Schwebe. Um so lebhafter ward sie in allen politischen Kreisen erörtert. Mehr und mehr erkannte man, daß diese Zustände nicht dauern könnten. Während sich eine ausgesprochene Annexionistenpartei in den Herzogtümern selbst bildete, kamen namentlich in Süddeutschland die Gegner Bismarcks immer mehr zu Wort. In Frankfurt a. M. trat im September der Abgeordnetentag wieder zusammen; er beschloß die Aufforderung an die Bevölkerung, keiner der Regierungen, welche die bisherige Politik der Vergewaltigung Schleswig-Holsteins fördern, Steuern zu bewilligen. Schulze hatte der Besprechung nicht beigewohnt, wohl aber erschien er auf der Generalversammlung des Nationalvereins, die Ende Oktober gleichfalls in Frankfurt stattfand. Erst nach einer sehr erregten Debatte hatte sich der Ausschuß zu einer Resolution*) geeinigt, welche die Berliner März-Vereinbarungen des Sechsunddreißiger Ausschusses „als eine genügende Basis zur beiderseitigen Verständigung und zur Befriedigung der nationalen Interessen, soweit solche vor Durch-

*) Vgl. Bd. III S. 413f.

führung der deutschen Reichsverfassung möglich ist", anerkannte. „Nicht länger — hieß es auf Veranlassung Bennigsens ferner — darf die Einberufung der Landesvertretung der Herzogtümer verzögert werden. Unerträglich lastet seit dem Wiener Frieden und dem Gasteiner Vertrage auf dem von dänischer Willkürherrschaft befreiten Lande die Vergewaltigung durch deutsche Bundesgenossen, welche die Herzogtümer vollkommener Rechtlosigkeit preisgibt, ja nicht einmal vor der gänzlichen Zerreißung der alten Verbindung Schleswig-Holsteins zurückgeschreckt ist." Ein Gegenantrag verlangte die Konstituierung der Herzogtümer zu einem selbständigen Staate ausschließlich auf Grund des geltenden Bundesrechts. Ihn bekämpfte u. a. auch Schulze.*) „Mein Gott" — rief er aus — „das ist ein eigentümlicher Weg nach dem nationalen Ziele! Ist vom Deutschen Bunde wirklich etwas zu erwarten für Schleswig-Holstein? Kann der Deutsche Bund eine Flotte gründen, um die es sich handelt? Kann der Deutsche Bund die Nordgrenzen decken, wenn uns vielleicht große Kämpfe in nächster Zeit bevorstehen?! ... Nichts stärkt das Ministerium Bismarck in Preußen mehr, als wenn wir eben nicht die Lage begreifen und uns unausführbare, der ruhigen Erwägung widerstreitende Ziele setzen, wenn wir gar dem Ministerium in Preußen den Schein geben — und man wird ihn benutzen —, daß es bei weitem mehr als wir den großen Interessen für die Existenz und Sicherheit des preußischen, nein des deutschen Vaterlandes Rechnung trüge". Bei der Abstimmung fand die Resolution des Ausschusses mit großer Mehrheit Zustimmung.

Aber je länger je mehr wurde es klar, daß die Meinungsverschiedenheiten über die Lösung der schleswig-holsteinischen Frage innerhalb der Mehrheit des Abgeordnetenhauses nicht zu überbrücken waren. Die einen wollten über den Kompromiß des Sechsunddreißiger Ausschusses hinausgehen, die anderen näherten sich den Bismarckschen Februarforderungen, wieder andere lehnten es ab, den Herzogtümern vor ihrer staatlichen Konstituierung irgend welche bindende Zugeständnisse abzuringen. In einem Briefe an Oetker in Kassel — Januar 1866 — machte Bennigsen die Uneinigkeit und Ratlosigkeit der Abgeordnetenmajorität für die Verwirrung der öffentlichen Meinung ebenso verantwortlich als die „frivole" Politik Bismarcks.**) Wohl erklärte das Abgeordnetenhaus die aus dem Gasteiner Vertrag erfolgte Vereinigung Lauenburgs mit Preußen mit 251 gegen 44 Stimmen für rechtsungültig — 3. Februar 1866 —;

*) Vgl. Bd. III S. 415ff.
**) Oncken a. a. O. S. 686.

daraufhin wurde der Landtag am 23. Februar geschlossen. Noch einmal sprachen sich die Berliner Mitglieder des Nationalvereins in zwei Versammlungen im April unter Mitwirkung Schulzes für das Programm des Vereins in der schleswig-holsteinischen Angelegenheit aus, auch der Abgeordnetentag hielt in seiner letzten Sitzung am 20. Mai an seiner früheren Haltung fest; aber am 14. Juni erklärte Preußen seinen Austritt aus dem Deutschen Bunde, und in dem sich daran anschließenden Kriege gegen Österreich fielen die endgültigen Würfel über die Herzogtümer.

Es war ein eigentümliches Verhängnis für die Liberalen, daß ihnen die auswärtige Politik Bismarcks gerade in Schleswig-Holstein, dem gelobten Lande ihrer nationalpolitischen Träume, unheilbare Wunden schlug, ihren Verband zersprengte, die Uneinigkeit in den Abgeordnetentag trug und den Nationalverein aktionsunfähig machte.*) Trotzdem durfte dieser das Verdienst für sich in Anspruch nehmen, daß ganz wesentlich dank seiner unermüdlichen Tätigkeit die Losreißung der Herzogtümer von dem dänischen Joche zum Losungsworte ganz Deutschlands geworden war, eine Losreißung, welche auch schließlich — wenn auch auf anderen als von ihm erstrebten Bahnen — sich zum Heile Deutschlands vollzog: seine Wirksamkeit war nicht umsonst gewesen. In seiner Biographie Bennigsens hat Oncken die geschichtliche Bedeutung des Nationalvereins in schönen Worten zusammengefaßt.

„In dem Kampfe gegen Bismarck — sagte er**) — sind die Liberalen geschlagen worden. Auch der Nationalverein, sofort in die Opposition hinübergeworfen, hat sich aufgerieben in einem ohnmächtigen Ringen gegen die Politik dieses Einen, bis zu dem letzten Augenblicke hin, da die preußischen Waffen, nicht die Ideen des Nationalvereins, die Entscheidung brachten und die Grundlage eines neuen Reiches legten. Die Geschichte hat entschieden: der eine Mann vollbrachte, was so viele wollten, und nach seinen, nicht nach ihren Überzeugungen hat er den neuen Staat geformt. Die Liberalen waren von dem Grundgedanken ausgegangen, daß für Deutschland die Fragen der Macht und des Fortschritts untrennbar verknüpft seien, und jagten bis zuletzt ihrem Phantom nach, die Einheit und die Freiheit gleichzeitig anzustreben: eben weil sie zugleich eine politische und eine nationale Fortschrittspartei waren. Bismarcks heroische Einseitigkeit löste die deutsche Frage mit den realen Mitteln des Königsstaates Preußen. Mit der Macht allein gewann er die Einheit; auf dem

*) Oncken S. 687.

**) Oncken Bd. I S. 572.

Wege dahin trat er die freiheitlichen Ideale der Liberalen mit Füßen. Wer will noch in das Lager der Besiegten treten, der Verblendeten, die sich gerade dem Vollstrecker ihrer Wünsche widersetzten?"

„Trotz alledem*) hatten Bennigsen und die Männer der Nationalpartei sich nicht nur als Besiegte zu fühlen: ein gutes Stück ihrer politischen Ideale war trotz alledem verwirklicht und ihnen, nicht ihren partikularistischen Gegnern gehörte die Zukunft. Auch diese letzte Gruppe der Vorbereiter unseres Nationalstaates, die im Schatten Bismarcks steht, muß zugleich im Lichte unserer nationalen Einigungsgeschichte gesehen werden."

„Man denke sich einmal diese ganze nationale Bewegung aus der Geschichte der sechziger Jahre hinweg und nur den dämonischen Willensmenschen allein die Geschicke unseres Volkes lenken, und man begreift, daß das eine doch zu dem anderen gehörte. Nach außen hin haben diese Männer, die Bismarck bis aufs äußerste bekämpften, ihm sein Werk tatsächlich erleichtert. Wie hat doch die Sorge der auswärtigen Mächte vor der unwiderstehlichen Lebenskraft des deutschen Nationalwillens ihnen die Sicherheit benommen, um Bismarcks verwegenem Spiel in der schleswig-holsteinischen Frage zu begegnen. Und noch mehr: die deutsche nationale Bewegung mit ihren freiheitlichen und volkstümlichen Idealen schuf unserer Einigung auch Sympathien, die eine ganz von ihr losgelöste preußische Eroberungspolitik niemals hätte gewinnen können."

„Die Nationalpartei hatte es nicht vermocht, das Wesen ihres Nationalstaates aus der Idee in die Wirklichkeit zu überführen: aber seine Formen standen nun doch im wesentlichen so da, wie sie sie gewollt hatten, ein Bundesstaat unter preußischer Leitung, unter Hinausdrängung Österreichs, noch unfertig zwar, aber auf dem Wege, und neben der Zentralgewalt das Parlament. Den Partikularisten gegenüber waren sie die Sieger, die besseren Politiker, die Männer der Zukunft. Freilich, an den eigentlichen Sieger mußten sie heranrücken und seiner politischen Gedankenwelt sich in etwas anpassen. Dann mochten sie hoffen, der von ihm neugeschaffenen Form des Reiches auch von ihrem Geiste mehr als einen Hauch einzuflößen."

„Zum Schluß noch eins: unvergänglicher als die Resultate politischer Arbeit bleibt die Kraft und die Hingebung des Strebens, das als lebendiges Fluidum auch in den neuen Abschnitt der Volksgeschichte hinüberströmte. Großes und idealistisches Wollen ist nicht wieder auszulöschen, und künftige Geschlechter zehren davon, ohne es zu wissen."

*) Ebenda S. 755.

X. Eintritt in den Preußischen Landtag.

Schulzes Tätigkeit bei der Gründung des Nationalvereins hatte die Augen der Liberalen in Preußen von neuem auf ihn gelenkt, und als zu Beginn des Jahres 1861 im dritten Berliner Wahlkreis eine Nachwahl zum Abgeordnetenhause notwendig ward, wurde ihm die Kandidatur angetragen. Dies gab ihm Gelegenheit, seine Stellung zu den schwebenden politischen Fragen darzulegen.*) So lebhaft er die Berufung der gemäßigt liberalen Minister durch den Prinzregenten im Herbst 1858 begrüßt hatte, so wenig war er damit einverstanden, daß die Regierung jetzt so ängstlich vor einer Reihe von Aufgaben stehen blieb, deren Lösung von ihr selbst vorher als notwendig bezeichnet worden war. Es schien, als hätte sie nicht den rechten Mut, auf dem von ihr eingeschlagenen Wege vorwärts zu gehen. Dieser Unentschiedenheit gegenüber erklärte es Schulze als die Pflicht des Volksvertreters, auf die Erfüllung der von allen Seiten gewünschten Reformen auf dem Gebiete der inneren Politik zu drängen und sich nicht mit dem Vertrauen auf den guten Willen des Ministeriums zu begnügen. Übergehend zur nationalen Frage der deutschen Einigung forderte er unter Hinweis auf den Großen Kurfürsten und auf Friedrich II. als Losung der preußischen Politik: eine deutsche Zentralgewalt in der Hand des preußischen Königs mit einer deutschen Volksvertretung an der Seite! In einem Schreiben an die Wahlmänner**) führte er die politische Bedeutung seiner genossenschaftlichen Tätigkeit näher aus; sie gewähre den niederen Volksschichten die Möglichkeit für eine wirklich fruchtbare Beteiligung an der Politik, und hieraus erwachse der Volkspartei die dringendste Pflicht, dieser Bewegung die volle Aufmerksamkeit zu widmen, werde doch dadurch die Beteiligung des ganzen Volkes an den Staatsangelegenheiten mittels des allgemeinen Stimmrechts zur Wahrheit. Der unheilvolle Bruch zwischen den liberalen Parteien habe hauptsächlich auf dem sozialen Felde durch die Furcht vor dem roten Gespenst im Jahre 1848 begonnen und nur der Reaktion genützt. Die Zukunft aller politischen Parteien aber, welche Einfluß auf die Regierung gewinnen

*) Bd. IV S. 1ff.

**) Vgl. Bd. II S. 11ff., Bd. IV S. 10ff.

wollten, werde wesentlich von ihrem Verhalten zur sozialen Frage abhängen, die in dem wachsenden Bewußtsein der Masse immer mächtiger und unabweislicher herandränge.

Bei der Wahl fiel die große Mehrheit der Stimmen auf Schulze, und er hat in der Folge den Wahlkreis bis zu seinem Austritt aus dem Abgeordnetenhause ununterbrochen vertreten. Bei den Wahlen im Herbst 1861 wurde Schulze auch in Königsberg aufgestellt und gewählt. Sein Gegenkandidat war Eduard Simson, dem bei den vorherigen Wahlen fast alle Stimmen zugefallen waren. Nun wurde er von Schulze vollständig geschlagen, der die Stimmen der Anhänger der Fortschrittspartei auf sich vereinigte. Voll Empörung schrieb Simson darauf an seinen Sohn Bernhard — 12. Dezember 1861 —: „Ich habe den Königsberger Ausgang gegenüber dem fremden Menschen, den schwerlich ein Viertel der Wahlmänner auch nur gesehen haben mag, als eine persönliche Kränkung empfunden." *)

Schulze zögerte keinen Augenblick, das Königsberger Mandat zugunsten Berlins abzulehnen. Die durch die Teilnahme an den Kammerverhandlungen bedingten längeren Abwesenheiten von Delitzsch, sowie die wachsenden genossenschaftlichen Geschäfte gaben Schulze bald darauf Veranlassung, seinen Wohnsitz nach Potsdam zu verlegen. Am 23. März 1862 verabschiedete er sich von seinen Mitbürgern, welche sich mit ihm zu einer gemeinsamen Feier zusammenfanden und ihm als Zeichen der Verehrung eine silberne Bowle und einen Schreibpult in die neue Heimat mitgaben. Ein nicht stark bemittelter Handwerker überbrachte ein Meisterstück der Kunstweberei mit dem Spruche: „Im wiedergewonnenen freien Verkehr erblicken die Gewerbetreibenden die Morgenröte einer besseren Zeit." Ebenso ließen der Gewerbeverein, der Turnverein und der volkswirtschaftliche Verein Ehrendiplome überreichen. In freier und gebundener Rede gaben die Vertreter der Bürgerschaft der Stadt, darunter auch die der evangelischen Kirchengemeinde, und der umliegenden Landorte ihren Dank für Schulzes gemeinnützige und politische Tätigkeit Ausdruck. Jeder der Redner legte Zeugnis für die ungewöhnliche Verehrung und Liebe ab, deren er sich erfreute.**) Wenige Wochen darauf — 28. Mai

*) B. v. Simson: Eduard von Simson. Leipzig 1900 S. 345.

**) Dr. Fiebiger: Schulze-Delitzsch bei seinem Scheiden aus der Vaterstadt. Delitzsch, Carl Eißner, 1862. An seine Delitzscher Wirksamkeit dachte Schulze auch später stets mit besonderer Vorliebe zurück. „Das war die Zeit — schrieb er im Frühjahr 1870 an seinen Freund Troitzsch —, wo wir als rüstige Säeleute ausgingen am Wanderstabe, ich und ein Häuflein Getreuer, und die Keime

1862 — kam die Anfrage aus Kolberg an ihn, ob er eine Wahl als Bürgermeister annehmen werde. Schulze lehnte ab. Von dem Ministerium sei die Bestätigung der Wahl nicht zu erwarten, sodann aber dürfe er das einmal begonnene Werk auf sozialem Gebiet nicht in einer Zeit verlassen, wo es reiche Früchte zu tragen beginne. Die Hebung und Erhaltung des deutschen Handwerker- und Arbeiterstandes sei eine Aufgabe von nationaler Bedeutung, und die Genossenschaftsbewegung suche dieses Ziel zu erreichen. Solange die Genossenschaften nicht eine andere Persönlichkeit fänden, welche sich für ihre äußere Verbreitung und innere Ausbildung einsetze, müsse er bei ihnen ausharren.*)

Auch an sonstigen Anerkennungen fehlte es ihm von jetzt an nicht. Schon im Frühjahr 1860 hatte ihn die Société d'Économie charitable in Paris**) zu ihrem korrespondierenden Mitgliede ernannt; Schulze antwortete darauf — 17. Mai 1860 —: „Ich schätze es mir zur Ehre, Ihr Mitglied zu werden, kann dabei jedoch nicht unbemerkt lassen, daß zwischen den von mir vertretenen Bestrebungen zur Hebung der arbeitenden Klassen und der von Ihnen im großen und ganzen eingeschlagenen Richtung der wesentliche Unterschied besteht, daß, während Sie einer in wirtschaftlicher und sittlicher Hinsicht einzugreifenden Subvention, sei es des Staates, der Kirche oder der besitzenden Klassen sich zuneigen, ich mich streng an das Prinzip der Selbsthilfe der Beteiligten halte, weil ich glaube, daß der chronische Notstand ganzer großer Bevölkerungsklassen niemals durch Hilfe Dritter von außen her, sondern nur durch Belebung der in ihnen selbst liegenden, wirkenden Kräfte auf die Dauer beseitigt werden kann; daß aber in dieser Beziehung nichts gefährlicher ist, als die Leute an die Vorstellung gewöhnen, als könnten sie sich nicht selbst herausarbeiten, als seien sie auf die Unterstützung ihrer besser gestellten Mitbürger angewiesen, die ich ihnen daher durchaus und von vornherein abschneide." Nachdem er andererseits den Bestrebungen der Société d'Économie charitable noch bei sporadischen Notständen Gerechtigkeit widerfahren ließ, schloß er: „Sie dürfen von mir nicht mehr erwarten,

pflegten, die jetzt schon wie ein weitverzweigter Wald schützende Zweige über unser deutsches Vaterland und die angrenzenden Kulturländer ausbreiten. Wer dächte da nicht gerne, wenn die Früchte redlichen Schaffens zu reifen beginnen, an die Einengung und Beschränkung und Maßregelung seiner ersten Anfänge zurück, und wie alle die Lügen und kleinlichen Anfechtungen uns den Mut und die Freudigkeit nicht nehmen, ich sogar schon 1855 die Frechheit hatte, vorauszusagen, wie die Dinge gehen würden!"

*) Berliner Volkszeitung 5. Juni 1862.

**) Vgl. S. 94 dieses Bandes.

als ich Ihnen leisten kann. Wer besonders in einer bürgerlich erschwerten Stellung wie ich auf dem vorliegenden unabsehbaren Felde auch nur Bescheidenes leisten will, muß seine Kraft in einem festbegrenzten Wirkungskreise konzentrieren. Für die von Ihnen vorzugsweise und mit so großem Sukzeß kultivierten Fächer dürfen Sie daher nichts von mir erwarten. . . ."

Im Preußischen Abgeordnetenhause waren es zunächst hauptsächlich die gewerblichen Fragen, für welche Schulze sich interessierte. Hierbei kam ihm natürlicherweise seine genaue Kenntnis der einschlägigen Verhältnisse zustatten. Das Zentralwahlkomitee der Deutschen Fortschrittspartei übertrug ihm daher die Abfassung einer Flugschrift an die preußischen Handwerker,*) in der er diese für die Gewerbefreiheit zu gewinnen suchte. In schneidiger Kritik wandte er sich gegen die Anstrengungen der konservativen Partei, die Handwerker für sich zu gewinnen. Nicht Rechte seien es, führte er aus, die durch die Gewerbeordnung von 1849 gegeben wurden, sondern Beschränkung und Hemmung, welche noch dadurch verstärkt seien, daß sich der Fabrikbetrieb, der jede beliebige Handwerkstätigkeit in seinen Bereich ziehen könne, der vollen Freiheit erfreue. Die konservativen Forderungen — Zunftzwang mit staatlichem Schutz gegen Übergriffe aller anderen Berufsklassen in die Arbeitsgebiete der Gewerbetreibenden, ja selbst Garantie der Existenz jedes einzelnen Meisters durch den Staat — würden in Wahrheit zur Bekämpfung des industriellen Fortschritts, sogar des Fortschritts der menschlichen Bildung führen. Gegenüber den Anklagen, die man gegen die Übermacht des Kapitals erhob, bezeichnete er es als Aufgabe aller wahren Freunde des Handwerks, ihm den befruchtenden Strom des Kapitals zuzuführen, und es dadurch zu befähigen, durch Vervollkommnung seines Betriebs die Konkurrenz mit der Großindustrie aufzunehmen. Wie einst die Innungen und Zünfte sich ihre Daseinsrechte gegen Patrizierregiment und Junkertum erstritten hätten, so gelte es jetzt die Innung der Gegenwart, die freie Genossenschaft zu erringen.

Noch eingehender als hier behandelte er die Handwerkerfrage in den Sitzungen des Preußischen Abgeordnetenhauses am 7. und 8. Mai 1861 gelegentlich der Beratung der Reform der Gewerbeordnung von 1849.**)

Den Staat gewissermaßen zur Vorsehung der Bürger zu machen, die für alle sorgt und denkt, und dann vom Staate die Garantie einer angemessenen

*) Bd. II S. 394 ff.
**) Bd. II S. 409 ff.

Existenz für jeden einzelnen Bürger zu verlangen, sei der Kern aller sozialistischen Systeme, wie sie sich auch im einzelnen modifizieren mögen. „Auf wirtschaftlichem Felde müsse man mit wirtschaftlichen Mitteln operieren, die wirtschaftlichen Mächte der Gegenwart in den Kampf führen, nicht gegen sie vergeblich anstreben, sondern sich ihrer bedienen und den Feind mit seinen eigenen Waffen bekämpfen." Die deutschen Handwerker seien reif für die Gewerbefreiheit, und die Gesetzgebung dürfe nicht länger zögern, dies zu attestieren.

Nach seiner Übersiedelung nach Potsdam traten neue Aufgaben an Schulze heran. Fast gleichzeitig — im Herbste 1862 — wurde er von dem Glasfabrikanten Theodor Müllensiefen, mit dem er schon im Jahre 1848 in der Preußischen Nationalversammlung zusammengesessen hatte, von dem Nürnberger Arbeiterkomitee und von dem Vorschußverein in Zwickau um Rat bei Errichtung von Invaliditäts- und Witwenpensionskassen für Arbeiter angegangen. Es geschah dies wohl aus Veranlassung eines von Schulze bereits im Jahre 1855 in der „Innung der Zukunft" veröffentlichten Aufsatzes, auf den er auch in seinem Buche „Die arbeitenden Klassen und das Assoziationswesen in Deutschland" Bezug genommen hatte. Dort hatte er zusammengestellt, was damals an statistischen Zahlen für diese Zwecke aufzutreiben war, — wenig genug, aber doch ausreichend, um zu zeigen, mit wie geringem Sachverständnis man bei den meisten der vorhandenen Kassen das Risikoprinzip behandelte. Nun legte er von neuem dar, welche Gefahren erwachsen, wenn die rechnerischen Grundlagen solcher Kassen deren Existenz nicht auf die Dauer sicherstellen würden. „Denken Sie sich — schrieb er nach Zwickau —, wenn der fleißige Arbeiter sich die Prämien zur Kasse mühsam abgedarbt hat, zehn bis zwanzig Jahre lang beigesteuert, und die Zeit kommt, wo sein Verdienst nachläßt, seine Arbeitskraft schwindet, und er will nun die Frucht seiner Opfer genießen — und die Kasse ist bankerott! Leider muß der Einsichtige dieses Schicksal einer Menge von Unternehmungen dieser Art, wie sie jetzt auftauchen, vorhersagen!" Jene Nürnberger Aufforderung mochte durch die Agitation in den Arbeiterkreisen beeinflußt gewesen sein, welche verlangten, daß neben den ideellen Faktoren für die Arbeiterwohlfahrt auch die materiellen mehr zur Geltung kommen müßten.*) Schon im Sommer 1862 war in der Leipziger „Mitteldeutschen Volkszeitung" ein Aufsatz: „Eine Mahnung an die Fortschrittspartei, aus der

---

*) H. Mayer: J. B. v. Schweitzer und die Sozialdemokratie. Jena, Gust. Fischer 1909 S. 100ff.

Feder eines Handwerkers" erschienen, der aussprach, daß es nicht genüge, wenn sich die Fortschrittspartei um die Bildung des Volkes kümmere; noch wichtiger sei dessen materielles Wohl. Es sei hohe Zeit für jene Partei, an die Lösung der sozialen Frage zu gehen, bevor diese zu einem gordischen Knoten werde. Die Bildungsvereine genügten nicht, und Schulze-Delitzschs Bestrebungen würden von den Arbeitern überschätzt, da sie ja nur dem wohlhabenderen Teile des Standes zugut kämen. Mit dem Genossenschaftsgedanken sei für den kapitallosen Arbeiter nichts erreicht, denn wenn man tausend Nullen untereinander schreibe, so erhielte man doch nur eine große Null. Das fortschrittliche Bürgertum wäre in der Lage, den Genossenschaftsgedanken für den Arbeiterstand fruchtbar zu machen, indem es ihm das Geld für die Errichtung von Assoziationen vorstrecke, das es jetzt für unnütze Flottensammlungen vergeudet hätte. Vielleicht sei es jetzt noch an der Zeit, daß die Fortschrittspartei das Vertrauen der gebildeteren und vorgeschritteneren Arbeiter, das sie entschieden verloren hätte, auf diesem Wege wiedergewönne.

Die Anhänger dieser Anschauungen suchten Freunde für sie in freien Arbeiterversammlungen in Leipzig zu gewinnen; auf einer dieser ward auch die Forderung des allgemeinen Stimmrechts gegenüber dem in Preußen herrschenden Dreiklassenwahlrecht erhoben und ebenso — 2. Oktober 1862 — für dringend geboten erklärt, die Höhe der Mitgliederbeiträge bei dem Nationalverein und die Art der Einzahlung so abzuändern, daß dem Arbeiter der Beitritt erleichtert werde. Sowohl dort als auch in Berlin ward nun die Berufung eines allgemeinen deutschen Arbeiterkongresses für Ende November nach Leipzig betrieben, auf dessen Tagesordnung die Einführung der Gewerbefreiheit und der Freizügigkeit durch ganz Deutschland, der Entwurf von Statuten für Arbeiterassoziationen und Invalidenkassen, sowie die Veranstaltung einer Weltausstellung zu Berlin gesetzt werden sollten. Eine Berliner Arbeiterversammlung nahm am 2. November zu den Vorschlägen Stellung. In ihr ergriff auf Wunsch des Leipziger Komitees, dessen Mitglieder nach Berlin gekommen waren, Schulze das Wort,*) indem er sich zwar für die Abhaltung des Kongresses aussprach, aber vor einer Überstürzung in dessen Berufung warnte. Für die schwierigen Aufgaben, welche man in Angriff nehmen wolle, fehle es noch vollständig an Vorarbeiten, welche auch in der kurzen zur Verfügung stehenden Zeit nicht zu beschaffen seien. Dies gelte vor allem für die geplanten Statuten für Arbeiterinvalidenkassen, aber nicht minder

*) Bd. II S. 15ff.

für die anderen vorgesehenen Punkte. Darüber hinaus jedoch sei noch weiteres nötig, so Aufklärung und Verständigung über die gesamte Arbeiterfrage selbst. Die Arbeiter müßten, um ihre Interessen richtig wahrzunehmen, die Bahn freier Entwicklung erstreben, die den höheren, humanen Fortschritt als höchstes Ziel auf ihre Fahne schreibe. Natürlich gelte es für den Arbeiter, einen gewissen Grad behäbigen Wohlstandes zu erringen, zu welchem sich wachsende geistige Bildung geselle. Daran seien auch die demokratischen Parteien schon deshalb interessiert, weil die große Masse der arbeitenden Bevölkerung erst dann in die politische Bewegung mit eintreten könne, wenn die materiellen Grundlagen ihrer Existenz besser als bisher gesichert seien. So erklärte er sich denn bereit, im Verein mit seinen Freunden die großen auf dem Kongreß zu behandelnden Fragen in Vorträgen zu besprechen und darunter besonders das Verhältnis von Arbeit und Kapital, damit etwas zustande komme, was Deutschland Ehre mache. Daraufhin wurde zunächst die Abhaltung des Kongresses verschoben*); die Frage der Veranstaltung einer Weltausstellung in Berlin ließ das Komitee ohne weiteres fallen.

Wenig Tage später — 1. Dezember — nahm Schulze auf dem Verbandstage der schlesischen Genossenschaften zu Breslau die Gelegenheit wahr, seine Stellung zur Arbeiterfrage darzulegen.**) In großen Zügen behandelte er die Geschichte der Arbeit von der Sklaverei in dem Altertum bis zur Lehre von der allgemeinen Gotteskindschaft des Christentums, d. h. „der Lehre von dem gleichmäßigen Berufe aller Menschen, in sich selbst die edlen Keime der menschlichen Natur zu entwickeln". Erst in der Neuzeit weiche der alte Staat der Vorrechte und Privilegien dem Rechtsstaat, in welchem allen das gleiche Recht vor dem Gesetz zugesichert werde. Die Neuzeit sei indessen auch die Zeit der Fortschritte auf dem Gebiete der Industrie, welche man wegen ihrer Ausnützung aller Ergebnisse der Wissenschaften die „Vergeistigung der Arbeit" nennen könne:***) „An die Stelle der bloß mechanischen und fast unbewußten Tätigkeit des Handwerks tritt mehr und mehr jetzt Kopfwerk,

*) Er kam schließlich überhaupt nicht zustande.

**) Bd. II S. 222.

***) Den gleichen Ausdruck hatte Schulze in einem im Frühjahr 1861 im Berliner Handwerkerverein gehaltenen Vortrag (vgl. Bd. II S. 4ff.) gebraucht, in dem er die Arbeit als die Mutter aller Bildung feierte, welche nun wiederum durch Forschungen und Entdeckungen die Naturkräfte den menschlichen Arbeitszwecken dienstbar gemacht habe. So sei die Bildung zum Arbeitsmittel und zum unentbehrlichen Werkzeug des Arbeiters geworden, und sie eröffne ihm die Aussicht auf seinen Anteil an dem ganzen vollen Menschentum.

und diese Erscheinung stellt uns eine unendlich verbesserte, eine edlere und menschenwürdigere Lage des Arbeiterstandes in Aussicht." Dazu brauche der Arbeiter jedoch Bildung und Kapital, und zum Erwerb des letzteren wollen ihm die Genossenschaften durch Erziehung zur Sparsamkeit helfen. Erst ein gewisser Grad von Wohlhabenheit werde den Handwerker und Arbeiter in den Stand setzen, an der Lösung der Aufgaben des Staatslebens teilzunehmen. So werde an Stelle der Zünfte des Mittelalters ein tüchtiger kernhafter Mittelstand treten, der sich durch eigene Kraft, durch die Selbsthilfe seine Existenz verschaffe.

Es waren dieselben Gedanken, von denen ausgehend, und Handwerker und Arbeiter als ein gemeinsames Ganze betrachtend, Schulze im Januar des folgenden Jahres im Berliner Arbeiterverein eine Reihe von Vorträgen über den gleichen Gegenstand begann, welche alsdann in Buchform unter dem Titel „Kapitel zu einem deutschen Arbeiterkatechismus" bei Ernst Keil in Leipzig — Mai 1863 — erschienen.*) Er war sich, wie er in dem Vorwort zu dem Büchlein sagte, der Schwierigkeit, gewissermaßen einen volkswirtschaftlichen Kursus für Handwerker und Arbeiter zu geben, durchaus bewußt: „Daß es sich dabei nicht um Aufstellung neuer, sondern um die praktische Anwendung längst bekannter volkswirtschaftlicher Sätze handelte, nicht um eine gelehrte Abhandlung, sondern um eine populäre Darstellung."

Durch alle Vorträge zieht sich wie ein roter Faden die Forderung der Freiheit der Arbeit, der Selbstverantwortlichkeit des einzelnen, der Selbsthilfe und der Verwerfung der Staatshilfe hindurch. Auf diesem Wege erhoffte Schulze die Erhebung der arbeitenden Klasse zum Wohlstand, die Verbreitung der Bildung in ihren Kreisen, ihre wachsende Teilnahme an den großen Kulturaufgaben der Menschheit.

Die Vorträge erregten die allgemeine Aufmerksamkeit und fanden den reichsten Beifall. Es war fast das erstemal, daß der Versuch gemacht wurde, die Lehren der Volkswirtschaft in der knappsten Form und in gemeinverständlicher Weise vor einem ungelehrten Publikum darzulegen. Als der erste Vortrag in einem Einzelabdruck erschienen war, widmete ihm die Beilage der „Gartenlaube", die „Deutschen Blätter", Jahrg. 1863 Nr. 11, eine eingehende Besprechung, in welcher sie u. a. hervorhob: „Schulze-Delitzsch gibt hier als Grundlegung die geschichtliche, wirtschaftliche und sittliche Bedeutung der Arbeit; . . . er läßt sich nicht auf Dinge ein, die noch im Stadium des Problems oder Experimentierens

*) Bd. II S. 26ff.

stehen; ... er gibt die festen unbezweifelbaren Resultate ernster Forschung, und weil alles in ihm klar ist, darum kann er anderen die Klarheit geben. Hier wie immer zeigt es sich, daß nicht die halbe Bildung das Volk belehren kann, sondern die ganze Bildung, welche die Resultate der Wissenschaft so einfach und schlicht dargibt, als müßte jeder das von selbst gefunden haben."

Kurz vor Erscheinen der Vorträge hatten einige Mitglieder des Volkswirtschaftlichen Kongresses Preise von zusammen 800 Talern für populäre Schriften über Volkswirtschaft gestiftet; die ständige Deputation des Kongresses erkannte einstimmig die Vorträge als des ersten Preises von 500 Taler würdig und überwies diesen Betrag an Schulze „zur freien, Ihnen beliebigen Verfügung". Schulze verwandte die größere Hälfte des Betrages, um das Schriftchen unter den Mitgliedern des Berliner Handwerkervereins, der Arbeitervereine in Berlin, Hamburg u. a. unentgeltlich zur Verteilung bringen zu lassen, so daß Präsident Lette, der Vorsitzende der ständigen Deputation, ihn brieflich mahnte, er möge dabei des Guten nicht zu viel tun.

Seinen bisherigen Anschauungen gemäß hatte Schulze in seinen Vorträgen keinen Unterschied zwischen den Arbeitern und den kleinen Handwerkern gemacht; seine Empfehlungen waren im Gegenteile wesentlich auf die Lage und die Wünsche der letzteren zugeschnitten. Den unbemittelten Arbeiter hatte er zur Sparsamkeit gemahnt, um sich durch Aufsammlung eines kleinen Kapitals in den Vorschußvereinen kreditfähig zu machen und zur Selbständigkeit emporzuschwingen. Daneben verwies er ihn auf den Beitritt zu Krankenkassen und Konsumvereinen und endlich auf den Zusammenschluß zu Produktivassoziationen, „zu ihnen aber — fügte er hinzu — kann nur allmählich und mit großer Vorsicht übergegangen werden, indem, wo es an den nötigen Voraussetzungen dazu unter den Arbeitern gebricht, das Mißlingen sicher zu erwarten ist."

Diese Darlegungen entsprachen jedoch nicht den Erwartungen der Wortführer des Leipziger Komitees, welche gerade darüber hinaus Vorschläge zur Bessergestaltung der politischen und sozialen Verhältnisse des Lohnarbeiterstandes zu hören gehofft hatten. Zunächst brachten sie in einer Leipziger Versammlung des Nationalvereins, welcher Schulze beiwohnte — 3. Januar 1863 — dessen Stellungnahme zur Arbeiterschaft zur Sprache.*) Schulze antwortete, daß der Nationalverein den deutschen Mittelstand, dessen kernhafter Teil mehr oder minder aus Arbeitern be-

*) G. Mayer a. a. O. S. 47.

stehe, als Hauptträger des nationalen Wesens betrachte. Was aber die Teilnahme am Verein selbst betreffe, so sei ein Unterschied zu machen zwischen den günstiger gestellten Arbeitern und solchen mit kärglichem Erwerb. Die letzteren handelten patriotischer, wenn sie das wenige mühsam Erworbene, über das sie frei verfügen könnten, zunächst für Bildungsvereine, Unterstützungskassen u. ä. verwendeten. Im weiteren Verlaufe gebrauchte Schulze das oft erwähnte Wort, daß die Arbeiter „geistige Mitglieder“ und „Ehrenmitglieder“ des Nationalvereins seien. Daß diese Äußerung aber keineswegs als eine verletzende angesehen wurde, geht daraus hervor, daß er fast die gleichen Worte wiederholte, als auf der Generalversammlung des Nationalvereins im Herbste 1864 der Antrag zur Beratung kam, den Jahresbeitrag herabzusetzen, um den Arbeitermassen den Eintritt zu ermöglichen.*) Übrigens erwähnte er dabei, daß man an vielen Orten den Beitrag in Monatsraten von $2^1/_2$ Silbergroschen einziehe, so daß man also dieser von Leipzig ausgegangenen Anregung nachgekommen war. Auch hier betonte er von neuem die Förderung der Bildung und Hebung des Arbeiterstandes als „eine der schönsten und größten nationalen Aufgaben und damit auch der Aufgaben des Nationalvereins“.

Schwerwiegender war wahrscheinlich die Enttäuschung des Leipziger Komitees über die Haltung der Fortschrittspartei zu der Forderung des allgemeinen Wahlrechts. Um der Forderung Nachdruck zu geben, waren die Komiteemitglieder wieder im Januar 1863 nach Berlin gekommen. Schulze war bereit darauf einzugehen,**) wie er denn auch in dem letzten seiner Vorträge ausdrücklich sagte, daß „das allgemeine gleiche Wahlrecht im Prinzip von allen entschieden Freisinnigen als völlig berechtigt anerkannt werde, wenn es auch in der Praxis erst durchgeführt werden müsse.“***) Hatte er sich doch auch schon im Mai 1861 in einer Rede im Abgeordnetenhause gelegentlich der Frage der Abänderung der Städteordnung für das allgemeine und geheime Wahlrecht für alle Einwohner ausgesprochen. Aber die Mehrheit der Führer der Fortschrittspartei widersprachen jenem Verlangen, und so kam man zu keiner Verständigung.

Es war natürlich, daß das Leipziger Komitee sich nach anderer Hilfe umsah. Es fand diese in Lassalle, der schon in einer Rede im Berliner

*) Vgl. Bd. III 222 Anm. 1.

**) H. Oncken: Lassalle S. 255 f.

***) Vgl. Bd. II S. 147.

Handwerkerverein der Oranienburger Vorstadt im April 1862*) ausgeführt hatte, daß nur das direkte und allgemeine Wahlrecht dem Arbeiterstand die ihm gebührende Stellung im Staate geben werde. An ihn wandte sich das Komitee am 11. Februar 1863 mit dem Ersuchen, „in irgendeiner ihm passend erscheinenden Form seine Ansichten über die Arbeiterbewegung und besonders über den Wert der Schulze-Delitzschschen Genossenschaften für die ganz unbemittelte Volksklasse auszusprechen." Lassalle antwortete darauf schon am 1. März in seinem „Offenen Antwortschreiben an das Zentralkomitee zur Anrufung eines Allgemeinen Deutschen Arbeiterkongresses zu Leipzig." In ihm setzte er sich zunächst mit Schulzes Person auseinander:**) politisch sei dieser Fortschrittler und als solcher der Regierung gegenüber nicht entschieden genug, als theoretischer Nationalökonom Anhänger der liberalen Schule und aller ihrer Irrtümer, drittens aber sei er eine praktische Natur, der einzige in seiner Partei, der etwas für das Volk getan habe, in gedrücktester Zeit der Vater des Genossenschaftswesens. Durch diesen folgenreichen Anstoß habe er sich ein Verdienst erworben, „für das ich ihm, so sehr ich in theoretischer Hinsicht sein Gegner bin, im Geiste mit Wärme die Hand schüttle." Dann untersuchte er aber die Frage, ob die Schulzeschen Genossenschaften imstande seien, die Verbesserung der Lage des Arbeiterstandes zu bewirken? Er antwortete mit Nein: Kredit- und Rohstoffvereine interessieren den Arbeiter überhaupt nicht; für diesen kommen daher nur die Konsumvereine in Betracht. Jedoch auch sie sind gänzlich unfähig, jene Besserstellung herbeizuführen. Im Gegenteil werden sie, wenn der Lebensunterhalt des Arbeiters durch sie verbilligt wird, dem ehernen Lohngesetz zufolge den Arbeitslohn um ebensoviel herabdrücken.

Alsdann kam Lassalle zu seinem positiven Vorschlage: Anwendung des Genossenschaftsprinzips auf die fabrikmäßige Großproduktion: „den Arbeiterstand zu seinem eigenen Unternehmer machen — das ist das Mittel, durch welches, und durch welches allein, jenes eherne und grausame Gesetz beseitigt sein würde." Denn dadurch werde an Stelle des bloßen Arbeitslohns der ganze Arbeitsertrag dem Arbeiter zufließen. Aufgabe des Staates sei es, diesem die zu den großindustriellen Anlagen erforderlichen Riesenkapitalien zu beschaffen und damit die große Sache der freien individuellen Assoziation des Arbeiterstandes fördernd und entwickelnd in seine Hände zu nehmen. Indessen kann der Staat

*) „Über den besonderen Zusammenhang der gegenwärtigen Geschichtsperiode mit der Idee des Arbeiterstandes."

**) Oncken a. a. O. S. 259f.

nur durch das direkte und allgemeine Stimmrecht gezwungen werden, sich dieser seiner Pflicht zu unterziehen.

Als das Antwortschreiben Lassalles erschien, hatte sich Schulze in seinen Vorträgen gerade mit der Frage der auf Selbsthilfe aufgebauten Produktionsgenossenschaften beschäftigt. Begreiflich genug, daß die Lassallesche Empfehlung der Staatshilfe seinen höchsten Zorn erregte. In einem letzten Vortrage kritisierte er Lassalles Schrift, indem er namentlich darauf hinwies,*) daß er selbst die Produktivassoziation stets „als den Gipfelpunkt des ganzen Systems" anerkannt habe in der gleichen Erkenntnis wie Lassalle, daß die industrielle Entwicklung unserer Tage mehr und mehr zum Großbetrieb dränge. Auch habe er bei der Errichtung solcher Produktivgenossenschaften wiederholt mitgewirkt, allerdings immer unter Hervorhebung und Berücksichtigung der damit verbundenen Schwierigkeiten. Indem er fernerhin die Wahrheit des ehernen Lohngesetzes und die behauptete Wirkungslosigkeit der Konsumvereine auf die Verbilligung der Lebenshaltung ihrer Mitglieder bestritt, wandte er sich namentlich unter Berufung auf die in Frankreich im Jahre 1848 gemachten Erfahrungen nachdrücklich gegen jede Staatssubvention. „Die deutschen Arbeiter — sagte er — wissen es niemandem Dank, der ihnen eine Garantie der Existenz von außenher entgegenbringt, weil er in der Aufhebung der Selbstverantwortlichkeit und Selbsthilfe die Grundlage ihrer sittlichen Würde, ihrer bürgerlichen Gleichberechtigung wie ihrer wirtschaftlichen Selbständigkeit antastet, Dinge, ohne welche von einer wirklichen Hebung der arbeitenden Klassen doch wirklich nicht im Ernste die Rede sein kann." Nachdem er noch gefragt hatte, woher der Staat die Tausende von Millionen Taler aufbringen könne, um sämtliche Industrien des Landes den Arbeitern zu überantworten, betonte er wiederholt, daß die Arbeiterfrage keine politische, sondern eine wirtschaftliche sei, daher auch nicht von dem Staate, vielmehr nur von den Einzelpersonen gelöst werden könne, und er schloß mit den bezeichnenden Worten: „Dort Redensarten, hier Kapital und Bildung — wir wollen sehen, wer das Feld behält!"

In der Tat blieb Schulze zunächst Sieger, die Berliner Arbeiter erklärten sich mit überwältigender Mehrheit gegen Lassalle. Zwar gelang es diesem im April in Leipzig den auf seine Prinzipien schwörenden „Allgemeinen Deutschen Arbeiterverein" in das Leben zu rufen, der aber bis zu Lassalles Tode ohne Bedeutung blieb. In den

*) Bd. II S. 145.

meisten deutschen Städten, selbst in Sachsen, wollte man nichts von ihm wissen.*)

Der Zorn hatte Schulze verleitet, in seiner Entgegnung Lassalle mit sehr starken und verletzenden Ausdrücken zu belegen. Er sprach von dreister Unwahrheit, Unreife und Unwissenschaftlichkeit, von völliger Verkennung der Tatsachen, von Halbwissen und verglich seine Empfehlung der staatlichen Produktivgenossenschaften mit den Aufschneidereien eines Marktschreiers, der seine Wunderpillen verkaufen wolle. Das gab Lassalle Veranlassung, mit ihm im Januar 1864 in seiner Broschüre: „Herr Bastiat — Schulze von Delitzsch, der ökonomische Julian oder Kapital und Arbeit"**) abzurechnen. Schon in dem Titel, welcher an seine frühere Streitschrift gegen den Literarhistoriker Julian Schmidt anknüpfte, wollte er zeigen, daß Schulze durchaus in dem Banne der Gedanken des französischen Volkswirts Fr. Bastiats stehe; seine Angriffe gingen daher auch nicht nur gegen Schulze, sondern auch gegen Bastiat und mit diesem gegen die nationalökonomischen Theorien der sog. Manchesterschule, zu deren Dolmetscher sich der letztere gemacht habe. Durch die Aneinanderreihung der Namen Bastiat und Schulze sah sich dieser aber keineswegs gekränkt; er hatte niemals ein Hehl daraus gemacht, daß er auf dessen Anschauungen stehe, und erklärte es sogar für eine Ehre, daß man seinen Namen mit demjenigen Bastiats verbinde.

Lassalle, welcher sich rühmte, „mit der ganzen Bildung seines Jahrhunderts bewaffnet" zu sein, und sich gelegentlich selbst als einen der drei klügsten Männer in Preußen bezeichnete,***) fühlte sich in seinem Ehrgeize namentlich durch den ihm von Schulze gemachten Vorwurf des Halbwissens getroffen. Verzehnfacht warf er den Vorwurf nun auf

*) Für die in den lokalen Arbeitervereinen herrschende Stimmung sind zwei Depeschen charakteristisch, welche den im Juni 1863 in Frankfurt a. M. zusammengetretenen ersten Vereinstag der deutschen Arbeitervereine begrüßten. Der Arbeiterbildungsverein in Göppingen telegraphierte: „Göppingen am Hohenstaufen Gruß entbeut dem Bruderhaufen, der in Frankfurts Mauern jetzt Schulzes Fahnen wehen läßt." Ebenso der Deutsche Verein in Glarus: „Schulze-Delitzsch lebe hoch, Brüder brecht Lassalles Joch; gehet ein Hand in Hand, für das deutsche Vaterland!" (G. Mayer: Die Trennung der proletarischen von der bürgerlichen Demokratie in Deutschland 1863—1870. Leipzig, C. L. Hirschfeld 1911, S. 31.)

**) Wieder herausgegeben von Ed. Bernstein, Berlin, Verlag des Vorwärts, 1893.

***) Er selbst, Bismarck und H. Wagener, Redakteur der Kreuzzeitung — in dieser Reihenfolge!

Schulze zurück. Es ward ihm dies um so leichter, als Schulze niemals selbständige volkswirtschaftliche Studien gemacht hatte, vielmehr aus der Praxis heraus zu seiner Beschäftigung mit der sozialen Frage gekommen war. Wohl hatte er schon vor mehreren Jahren daran gedacht,*) dem Hauptwerke Bastiats „Volkswirtschaftliche Harmonien", ein ähnliches Buch in populärer Fo. m zur Seite zu stellen; er brauchte also nicht, wie man wohl geglaubt hat,**) erst nachträglich zum Zwecke seiner Vorträge einen theoretischen Unterbau für die Genossenschaftsbestrebungen zu suchen.***) Trotzdem muß man zugestehen, daß Schulzes Mangel an einer eigentlichen wissenschaftlichen Bildung auf diesem Gebiete, seine Unerfahrenheit in der nationalökonomischen Terminologie, die geringe Präzision seines Ausdrucks und das dilettantische Vorwegnehmen komplizierter ökonomischer Begriffe in der Erörterung der Prinzipien, seinem Gegner hundert Waffen in die Hand gaben, um ihn auf das schwerste zu verwunden.†) Aber hier schadete Lassalle sich wieder selbst. Ruhig abwägend sagt sein sozialdemokratischer Biograph Bernstein: „Lassalle treibt in der Schrift oft eine sehr häßliche Silbenstecherei, die bis zur Entstellung der Gedanken seines Gegners geht. Seine, in seinem Tagebuch von ihm selbst enthüllte Neigung, bei Versagen der Argumente zum Überschreien seine Zuflucht zu nehmen, zeigt sich auch hier, verschiedentlich ist die Polemik kein Zurückweisen mehr, sondern ein reines Überschreien. Lassalle begnügt sich nicht mit dem Nachweis der Unzulänglichkeit seines Gegners in bezug auf dessen wissenschaftliche Ausrüstung wie die Natur seiner Vorschläge, er verdächtigt auch schließlich in maßloser Weise dessen Motive, während er über die sachlichen Einwände Schulzes gegen die Idee der staatlich finanzierten Produktivgenossenschaften mit einigen beweislosen Behauptungen hinweggeht . . .

„Aus den geistig regeren Handwerksgesellen von 1848 wurden zumeist Handwerksmeister, und ihren Bedürfnissen paßten sich unter Schulzes Anleitung die Genossenschaften immer mehr an. Ihre Erfolge hatten in bezug auf Schulzes sozialpolitisches Denken die Wirkung, daß er die Welt schließlich nur noch unter dem Gesichtspunkt des Kleinbürgers betrachtete — wenn auch allerdings des liberalen Kleinbürgers. Dieser

*) Seite 96 d. B.

**) Oncken, Lassalle S. 378.

***) Eine gute Darlegung der einschlagenden Verhältnisse gibt Ed. Bernstein in seinem „Ferdinand Lassalle und seine Bedeutung für die Arbeiterklasse". Berlin, Buchhandlung Vorwärts 1904, S. 70 f.

†) Oncken, Lassalle S. 378.

Auffassung nun entsprachen die von der Freihandelsschule in Deutschland kolportierten nationalökonomischen Schriften des französischen Freihandelsökonomen Fr. Bastiat ausgezeichnet. Seine mit bestechender Dialektik verfaßte Lehre von der Harmonie der wirtschaftlichen Interessen, seine populär geschriebenen Rechtfertigungen der spezifisch bürgerlichen Wirtschaftskategorien, Kapital, Geld, Zins usw. wurden auch das Evangelium Schulzes, und so war es kein Wunder, daß er bei Ausarbeitung seiner Vorträge für die Berliner Arbeiter sich stark an Meister Bastiat hielt.

Lassalle nun kannte seinen Bastiat auch ...

Es war also für ihn ein Leichtes, sofort aus Schulzes Katechismus die Stimme Bastiats herauszuhören und den Nachweis zu führen, daß Schulze im theoretischen Gedankengang nur Bastiat wiederkäue. Letzteres war übrigens Schulze kaum zum Vorwurf zu machen, da er gar nicht behauptet hatte, eigene Theorien zum besten zu geben. Aber Schulze hatte Lassalle Halbwissen vorgeworfen, und so kam es Lassalle auch namentlich darauf an, die wissenschaftliche Unselbständigkeit Schulzes drastisch bloßzulegen.

Der stark persönliche Charakter der Polemik hatte zur Folge, daß Lassalle in dem Bestreben, dem Gegner falsche Darstellung der Tatsachen oder falsche Begriffsbestimmungen nachzuweisen, wiederholt des Guten zu viel tut und als absolut unrichtig hinstellt, was nur halb richtig oder verkehrt formuliert ist, oder sich im Eifer der Bekämpfung von unrichtigen Sätzen zur Aufstellung von Sätzen hinreißen läßt, die sich nach einer anderen Seite hin ebenso weit von dem tatsächlichen Stand der Dinge entfernen oder ebenso willkürlich einen Spezialfall für die Regel ansetzen wie die bekämpften Sätze." Wie häufig wiederum Lassalles Beweisführung der Kritik gegenüber nicht standhalten kann, zeigt ein Blick in die Anmerkungen, mit denen Bernstein die Neuherausgabe der Schrift*) begleitet hat. Ebenso urteilt der Geschichtsschreiber der Sozialdemokratie**) in kurzen Worten: „Im einzelnen enthält der Bastiat-Schulze manches, das vom Standpunkte der heutigen wissenschaftlichen Erkenntnis aus anfechtbar und unhaltbar erscheint." Und Oncken, dessen Sympathien in dem Streit augenscheinlich auf Seiten Lassalles sind, äußert sich,***) daß dessen Polemik durch die maßlose Gehässigkeit des Tones verdorben worden sei. „Lassalle hätte seiner Sache einen Dienst erwiesen, wenn

*) Bernstein, Lassalle S. 69 f.

**) F. Mehring: Geschichte der Deutschen Sozialdemokratie, Stuttgart, J. H. W. Dietz, 1903, II. Aufl. S. 134.

***) Lassalle S. 376.

er sie in einer die persönliche Beschimpfung ausschließenden vornehmen und sachlichen Form geführt hätte ... Von dem rein literarischen Gebiet auf das öffentliche Leben, Politik und Wissenschaft übertragen, wirkte die Polemik nur noch peinlicher; denn sie zog nicht nur das theoretische Nichtwissen, sondern eine ganze Persönlichkeit in den Schmutz, die sich auf eine uneigennützige und segensreiche Wirksamkeit berufen konnte. Wenn diese Polemik schließlich in Ausdrücken gipfelt wie: ‚Sie sind ausgeweidet wie ein Hirsch und neben mir hält mein Dogge Ihre dampfenden Eingeweide im Munde: alles weitere Herumwühlen in Ihnen könnte also nur noch Ekel und Überdruß erwecken‘, so wendet man sich nicht von dem Geschmähten, sondern von dem Schmähenden mit der von ihm selbst angezogenen Empfindung ab."

Lassalle hatte in seiner Schrift als selbstverständlich für die von dem Staate organisierten Produktivassoziationen vorgesehen, daß sie alle Arbeiter der verschiedenen Geschäftszweige umfassen und sich durch Kreditassekuranzverbände gegen geschäftliche Verluste sicherstellen würden. Schulze wies — Oktober 1865 — die Unmöglichkeit dieser Idee in einem Nachtrag zu dem Arbeiterkatechismus: „Die Abschaffung des geschäftlichen Risikos durch Herrn Lassalle" (Berlin, Fr. Duncker 1866) nach,*) wobei er auch auf einige sonstige Ausführungen Lassalles einging. Nach wie vor blieb er ein geschworener Feind der Staatssubventionen; der „Triftigkeit der Einwände" gegen jene Versicherungsidee mußte man auch im sozialdemokratischen Lager zustimmen.**)

Daß Schulze die Schrift noch nach Lassalles Tod veröffentlichte, ward in seinem Freundeskreise zum Teil mißbilligt. Er verteidigte sich in einem Briefe — wohl an Parisius — dagegen: erst im Juni 1864 sei er in den Besitz des Bastiat-Schulze gekommen, dann aber unausgesetzt auf Reisen zu den genossenschaftlichen Verbänden gewesen. „Als ich am 29. August nach Potsdam zurückkehrte, hatte Lassalle an demselben Tage den tödlichen Schuß erhalten. Sein Tod ist aber kein Freibrief, seine verkehrten Lehren und schmählichen Angriffe unbeantwortet zu lassen. Ich habe sachlich geschrieben und die Persönlichkeit des Toten nicht beschmutzt, wie er getan."

Bemerkenswerterweise machte Lassalles Schrift zunächst in den Arbeiterkreisen weniger Eindruck als in der gelehrten Welt.***) Erst

*) Bd. II S. 173ff.

**) Bernstein, Lassalle S. 73.

***) Noch am 24. Juli 1865 wandte sich der Leipziger Arbeiterbildungsverein durch seinen Vorsitzenden August Bebel an den Nationalverein um eine Geld-

später wurde sie zu einem Rüstzeug in dem Kampf der Sozialdemokratie gegen die bürgerliche Demokratie. Ebenso geringe Beachtung fanden einige Aufsätze, welche Schweitzer, Lassalles Nachfolger, gegen Schulzes Broschüre über die Abschaffung des geschäftlichen Risikos unter dem witzig seinsollenden Titel „Der tote Schulze gegen den lebenden Lassalle“ herausgab.

Interessant ist, daß die Folgezeit den von Lassalle mit so großem Nachdruck verfochtenen Ideen nirgends recht gegeben hat. Schon bei seinen Lebzeiten mußte er erfahren, daß die Richtigkeit des ehernen Lohngesetzes von den deutschen Volkswirtschaftslehrern Rau — auf welchen gerade er sich dabei berufen hatte — und Roscher verneint wurde. Biograph Bernstein*) gesteht offen zu: „Sowohl in bezug auf das Lohngesetz wie hinsichtlich der Produktivgenossenschaften kam Lassalle zu falschen Schlüssen und verwickelte sich daher auch später im Kampfe mit seinen Gegnern in große Widersprüche hierüber.“

Lassalle hatte in Schulze auch die Lehren der Manchesterschule treffen wollen; Schmoller**) hat darauf gewiesen, daß Schulze diese, wenn auch unbewußt, „jeden Moment durch seine eigene Tätigkeit widerlegte, und wenn Lassalle Schulze zurief, daß er sich in dem Augenblick des Erscheinens des „Bastiat-Schulze“ als tot und auch für begraben betrachten könne, so trafen diese Prophezeiungen gleichfalls nicht ein. Gerade vom Jahre 1864 ab nahm die Genossenschaftsbewegung eine wohl selbst Schulze überraschende Ausdehnung an, und Bernstein***) schrieb im

---

unterstützung von 200 Gulden „für die Bekämpfung der Lassalleaner, die nur auf die Gelegenheit harren, die Fahne des Kommunismus mit all ihren Schrecken zu entfalten“, wobei sich der Bildungsverein seiner Wirksamkeit „für die nationale Einheit und soziale Freiheit“ rühmte. Schulze unterstützte das Gesuch bei Bennigsen sehr warm: „Herr Bebel ist Mitglied des Ausschusses der deutschen Arbeitervereine — die Leipziger haben ganz recht — und ich bitte daher um eine recht baldige vorschußweise Sendung der geringen Summe aus der Kasse des Vorstandes, indem ich bereit bin, die Vertretung gegen den Ausschuß eventuell allein aus meinen Mitteln zu übernehmen“ (Bd. III S. 239f.). Bebels Dankschreiben für die vom Nationalverein gesandten 200 Taler ist vom 28. August datiert (Mayer-Schweitzer S. 148). Am 17. Juli 1867 schrieb allerdings Schulze an Max Hirsch: „Ihr Urteil über Bebel werden Sie modifizieren müssen, seitdem er vollständig in Liebknechts Händen ist, der ihm in jeder Hinsicht überlegen ist und ihn vollständig beherrscht.“

*) In der Vorrede zum offenen Antwortschreiben (Berlin 1907, S. 23).

**) G. Schmoller: H. Schulze-Delitzsch und E. Lasker in seinem Jahrbuch für Gesetzgebung, Verwaltung und Volkswirtschaft 1884, Heft 2, S. 266.

***) E. Bernstein: Die Voraussetzungen des Sozialismus und die Aufgaben der Sozialdemokratie. Stuttgart, J. H. W. Dietz 1904.

Jahre 1904: „Schulze-Delitzsch ist heute weniger tot wie vor 10 oder 20 Jahren — er lebt fort als Vorkämpfer des deutschen Genossenschaftswesens, dem er mit großer Beharrlichkeit die zu seiner Entfaltung erforderlichen Rechte erstritten hat. Nicht minder aber lebt Lassalle fort, obgleich er in den Punkten, mit Bezug auf die er mit Leidenschaft gegen Schulze-Delitzsch zu Felde zog und ihn totgeschlagen zu haben vermeinte, — ehernes Lohngesetz und Produktivgenossenschaften mit Staatskredit — heute als überwunden gilt."

Daß das offene Antwortschreiben Lassalles die Stellung Schulzes in den deutschen Arbeiterkreisen nicht erschüttert hatte, zeigte sich gerade im Sommer 1863 bei mehreren Gelegenheiten. In Frankfurt a. M., in Offenbach, in Chemnitz war er in ihren Versammlungen willkommener Gast. Allenthalben mahnte er sie,*) ihre Geschicke nicht von denen der bürgerlichen Parteien zu trennen, wie er andererseits den besitzenden Klassen zurief, anzuerkennen, daß die Arbeiter treu zur Sache des Fortschritts gehalten hätten. Arbeitsteilung im wirtschaftlichen Gebiete sei unerläßlich, nicht aber in der Politik; in jedem Arbeiter liege die Fähigkeit, in der Staatsregierung mitzuhelfen. Pflicht der Arbeitgeber sei es, in die ehrlich gebotene Hand der Arbeiter einzuschlagen, und sich nicht durch eitle Furcht blenden zu lassen, daß das geforderte allgemeine Wahlrecht dem Besitz und der Intelligenz die ihnen gebührende Stellung entziehen werde. Im August zog er alsdann in der „Gartenlaube" die Bilanz der Arbeiterbewegung.**) „Ruhig und stet" vollziehe diese sich; in den Bildungsvereinen und Genossenschaften hätten sich die Arbeiter in dem Bestreben zur dauernden Hebung ihrer materiellen Lage wie ihrer ganzen gesellschaftlichen Stellung zusammengefunden, überall den Boden der Selbsthilfe wahrend. Die Arbeiter wüßten, daß, was die großen liberalen Parteien in ganz Deutschland zu erringen suchten, auch ihnen ebenso not tue, wie allen anderen: die volle bürgerliche und wirtschaftliche Gleichberechtigung, die Erwerbsfreiheit, die Verwirklichung des verfassungsmäßigen Rechtsstaats mit der Gleichheit aller vor dem Gesetz, in welchem das allgemeine gleiche Wahlrecht ohnehin eine Hauptforderung bilde, die möglichste Selbstregierung in Staat und Gemeinde. Die Hoffnungen der Männer des sozialistischen Staates und des Feudalstaates, die Arbeiter an sich zu ketten, seien fehlgeschlagen, da diese an den großen Zeitfragen mit Kopf und Herz teilnehmen und sie nicht nur als bloße Magenfragen ansehen.

*) Bd. II S. 211f.
**) Bd. II S. 215f.

Auch als die sozialdemokratische Agitation schon weitere Kreise zog, hielt Schulze an jenen Hoffnungen noch fest. Namentlich in den Jahresversammlungen der Genossenschaften gab er ihnen immer wieder Ausdruck. So forderte er in Berlin — März 1865 —*) für die Arbeiter nicht ein ständisches Sonderrecht, sondern das für alle gleiche Volksrecht, eine gehobene Stellung innerhalb, nicht außerhalb des ganzen Volkslebens. In Breslau — Juli 1865 —, wies er darauf hin, daß die industrielle Entwicklung ein größeres Betriebskapital in materieller Beziehung und andererseits ein größeres geistiges Kapital von den Gewerbetreibenden verlange, indem er die für die ihn leitenden Ideen charakteristischen Worte hinzufügte: „Wird hier nicht tatkräftig eingeschritten, so wird der Mittelstand aus der Lage der freien Arbeiter in die der Lohnarbeiter sinken, und den Fabrik- und Lohnarbeitern wird es unmöglich, selbständige Arbeiter zu werden.“ Hier mitzuhelfen, das sei unter Festhaltung an dem Prinzip der Selbsthilfe die nationale Aufgabe der Genossenschaften. In einer späteren Rede im Berliner Arbeiterverein am 1. Oktober 1865**) war es die Freude an dem Triumph der Vereinigten Staaten Nordamerikas über die konföderierten Südstaaten, welcher er Worte verlieh. Dort die freie Arbeit, hier bisher die Sklavenarbeit, die nunmehr ihr Ende gefunden hat! Wie aber mit der Freiheit der Arbeit die Selbstverantwortlichkeit des Menschen für seine Existenz untrennbar verbunden ist, so bedingt sie gleichzeitig seine politische Freiheit, seine Vollberechtigung vor dem Gesetz, die dem Arbeiter die Gleichberechtigung mit allen anderen Staatsbürgern gewährleisten muß. Die Freiheit der Arbeit wird dem Arbeiter bessere Arbeitsbedingungen verschaffen, die politische Freiheit ihm „das Vollwort in Staat und Gemeinde“ zugestehen.***)

Den Schluß der Tätigkeit Schulzes in diesem Zeitabschnitt zugunsten der Arbeiterbewegung bildeten seine im Verein mit seinen Freunden dem

*) Bd. II S. 221 f.

**) Bd. II S. 335 ff.

***) Nach Mayer (J. B. v. Schweitzer S. 138) schloß Schulze seinen Vortrag mit der Bemerkung, daß wenn jemand in Amerika mit der Forderung der Staatshilfe hervorträte, man ihn dem Narrenhaus überweisen werde. In der gedruckten Rede fehlte dieser Schluß.

Mayer behauptete, an diesem Abend habe Schulze zum erstenmal ausdrücklich eingeräumt, daß das allgemeine Stimmrecht zur vollen politischen Freiheit gehöre. Dies ist, wie die schon früher mitgeteilten Reden beweisen, ein Irrtum. Auch E. Bernstein (Geschichte der Berliner Arbeiterbewegung Bd. I Berlin 1907 S. 112) sagte bei der Schilderung des Auftretens Lassalles im Sommer 1863: „Für das allgemeine Wahlrecht trat auch Schulze-Delitzsch ein.“

Preußischen Abgeordnetenhause vorgelegten Anträge auf Gewährung der Koalitionsfreiheit.*) Noch war durch die Gewerbeordnung von 1845 (§§ 183 und 184) den Gesellen, Gehilfen und Fabrikarbeitern die Bildung von Verbindungen ohne polizeiliche Erlaubnis untersagt und ihnen Geld- oder Gefängnisstrafe angedroht, wenn sie ohne gesetzliche Gründe eigenmächtig die Arbeit verlassen oder ihren Verrichtungen sich entziehen würden. Ebenso waren (§§ 181 und 182) Verabredungen von Arbeitgebern und Arbeitern verboten, welche bezweckten, „durch Einstellung oder Verhinderung der Arbeit oder durch Arbeiterentlassungen die Gegenpartei oder die Obrigkeit zu gewissen Handlungen oder Zugeständnissen zu bestimmen.“ Schon 1862 hatte die Fortschrittspartei die Aufhebung dieser Bestimmungen gefordert; nach mehrfachen Vorarbeiten kamen jene Anträge im Februar 1865 zur Beratung, die sich deshalb so interessant gestaltete, weil sich jetzt auch die konservative Partei der Arbeiterbewegung zu bemächtigen suchte. Von ihr war vorgeschlagen worden, bei der Staatsregierung auf Vorlage eines Gesetzentwurfs hinzuwirken, durch welchen, neben der Beseitigung aller das Vereinsrecht der Arbeiter beschränkenden Vorschriften, „auch solche Organisationen zur Ausführung gebracht werden, die es ermöglichen, daß der Arbeiterstand als solcher die ihm gebührende Stellung innerhalb des Staatsverbandes einzunehmen und seine eigenen Interessen selbständig zu handhaben und zu vertreten vermag.“ Ebenso wurde schon versucht, die sozialdemokratische Agitation gegen die Anträge der Fortschrittspartei in das Feld zu führen.**) Es war hier, wo Bismarck den Empfang der Deputation der schlesischen Weber seitens des Königs und dessen Darlehen an die von ihnen gegründete Produktivgenossenschaft zu rechtfertigen unternahm. In einer großen Rede beleuchtete Schulze die Bedeutung des Koalitionsrechts nach den verschiedenen Seiten hin.***) Mit dessen Verbot versage man dem Arbeiter das natürliche Recht, durch zeitweilige Versagung seiner Tätigkeit sich bessere Arbeitsbedingungen zu verschaffen. Dadurch werde die geistige Elastizität und sittliche Energie des Arbeiters ertötet, und niemals werde man dadurch Arbeiter erziehen können, welche unsere Industrie

*) Bd. II S. 299ff.

**) Lassalle hatte noch im Sommer 1863 den Vorschlag, die Arbeiter sollten um das Koalitionsrecht petitionieren, scharf zurückgewiesen: das Koalitionsrecht habe keinen Nutzen für die Arbeiter, sein Prinzip sei, daß sich die Arbeiter durch das allgemeine gleiche Wahlrecht die Herrschaft im Staate erringen sollten, um die Herrschaft petitioniere man aber nicht. (Bernstein, Berliner Arbeiterbewegung S. 114.)

***) Bd. II S. 302ff.

auf derjenigen Höhe behaupten helfen, die sie in der Weltindustrie einzunehmen berufen ist. Koalitionsrecht und Arbeitseinstellung werden zwar das wirtschaftliche Naturgesetz, das die Regelung des Arbeitslohnes ordnet, nicht ändern; aber durch das Koalitionsrecht kann der Arbeiter die günstigen Konjunkturen des Marktes, die auf Angebot und Nachfrage der Arbeit Einfluß haben, ausnutzen und zu seinen Gunsten verwerten. Gewiß kann die von dem Arbeiter angestrebte Freiheit gemißbraucht werden, aber Freiheit ohne die Möglichkeit des Mißbrauchs ist ein Unding, und gerade durch die Beseitigung jeder Bevormundung, durch das Zugeständnis öffentlicher Versammlungen und Besprechungen kann den geheimen Verabredungen mit ihren ungesetzlichen Ausschreitungen entgegengetreten werden. Es gibt auch kein besseres Mittel, Arbeitgebern wie Arbeitnehmern das Bewußtsein von der Gemeinsamkeit ihrer Interessen einzuflößen, als die Überzeugung der Arbeiter, daß genau ebenso wie sie selbst so auch die Arbeitgeber in voller Rechtsgleichheit den Gesetzen unterworfen sind. Nur so wird der Boden der Versöhnung gegen den Klassenkampf gewonnen, mit welchem man seitens der Gegner droht. Wer den Frieden wahrhaft will, muß auf dem gleichen Fuß mit dem anderen darüber verhandeln. Aber nachdem man den Arbeiter mit dazu berufen hat, bei den Wahlen und den großen Landesfragen mitzuraten und mitzutaten, wie will man ihm das Recht der friedlichen Vereinigung und Beratung über seine berechtigten Privatinteressen, über die Bedingungen seines Lebensunterhalts verkürzen oder hemmen? Das ist miteinander nicht vereinbar, den politischen Rechten kann nur in der gehobenen gesellschaftlichen Stellung die dauerhafte Grundlage gegeben werden, und darum gehört zur bürgerlichen Freiheit zugleich die Freiheit des Erwerbes.

Hier war es, wo Schulze die bekannte Mythe von der Sphinx des Altertums heranzog. „Wohl mag man die soziale Frage die moderne Sphinx unserer Zeit nennen: nun gibt es in der menschlichen Natur bei uns allen, wie wir sind, bei groß und klein, bei vornehm und gering, eine dunkle Grenzlinie, wo das Tierische an das Menschliche streift, und wehe dem — das sind die Erfahrungen aller Jahrhunderte — der mutwillig und mit frivoler Hand an diese Grenzlinie tastet! Er entfesselte die Bestie, die ihn mit ihren Löwenklauen zerfleischen wird!“

Im Sommer des gleichen Jahres behandelte auch der Volkswirtschaftliche Kongreß auf seiner Tagung in Nürnberg die Koalitionsfrage. Schulze war Berichterstatter;*) die von ihm verteidigte Resolution nannte

*) Bd. II S. 329f.

alle Eingriffe der Gesetzgebung in die Koalitionsfreiheit der Arbeiter als dem gemeinsamen Interesse von Arbeitern und Arbeitgebern widerstreitend und als unvereinbar mit den ersten Prinzipien der Gerechtigkeit und vom wirtschaftlichen wie vom sozialen Standpunkt aus gleich verwerflich. Ein Zusatzantrag wollte den Arbeitervereinen empfehlen, bei ihren Mitgliedern auf treue Hingebung in ihrem Berufe und auf vollständige Pflichterfüllung gegen ihre Arbeitgeber hinzuwirken. Gegen ihn wandte sich Schulze mit scharfen Worten: „Wie sollen wir" — fragte er — „den Arbeitervereinen einen Rat geben, die uns gar nicht gefragt haben? Der Kongreß ist nicht berechtigt, indirekt die Arbeiter zu beschuldigen, als hätten sie bisher nicht das getan, was wir ihnen anraten wollen. Die Arbeiter sind mitten im Werk, für sich selbst eine würdige Stellung anzustreben; der Kongreß ist nicht berufen, es für sie zu tun, das würde die Arbeit ihrerseits nach allen Richtungen antasten. Davor wollen wir uns hüten."

* * *

Man macht es heute häufig der Fortschrittspartei zum Vorwurf, daß sie für die Arbeiterbewegung bei dem Beginn kein genügendes Verständnis gehabt habe, und sie dadurch ihre eigenen dem Liberalismus entgegengesetzten Wege habe gehen lassen. War dies aber nicht in den Zeitverhältnissen begründet? Die Fortschrittspartei stützte sich und mußte sich stützen in dem Streite gegen die preußische Regierung auf das liberale Bürgertum. Neben ihm eine selbständige Arbeiterpartei etablieren wollen, hätte geheißen, auf die Hilfe des wichtigsten Bundesgenossen zu verzichten. Denn dieser sah keineswegs gleichmütig auf jene Emanzipationsbestrebungen. Seit Jahren hatte Schulze es als eine besondere Aufgabe betrachtet, dem Bürgertum die Furcht vor dem „roten Gespenst" zu benehmen — ein Beweis, in wie weiten Kreisen sie noch herrschte. Daher jene Klage gegen die Lassallesche Agitation: „Kaum haben sich die Arbeiter und die übrigen Klassen der Gesellschaft einander genähert, sich gegenseitig kennen und achten gelernt, kaum beginnen die höheren Gesellschaftsschichten den Versuchen der Arbeiter, sich Bildung und Kapital in erhöhtem Maße zu verschaffen, mit allgemeiner Teilnahme zu folgen und kommen ihnen von allen Seiten entgegen — da wirft man wieder diesen unseligen Zwiespalt hinein und sucht die Arbeiter gegen den Besitz zu hetzen, sie mutwillig um jene Sympathien zu bringen!"*) Dies war ja dieselbe Anschauung, welche in der liberalen Presse zum Ausdruck kam; nicht anders hatte es

*) Arbeiterkatechismus Bd. II S. 172/173.

Adolf Streckfuß, der Redakteur der Volkszeitung, gemeint, als er bei dem ersten Auftauchen des Planes der Berufung eines Arbeiterkongresses die Arbeiter dort beschwor, angesichts der gespannten politischen Situation auf ihre Agitation und den Kongreß vorläufig zu verzichten, da man alles vermeiden müsse, was der Reaktion Wasser auf ihre Mühle liefere und Spaltung in die Volkspartei bringen könne. Streckfuß war dabei als unentwegter Anhänger des allgemeinen Wahlrechts angesehen.*) Mit scharfem Instinkt hatten die Führer der konservativen Partei erkannt, daß diese Frage geeignet sei, Zwietracht unter den Liberalen zu säen. Der Redakteur der Kreuzzeitung, H. Wagener, machte frühzeitig darauf aufmerksam, daß die Aufrollung des allgemeinen Wahlrechts einen Keil in die Einheit des Bürgertums und der Arbeiterschaft treiben werde, und er mahnte seine Freunde, sich diesen Vorteil nicht entgehen zu lassen. Hatten sich doch aus dem gleichen Grunde schon bei Aufstellung des ersten Programms der Fortschrittspartei so gewichtige Stimmen wie diejenige von Mommsen, v. Unruh u. a. der Aufnahme des Wahlrechts unter die Forderungen der Partei widersetzt.

Und Schulze selbst? Daß er für das Zugeständnis des allgemeinen Wahlrechts an alle Staatsbürger war, hatte er schon vor Lassalles Auftreten ausgesprochen.**) Die Behauptung, Schulze habe nicht begriffen, daß eine Verbesserung der Lage des Arbeiterstandes von dem Hilfskassenwesen und der Versicherung gegen Krankheit und Alter, Tod und Unglücksfälle abhänge,***) ist ganz unhaltbar. Bereits 1849 und 1850 hatte Schulze in Delitzsch solche Kassen in das Leben gerufen; in der Berliner Arbeiterversammlung vom 2. November 1862 zur Besprechung des in Leipzig geplanten Kongresses bezeichnete er die Beratung von Statuten für Arbeiterassoziationen und Invalidenkassen als „den wichtigsten Punkt ihres Programms, den sie auf keinen Fall abändern mögen".†) Wohl hat Schulze in dem Arbeiterkatechismus††) gesagt, daß durch die Errichtung von Kranken-, Invaliden- und Altersversorgungskassen die Lösung der

*) Als im Herbste 1863 Schulze sowohl in Berlin als in Barmen als Landtagsabgeordneter gewählt worden war, versuchten die radikalen Berliner Arbeiterkreise, Schulze zum Verzicht auf das Berliner Mandat zu bewegen, um Platz für Streckfuß zu schaffen, der als Vertreter der schärferen Tonart im inneren Konflikte galt. Schulze wollte jedoch seinem alten Wahlkreise nicht untreu werden. (Bernstein, Berliner Arbeiterbewegung S. 118.)

**) Bd. II N. 111.

***) Schmoller a. a. O. S. 264.

†) Bd. II S. 19.

††) Bd. II S. 147.

Arbeiterfrage nicht zu erreichen sei; er hat aber ihren Wert ebensohoch als denjenigen der Gewerbefreiheit und Freizügigkeit eingeschätzt, welche Lassalle als etwas Unwesentliches bei Seite schob. Nur in diesem Zusammenhang ist jene Äußerung zu verstehen. Noch weniger kann man seine früheren Ausführungen über „Assekuranz und Almosen"*) zum Beweis heranziehen, wo Schulze hauptsächlich wie so oft von der Errichtung von Unterstützungskassen ohne genügende rechnerische Grundlage gewarnt hatte. Welches Interesse er aber auch in der Folgezeit gerade diesen Fragen zuwandte, zeigt sein jahrelanges Eintreten für die gesetzliche Regelung des Hilfskassenwesens — 1869—1876 —,**) wo er immer wieder dessen ausschlaggebenden Wert für die Wohlfahrt der arbeitenden Klasse hervorhob und seine Sicherstellung vor polizeilicher Bevormundung forderte.

Dagegen würde Schulze seine ganze Vergangenheit verleugnet haben, hätte er in die Abtrennung der Arbeiter von dem Bürgertum zu einem besonderen Stande gewilligt. Sein Fehler war, daß er die Lage des Lohnarbeiters von derjenigen des kleinen Handwerkers nicht zu unterscheiden wußte und in der Besserung der letzteren auch die Besserung der ersteren sah. Daß aber Schulze von dem Heilmittel der Staatshilfe nichts wissen wollte, war für ihn selbstverständlich. Der Widerstand hiergegen war das A und das O seiner öffentlichen Betätigung. Alle anderen Punkte in dem Programm Lassalles traten verglichen damit zurück — hier gab es keine Übereinstimmung. Selbst um den Preis der Erhaltung der Zusammengehörigkeit der Arbeiter mit der bürgerlichen Partei hätte Schulze ein solches Opfer an seiner Überzeugung nicht gebracht und auch — wollte er sich nicht selbst untreu werden — nicht bringen können.

Die Stärke, welche die sozialdemokratische Bewegung in späteren Jahren erfahren hat, läßt uns vergessen, wie geringen Eindruck Lassalles Agitation anfangs in der Arbeiterschaft, ja gerade unter den Berliner Arbeitern machte. Sehr zutreffend wird die Beurteilung, welche diese beiden Persönlichkeiten angedeihen ließen, von Bernstein***) charakterisiert: „Die Tonart, die Lassalle in seinen öffentlichen Erklärungen gerade in Berlin anschlug, sowie andere Äußerlichkeiten stachen für den Mann aus dem Volke unvorteilhaft von dem etwas spießbürgerlichen, aber einer ge-

*) In der Schrift: „Die arbeitenden Klassen und das Assoziationswesen in Deutschland" Bd. I S. 215ff.

**) Bd. II S. 433f.

***) Berliner Arbeiterbewegung S. 112.

wissen Wärme für den Arbeiter nicht entbehrenden Auftreten Schulze-Delitzschs ab, zumal dieser für den altpreußischen Arbeiter der Mann war, der in der Reaktionszeit tatkräftig sich seiner angenommen hatte. Auch sahen die sozialpolitischen Vorschläge Schulze-Delitzschs immerhin mehr nach Wirklichkeit aus als Lassalles Genossenschaftsplan. Dieser war Zukunftsmusik, eine Staatssubvention von seiten des gegebenen Preußischen Staates konnte für die Arbeiter bestenfalls nur ein Danaergeschenk sein. So erschien bei Lassalle alles luftige Spekulation, im Arbeiterverein Schulze-Delitzschs aber diskutierte man alle möglichen, anscheinend praktischen Unternehmungen. Schulze selbst und Schüler von ihm hielten Vorträge über die Praxis des Genossenschaftswesens; die Gründung von Konsumvereinen und ähnlichen Unternehmungen, wie Speiseanstalten und Vereine zur Beschaffung billigen Brennmaterials, von Spar- und Vorschußkassen, sowie von Produktivgenossenschaften wurde in Angriff genommen, man erörterte eine Wiederbelebung der Arbeiterverbrüderung und beschäftigte sich demgemäß auch lebhaft mit der Frage des Koalitionsrechtes, während Lassalle sich in einer der ersten seiner Versammlungen recht doktrinär gegen die gewerkschaftlichen Koalitionen ausgesprochen hatte." Schulze konnte daher sehr wohl in dieser Stellungnahme der Berliner Arbeiterschaft eine Rechtfertigung seiner eigenen Haltung gegenüber der Arbeiterfrage erblicken.

XI. Der Schulze-Delitzsch-Fonds.

Bis zu seiner Übersiedelung nach Potsdam hatte Schulze seinen Lebensunterhalt wesentlich aus dem Ertrag der juristischen Ausarbeitungen gefunden, die er für seinen Freund, Rechtsanwalt Weise in Delitzsch, anfertigte. Die Einkünfte aus seiner genossenschaftlichen Tätigkeit waren bis dahin sehr bescheiden geblieben. Noch 1861, nachdem seine Familie größer geworden war, schrieb er an Bennigsen, daß er sich um Vermehrung seiner Einnahmen umsehen müsse.*) Diese Verhältnisse waren seinen Freunden nicht unbekannt. Auf dem Vierten Genossenschaftstage in Potsdam — Juni 1862 — ward daher in engerem Kreise angeregt, ein Kapital als Ehrengabe für ihn unter den Genossenschaften aufzubringen; Schulze, welcher davon hörte, lehnte den Gedanken mit Entschiedenheit ab. Aber im folgenden Jahre tauchte der Vorschlag von neuem auf. Der Vorstand des Berliner Darlehnskassen-Vereins der Bezirke 102 A—D wandte sich in einem Rundschreiben aus der Feder Bensemanns an die deutschen Genossenschaften — 4. April 1863 —, worin er u. a. sagte: „Wir wissen, daß nicht allein die Sorgen um des Vaterlandes Wohl und Wehe und um die Verbesserung der Lage des Handwerkers und Arbeiters die Lebenskräfte unseres Freundes schnell absorbieren, sondern daß auch die leidigen Geldsorgen sein energisches Streben durchkreuzen ... Wem möchte aber wohl, um ihn gegen äußere Lebenssorgen sicherzustellen, eine heiligere Verpflichtung obliegen, als den deutschen Genossenschaften?! ... Ist er nicht unser größter Wohltäter, der mit Aufopferung von Lebenskraft und Gesundheit in unermüdlicher Arbeit und mit nimmer rastender und stets schlagfertiger Geisteskraft einer großen Volkszahl die bis dahin verschlossenen Quellen des Kredits geöffnet und die Selbständigkeit und das Vertrauen der Genossenschaftsmitglieder erweckt und gestärkt hat?“ Das Rundschreiben rechnete, daß die Genossenschaften etwa 50000 Mitglieder umfassen würden, und diese bei Selbsteinschätzung ein Kapital von etwa 25000 Talern Schulze zur freien Verfügung stellen könnten. Die Übergabe sollte im Laufe des Sommers erfolgen.

---

*) Vgl. Bd. IV S. 46f.

Fast in denselben Tagen waren in Berlin auf Veranlassung des Präsidenten Lette eine Anzahl politischer Freunde Schulzes aus allen Teilen Deutschlands und seiner Mitarbeiter in dem Volkswirtschaftlichen Kongresse mit einer gleichen Aufforderung an Geistes- und Gesinnungsverwandte hervorgetreten. „Leistung um Gegenleistung" — führten sie aus — „heißt das Gesetz, auf welchem die Ordnung allen Güterlebens und Verkehrs unter den Menschen wie unter den Völkern beruht. Nicht würdig ist es deshalb, von seinen Mitbürgern Gaben und Geschenke zu verlangen und zu nehmen ohne Gegengabe, nicht recht, uneingedenk empfangener Leistungen der Schuldner zu bleiben seines Mitbürgers ... Unseres Freundes Schulze-Delitzsch gemeinnütziges und patriotisches Wirken auf allen Gebieten des Volks- und Staatslebens ist in ganz Deutschland in allen Klassen des Volkes bekannt. Ausdauernd und unermüdlich wie wenige, mit nie erlahmender Tätigkeit, mit stets frischer Begeisterung wirkt er ebenso für die wirtschaftliche und bürgerliche wie für die politische Freiheit, vor allem auch für die Einheit unseres großen deutschen Vaterlandes. Er gehört zu den beredtesten Kämpfern gegen jede unberechtigte Beschränkung und Unterdrückung, gegen jeden eigensüchtigen und engherzigen Widerstand auf dem Gebiete des Fortschritts. Er ist es, der dem Gedanken zur Bildung wirtschaftlicher Genossenschaften unter den mittleren und kleineren Handwerkern und Arbeitern auf dem Boden der wirtschaftlichen Freiheit die Bahn öffnete und dadurch zur Wiederbelebung und Kräftigung des kleineren und mittleren Gewerbes so wesentlich beitrug. Er hat am erfolgreichsten die Arbeiter aller Klassen hingewiesen auf die unversiegbarste Quelle des materiellen Wohlstandes, auf die eigene Hilfe und Selbstverantwortlichkeit, welche die Bildung und die sittliche Freiheit zu ihrer Grundlage haben und deren Ergebnis die Menschenwürde ist in jedem Gliede des großen Gemeinwesens ... Wohlan denn, erfüllen wir nicht bloß eine Pflicht der Dankbarkeit für geleistete Dienste, sondern suchen wir den Freund und Lehrer des Volkes auch in unserem allseitigen Interesse in ungetrübtem Fortwirken dauernd zu erhalten. Begnügen wir uns nicht mit dem Troste des Nachruhms, den künftige Geschlechter verdienstvollen Volkswohltätern zollen, sondern beweisen wir dem Lebenden, wie wir uns seines Wirkens freuen, und sorgen wir durch die Zeugnisse unserer Dankbarkeit, daß er nicht ein Opfer seiner Uneigennützigkeit werde, daß er vielmehr noch lange zu seinem Ruhme und unseres Volkes Wohlfahrt sorgenfrei und segensreich fortwirke!"

Die Sammlungen konnten Schulze nicht verborgen bleiben; widerstrebend gab er seine Zustimmung unter der Bedingung, daß er die aus den genossenschaftlichen Kreisen fließenden Gelder zum Erwerb eines eigenen Hauses in Potsdam verwenden, über den Rest aber zu gemeinnützigen Zwecken verfügen dürfe. Später wollte er auch die erstere Bedingung nicht Wort haben, sondern nur 8000 Taler dazu verbraucht wissen. Energisch mußte ihn Bensemann an seine Zusage mahnen. „Sie haben mir feierlich versprochen" — schrieb er ihm am 27. August —, „daß die Summen, mit welchen die Genossenschaften beim Schulze-Delitzsch-Fonds beteiligt sind, zu einem Grundstück verwendet werden sollen. Selbstverständlich sollen Sie selbst das Grundstück bestimmen. Bei den Sammlungen konkurrieren die Deutschen Genossenschaften bis jetzt mit 18 790 Talern; wo bleiben da Ihre 8000 Taler? ... Das sage ich Ihnen im voraus: Ich kündige Ihnen meine Freundschaft, wenn Sie unsere Abmachungen in irgendeiner, Ihnen oder Ihrer lieben Familie nachteiligen Weise abändern wollen; der ganze Sinn unserer Sammlung ginge verloren, wenn Sie uns so kommen! Ganz offen gestanden, wird es wenig Anklang finden, wenn Sie einen Teil des Kapitals nach Ihrem Tode der Anwaltsstelle vermachen. Die Genossenschaften werden den späteren Anwalt schon besolden. Für solchen ungewissen und unbekannten Jemand Kapitalien sammeln, ist jedoch schreiendes Unrecht. Die Sammler sagen: nicht für eine zukünftige unbestimmte Persönlichkeit, ja nicht einmal für ein bestimmtes Prinzip (Genossenschaftswesen) wollen wir eintreten, sondern für einen gewissen Mann, den wir lieben und ehren. Viele würden uns sogar angreifen und sagen: nicht für die Genossenschaften, sondern für Schulze-Delitzsch haben wir gezeichnet, ihm allein die Remuneration für jahrelange Arbeit und Tätigkeit, keinem Fremden!" So gab denn Schulze nach.

Es war charakteristisch, daß unabhängig von beiden Anregungen vier Wochen vorher noch von dritter Seite eine Ehrung für Schulze in Angriff genommen worden war. Im März hatte sein Freund Henneberg in Gotha sich an die deutschen Genossenschaften mit der Aufforderung gewandt, ihn, nachdem er im Vorjahr jedes Geldgeschenk abgelehnt habe, mit einem „Liebeszeichen" zu erfreuen, das ihm von „der nachhaltigen Gewißheit der Liebe und Verehrung Gleichstrebender" Zeugnis geben sollte. Hierfür schlug er die Herstellung eines künstlerisch ausgestatteten Albums und den Ankauf „eines Fasses des besten weißen Rheinweintischtrunks" sowie eines silbernen Pokals vor. Die Kosten berechnete er auf 700—800 Taler. Als Henneberg von dem beabsichtigten Nationaldanke hörte, zog er sofort seinen Plan zurück und beschränkte sich auf die Sammlung der Albumblätter.

Am 4. Oktober*) fand im Beisein einer großen Anzahl heimischer und auswärtiger Freunde die feierliche Überreichung der Geschenke an Schulze in Potsdam statt. Präsident Lette konnte ihm mit einer warmen Ansprache eine Anweisung über 47000 Taler einhändigen, indem er die Hoffnung, ja die sichere Erwartung aussprach, Schulze werde die Gabe in dem Sinne, in welchem sie geboten werde, zum vollen, freien Eigentum für sich und seine Familie annehmen. Schulze antwortete mit tiefer Bewegung, daß er die Gabe annehme, um wie bisher wirksam sein zu können und um seine Wirksamkeit wenn möglich in dieser Beziehung noch auszudehnen. „Doch allen Gebern würde daran gelegen sein, daß dies in würdiger Weise geschehe, daß vor allem die sittlichen Grundlagen seiner Beziehungen zum deutschen Volke und insbesondere zum deutschen Arbeiterstande nicht erschüttert würden; darüber werde er sich mit seinen Freunden verständigen, und er sei überzeugt, sie würden ihm hierbei helfen zur Förderung der gemeinsamen Sache und zum Frommen der Nation.“ Ein Vertreter der deutschen Genossenschaften überreichte als besonderes Ehrengeschenk sodann einen großen silbernen Humpen**) und Henneberg das in den deutschen Farben gebundene Album mit 36 Blättern aus den verschiedensten Teilen Deutschlands: es sei das Bedürfnis des deutschen Volkes, seinen Führern nicht nur treu zu folgen, sondern ihnen auch gemütvoll nahezustehen; dem versuche seine Gabe einen Ausdruck zu verleihen, und er lege sie mit Genugtuung in die Hände des Mannes, der die deutschen Handwerker und Gewerbetreibenden ans Sonnenlicht der Freiheit gebracht habe.***) Ein Faß Rheinwein hatten schon vorher Schulzes Freunde in Rüdesheim und in 49 anderen rheinischen Städten zur Feier gesendet.

Tags darauf sprach Schulze öffentlich seinen Dank in würdigen Worten aus, um dann fortzufahren: „Es ist meines Wissens das erste Mal in Deutschland, wenigstens innerhalb der liberalen Partei, daß man, um die Tätigkeit eines Mannes für die gemeine Sache zu erhalten, ihm

*) Koburger Allg. Deutsche Arbeiterzeitung Jahrgang 1863, Nr. 43.

**) Der Humpen trug neben der Widmung die Embleme des Handwerks, des Handels, der Kunst und der Industrie, sowie die Namen sämtlicher 280 geschenkgebenden Genossenschaften. Schulze hat ihn dem Allgemeinen Genossenschaftsverbande mit der Bestimmung zurückgeschenkt, daß er alljährlich auf dessen Jahresversammlung im Kreise der Teilnehmer die Runde mache.

***) Von den meistens mit den Ansichten der Orte der Geschenkgeber künstlerisch ausgestatteten Albumblättern waren es besonders drei, welche bei Schulze stets besondere Freude erregten. Der Vorschußverein zu Pasewalk hatte geschrieben: „Du bist unser Schulze! Das ist der höchste Titel, den ein dankbares

die Mittel zu seinem Lebensunterhalt bietet. Desto ernster und größer ist aber eben deshalb die Verpflichtung, welche damit an mich herantritt ... Ich werde daraus, den Absichten der Geber gemäß, mir Erleichterung und die mit wachsender Arbeit nötig werdende Hilfe schaffen, mich von manchen Sorgen für meine und der Meinigen Zukunft befreien, mir eine feste Häuslichkeit gründen. Ich darf hoffen, mich länger und frischer in meiner Tätigkeit zu erhalten, mehr wie bisher durch Reisen in den verschiedenen Teilen Deutschlands für meine Bestrebungen wirken zu können. Aber alles dies kann und wird durch den zusammengebrachten Fonds in einer Weise erreicht werden, daß derselbe nicht bloß mir während meiner Wirksamkeit, sondern nach meinem Abtreten dauernd auch anderen Männern, deren Kräfte nach irgendeiner Richtung für die gemeine Sache in Anspruch genommen werden, zustatten kommt ... Zu den inneren und äußeren Bedingungen meiner Wirksamkeit, zur Erhaltung der echten Freudigkeit am eignen Tun sowie der allein wirksamen Stellung in sozialer wie in politischer Hinsicht gehört aber vor allem: daß ich rücksichtlich der Hauptquellen meiner äußeren Existenz auf mich selbst angewiesen bleibe ... Den meisten Anklang, namentlich unter unseren Arbeitern wird naturgemäß immer der finden, der seinen Unterhalt gleich ihnen aus seiner Arbeit zieht und in einer so wichtigen Beziehung mit ihnen auf gemeinsamem Boden steht ... Daher mag ich wohl eine Steigerung der mir zu gewährenden Gegenleistung für meine Tätigkeit (innerhalb des Genossenschaftswesens) auf angemessene Höhe, sowie die Gewährung von Mitteln zur Besoldung von Gehilfen annehmen, weil dies das Prinzip dieser Tätigkeit selbst nicht alteriert, nicht aber die

Volk Dir verehrte, Tränen der Liebe und Dankbarkeit rinnen in tausend Hütten auf Dein Bild, das ist der höchste Orden, den kein Fürst Dir verleihen kann."

Die Schuhmachergenossenschaft in Wolfenbüttel rief ihm zu:

„Waffen gibt's von geist'gem Stahle, die nur Knechtsinn je kann tadeln,
Helden gibt es, die der Arbeit emsig Mühen geistig adeln;
Ihren treusten Waffenträger wird die Zeit der Nachwelt melden:
Dich den Mann voll Geist und Treue nennen stolz wir unsern Helden!"

Die Adresse des Vorschußvereins Anklam lautete:

„Wie offen huldigt man dem Hochverrat!
Jetzt wollen sie gar Schulze — Deutschland nennen,
Den Mann, den wir als Steuerweigerer kennen!
So schrein Ohnmächt'ge, deren Ende naht ...
Und wenn sie längst vergessen und verschollen,
Wird Dir dereinst im freien Deutschland keiner
Der Liebe und Verehrung Steuer weigern!"

Schenkung eines ganzen Vermögens, welches auf die Zukunft hin mich der Selbstsorge für mich und die Meinigen überhöbe und es gleichgültig machte, ob und wieviel ich ferner auf dem erwählten Felde arbeite ... Wird selbst ein unerheblicher Teil der Gabe zum Erwerb einer bescheidenen Häuslichkeit für mich erwartet — ein Punkt, in welchem ich dem wiederholten Drängen der deutschen Genossenschaften nachgegeben habe —, so sind doch die Zinsen des dann noch verbleibenden eigentlichen Stammkapitals mehr als ausreichend für mich, die nötigen Hilfsarbeiter anständig zu besolden, den Bureauaufwand zu decken, die Kosten von Reisen zu bestreiten und nach Befinden selbst einen Überschuß zum Honorar noch zu gewähren. Daher muß das Kapital unangetastet erhalten, in Form einer bleibenden Stiftung der Einzelverfügung entzogen und der Verwaltung eines Komitees unterstellt werden mit der Bedingung, daß mir, so lange ich lebe, eine Stimme in diesem Komitee zusteht, und daß die Zinsen nach meinem Rücktritt zur Besoldung solcher Männer verwendet werden, deren Wirken und Tatkraft man in der öffentlichen Sache zum Besten des gesamten deutschen Vaterlandes in nationaler, politischer oder sozialer Hinsicht in Anspruch nimmt. — Auf diese Weise wird, anstatt bloß einen einzigen Mann zu stützen, etwas Bleibendes geschaffen zum Wohle des gesamten Vaterlandes, der Grund zu einem Fonds gelegt, aus dem die Nation Arbeiter lohnt in der gemeinen Sache. So erhebt sich Ihr Unternehmen zu einer nationalen Tat, und der Empfänger solchen Soldes fühlt sich nicht wie beim Empfang einer Wohltat herabgedrückt, sondern gehoben im Dienste der Nation, welche seine Arbeit verlangt und honoriert ... Seien Sie überzeugt, ich weiß das lebhafte wiederholte Andringen von Ihrer Seite, das ganze Kapital für mich und die Meinen zum freien Eigentum zu behalten, nach seinem vollen Wert zu schätzen. Aber wenn Ihnen ziemte, zu geben auf Ihre Weise, frei und unbedingt, so ziemte es mir, zu nehmen nach der meinen, d. h. bedingt, weil ich nur so die innere Freiheit, den wahren Boden meiner Wirksamkeit zu bewahren imstande war, ohne welche ich in dieser Wirksamkeit, die doch einzig das Motiv Ihrer Gabe bildet, gelähmt worden wäre."

Aber diese Entschließung fand keineswegs bei allen seinen Freunden Billigung. Berthold Auerbach gab der Enttäuschung offenen Ausdruck. „Schulze-Delitzsch will die freie Gabe des deutschen Volkes nicht für sich annehmen" — schrieb er — ...*) „Wie oft und schwer ist die Klage: Deutschland ehrt seine Männer nicht genug im Leben! Nun tritt einmal

*) Deutsche Blätter, Beilage zur Gartenlaube, Jahrg. 1863, Nr. 43.

eine schöne Großtat ein, und der Besten einer will sie nicht an sich vollziehen lassen ... Sein Brief gibt neues Zeugnis von der reinen und hohen Gesinnung des seltenen Mannes; aber bei alledem bleibt die Ablehnung, und es muß gerade herausgesagt werden: Schulze-Delitzsch vereitelt damit nicht nur die an ihm vollzogene Guttat, sondern macht damit auch jede fernere große Guttat des deutschen Volkes an einem verdienten Manne fraglich oder gar unmöglich ... Aus diesem Grunde — und wäre kein anderer da — muß Schulze-Delitzsch die Gabe ohne Klauseln annehmen und muß gegen jede Ablehnung Einsprache erhoben werden ... Ein anderes wirkt in dem Ablehnungsschreiben von Schulze-Delitzsch mit. Es ist keine Frage, daß die Gemeinheit, die neu aufgewärmte kommunistische wie die junkerliche, die reine unbefangene Tat von Schulze-Delitzsch begeifern würde. Darf aber das abhalten von jenem ewigen Grundsatze: „tue recht und scheue niemand?" Es ist eine wunderbare Sache, wie das Bewußtsein von der Gemeinheit der Welt uns oft im Edelsten lähmt und hemmt ... Aber die Gemeinheit soll nicht für Schulze-Delitzsch da sein. Es soll auch von ihm heißen:

„Und hinter ihm, im wesenlosen Scheine
Lag, was uns alle bändigt, das Gemeine."

Die Gesamtsumme der Sammlung belief sich auf etwa 56000 Taler; 20000 Taler verwandte Schulze zum Ankauf seines Wohnhauses in Potsdam — des „Genossenschaftshauses", wie er es gern nannte —, den Rest von 36000 Taler überwies er entsprechend seiner Erklärung dem „Schulze-Delitzsch-Fonds". Zu dessen Verwaltung berief er zunächst Rudolf von Bennigsen, Rechtsanwalt Fries-Weimar, Rechtsanwalt Henneberg-Gotha, Buchhändler Ernst Keil-Leipzig, Rechtsanwalt Schenck-Wiesbaden, Bureauchef Bensemann-Berlin, Kommerzienrat L. Reichenheim-Berlin und Buchhändler Franz Duncker-Berlin.

Um den Charakter der Stiftung sicherzustellen, bedurfte sie der Rechte einer juristischen Person. Da Schulze Bedenken trug, deren Anerkennung in Preußen nachzusuchen, so wandte er sich an die Gothaische Regierung. Dort wollte man anfangs die Stiftung, deren Kapital bis heute unverändert geblieben ist, als eine für Woltätigkeitszwecke dienende ansehen, und es scheint erst der Vermittlung Gustav Freytags gelungen zu sein, alle Schwierigkeiten aus dem Wege zu räumen.

XII. Der Verfassungskonflikt I.*)

Als Schulze im Frühjahr 1861 in die preußische Zweite Kammer eintrat, war die Begeisterung der Bevölkerung über die ersten Schritte des Ministeriums der neuen Ära bereits verflogen. Man war unzufrieden, daß die erwarteten inneren Reformen nicht rasch genug durchgeführt wurden, und daß die Regierung in der deutschen Frage nicht einen festen Standpunkt einnahm. Einen offensichtlichen Gegensatz in den Anschauungen zwischen Abgeordnetenhaus und Ministerium hatte aber die von letzterem ausgearbeitete Militärvorlage — Februar 1860 — gezeitigt.

Die preußische Kriegsverfassung beruhte auf den Gesetzen von 1814 und 1815, welche bei allgemeiner Wehrpflicht die Mannschaft für drei Jahre den Linienregimentern und für weitere zwei Jahre deren Kriegsreserve, sodann für sieben Jahre dem ersten und für sieben weitere Jahre dem zweiten Aufgebot der Landwehr zuwiesen. Im Felde würden Linie und Landwehr ersten Aufgebots die aktive Feldarmee, das zweite Aufgebot aber die Besatzungen der Festungen bilden. Im Jahre 1815 betrug die Ziffer der Bevölkerung etwas über 11 Millionen, diejenige der jährlich zur Aushebung gelangenden 40 000 Köpfe. Nach 40 Jahren war die Bevölkerung auf fast 18 Millionen und damit die jährliche Zahl der Dienstpflichtigen auf 65 000 Köpfe gestiegen, während die Regimenter nach wie vor nur 40 000 aufnehmen, ausbilden und dann der Landwehr zuweisen konnten, dagegen aber jährlich 24 000 junge Männer völlig dienstfrei blieben. Dieser Mißstand war bei den Mobilmachungen von 1849, 1850 und 1859 klar zutage getreten. Von den Landwehrmännern waren etwa die Hälfte verheiratet und Familienväter gewesen, deren Tod einen ganzen Hausstand zugrunde richten mußte, welche aber trotzdem dem feindlichen Feuer ausgesetzt wurden, während viele Tausende ledige Jünglinge zu Hause blieben. Ferner zeigte sich mit der Zeit ein immer größerer Abstand zwischen den Offizieren der Linie und denen der zum Kriege einberufenen Landwehr. Jene waren Berufssoldaten und enge mit den Truppen verwachsen, diese zum größten Teil aus früheren Einjährig-Freiwilligen hervorgegangen, welche sonst in ihren bürgerlichen Berufen

*) Vgl. Bd. IV S. 1ff.

lebten und erst bei der Mobilmachung mit ihren Truppen bekannt wurden. Wie ihre Mannschaft waren sie im Anfang der Sicherheit der taktischen Bewegungen entwöhnt, und trotz aller Kraft und Tapferkeit waren die innere Zusammengehörigkeit und militärische Leistungsfähigkeit beider geringer als diejenige der Linie. Alle diese unzweifelhaften Mängel waren in dem badischen Feldzug — 1849 — in unverhältnismäßig großen Verlusten der Landwehr zutage getreten. Die militärischen Fachkreise benutzten daher die Ruhepause der fünfziger Jahre, geeignete Reformen vorzubereiten, und am 10. Februar 1860 legte die Regierung dem Abgeordnetenhause einen Gesetzentwurf vor, der die jährliche Aushebung von 40000 auf 63000 Köpfe steigerte und aus dieser Vermehrung die Neubildung von 39 Infanterie- und 10 Kavallerieregimentern vorsah. Dagegen sollte die Landwehr ersten Aufgebots geteilt, ihre drei jüngeren Jahrgänge, in denen die Unverheirateten überwogen, der Kriegsreserve der Linie zugeteilt, die vier älteren aber aus der aktiven Feldarmee ausgeschieden und mit dem zweiten Aufgebot als Besatzungstruppe den Festungen überwiesen werden. Die Mehrkosten der künftigen Feldarmee stellten sich bei nahezu gleicher Stärke mit der alten auf jährlich $9\frac{1}{2}$ Millionen Taler. Der Reformplan war nicht zum wenigsten das eigenste Werk des Prinzregenten; seine hauptsächlichste Hilfe hatte er an dem Kriegsminister von Roon gefunden, welcher der Institution der Landwehr wenig geneigt war, besonders weil in ihr in den Revolutionsjahren infolge der durch die politischen Ereignisse hervorgerufenen Erregung vereinzelte Verstöße gegen die Disziplin vorgekommen waren.

Die Kommission des Abgeordnetenhauses, die sich mit der Beratung der Vorlage beschäftigte, wählte zum Berichterstatter den Generalmajor a. D. Stavenhagen, im Gegensatze zu Roon ein überzeugter Anhänger der Landwehr, der Schöpfung der Befreiungskriege, des Volkes in Waffen. Auf seinen Antrag wurde die angesonnene Ausscheidung der Landwehr aus der Feldarmee verworfen, dagegen der Truppenvermehrung zugestimmt, hiervon jedoch zugleich die Einführung der zweijährigen Dienstzeit für die Infanterie abhängig gemacht, wodurch ein Drittel der Kosten erspart werden konnte. Die Regierung zog den Gesetzesentwurf daraufhin zurück; sie verlangte indessen die Bewilligung von 9 Millionen Taler für die nächsten 14 Monate „zum Zwecke der Aufrechterhaltung und Vervollständigung derjenigen Maßnahmen, welche für die fernere Kriegsbereitschaft und die erhöhte Streitbarkeit des Heeres erforderlich und auf den bisherigen gesetzlichen Grundlagen tunlich sind.“ In der Kommission hatte Finanzminister von Patow erklärt, daß der definitiven Regelung aller Fragen durch den Vorschlag nicht vorgegriffen werde; es handele sich um ein Provisorium, und alles könne wieder reduziert werden, wenn das Abgeordnetenhaus die Mittel später nicht bewilligen wolle. Zwar schränkte er nachher bei der Beratung im Abgeordnetenhause selbst seine Zusage dahin ein,*) daß die Regierung „den Zustand als einen provisorischen ansehe, weil sie davon ausgehe, daß die definitive Regelung der in Rede stehenden Verhältnisse nur das Resultat einer neuen Beratung mit der Landesvertretung sein könne, und sie werde an diese neue Beratung zu seiner Zeit herantreten mit dem vollen Vertrauen, daß es ihr gelingen werde, die Zustimmung der Landesvertretung für ihre Pläne zu gewinnen." Auch aus dieser Formulierung hörte die Mehrheit des Hauses nur die ursprüngliche Erklärung heraus, daß es sich um vorübergehende Maßregeln handele, welche bei einer Ablehnung durch den Landtag unter Herstellung des früheren Zustandes zurückgenommen werden würden.**) Die geforderten 9 Millionen Taler wurden daher fast einstimmig bewilligt. Der Prinzregent beklagte, als er im Mai die Session schloß, zwar die Beanstandung der Gesetzesvorlage, sah aber in der Gewährung der Geldmittel ein Pfand, daß die Notwendigkeit der Heeresreform richtig gewürdigt und die Lösung der zurückgestellten Fragen in kürzester Frist gelingen werde.

Bei der Natur des Prinzregenten, der zwar kein sonderlicher Freund der Verfassung, aber ehrlich gewillt war, sie zu halten, ist nicht zu zweifeln, daß er in gutem Glauben war, wenn er in der Kreditbewilligung die tatsächliche Zustimmung zu der Heeresreform sah und von der nächsten Session die endgültige Genehmigung der Kosten erwartete. Das Abgeordnetenhaus hielt dagegen an Patows erster Erklärung fest; die Enttäuschung war daher allgemein, als im Sommer die neuen Regimenter formiert wurden, da man sich sagen mußte, daß diese Maßregel nicht wieder rückgängig gemacht werden würde. Hieraus ergab sich die Verschiedenheit der gegenseitigen Auffassungen und die Doppeldeutigkeit des Provisoriums.***)

Am 2. Januar 1861 bestieg der Prinzregent an Stelle seines verstorbenen Bruders den Thron; noch in demselben Monat nannte er bei Eröffnung des Landtages die Heeresreform eine fertige Schöpfung mit der Mahnung an den Landtag, das Geschaffene zu bewahren und zu

*) Bd. IV S. 31 Anm. 1.

**) Vgl. Sybel II S. 378—381.

***) Sybel II S. 382.

fördern. Ein Gesetz über die Dienstpflicht hatte dagegen die Regierung nicht wieder vorgelegt, sondern die Neugestaltung des Heeres in den jetzt um 8 Millionen Taler erhöhten Positionen des Etats zur Anschauung gebracht.

Dies war die Situation, in welcher Schulze von dem dritten Berliner Wahlkreise das Mandat zum Abgeordnetenhause angeboten worden war — Februar 1861 —; die Kritik, welche er in seiner Kandidatenrede an den inneren und äußeren politischen Verhältnissen Preußens übte, ist schon früher mitgeteilt.*)

Wenige Wochen nach seinem Eintritt nahm er zugunsten der Forderung der geheimen Abstimmungen bei den Wahlen zum Abgeordnetenhause und eines Gesetzes betr. die Ministerverantwortlichkeit das Wort**) Fragen, die auch später wiederholt zur Sprache kamen und für welche sich Schulze ebenso oft mit Entschiedenheit einsetzte. Aus seiner und seiner näheren Freunde eigenen Erfahrung hatte er die Tyrannei der öffentlichen Stimmabgabe bei den Wahlen kennen gelernt; er wußte, wie sehr die Ausübung dieses wichtigsten bürgerlichen Rechtes den Staatsbürger mit berechtigter Sorge um seine eigene und der Seinigen Existenz bedrohte und nicht selten Veranlassung zu einer Art politischen Märtyrertums wurde. In seiner Rede zu der Frage der Ministerverantwortlichkeit wies er den von Mitgliedern der katholischen Fraktion erhobenen Vorwurf, die nationale Einigungsbewegung werde von dem Liberalismus als Parteiangelegenheit behandelt, auf das entschiedenste zurück. „Keine Partei" — rief er aus — „darf sich anmaßen, diese Bewegung in ihren Bereich zu ziehen, sie steht über allen Parteien, sie bewegt das ganze Volk, und wenn die demokratische Partei ihre Stellung dazu genommen hat, so hat sie wiederholt und öffentlich erklärt, daß vor der Gefahr des Vaterlandes jedes Parteiinteresse zurücktreten müsse, daß dem auswärtigen Feinde gegenüber es nur ein Volk und keine Parteien gebe, und daß eine Partei, die sich hier reserviert halten wollte, jeder Berechtigung ihrer politischen Existenz entbehre. Dies war die Stellung bei dieser großen nationalen Bewegung; dies ist sie noch. Man weiß, daß die Gefahr nur vertagt ist, nicht beseitigt, und so zieht sich diese Aufregung fort, bis in unsere Tage hinein. . . . Die Bewegung ist ebensowenig revolutionär, als sie irgendeiner Partei angehört."

Zu der großen Frage der Armeereorganisation nahm Schulze zuerst

*) S. 178 d. B.

**) 6. April 1861 und 20. August 1862, bzw. 29. April 1861 und 11. August 1862 Bd. IV S. 14ff. und 94ff., 19ff. und 90ff.

am 28. Mai in den Debatten über den Militäretat das Wort,*) wobei es sich um die Auslegung des im Vorjahr bewilligten Provisoriums handelte. Während Finanzminister von Patow erklärt hatte, daß die Regierung stets die Rechte des Hauses achten und die Lösung der schwebenden Fragen nicht außerhalb, sondern nur innerhalb der Verfassung suchen werde, hielt Kriegsminister v. Roon an dem Standpunkt fest, daß das Provisorium so lange Gültigkeit haben solle, bis durch Gesetz dauernde Einrichtungen geschaffen seien. Roon trat dabei mit beabsichtigter Schroffheit dem Hause entgegen,**) galt es für ihn doch zugleich darum, die gemäßigten liberalen Ideen seiner eigenen Kollegen zu bekämpfen. Mit dieser Absicht war er seinerzeit in das Ministerium eingetreten; charakteristisch dafür ist sein Brief an Professor Perthes in Bonn vom Dezember 1859, als über seine Berufung verhandelt wurde. „Bonin (der damalige Kriegsminister) — schrieb er — oder die hinter ihm stehenden Bureaukraten haben die irrige Ansicht erregt, die man freilich besser verräterisch zu nennen hat, in dem Prinzregenten sei ein Childerich zu behofmeistern, und zu bevormunden, und sein berechtigter Pipin sei der konstitutionelle Kriegsminister. Gottlob daß dem nicht so ist! wir wären damit der Volkssouveränität und der Republik einen großen Schritt näher gekommen." Er nannte sich selbst einen „Reaktionär" und sah mit Verachtung und Ingrimm auf die „Demokratie". Ihm war deshalb der beginnende Zwist zwischen König und der Mehrheit des Abgeordnetenhauses willkommen, um jenen aus der Bahn der liberalen Ära zu drängen. Als bestes Mittel erschien ihm, auf den König dahin einzuwirken, daß er in der Armee die festeste Stütze des Thrones finde, sie also stärken und ausbauen müsse. Daher auch seine Vorschläge, die Landwehr, welche sich wenig der Einwirkung der öffentlichen Meinung über die Politik der Regierung entziehen könne, zurückzuschieben und sie je mehr je besser durch das stehende Heer zu ersetzen, welches durch das eiserne Band der Disziplin zusammengehalten werde.

Diese Tendenzen waren es, gegen die ganz besonders sich Schulze in seiner Rede wandte. Für ihn und seine Freunde war die Landwehr die Verkörperung von Preußens glorreicher Erhebung; schon nahte die Zeit der fünfzigjährigen Wiederkehr der Befreiungsschlachten und ihrer Siege. An dem Landwehrsystem rütteln hieß für ihn eine der teuersten Errungenschaften des preußischen Volkes gefährden, und er konnte sich

*) Bd. IV S. 27ff.

**) Lenz S. 107.

dabei auf die Worte der Landwehrordnung selbst berufen. „Der Eifer, mit dem die Landwehr in den Provinzen unseres Staates errichtet ward, — hatte dort Friedrich Wilhelm III. ausgesprochen —, die Ausdauer, mit der sie in den Reihen der übrigen Krieger kämpfte, geben ihr gerechten Anspruch auf unseren Dank. Die Geschichte wird der Nachwelt diese Treue, diesen Mut als ein glänzendes Vorbild aufzeichnen . . . Durch die Errichtung der Landwehr zeigte es sich, daß sie auch fähig sei, fortdauernd zur Verteidigung des Vaterlandes beizutragen, da es durch ihre Beibehaltung möglich wird, die Kosten, welche sonst die Erhaltung der bewaffneten Macht forderte, zu vermindern und den einzelnen Kriegern früher als es sonst möglich war, seiner Heimat und seinem Gewerbe zurückzugeben." Das Abgeordnetenhaus genehmigte indessen nochmals die Kosten der neuen Einrichtungen für das laufende Jahr, jedoch nur im Extraordinarium, also als „einmalige und vorübergehende Ausgaben" unter Hinzufügung einer von Vincke beantragten Resolution, daß die Regierung spätestens dem nächsten Landtage ein Gesetz behufs Abänderung des Gesetzes vom 3. September 1814 über die Verpflichtung zum Kriegsdienste vorlegen solle.

Kurz darauf fand die Bildung der Fraktion der Deutschen Fortschrittspartei statt, an welcher Schulze hervorragenden Anteil nahm. Vergeblich hatte er, wie er an Bennigsen schrieb,*) die Benennung „Nationale Partei" vorgeschlagen. In einem ausführlichen Programm gab sie dem Lande die Richtlinien kund, von denen sie sich bei den Fragen der inneren und äußeren Politik leiten lassen wolle. Wieder wurde die Einigung Deutschlands unter einer in die Hände Preußens gelegten starken Zentralgewalt und ergänzt durch eine gemeinsame deutsche Volksvertretung in den Vordergrund geschoben. Zur Armeereform war gesagt: „Für die Ehre und die Machtstellung unseres Vaterlandes, wenn diese Güter durch einen Krieg gewehrt oder erlangt werden müssen, wird uns niemals ein Opfer zu groß sein; im Interesse einer nachhaltigen Kriegsführung aber erscheint uns die größte Sparsamkeit für den Militäretat im Frieden geboten. Wir hegen die Überzeugung, daß eine Aufrechterhaltung der Landwehr, die allgemein einzuführende körperliche Ausbildung der Jugend, die erhöhte Aushebung der waffenfähigen Mannschaft bei zweijähriger Dienstzeit für die vollständige Kriegstüchtigkeit des preußischen Volkes in Waffen Bürgschaft leistet."

Im November fanden die Wahlen statt; sie endeten mit einer voll-

*) Vgl. Bd. IV S. 47.

ständigen Niederlage der konservativen Partei, die auf 24 Stimmen zusammenschmolz. Schulze war in Berlin wiedergewählt worden, nachdem er vor den Wahlmännern nochmals die „voraussichtliche Haltung der Fortschrittspartei zu den an sie herantretenden Aufgaben" skizziert hatte.*) Das Abgeordnetenhaus würde das teuerste und wichtigste seiner Rechte, die Wurzel seiner Kraft, das Steuerbewilligungsrecht preisgeben, wollte es sich damit einverstanden erklären, daß das Ministerium absolut über die Staatsmittel verfügen könne. Dies hieße, das konstitutionelle Prinzip selbst verleugnen, um es dem Lande in einem bloßen Scheinleben ohne jede praktische Folge zu erhalten.

Zu der Probe hierauf kam es sehr bald. In der neuen Vorlage über das Wehrgesetz beharrte die Regierung auf ihrem alten Standpunkt indem sie zugleich die Einführung der zweijährigen Dienstzeit nach wie vor ablehnte. Ehe die Beratung im Hause selbst begann, entstand ein neuer Konflikt. Die Budgetkommission verlangte aus Anlaß eines Antrags des Abgeordneten Hagen-Stettin, daß eine größere Spezialisierung des Staatshaushaltes Platz greife, und diese schon in dem für das Jahr 1862 vorgelegten Etat vorgenommen werde. Dadurch sollte der Möglichkeit vorgebeugt werden, daß die von der Landesvertretung bewilligten Gelder nicht zu Zwecken verwandt würden, zu denen sie nicht bestimmt worden seien. Der Finanzminister war nicht unbedingt gegen den Antrag, wollte ihn aber der Belästigung der Rechnungsbehörden wegen nicht bereits auf das laufende Jahr ausgedehnt wissen und erklärte es zugleich für ausgeschlossen, daß die Regierung jemals eine Stelle besetzen werde, ehe sie durch den Etat genehmigt sei. In der Diskussion wies nun Schulze**) darauf hin, daß die Bewilligungen im Militäretat vom Mai 1860 nur auf ein Jahr zugestanden sei, vom Kriegsminister jedoch Offiziere und Militärbeamte auf Lebenszeit angestellt worden seien. Diese Fälle zeigten, wie sehr die Landesvertretung Ursache habe, ihre Rechte für die Zukunft zu sichern. Der Finanzminister wußte nur zu antworten, daß das Ministerium schon damals betont habe, die endgültige Besetzung der neuen Chargen sei notwendig, und angesichts dieser Erklärung, welcher das Haus nicht widersprochen habe, sei der Kredit bewilligt worden. In dieser Frage betrachte sich das Ministerium als solidarisch, und es fordere nunmehr die Ablehnung des Antrags. Trotzdem wurde er mit 171 gegen 143 Stimmen angenommen, worauf das Ministerium dem König seine Entlassung anbot; der König lehnte sie aber ab — 8. März 1862.

*) Bd. IV S. 50ff.

**) Vgl. Bd. IV S. 53ff.

Schon vorher waren bei dem Abgeordnetenhause Anträge eingebracht worden, welche die Regierung aufforderten, zur Lösung der deutschen Frage Schritte zu tun, welche unter Auflösung des 1848 gesetzlich aufgehobenen Bundestags die Bildung eines weiteren Bundes mit Österreich und eines engeren Bundes der übrigen deutschen Staaten mit einer durch Preußen geführten Bundesregierung und einem deutschen Parlament ermöglichten. Die Verhandlung darüber war auf den 11. März angesetzt, nachdem sich die Regierung vergeblich bemüht hatte, sie hintenanzuhalten, weil sie ihre eigene Arbeit für eine erreichbare Bundesreform vereiteln werde. Nun bot ihr der Antrag Hagen eine erwünschte Handhabe, der unbequemen Erörterung über die deutsche Frage aus dem Wege zu gehen: noch vor deren Beginn löste sie — 11. März — das Abgeordnetenhaus auf. Sofort trennten sich aber auch sämtliche liberalen Minister von ihren konservativen Kollegen Roon, von der Heydt und Graf Bernstorff; weil sie sich ohne Konzessionen an die Volksvertretung eine gedeihliche Wirksamkeit nicht versprachen; die neue Ära war zu Ende. Bei der Berufung der neuen Minister hatte namentlich Roon seinen Einfluß ausgeübt; aus seiner Gegnerschaft gegen die liberalen Ideen machte er weniger denn je ein Hehl. „Wenn die tendenziöse Opposition eines Unterhauses mit demokratischer Majorität dem gegenwärtigen Ministerium das Regieren unmöglich zu machen droht" — schrieb er schon im März an Perthes —, „so bin ich meinerseits zu allen Konsequenzen entschlossen, die sich daran knüpfen. Erst dann aber beginnt die eigentliche entscheidende Krisis; erst dann wird es sich fragen, ob die Krone sich selber treu bleiben will, sonst hätte ich freilich bisher umsonst gearbeitet und gerungen; denn eine Umkehr zu den Tendenzen des abgelebten Ministeriums wäre das Aufgeben des historischen Königtums in Preußen und die Inthronisation der Parlamentsherrschaft, die dann ohne Schwierigkeit mit klingendem Spiel als Siegerin einherziehen würde."

Anders lautete die Antwort, welche Schulze an die Urwähler seines Berliner Wahlbezirks auf eine Zuschrift gab, in welcher diese ihm ihre Anerkennung für seine bisherige Wirksamkeit aussprachen — 3. April —: „Das Bewußtsein der hinter ihnen stehenden Tausenden ist es, welches allein den Abgeordneten des Volkes die nachhaltige Kraft verleihen kann, deren sie jetzt doppelt bedürfen, wo es sich, wie bei uns, um den ernsten Ausbau der Verfassung, das Anbahnen wahrhaft konstitutionellen Lebens handelt, dessen Geist die Form unseres staatlichen Lebens noch nicht überall zu durchdringen und die herrschenden Kreise mit dem Aufgeben der absolutistischen Machtvollkommenheit auszusöhnen vermochte. Niemals hat sich ein solcher Übergang ohne lange und schwere Kämpfe vollzogen, und nur die feste Haltung des Volkes, sein mutiges Ausharren bei seinen Vertretern im Kampfe für das verfassungsmäßige Recht vermag die Bewegung, welche man wohl stören und augenblicklich hemmen, aber nimmermehr auf die Dauer unterdrücken kann, mit Innehaltung der gesetzlichen Schranken ihrem Ziele zuzuführen, wie wir alle dies zum Heile unseres Vaterlandes so dringend wünschen. Die Wähler von Berlin wissen, um was es sich handelt. Sie werden auf ihrem Posten sein, wann und wo es gilt!"

XIII. Fragen der auswärtigen Politik.

In dem neuen Ministerium, dessen tatsächlicher Leiter Finanzminister von der Heydt wurde, waren die auswärtigen Angelegenheiten in den Händen des Grafen Bernstorff geblieben, und ihm gelang es, gerade jetzt auf seinem Gebiete mehrere Erfolge zu erzielen. Zunächst in der kurhessischen Frage, von welcher schon früher die Rede war. Der Kurfürst, der bisher alle Mahnungen des Bundestags in den Wind geschlagen hatte, entschloß sich im Mai unter der Androhung des Einmarsches preußischer Truppen zur Wiedereinführung der Verfassung von 1831. Damit war einer wiederholt erhobenen Forderung des Preußischen Abgeordnetenhauses Genüge geleistet; die Befriedigung in ganz Deutschland war eine allgemeine. Ein späterer Versuch des Kurfürsten, nochmals das Recht seines Volkes zu beugen, mißlang wiederum an der Festigkeit der preußischen Regierung. Ende November 1862 gab der Kurfürst endgültig seinen Widerstand auf.

Ebenso glücklich war Graf Bernstorff in der italienischen Frage. Nachdem im Frühjahr 1861 der letzte Bourbon vom sizilischen Throne gestürzt und der Kirchenstaat mit Ausnahme der Stadt Rom mit Sardinien vereinigt worden war, nahm Viktor Emanuel den Titel „König von Italien" an. Im Sommer 1862 entschloß sich König Wilhelm zur Anerkennung des neuen Königreichs, worüber die katholische Fraktion des Preußischen Abgeordnetenhauses in einer Interpellation am 22. Juli ihre Mißbilligung, namentlich wegen des Eingriffs in die weltliche Macht des Papstes, aussprach. In der sich hieran anschließenden Debatte äußerte u. a. Freiherr von Vincke seine Befürchtung, daß die deutschen Politiker, welche die italienische Einigung begrüßten, damit Preußen zur Annexion seiner benachbarten Staaten mit Waffengewalt ermutigten, und er fügte hinzu: „Unsere Ziele können lediglich moralische Eroberungen sein." Schulze*) stellte sich auf die Seite der Regierung; wohl meinte er, daß deren Handlungen in den letzten Jahren nicht geeignet gewesen seien, moralische Eroberungen für Preußen in Deutschland zu machen; dann aber geißelte er die unhaltbaren Zustände in den bisherigen italienischen

---

*) Vgl. Bd. III S. 467 ff.

Einzelstaaten, besonders im Königreich Neapel, dem Kirchenstaat und in Venetien und zog eine Reihe von Parallelen in der geistigen und politischen Geschichte Italiens und Deutschlands. In Deutschland sei durch Verkennung des Nationalitätsprinzips die deutsche Nationalmonarchie abhanden gekommen, und wir müssen diese Monarchie erst vermittelst der nationalen Strömung uns wieder erobern. Zwischen der nationalen Bewegung in Italien und in Deutschland bestehe aber ein tiefgehender Unterschied. Die Italiener hatten fremde Dynastien zu beseitigen, und sie erstrebten infolgedessen den Einheitsstaat; die deutschen Volksstämme erblicken dagegen in den heimischen Regierungen einen Teil ihrer Stammessonderheit, und bedeutende geschichtliche Erinnerungen verknüpfen die einzelnen deutschen Stämme mit ihren Fürstenhäusern. Das Ziel der deutschen Nationalbewegung sei daher nicht der Einheitsstaat, sondern der Bundesstaat. Man habe der liberalen Partei vorgeworfen, sie erkläre die Zeit für souverän. „O nein! das tun wir nicht. Die Zeit ist uns nur die Exekutive jener souveränen Macht; das souveräne Prinzip, das ist das ewige Entwicklungsgesetz der Menschheit in der Geschichte, deren niemand widersteht, ist der Fortschritt, dem wir zu dienen suchen."

Wenige Wochen nach der Debatte über die italienische Einigung begannen im Preußischen Abgeordnetenhause die Erörterungen über den deutsch-französischen Handelsvertrag.*) In ihnen traten die Gegner einer zeitgemäßen Reform der Tarife des deutschen Zollvereins weit zurück gegenüber denen, welche die Verhandlungen mit Frankreich aus Anlaß ihrer Rückwirkung auf Österreich bekämpften. Dadurch wurde auch auf diesem Gebiet die Frage aufgerollt, inwieweit die wirtschaftliche Hegemonie Preußens in Deutschland sich zur politischen, und zwar auf Kosten Österreichs entwickeln werde. Denn die Freunde des letzteren suchten immer wieder, Preußen an Österreichs Politik zu ketten, und der 1853 zwischen beiden Staaten geschlossene Handelsvertrag, welcher den späteren Eintritt Österreichs in den Zollverein in Aussicht genommen hatte, schien ihnen dazu eine günstige Gelegenheit zu bieten. Diese mußte sich um so mehr verflüchtigen, je unbekümmerter Preußen, nur von der Rücksicht auf seine allmälich erstarkende Industrie getragen, seine eigenen zollpolitischen Wege ging und den Absatz seiner Erzeugnisse nach dem Auslande zu fördern suchte. Daß hierzu das reiche Frankreich mehr Aussicht bot als das wesentlich agrarische Österreich, lag auf der Hand. Außerdem verboten die staatsrechtlichen, wirtschaftlichen und kulturellen Verhältnisse

*) Vgl. Bd. III S. 425ff.

des Kaiserstaates die Vereinbarung einer zu engen Verbindung mit ihm, zumal die Begrenzung seines Einflusses innerhalb des Deutschen Bundes gerade jetzt das hauptsächlichste Streben der preußischen Politik war. Der Umstand, daß die nationale Forderung eines starken Deutschlands unter der Führung Preußens unbekümmert um das Schicksal Deutsch-Österreichs stets stärkeren Boden in allen Kreisen der deutschen Bevölkerung gewann, war begreiflicherweise für alle, welche eine solche Lösung der deutschen Frage fürchteten, Grund genug, jeden Fußbreit des gefährdeten Terrains zu verteidigen.

Als am 24. Juli 1862 der Handelsvertrag mit Frankreich dem Preußischen Abgeordnetenhause vorgelegt wurde, erhoben sich daher sofort die Mitglieder der katholischen Fraktion zu seiner Verurteilung; in ihm werde, so sagten sie, der politische Gegensatz Preußens zu Österreich verkörpert, während doch beide Mächte aufeinander angewiesen seien. Der Vertrag werde zu einer gewaltsamen Entscheidung und noch dazu unter französischer Einmischung führen. Dasselbe Motiv ward später gelegentlich damit zusammenhängender Gesetzesvorlagen (September 1862 und April 1865) sowie des Schiffahrtsvertrags mit Belgien (April 1863), ferner auf den Volkswirtschaftlichen Kongressen in Weimar (September 1862) und Dresden (September 1863) in den Vordergrund geschoben. Allenthalben stand Schulze in den Reihen der Freunde der Vorlagen, wobei für ihn die politischen Seiten der Fragen die Hauptsache waren. Zwar gehörte er zu den überzeugten Gegnern des alten Schutzzollsystems, und schon seine freihändlerischen Überzeugungen ließen ihn zugunsten der Neugestaltung des Zollvereins und seines Tarifwesens das Wort ergreifen; aber darüber hinaus wies er stets darauf hin, daß auch diese dazu dienen müsse, der Mission Preußens in Deutschland ein weiteres Stück Boden abzugewinnen. Dies zu betonen ward er um so weniger müde, als der Streit der preußischen Fortschrittspartei mit dem Ministerium Bismarck aus Anlaß der Militärvorlage mit unverminderter Heftigkeit fortdauerte.

Denen, welche in dem Handelsvertrag nur den Vorläufer eines Bündnisses mit Frankreich erblickten, rief er zu:*) „Gerade Österreich ist derjenige Staat, der lediglich aus dynastischem Egoismus, ohne jede Rücksicht auf Deutschland zu nehmen, zu allen Zeiten zu irgendwelchen Bündnissen mit anderen Staaten die Hand geboten hat. Das lehrt die ganze deutsche Geschichte. Österreich hat sich nie ein Gewissen daraus gemacht, die Interessen Deutschlands zu opfern, lediglich um seine Hausinteressen zu

*) Bd. III S. 435.

wahren . . . Preußen hat, was Bündnisse und Konzessionen an Frankreich betrifft, auch seine schwachen Stellen in der Geschichte; aber so oft Preußen undeutsche Politik getrieben hat, ist immer die Strafe auf dem Fuße gefolgt . . . Preußen ist nur groß und mächtig, wenn es seinem deutschen Berufe gemäß deutsche Politik treibt. Österreich ist zu seiner Macht herangewachsen, indem es undeutsche Politik trieb."

Nicht anders lauteten seine Ausführungen auf dem Volkswirtschaftlichen Kongresse von 1862,*) wo er besonders mit dem Ansinnen Österreichs, in den deutschen Zollverein einzutreten, abrechnete, wie bei der Beratung eines Schiffahrtsvertrages mit Belgien.**)

Nochmals bekannte er sich zu denselben Anschauungen, als die preußische Regierung im Mai 1865 dem Abgeordnetenhause einen Handelsvertragsentwurf zwischen dem Zollverein und Österreich vorlegte. Wieder ward darin ausgesprochen, daß beide Teile sich die spätere Aufnahme von Verhandlungen über eine allgemeine Zolleinigung vorbehalten wollten. Aber die Verfolgung dieses Ziels hielt Schulze***) für unmöglich: „und schon aus diesem einen Grunde bin ich dagegen und halte es wirklich nicht eines solchen Staatsvertrags würdig, daß man etwas Unmögliches als fernere Konsequenz in Aussicht stellt." Deshalb bekämpfte er im Gegensatz zu der Mehrheit seiner politischen Freunde den Abschluß des Vertrags, wenn er auch anerkannte, daß er den Forderungen nach Verkehrserleichterungen und Tarifermäßigungen wesentlich mehr als vorher entgegenkomme.

*) Vgl. Bd. III S. 436 ff.

**) Bd. III S. 447 ff.

***) Vgl. Rede vom 23. Mai 1865 in Bd. III S. 461 ff.

XIV. Der Verfassungskonflikt II.

So rückhaltlos auch die liberalen Parteien des Abgeordnetenhauses sich in den Fragen der auswärtigen und der deutschen Politik auf die Seite des Ministeriums gestellt hatten, auf die Stimmung des Landes gegenüber den inneren Verhältnissen blieb dies ohne Einfluß. Unmittelbar nach Auflösung des Landtags hatte sich die Fortschrittspartei mit einer Ansprache an die Wähler gewandt, in der sie ihr Verhalten zu dem Antrage Hagen rechtfertigte. Es habe sich darum gehandelt, eine vollständige Darlegung und wirkliche Innehaltung des festzusetzenden Staatshaushaltes in seinen einzelnen Positionen zu sichern, was bisher besonders bei dem Militäretat nicht der Fall gewesen sei. Das Abgeordnetenhaus habe das klare unzweifelhafte Recht der Budgetbewilligung in bindender Form ausgeübt und keineswegs in die Rechte der Exekutive eingegriffen, keine unfruchtbare Opposition erhoben, auch keinen kleinlichen Streit gesucht und erwarte nun mit gutem Gewissen das Urteil des Landes. Das Ministerium antwortete mit einem Erlaß an die Beamtenschaft, von welcher sie die bedingungslose Unterstützung der Regierung verlangte, die im schärfsten Gegensatz zu der Demokratie stehe; „denn deren Bestrebungen sind unverkennbar darauf gerichtet, den Schwerpunkt der staatlichen Gewalt, welcher nach Geschichte und Verfassung Preußens bei der Krone beruht, von dieser in die Volksvertretung zu übertragen." Aber das Land stellte sich auf die Seite seiner bisherigen Vertreter: bei der Neuwahl fiel die erdrückende Mehrzahl der Mandate dem linken Zentrum und der Fortschrittspartei zu; nicht ein Mitglied des Ministeriums erhielt einen Sitz. Mit dessen Wahlbeeinflussungen rechnete nun das Haus in der Adreßdebatte ab; einer der Wortführer war Sybel, der dies allerdings später in seiner „Begründung des Deutschen Reichs unter Wilhelm I." vergessen hat. Auch Schulze nahm daran Teil,*) indem er sich seinen Freunden anschloß, welche in der Antwort auf die Thronrede „einen Protest niederlegen wollten in der Seele des Volkes auf das unabweisbare Dringen der Wähler, die sich in ihrem Rechts- und Wahrheitsgefühl und in ihrem loyalen Bewußtsein durch die Wahlerlasse verletzt

*) Vgl. Bd. IV S. 60 ff.

fühlen". Unmöglich sei es, einem Ministerium, das sich gleich bei seinem Eintritt in das Amt nur durch Anwendung der Mittel der alten Mißregierung von 1858 überhaupt in seiner Stellung sichern zu können meinte, anders als mit entschiedenem Mißtrauen entgegenzutreten. Deshalb wollte er auch nicht das Ministerium zu energischen Schritten in der deutschen Frage mahnen, bei denen es der Entfesselung der ganzen Nationalkraft und der hingebendsten Begeisterung des Volkes bedürfe. Zu diesem Ministerium habe jedoch die öffentliche Meinung Deutschlands, die sechste Großmacht, ihre Beziehungen abgebrochen, wofür schon die Einstellung der Überweisung der Flottensammlungen Beweis sei. Unerläßlich sei es, die inneren Zerwürfnisse auszugleichen und die Bande des Vertrauens zwischen Fürst und Volk wieder herzustellen, um die Verwickelungen, welche sich der Führung des deutschen Volkes zu der ersehnten politischen Einigung entgegenstemmen, mit Erfolg zu bestehen.

Im Juli benutzte Schulze eine Pause in den parlamentarischen Verhandlungen, um im Auftrage des Vorstandes des Nationalvereins dem ersten deutschen Schützenfest in Frankfurt a. M. beizuwohnen. Hier brachte er einen Toast aus — 14. Juli 1862, — in dem er daran erinnerte, daß die preußische Volksvertretung gerade jetzt über das Prinzip der stehenden Heere und mit diesem Prinzip über die Möglichkeit der dauernden Entwicklung freiheitlicher konstitutioneller Zustände zu entscheiden habe. Diese Frage werde niemals den bestehenden Gewalten gegenüber eher gelöst werden, als bis das Volksheer in dem bewaffneten Volke selbst hinter dem Parlamente stehe. Er begrüße wie in dem deutschen Turnerbund so in dem Schützenfest ein Zeichen, daß das deutsche Volk mehr und mehr in die Rahmen einzulenken beginne, die allein zum Heile führen, daß es das, was ihm bis jetzt fehlte, erringe, daß es Initiative bekomme. Nur wenn das Volk selbst seine heiligsten Interessen in die Hand nehme, wenn es die politische Initiative ergreife in der Frage seiner freiheitlichen Entwicklung, dann könne sie gelöst werden. Alle politische Wiedergeburt müsse aus dem Schoße des Volkes selbst hervorgehen. Der deutsche Turnerbund und der deutsche Schützenbund seien das Vorparlament, welches zum deutschen Vollparlament führe. Die Wirkung der Rede war eine verschiedene: „Nicht endenwollenden Beifall" verzeichnet die Schützenfestzeitung. Aufrichtig befriedigt, wenn auch aus anderen Gründen, war Roon, der an Perthes schrieb: „Viel weniger ärgerlich als die Aufführung des Herzogs von Koburg ist mir die Rede von Schulze-Delitzsch, die er in Frankfurt gehalten hat; ja, sie ist mir sogar sehr erwünscht, da sie die Loyalitätsmaske der Fortschrittspartei abzieht." Der König selbst aber war sehr erbittert. „Bei dem Schützenfest in Frankfurt — schrieb Gustav Freytag an Schulze — hat ihn nächst der Juppe des Herzogs von Koburg nichts so betrübt und aufgeregt als Ihr Toast." „Da haben wir's; jetzt ist es klar, wohin sie wollen, ein Parlamentsheer soll's werden. Aber sie sollen doch sehen, ob das Heer mir gehört oder Schulzen-Delitzsch!" In Wahrheit dachte Schulze nicht daran, das stehende Heer durch eine Volksmiliz zu ersetzen. Darauf zielenden Anträgen in den Generalversammlungen des Nationalvereins im August 1861*) und Oktober 1864**) ist er gerade mit Berufung auf das preußische Landwehrsystem entgegengetreten; bei der letzteren Gelegenheit rühmte er: „was auch an unserem Heerwesen zu tadeln ist — Sie wissen, welcher Kampf um die Militärreorganisation stattfindet —, besser wie an anderen Orten ist es doch bei uns. Unsere Landwehr hat ihre Vorzüge, auch wenn man sich für das Milizsystem entscheidet. Gemäß der allgemeinen Wehrpflicht muß jeder in Reih und Glied, der ärmste Arbeiter wie der Reichste, der Geringste wie der Sohn der vornehmsten Familie, sie alle zusammenstehen und dem Vaterlande die Pflicht leisten, und wie man sich auch von gewisser Seite bemüht, man vermag den Volksgeist nicht aus dem Heere zu bringen."

In gleicher Weise wies er in der großen Rede vom 15. September 1862***) auf die fremden Länder hin, in denen die einzelnen Bürger sich aus eigener Initiative für die Waffenfähigkeit rüsten und „sich selbst, wo der Staat ihnen keine Institutionen bietet, wie wir in der Landwehr sie zu besitzen so glücklich sind, bemühen müssen, dergleichen ins Leben zu rufen."

In Berlin ging der Streit zwischen Ministerium und Volksvertretung weiter. Auch außerhalb Preußens zog er immer weitere Kreise, namentlich standen die Führer des Nationalvereins auf der Seite der liberalen Landtagsabgeordneten. Zu lange hatten sie darauf gehofft, daß das Ministerium sich der Volksstimmung in der deutschen Frage bemächtigen und nicht nur mit diplomatischen Noten begnügen werde. „Die Regierung müsse handeln — hatte Bennigsen zu Bernhardi schon im März noch vor der Berufung der neuen Minister gesagt†) —, denn mit bloßen Redensarten, ohne Taten, sei auch die Agitation des Nationalvereins zugunsten Preußens nicht lange mehr zu halten." Daß die neueste Wendung in der inneren Politik gerade die Befürworter der preußischen

*) Bd. III S. 183.

**) Bd. III S. 233.

***) Bd. IV S. 107ff.

†) Aus dem Leben Th. v. Bernhardis, Bd. IV S. 237.

Vormachtstellung abstieß, welche an den Beginn der neuen Ära ihre Hoffnungen gesetzt und trotz aller Enttäuschungen festgehalten hatten, sah man aus den sich mehrenden Austrittserklärungen aus dem Nationalverein. Diese Wahrnehmungen mußten die Fortschrittspartei bestärken, auf dem eingeschlagenen Wege weiter zu schreiten. Schulze blieb dabei nicht zurück; welchen Einfluß innerhalb der Fraktion man ihm zutraute, zeigt der Brief Gustav Freytags an ihn vom 1. September. Die Marinekommission hatte die Regierungsvorlage zur Schaffung einer Kriegsflotte abgelehnt, weil es dafür an bereiten Geldmitteln fehle — Ende August —; nun suchte Freytag ihn für die Bewilligung zu gewinnen, und es ist ergreifend zu sehen, welche Sorge aus den Worten dieses treuen deutschen Mannes leuchtet.*) „Mit leidenschaftlicher Teilnahme habe ich den tapferen Kampf begleitet — schrieb er —, welchen die nationale Partei in Preußen gegen das Militärkabinet führt und meine besten Wünsche sind mit Ihnen und Ihren Freunden gewesen ... Ich bin überzeugt, daß wir Preußen spätestens bei Ablauf der Zollvereinsverträge in einen großen europäischen Kampf hineingezogen werden. Es wird ein Kampf um unsere Existenz, leider vielleicht ein Bruderkrieg werden. Und unser Nationalverein wird ihn nicht hindern ... Der König in seiner Hartnäckigkeit glaubt wirklich das Beste ihm Mögliche zu tun, und er wird in dem parlamentarischen Kampfe noch lange nicht nachgeben. Darüber ist er in die Hände des Prinzen Karl geraten, mit seinem Volke zerfallen, sein Staat zur Unbedeutendheit herabgesunken ... Ich sehe den preußischen Militärkonflikt als ein nationales Unglück an, welches ohne Schuld des Volkes eingetreten ist, aus dem wir aber heraus müssen. Die letzte Heilung wird doch sein, daß die alten Generäle vor einem großen Kriege zurückgestellt, ein Teil der junkerhaften Elemente auf den Schlachtfeldern erschossen wird. Und daß teuer erkaufte Erfahrungen uns die Institutionen geben, welche der gute Rat der Volksvertreter nicht durchsetzen wird.“ Leider ist Schulzes Antwort nicht erhalten.**)

Am 11. September begann die acht Tage dauernde Verhandlung des Abgeordnetenhauses über den Militäretat, dessen Erhöhung von 31 auf 41 Millionen Taler neben einigen Erleichterungen in der Dienst-

*) Bd. IV S. 100f.

**) Charakteristisch ist eine Aufzeichnung Bernhardis in seinem Tagebuch (Bd. IV S. 319): „Schulze-Delitzsch ist in Verzweiflung über das linke Zentrum (die liberale Fraktion Bockum-Dolffs) und hat mit seiner bekannten Urbanität erklärt: mit einer solchen Gesellschaft von Eseln und Dummköpfen sei gar nichts anzufangen.“

pflicht die Regierung verlangte; der Kommissionsantrag forderte die Streichung aller Mehrkosten der Reform und der Mittel für die Marine, während von anderer Seite deren Bewilligung wieder für ein Jahr als Extraordinarium gegenüber dem Zugeständnis der zweijährigen Dienstzeit gutgeheißen wurde. Schon bei Beginn der Beratung erkannte Finanzminister von der Heydt an, daß die Reorganisation vor der Genehmigung durch den Landtag nicht als endgültig betrachtet werden könne, und die Geldausgaben dafür dessen nachträglicher Zustimmung bedürften. Die Kosten für 1862 seien zum größten Teil bereits geleistet, indessen sei die Regierung damit einverstanden, daß sie noch einmal wie im Jahre 1861 in das Extraordinarium übertragen würden. An dem Redekampf gegen die Regierungsvorlage beteiligten sich die Führer der liberalen Parteien ohne Ausnahme; ohne Unterschied betonten sie, daß es sich hier um mehr als um die Armeeorganisation, sondern vielmehr um das Budgetrecht der Volksvertretung handele. Dies war auch die Kerbe, in welche Schulze einschlug, als er am 15. September zum Wort kam.*) Er wandte sich gegen die Äußerungen der Regierungsvertreter, daß den künftigen Beschlüssen des Abgeordnetenhauses in keiner Weise präjudiziert werden solle, „es jedoch unbedingt notwendig sei, das Bestehende bis zur definitiven Ordnung der Angelegenheit zu erhalten". Daß aus diesem Dazwischenschieben eines Provisoriums seitens der Regierung eine dauernde Belastung des Etats entstehe, daran könne doch niemand zweifeln. Denn wenn es bei dem Provisorium so lange bleiben müsse, solange es der Regierung beliebe, so werde jede Mitwirkung der Landesvertretung bei Etatsbewilligungen wie bei der Gesetzgebung vollständig annulliert. Wohl habe man der Regierung nahelegen wollen, daß sie für die bereits ohne Genehmigung geleisteten Ausgaben Indemnität nachsuchen solle, aber wie könne man diese jemand gewähren, der nicht gewillt sei, von dem ungesetzlichen Wege abzulenken, der sie notwendig gemacht habe? Die Stellung der Wahrung des Rechtes der Landesvertretung sei keine Stellung aus freier Wahl, sie sei die einzig verfassungsmäßige. Sie wird nur ein Mittel der Abwehr einer weiteren Fortsetzung jenes ungesetzlichen Weges. Der Bericht der Budgetkommission lasse überall erkennen, daß das Haus sich der Indemnität nicht entziehen werde, wenn die Regierung ihre Bereitwilligkeit zeige, auf den gesetzlichen Weg zurückzukommen. Die ganze Starrheit und Schroffheit liege nicht auf seiten der Volksvertretung, welche die Hand zum Frieden sehr gerne ergreifen werde, sondern auf

*) Vgl. Bd. IV S. 107ff.

seiten der Regierung. Denn in der einzigen Weise, in der Pflicht und Ehre es der Volksvertretung erlaube, die Hand anzunehmen, habe die Regierung sie bis jetzt nicht geboten. Keine Partei im Hause sei geneigt, die Verfassung anzutasten und ihren Schwerpunkt und denjenigen der verfassungsmäßigen Gewalten in das Parlament zu verlegen; wohl aber werde er verlegt, wenn die Regierung der Volksvertretung ansinne und vor ihr zu beweisen suche, daß sie zwar den Etat zu bewilligen, die Pflicht, davon zu streichen aber kein Recht habe. Nicht um die Militärfrage allein, nein um die ganze verfassungsmäßige Befugnis der Volksvertretung drehe sich der Streit. Gebe diese hier nach, weiche sie von der Position, die einzunehmen sie Verfassung und Gesetz nicht bloß berechtigen, sondern auch verpflichten, so sei diese Position in ihrer ganzen übrigen Wirksamkeit für immer verloren. Selbstverständlich zog Schulze auch die Armeereorganisation in den Kreis seiner Betrachtungen. Er erinnerte an die Eingangsworte des Gesetzes vom September 1814: „Nur in einer gesetzmäßigen geordneten Bewaffnung der Nation haben wir die Bürgschaft eines dauernden Friedens nicht nur, sondern auch der dauernden und gedeihlichen Entwicklung unserer inneren Zustände, um die Garantie unserer gesetzmäßigen Freiheit zu wahren." Gewiß sei manches Zweckmäßige in dem vorgelegten Organisationsplan, wie Abkürzung der Dienstpflicht der Landwehr und stärkere Heranziehung der waffenfähigen Mannschaft, aber notwendig sei daneben die Abkürzung der Dienstzeit in den Reihen des stehenden Heeres als der Bildungsschule für die Landwehr.

An die Rede schloß sich noch eine Auseinandersetzung mit dem Kriegsminister v. Roon, der schon vorher dem Begehren des Hauses in schroffer Weise entgegengetreten war. So hatte er gedroht, daß die Verweigerung des Budgets ein Mittel sei, „die Regierung aus ihrer verfassungsmäßigen Position zu drängen", was nur auf den Entschluß, zu einem Staatsstreich zu schreiten, gedeutet werden konnte. Weiterhin hatte er gesagt: „es sind einzelne Personen auf der linken Seite des Hauses, welche das Vertrauen des Ministeriums nicht besitzen, von ihnen liegen mündliche und schriftliche Äußerungen vor, welche auf gefährliche Tendenzen schließen lassen; es sind nur wenige in der Partei, aber sie sind der Sauerteig, welcher den ganzen Teig durchdringt und ein Gebäck erzeugt, das der Regierung wenig schmackhaft erscheint." Nun kam v. Roon noch auf Schulzes Schützenrede zurück, aus welcher er herausgehört hatte, daß Schulze zur Bildung eines Volksheers des Preußischen Abgeordnetenhauses aufgefordert habe. Schulze erwiderte, daß er bei dem deutschen Schützenfeste nicht von dem preußischen, sondern von dem deutschen Parlament, dem Parlamente der Zukunft, gesprochen habe. „Deutsches Parlament und deutsche Zentralgewalt, dies die Losung des Festes wie des gesamten Vaterlandes!... Ich bin davon ausgegangen, daß Preußen die Führung in Deutschland gebühre, wie ich es hundertmal in diesem Hause ausgesprochen habe und an vielen anderen Stellen in Deutschland im Interesse meines engeren wie des großen Gesamtvaterlandes, und ich glaube, die preußische Regierung hätte am wenigsten Ursache, sich über meine Wirksamkeit zu beklagen!"

Erst am 23. September fanden die Verhandlungen ihr Ende: der Kommissionsantrag wurde mit 308 gegen 11 Stimmen angenommen. Tags darauf legten Ministerpräsident Fürst Hohenlohe-Ingelfingen und die Minister des Äußeren und der Finanzen, Graf Bernstorff und von der Heydt, ihre Portefeuilles nieder, weil sie glaubten, ohne das Zugeständnis der zweijährigen Dienstzeit nicht im Amte bleiben zu können.

Auch v. Roon hatte in den Debatten versprochen, gleichfalls die Frage der zweijährigen Dienstzeit ins Auge zu fassen; er stellte indessen deren Ablehnung mit so großer Wahrscheinlichkeit in Aussicht, daß in seinen Worten ein Entgegenkommen nicht gefunden werden konnte. Den hauptsächlichsten Widerstand leistete der König. „Wenn einer meiner Offiziere mir von zweijähriger Dienstzeit spräche" — äußerte er im August auf einem Garnisonessen —, „ich würde ihn kassieren." Aber in schweren Bedenken zwischen seinem Verfassungseide und seinen militärischen Überzeugungen trug er sich mit dem Gedanken, der Krone zu entsagen. Schon hatte er die Abdankungsurkunde ausfertigen lassen; nur noch seine Unterschrift fehlte, als er dem Kronprinzen seine Absicht mitteilte. Dieser weigerte sich, das Schriftstück auch nur zu lesen, und nun wußte v. Roon den König zu bestimmen, daß er den Gesandten in Paris, Otto von Bismarck, mit dem Vorsitz im Gesamtministerium betraute und ihn einige Wochen später zum Minister des Auswärtigen ernannte.

Gleich Roon stellte sich Bismarck in dem Konflikt mit dem Abgeordnetenhause dem König unbedingt zur Verfügung. Die Dauer der Dienstzeit war für ihn ein Gegenstand von untergeordneter Bedeutung; er hätte sich mit einer solchen von zwei Jahren begnügt, wie er ebenso bereit war, für zehn Jahre einzutreten, wenn der König es verlangt hätte. Aber während es für Roon in dem Kampfe in erster Linie um die Stärkung der persönlichen Macht des Königs gegenüber der konstitutionellen Mitherrschaft der Volksvertretung zu tun war, verfolgte Bismarck mit seinem Eintritt in das Ministerium höhere Ziele. Auch er beurteilte die Situation unter dem Gesichtswinkel der Frage, ob Königliches Regiment oder Parlamentsherrschaft; um diese abzuwenden, erklärte er selbst vor einer Diktatur nicht zurückzuschrecken. Indessen sollte ihm dies doch nur dazu dienen, in der äußeren Politik die Pläne zu verfolgen, die er seit Jahren nicht müde geworden war, seinen Freunden zu entwickeln: dem Preußischen Staate die ausschlaggebende Machtstellung innerhalb Deutschlands auf Kosten Österreichs, wenn nötig auch auf gewaltsamem Wege, zu erringen.*) Deshalb hatte er stets freundlichen Beziehungen zu dem französischen Kaiser das Wort geredet, wenngleich er dabei in bewußten Gegensatz zum König selbst trat, dessen legitimistische Anschauungen noch immer in den Erinnerungen an die Zeiten des gemeinschaftlichen Kampfes Preußens und Österreichs gegen den korsischen Welteroberer wurzelten. Der König zögerte daher lange, ihm das Portefeuille der auswärtigen Angelegenheiten zu überantworten; lieber hätte er ihm das Ministerium des Innern übertragen, wofür ihm eine feste Hand gerade jetzt besonders notwendig schien. Endlich jedoch schob er seine Bedenken beiseite, nachdem Bismarck ihm zusicherte, daß er die Militärvorlage gleichviel in welcher Gestalt verteidigen und ihn in dem Streite mit der Kammermehrheit nicht verlassen werde.

In den weitesten Kreisen galt Bismarck schon seit seinem Auftreten in dem vereinigten Landtage und in den Jahren der 48er Revolution als der Vertreter des reaktionären Junkertums, seine Berufung galt ihnen daher als ein neuer Beweis, daß der König auf eine friedliche Verständigung mit den Abgeordneten nicht mehr rechne. Die Liberalen waren daher überrascht, als Bismarck ihnen Plätze im Ministerium anbot; der bisherige Verlauf der Dinge machte es ihnen unmöglich, darauf einzugehen. „Wir würden Offiziere werden ohne Soldaten" erwiderte Simson. Bismarck versuchte nun Zeit zu gewinnen, indem er den Etat für 1863 vorläufig zurückzog: er hoffte, wie er sagte, dadurch eine Art von Waffenstillstand zu Zwecken des Friedens und der Versöhnung herbeizuführen, um den staatsrechtlichen Konflikt, dem man möglicherweise entgegengehe, tunlichst zu mildern. Die Budgetkommission verlangte dessen ungeachtet, daß die Feststellung des Etats noch vor dem 1. Januar 1863 geschehen müsse, und wollte eine Erklärung herbeiführen, wonach jede Ausgabe der Regierung, welche das Abgeordnetenhaus abgelehnt habe, eine

*) „Die Frage ist — schrieb er dem Grafen von der Goltz nach Paris —, ob wir eine Großmacht sind oder ein deutscher Bundesstaat, und ob wir der ersteren Eigenschaft entsprechend monarchisch oder, wie es in der zweiten Eigenschaft allerdings zulässig ist, durch Professoren, Kreisrichter und kleindeutsche Schwätzer zu regieren sind." (Lenz S. 178.)

Verletzung der Verfassung sei. Bismarck antwortete mit einer spitzfindigen Auslegung des betreffenden § 99 der Verfassung. Wohl heiße es hier, Einnahmen und Ausgaben müßten veranschlagt und auf den Etat gebracht werden, die Feststellung geschehe aber durch die Zustimmung der drei Faktoren, Krone, Herrenhaus und Abgeordnetenhaus. Verweigere eines der letzteren die Zustimmung, so habe sein Beschluß nur den Wert einer Meinungsäußerung, aber keine bindende Kraft. Es sei alsdann eine Lücke vorhanden, und da der Staat ohne Ausgaben keinen Tag leben könne, während er doch fortleben solle und müsse, so folgere daraus die Notwendigkeit für die Regierung, die Verwaltung auch ohne Budget weiter zu führen, denn was die Verfassung nicht ausdrücklich den anderen Faktoren der Gesetzgebung übertragen habe, sei ein Recht der Krone geblieben. Allerdings habe in dieser budgetlosen Zeit die Regierung die früheren Beschlüsse des Abgeordnetenhauses wie des Herrenhauses möglichst zu respektieren, ohne ihnen indessen eine noch nicht vorhandene Kraft oder eintretendenfalls eine stärkere Berücksichtigung als den Bedürfnissen der Landeswohlfahrt zuzuerkennen. Wie weit solches der Fall sei, müsse die Regierung entscheiden. Diese Lückentheorie war schon vorher von der Kreuzzeitung entwickelt worden; auch der König ließ sich zu ihr bekehren. Bismarck benutzte die Sitzung der Budgetkommission, in welcher er sie vorbrachte — 27. September —, um seine Auffassung zur Verfassungsfrage darzulegen, wobei er auch auf die von der Regierung in der deutschen Frage einzuschlagende Haltung zu sprechen kam. Verfassungen seien nicht etwas Starres, Unabänderliches, sondern etwas zu Belebendes; das Ministerium suche keinen Konflikt, wünsche ihn vielmehr mit Ehren zu beendigen; — „wir sind Kinder desselben Landes" —, aber eine Verfassungskrisis sei noch keine Schande. Nur müsse an der Rechtsfrage festgehalten werden, sonst werde sie zur Machtfrage zwischen Krongewalt und Parlamentsgewalt. „Deutschland sieht aber nicht auf Preußens Liberalismus, sondern auf seine Macht; Bayern, Württemberg, Baden mögen deren Liberalismus indulgieren, darum wird ihnen doch niemand Preußens Rolle anweisen. Preußen muß seine Kräfte zusammenfassen und zusammenhalten auf den günstigen Augenblick, der schon einige Male verpaßt ist. Preußens Grenzen nach den Wiener Verträgen sind zu einem gesunden Staatsleben nicht günstig. Nicht durch Reden und Majoritätsbeschlüsse werden die großen Fragen der Zeit entschieden — das ist der große Fehler von 1848 und 1849 gewesen —, sondern durch Eisen und Blut."

Am 6. Oktober begannen die Beratungen im Abgeordnetenhause

über die Zurückziehung des Etats. Bismarck nannte die hierzu gestellten Anträge der Budgetkommission eine Herausforderung der Regierung zur Fortsetzung des Streites und wollte nur einen von Vincke eingebrachten Antrag gelten lassen, welcher die Verpflichtung der Regierung aussprach, daß sie, falls der Etat für 1863 nicht vor Ende 1862 fertiggestellt sei, noch vor Ablauf des Jahres um Bewilligung eines vorläufigen außerordentlichen Kredits bei der Landesvertretung nachsuchen solle. An der Debatte hierüber nahm auch Schulze in einer großen Rede*) teil. Ausführlich setzte er sich mit der Bismarckschen Lückentheorie auseinander, von der er hervorhob, daß durch sie das Budgetrecht des Abgeordnetenhauses tatsächlich aufgehoben und die ganze Verfassung in Frage gestellt würde. „Der Herr Ministerpräsident sagt, daß in Fällen, wo Differenzen über Verfassungsartikel obwalten, über die eine Einigung der konstitutionellen Gewalten nicht stattfinde, dann die Krone in ihrer ursprünglichen unbeschränkten Machtvollkommenheit die Dinge in die Hand nimmt, bis man sich mit ihr über die Interpretation verständigt hat. Mit kurzen Worten: Der Absolutismus tritt dann an die Stelle dessen, was aus der Verfassung als zweifelhaft hinweginterpretiert worden ist, und zwar auf so lange, bis durch die mittels Einigung aller Faktoren der Gesetzgebung zustande gekommene Interpretation das konstitutionelle Recht wieder hergestellt worden ist, das heißt, solange es der Regierung beliebt . . . Diese Theorie uns vorführen, heißt doch wahrhaftig nicht Konflikte versöhnen, das heißt den Konflikt für permanent erklären.“ Das Abgeordnetenhaus müsse den Kampf auf dem Terrain des verfassungsmäßigen Rechtes zu Ende führen. „Nicht blutige Kämpfe zwischen der Dynastie und dem Volke wie in England und Frankreich haben bei uns den modernen Staat eingeleitet — im Gegenteil, nicht Kämpfe des Volkes gegen die Dynastie, nicht gegen den Thron, sondern Kämpfe des Volkes mit und für Thron und Vaterland haben die Reife des Volkes zur Freiheit eingeleitet, sie haben die heiligen Versprechungen an höchster Stelle hervorgerufen, die ihm für sein treues opferfreudiges Einstehen, durch welches es mit dem Vaterlande auch den Thron rettete, gegeben worden sind.“

Das Haus nahm die Anträge der Budgetkommission an; um schon wenige Tage darauf eine verwandte Frage zu entscheiden. Die Regierung verlangte von dem Abgeordnetenhause die Bewilligung von 1400000 Talern zur Fortsetzung begonnener und zum Beginn neuer Bauten von Kriegs-

*) Vom 7. Oktober 1862. Bd. IV S. 132ff.

schiffen, welche vorschußweise in drei Raten dem Staatsschatz entnommen werden sollten; die Budgetkommission beantragte dagegen die definitive Entnahme für die Gesamtsumme hieraus, was aber die Regierung nur für die erste Rate zugestehen wollte; über die weiteren Raten sollte später Beschluß gefaßt werden. Da sie zudem mit den Ausgaben schon begonnen und weitere Verpflichtungen bereits eingegangen hatte, so hob Schulze bei der Beratung hervor,*) in welch mißlicher Lage sich das Abgeordnetenhaus befand. Einerseits lag ihm der Ausbau der Kriegsflotte sehr am Herzen, andererseits bestand für das Haus die Gefahr, daß eine spätere Nichtbewilligung der noch ausstehenden Raten aus den laufenden Einnahmen des Staates von der Regierung keine Beachtung finden werde. Zunächst einigte man sich daher zur definitiven Entnahme aus dem Staatsschatz von 200000 Talern zum Bau von Übungsschiffen. Der Marineminister hatte zur Verteidigung seiner Anträge an die Sympathien Deutschlands für den Flottenplan der preußischen Regierung und an die Erwartungen erinnert, die allenthalben an die Wehrhaftigkeit Preußens geknüpft würden; Schulze stimmte ihm bei. „Als im Jahre 1859 der Feind an die Tore des Vaterlandes klopfte, da rief man überall aus den südwestlichen Grenzen nach Preußen ... Aber wenn der Herr Minister meint, daß das die einzige Aufgabe sei, um die preußischen Sympathien in Deutschland zu sichern, so muß ich ihm erklären, daß, solange Preußen und die preußische Regierung nicht im Innern die Zustände verfassungsmäßig geordnet haben, ihm auch die deutschen Sympathien immer fehlen werden ... Das deutsche Volk macht die Dinge nicht bloß zu Machtfragen, das will seine Machtentwicklung auf Grund seines Rechts, und solange die Regierung nicht auf diesem Wege vorgeht, solange wird ihr die Zustimmung des deutschen Volkes fehlen, die ihr in den Tagen der Gefahr recht not tut."

Unterdessen hatte das Herrenhaus den ihm von dem Abgeordnetenhaus zugesandten Etat abgelehnt und die ursprüngliche Regierungsvorlage angenommen. Das letztere verstieß gegen die Verfassung, ward aber trotzdem von der Regierung genehmigt. Als das Abgeordnetenhaus den Beschluß für null und nichtig erklärte, verkündigte Bismarck den Schluß der Session — 13. Oktober — mit der Erklärung, daß die Regierung die Staatsgeschäfte auch ohne die verfassungsmäßige Budgetfestsetzung fortführen werde. Unmittelbar darauf begannen, „um gegen das Übergewicht des parlamentarischen Beamtentums die Schwerkraft der

*) Rede vom 9. Oktober 1862. Bd. IV S. 148ff.

Krone zu stärken", wie Bismarck an Beust in Dresden schrieb, Maßregelungen oppositioneller Beamter, die dem Abgeordnetenhause angehörten; so ward Oberregierungsrat von Bockum-Dolffs, der Vorsitzender der Budgetkommission gewesen war, von Koblenz nach Gumbinnen versetzt, Staatsanwalt Oppermann zur Disposition gestellt. Damit zog der Kampf gegen das Ministerium immer weitere Kreise; das Zentralkomitee der Fortschrittspartei forderte öffentlich zu Sammlungen für die durch den Verfassungsstreit geschädigten Abgeordneten auf; und es war bezeichnend, daß die eingehenden Gelder bei einem Londoner Bankhause hinterlegt wurden, um sie vor einer regierungsseitigen Beschlagnahme zu sichern.*)

Zunächst wurde Bismarck durch die äußere Politik in Anspruch genommen. In Kurhessen hatte der Kurfürst von neuem versucht, die erst vor wenigen Monaten anerkannte Verfassung von 1831 zu durchbrechen; Bismarck schritt zu der kaum verhüllten Drohung seiner Absetzung, worauf der Kurfürst in ohnmächtiger Wut seine Pläne fallen ließ. Gleiche Energie zeigte Bismarck in dem Auftreten gegen Österreich, das den deutschen Höfen ein Reformprojekt unterbreitet hatte, um die Kompetenz des Deutschen Bundes durch Majoritätsbeschlüsse zu erweitern. Bismarck machte — Anfang Dezember — kein Hehl daraus, daß Preußen im Falle der Annahme des Antrags aus dem Bunde austreten und ihn damit sprengen, dagegen die preußischen Truppen in den Bundesfestungen belassen, sich also in deren Besitz setzen werde. Daß dies zum Krieg zwischen Österreich und Preußen führen mußte, war augenscheinlich. Vergeblich suchte der österreichische Gesandte in Berlin den Widerstand zu besiegen; Bismarck ging im Gegenteil noch einen Schritt weiter: Österreich hatte zum Zweck der Beratung von Gesetzentwürfen über Zivilprozeß und Obligationenrecht, welche für ganz Deutschland in Gültigkeit treten sollten, die Berufung einer aus den einzelnen deutschen Ständekammern durch Dele-

*) Schon im Juli hatte Schulze seinem Freunde Troitzsch in Delitzsch geschrieben: „Daß unser junges Verfassungsleben einer ernsten Krisis entgegengeht, wissen Sie. Wir müssen der Gefahr mit vollem Bewußtsein entgegensehen und dürfen nichts tun, ihr auszuweichen. Rechte der Volksvertretung mit dem Vorbehalt, daß sie dieselben nicht gebrauchen darf, sind schlimmer als der nackte Absolutismus." Nun schrieb er ihm im November: „Daß Sie tüchtig für den Nationalfonds werben, ist recht. Namentlich müssen Sie unsere Landleute heranziehen, die nicht mit ein bis zwei Talern, sondern mit fünf bis zehn Talern steuern müssen. Das wird ein großartiges Ding, wenn es, wie ich hoffe, gelingt, und von nachhaltiger Bedeutung. Mittels der Beiträge zu diesem Fonds ist das preußische Volk tatsächlich in den gesetzlichen Kampf um seine Verfassung eingetreten."

gation hervorgehenden Versammlung befürwortet; Preußen antwortete mit der Forderung einer Vertretung, welche von der Bevölkerung eines jeden Bundesstaats nach Maßgab ihrer Kopfzahl unmittelbar gewählt werde und mit Rechten auszustatten sei, die sie befähigten, der Zentralbehörde der Bundesregierungen als Gegengewicht zur Seite zu treten. Damit waren weder Österreich noch die ihm folgenden Mittel- und Kleinstaaten einverstanden; indessen kam der Konflikt nicht zum Austrag, da die österreichischen Anträge von der Bundesversammlung abgelehnt wurden — 22. Januar 1863 —.

Inzwischen war der Preußische Landtag wieder eröffnet worden — 14. Januar —; in der Adreßdebatte wurden sowohl von der fortschrittlichen als auch von den altliberalen und von der katholischen Fraktion die schwersten Anklagen gegen das verfassungswidrige Regiment des Ministeriums erhoben. Auch Schulze*) faßte sie am zweiten Tage der Plenarberatung nochmals zusammen. Er erklärte eine Aussprache an den Träger der Krone für unbedingt geboten; ihm gegenüber wie dem Lande wäre ein Schweigen nicht zu verantworten. „Nimmt der Konflikt weitere Dimensionen an, dann ist in dem Schwanken der zu erwartenden Kämpfe, wo, wie der Ministerpräsident selbst ausgesprochen hat, die Macht entscheidet, das Volksrecht so gut gefährdet wie der Thron, weil in dem Ausbeuten augenblicklicher Erfolge, worin wahrhaftig noch nicht der Sieg liegt, wie die Geschichte lehrt, das Maßhalten von allen Seiten sehr schwer ist. An der Schwelle dieses Konflikts ist es daher unsere Pflicht, wie es die Verfassung an die Hand gibt, über die Personen der Minister hinweg uns an Seine Majestät selbst zu wenden." Nachdem er noch den von konservativer Seite gemachten Einwurf zurückgewiesen hatte, daß das Haus damit die Ehrfurcht vor dem König verletze,**) rollte er in großer Ausführlichkeit alle Punkte auf, in denen das Ministerium gegen die Verfassung gehandelt habe und noch handele; wie es durch Unterstützung der Entsendung von Loyalitätsadressen aus dem konservativen Lager den König über die Stimmung der überwältigenden Mehrheit der Bevölkerung zu täuschen und entgegen aller konstitutionellen Regeln Schutz hinter der Person des Fürsten suche und dadurch seiner Verantwortlichkeit entgehen wolle. Dagegen könnten auch die Erfolge in der

*) Rede vom 28. Januar 1863, Bd. IV S. 153ff.

**) Auf den gleichen Vorwurf kam Schulze auch am 17. Februar gelegentlich des Kommissionsantrags zu sprechen, welcher die Minister mit ihrer Person und ihrem Vermögen für die verfassungswidrig geleisteten Ausgaben verantwortlich machen wollte. Vgl. Bd. IV S. 180f.

äußeren Politik nicht in die Wagschale fallen, denn es liege die Annahme nahe, daß die Regierung damit gerade die Aufmerksamkeit von dem inneren Konflikt ablenken wolle. Im innern reaktionär und nach außen Fortschrittspolitik treiben — das gehe nicht. Glaube das Ministerium, auf dem rechten Wege gegenüber dem Abgeordnetenhause zu sein, so schreite es zu seiner Auflösung und ordne Neuwahlen an. Man spricht in der theologischen Welt von einer rätselhaften Sünde, von der es keine Vergebung gibt, der Sünde wider den Heiligen Geist. Ich meine, wir würden uns dieser Sünde schuldig machen, der Sünde wider den Geist und die Geschichte unseres Volkes, und wir könnten es uns nimmer vergeben!" Die Entsendung der Adresse ward mit großer Majorität beschlossen; der König weigerte sich jedoch, sie anzunehmen.

Ein neuer Konfliktstoff ward in die ohnedies schwüle Atmosphäre getragen, als das Ministerium eine Gesetzesvorlage einbrachte, wonach vom Staate besoldete Beamte, die ein Mandat zum Abgeordnetenhause annahmen, die Kosten ihrer Stellvertretung bis zur Höhe ihres Gehalts tragen sollten. Damit wollte man den Beamten die Annahme ihrer Wahl mehr oder weniger unmöglich machen. Daß auch hierin ein Bruch mit den bisherigen staatsbürgerlichen Rechten der Beamten beabsichtigt war, lag auf der Hand. Gegen den Entwurf erhob Schulze gleichfalls seine Stimme,*) indem er darauf hinwies, daß die Regierung, als sie in den Jahren der Reaktion in der sog. Landratskammer ein gefügiges Werkzeug ihrer Politik gefunden hatte, nicht daran gedacht habe, solche Maßregeln einzuleiten. Der Entwurf ward daher auch fast einstimmig abgelehnt.

*) Rede vom 10. Februar 1863, Bd. IV S. 175ff.

XV. Die polnische Frage.*)

Nur wenige Tage später sah sich das Ministerium abermals im Widerstreit zu den Anschauungen der überwiegenden Mehrheit der Volksvertreter. Im Januar war der Aufstand Polens gegen die russische Herrschaft ausgebrochen und die Haltung, welche Preußen gegenüber diesem Ereignis einnehmen würde, beschäftigte alle politischen Kreise. Nicht zum ersten Male war die Polenfrage Gegenstand der Diskussion im Preußischen Abgeordnetenhause. Schon im Herbste 1862 waren in ihm die Petitionen einer Anzahl von Bewohnern des Großherzogtums Posen zur Besprechung gekommen, welche Schutz gegen das Germanisierungssystem der Regierung verlangten. Daneben aber liefen mehr oder weniger versteckt auftretende Wünsche, die eine Widervereinigung der unter der Herrschaft der drei Mächte Rußland, Österreich und Preußen stehenden Teile Polens anstrebten. Sie beriefen sich dabei auf die Bestimmungen der Wiener Schlußakte von 1815, welche ihnen die Erhaltung ihrer Nationalität zusagten; sie vergaßen aber hinzuzufügen, daß diese ihnen zugestanden werden sollte entsprechend derjenigen politischen Existenz, welche die betreffenden Regierungen ihnen zuzubilligen für gut finden würden. Die hier auftretenden Großpolen-Tendenzen unterwarf Schulze gelegentlich der Beratung jener Eingaben einer ausführlichen Kritik,**) wozu er sich wohl um so mehr berechtigt glauben durfte, als er durch seine richterliche Tätigkeit in Wreschen — 1850 bis 1851 —, einem kleinen Landstädtchen in Posen mit halb polnischer, halb jüdischer Bevölkerung, mit welcher er sich nur mit Hilfe eines Dolmetschers hatte verständlich machen können, Einblick in die dortigen Verhältnisse gewonnen hatte. „Man hat von der Germanisierung gesprochen, die durch die Regierung betrieben würde, und die die Regierung verbieten müsse. Ja, wer soll sie verbieten, wer soll sie befehlen? Sie bringt ein wie die Luft, sie ist ein Stück der geistigen Lebensluft eines Volkes, sie kann nicht reguliert werden durch politische Dekrete, sondern sie fängt unmerklich auf dem sozialen Gebiete an, und wie alles, was einmal einen gesunden organischen Ausdruck in der Politik finden soll,

---

*) Bd. III S. 474f.

**) Rede vom 22. September 1862, Bd. III S. 474ff.

sich von diesem Boden aus erst naturwüchsig herausarbeiten muß, so ist es auch mit der Germanisierung gewesen; unsere Regierung konnte sie nicht machen, wenn sie auch gewollt hätte, sie kann sie aber auch nicht verbieten, wenn deutsche Ansiedler sie betreiben, indem sie deutsches Kapital, deutschen Fleiß, deutsche Intelligenz mit hinzubringen." Den polnischen Mitgliedern des Abgeordnetenhauses rief er zu: „Wie wir den Bestrebungen Ihrer Nationalität innerhalb der gehörigen Schranken vollkommen unsere Sympathie widmen können, sobald Sie die nationale Existenz unserer Landsleute nicht antasten, so müssen wir, wenn Sie dies tun, Ihnen um jeden Preis und unter jeder Bedingung entgegentreten . . . Wir wissen, daß wir diese Provinzen nicht entbehren können, daß ihre Behauptung eine Lebensfrage für uns ist. Ihre Entfremdung wäre eine schwere Einbuße für unser ganzes deutsches Vaterland. Seien Sie überzeugt, daß wir keinen Ort, keine Stadt, wo deutsche Interessen, deutscher Unternehmungsgeist, deutsches Kapital zum Heile des Ganzen, der Polen sowohl wie der Deutschen, festen Fuß gefaßt haben, aufgeben werden! Seit Jahrhunderten vollzieht sich die Germanisierung in jenen Landesteilen . . . Während fortgesetzter und schwerer nationaler Einbußen Deutschlands im Westen gewannen unsere Vorfahren hier der deutschen Kultur neuen Boden: die einzige große nationale Errungenschaft in Zeiten des Verfalls der deutschen Macht. Diesen Boden wieder aufgeben, das hieße an der geschichtlichen Zukunft unseres Volkes zweifeln. Es hieße die Arbeit von Jahrhunderten aufgeben, wenn wir nur einen Fußbreit in der von uns schwer erkämpften und sauer erworbenen Position zurückweichen wollten. Nicht bloß um eine Provinz würde Preußen dadurch ärmer, nein, vielmehr ein wertvolles Glied Deutschlands würde dadurch abgerissen, und es begänne von neuem eine Verstümmelung unseres so schwer beschädigten und geschädigten nationalen Körpers!"

Hatte sich damals das Abgeordnetenhaus damit begnügt, zur Tagesordnung über jene Petitionen überzugehen, so stand es jetzt vor einer vollständig veränderten Situation. Wohl war die Gefahr, daß der Aufstand auf die polnischen Provinzen Preußens überschlagen werde, nicht groß; aber Bismarck benützte diese angebliche Besorgnis, seine guten Dienste der russischen Regierung anzubieten. Er sah hierin eine günstige Gelegenheit, ihre Sympathien für die Haltung Preußens in der deutschen Reformbewegung zu gewinnen und eine russisch-französische Allianz zu verhindern. Hiervon ausgehend, schloß er am 8. Februar 1863 eine geheime Konvention mit Rußland ab, durch welche den Truppen beider Staaten die Erlaubnis gegeben wurde, sich durch Nachrichtendienst zu unterstützen und bei Verfolgung von Aufständischen die gegenseitigen Grenzen zu überschreiten. Diese durch Indiskretion bekannt gewordene Vereinbarung erregte allenthalben das größte Aufsehen; sie wurde auch von sämtlichen Führern der liberalen Parteien des preußischen Abgeordnetenhauses angegriffen, welche unter den heftigsten Vorwürfen gegen die Regierung verlangten, daß Preußen keinen der kämpfenden Teile unterstütze oder begünstige und Bewaffneten das Betreten preußischen Gebietes verwehre. Am 26. Februar 1863 kamen diese Anträge im Abgeordnetenhause zur Beratung; Schulze nahm Veranlassung, seine Stellung zu der Polenfrage nochmals darzulegen.*) Natürlich brandmarkte er das unmenschliche Vorgehen der russischen Behörden gegen die Aufständischen und verurteilte in starken Worten die Hilfeleistung, welche ihnen durch die preußische Regierung dabei geleistet werden sollte, indem er besonders hervorhob, wie sehr darunter die wirtschaftlichen Verhältnisse in den deutschen Grenzprovinzen litten. In der Debatte hatte Bismarck darauf hingewiesen, daß jede Unterstützung des Aufstands zur Begünstigung der Bestrebungen für die Wiederaufrichtung eines unabhängigen großpolnischen Reiches, also zur Losreißung der Provinz Posen von Preußen führe, und der Abgeordnete Freiherr von Vincke hatte im Anschluß daran gerade die Rede Schulzes vom 22. September 1862 angeführt, welche sich doch gegen eine solche Lösung gewandt habe. Hiergegen verteidigte er sich mit Entschiedenheit. „Ich anerkenne — sagte er — als erste unverrückbare Pflicht unseres Staates die Verteidigung der früheren polnischen Landesteile, die jetzt zum Königreich Preußen gehören. Jede Erhebung der Polen, welche diese unsere Landesgrenze antastet, verletzt die deutsche Nationalität und tritt in Konflikt mit wohlberechtigten preußischen und deutschen Interessen, und dem müssen wir entgegentreten mit Gut und Blut, unter jeder Bedingung. Dabei bleibe ich und diese ganze (linke) Seite dieses Hauses. Sie nennt sich die Deutsche Fortschrittspartei, und ich wüßte nicht, wie einer von uns Anspruch haben sollte auf diesen Namen, welcher diesen Standpunkt nicht teilt . . . Die preußischen Provinzen halten wir ein für allemal fest, weil sie dem Germanisierungsprozeß entschieden verfallen sind, und weil wir die deutschen Interessen darin zu schützen haben.“ Diese Grundsätze zwängen aber nicht, der Menschenpflicht und Gerechtigkeit entgegenzutreten und für die russische Regierung Partei zu ergreifen. Man könne recht gut denken, daß sich Russisch-Polen zu einem selbständigen Staate entwickele, aber allerdings

*) Rede vom 27. Februar 1863, Bd. IV S. 483 ff.

müsse hier die Konstituierung Deutschlands vorausgehen. Dann werde es mit der Kabinetspolitik vorbei sein, welche die Völker trenne und gegeneinander hetze, dann werde eine nationale Politik die Völker einigen, daß sie nicht gegeneinander, sondern neben- und miteinander im friedlichen Wetteifer ihre Kräfte versuchen. „Ein friedlicher Grenzverkehr, ein Austausch der materiellen und intellektuellen Güter, eine Gemeinschaft der geistigen und materiellen Errungenschaften werde stattfinden und wird die alten Erinnerungen des Hasses unter den Nationalitäten vertilgen, indem sie sie ihre wahren Interessen erkennen lehren.“ Aber selbst wenn der Übergang dahin nur durch Kämpfe zu bewerkstelligen wäre, so dürfe sich Deutschland nicht durch einen möglichen feindlichen Anprall der Polen von dem abhalten lassen, was die Gerechtigkeit fordere. „Und aus solchen kleinlichen Rücksichten möchte ich nicht, daß wir unsere eigenen nationalen Bestrebungen irgendwie im Keime befleckten, jetzt, wo dieser Keim mitten unter dem Druck untröstlicher Gegenwart im freudigsten Gedeihen emporschießt!“ Der Antrag der liberalen Partei fand in der Schlußabstimmung die Zustimmung der überwiegenden Mehrheit des Hauses. Späterhin kam Schulze noch einige Male auf das Verhältnis Polens zu Deutschland gelegentlich von Veranstaltungen innerhalb der genossenschaftlichen Kreise zurück.*)

*) Rede in Neiße 1869, Bd. I S. 573 f. Rede in Posen 1872, Bd. I S. 575 f. Rede in Posen 1874, Bd. I S. 578 f.

XVI. Der Verfassungskonflikt III.

Es war natürlich, daß jeder neue Schritt der Regierung von dem schärfsten Mißtrauen des Abgeordnetenhauses begleitet wurde. Bismarck tat das Seinige, um die Volksvertreter, namentlich sobald diese zu Fragen der auswärtigen Politik das Wort nahmen, in bewußter Weise zu verletzen. In dieser Stimmung kam der Gesetzentwurf bezüglich der Armeereform abermals zur Beratung — Mai 1863 —. Vergeblich hatte man in ihm eine Milderung der vorhandenen Gegensätze erwartet. Von dem Wunsche nach einer Verständigung geleitet, hatte sich trotzdem die Mehrheit der Kommission des Abgeordnetenhauses auf Antrag Forkenbecks zu Gunsten der Vorlagen ausgesprochen, allerdings unter Aufrechterhaltung der Forderung der zweijährigen Dienstzeit. Das Ministerium zeigte sich jedoch nicht geneigt, dieses Entgegenkommen zu erwidern. Schulze und seine näheren Freunde hielten an ihren alten Anschauungen fest. Noch dauerte die Beratung des Abgeordnetenhauses über die verschiedenen Anträge fort, als Roon einen gegen ihn gerichteten Angriff Sybels zum Anlaß nahm, zu behaupten, daß das Recht des Präsidenten des Hauses zur Aufrechterhaltung der Ordnung nur bis an den Ministertisch gehe und nicht weiter. Das Gesamtministerium trat auf seine Seite und erklärte, an den Verhandlungen erst dann teilnehmen zu wollen, nachdem ihm die Erklärung abgegeben worden sei, daß es vor einer Wiederholung jenes Verfahrens gegen eines seiner Mitglieder sicher sei. Das Haus antwortete mit dem Beschluß, auf ein solches Begehren nicht einzugehen, sondern für die nächste Sitzung die Gegenwart des Kriegsministers zu verlangen. Vom 11. bis 22. Mai ward das Haus mit den Debatten über den Zwischenfall ausgefüllt, auch Schulze nahm dabei mehrfach das Wort,*) um in energischer Weise für das Recht des Präsidiums einzutreten. „Dieser Vorfall — sagte er — steht nicht allein da; er muß mit anderen, mit der materiellen Stellung des Ministeriums zu uns in allen großen Fragen, die zum Konflikt gediehen sind, in den innigsten Zusammenhang gebracht werden. Wie man unser Budgetrecht nicht anerkennt, wie man allen unseren verfassungsmäßigen Rechten in den wesentlichsten Punkten

*) Bd. IV S. 196—221.

entgegentritt; wie für die Herren auf der Ministerbank es nur Rechte gibt, die sie sich aus unserer Verfassung nehmen, aber keine Pflichten, so ist es auch hier; bloß Rechte wollen sie in Anspruch nehmen, die ihnen die Verfassung gibt, und die notwendig korrespondierenden Pflichten existieren für sie nicht. Es ist dies die alte Lehre von der starken Regierung, vermöge deren man die Stärke einer Regierung darein legt und darin sucht, daß man sich unter Umständen über Verfassung und Gesetz und Recht hinwegsetzen kann. Nun, ich denke, wir müssen wenigstens das Unsrige dazu beitragen, um zu zeigen, daß die wahre Stärke einer Regierung in der Achtung des Rechtes besteht und nicht in seiner Verletzung!" Zwar erklärte eine königliche Botschaft die Forderung des Ministeriums für berechtigt, aber das Abgeordnetenhaus erwiderte in einer Adresse, daß man keine Mittel zur Verständigung mehr mit dem jetzigen Ministerium habe, und daß „zwischen den Ratgebern der Krone und dem Lande eine Kluft bestehe, welche nicht anders als durch einen Wechsel der Personen und mehr noch durch einen Wechsel des Systems ausgefüllt werden würde." In einer ungnädigen Antwort lehnte der König die Entlassung des Ministeriums ab, das sein Vertrauen besitze, dessen Amtshandlungen mit seiner Billigung geschehen, und dem er dankbar dafür sei, daß es dem verfassungswidrigen Streben des Abgeordnetenhauses nach Machterweiterung entgegentrete. Zugleich wurde die Session — 27. Mai — geschlossen.

Unmittelbar danach ging das Ministerium in der Verletzung der Verfassung einen Schritt weiter, indem es am 1. Juni die sogenannten Preßordonnanzen erließ, in welchen die Verwaltungsbehörden ermächtigt wurden, Zeitungen wegen ihrer allgemeinen Tendenz ohne bestimmt nachweisbaren Grund nach zweimaliger Verwarnung zu unterdrücken. Mit diesem Ausnahmegesetz sollte die öffentliche Meinung zum Schweigen verurteilt werden; man empfand es als Hohn, wenn die Regierung behauptete, daß dadurch das jedem Preußen verfassungsmäßig gewährleistete Recht, seine Meinung durch Wort und Schrift frei zu äußern, nicht angetastet werde. Ein Schrei der Entrüstung ging durch das Land. Gleichzeitig wiederholten sich die Beamtenmaßregelungen, wozu die Minister des Innern und der Justiz gleich willfähig die Hand boten, und schon verbreitete sich die Nachricht, daß Bismarck daran denke, auch das Versammlungsrecht aufzuheben und jede freiheitliche Bewegung zu unterdrücken.*)

*) Lenz S. 189.

Die Aufregung wurde noch größer, als der Kronprinz gelegentlich einer militärischen Inspektionsreise in Danzig in Gegenwart der Behörden erklärte, daß er die innere Politik Bismarcks nicht billige, und der Konflikt, in den er dadurch mit seinem Königlichen Vater kam, in der Öffentlichkeit bekannt wurde. Selbst von den besonnensten Seiten wurden die liberalen Führer zum energischen Handeln gedrängt. So augenscheinlich auch von Gustav Freytag, wie aus einer Briefantwort Schulzes vom 12. Juli hervorgeht. Daß das Schreiben Freytags sich nicht erhalten hat, ist doppelt bedauerlich. Schulze mahnte zur Geduld; er hatte den Glauben an die Gerechtigkeit der von dem Abgeordnetenhause vertretenen Sache nicht verloren. Daß er sich scheute, seine Gedanken ausführlicher schriftlich darzulegen, sondern den Freund auf die mündliche Aussprache vertröstete, zeigt, daß man selbst das Postgeheimnis gefährdet glaubte. Daß Freytag trotzdem weiterhin drängte, wissen wir aus seinem Briefe an Bennigsen vom 14. August;*) „ich habe mit Schulze — heißt es in ihm — vor seiner Reise nach Frankfurt (zum Abgeordnetentage) noch eine Zusammenkunft beredet, und ich zweifle nicht, daß diese letzten Ereignisse auch ihm und den Verbündeten die Notwendigkeit, stärkerer Maßregeln deutlich gemacht haben. Das ganze Unglück der Preußen läßt sich in die Worte zusammenfassen, daß sie nach dem Eintritt der Bewegungszeit für Deutschland das große Unglück gehabt haben, zwei Fürsten zu erhalten, die in der öden Zeit Metternichs und der Karlsbader Beschlüsse aufgewachsen sind. Das hat auch das Volk zurückgehalten. Der Kampf gegen eine abgestandene Generation, welche gespensterhaft alle wichtigen Stellen des Staates besetzt hält, ist wie ein Kampf gegen Tote. Auch unsere Freunde dort leiden schwer an dem Übelstand, daß verhältnismäßig wenige von ihnen eine feste alte, in weiteren Kreisen anerkannte Stellung in die Politik mitbrachten. Mut und Selbstvertrauen sind im geheimen geringer als bei anderen Parteiführern." Auch Bennigsen nannte in diesen Tagen Bismarck einen „gemeingefährlichen Menschen",**) und Rochau schrieb an Miquel:***) „In Preußen muß der Schrei: Nieder mit Bismarck! organisiert werden, zunächst in Berlin, was binnen drei Tagen geschehen kann und wird, wenn die Herren dort einen Funken von richtiger Erkenntnis der Lage und ihrer Schuldigkeit haben. Man erfülle die Straßen von Berlin vom Morgen bis zum

*) Oncken S. 604.
**) Oncken S. 629.
***) ebenda S. 631.

Abend mit diesem Rufe, und binnen weiterer drei Tage ist die Sache fertig."

Inzwischen war das Abgeordnetenhaus aufgelöst worden; die Neuwahlen ergaben wieder eine vernichtende Niederlage für die Regierung troß unerhörter Beeinflussung der Wähler. Sofort nach Zusammentritt der Kammer machte Schulze diese zum Gegenstand einer Besprechung — 28. November*) —, in welcher er für Freiheit der Wähler eintrat. „Wenn wir von unseren Wählern verlangen, daß sie uns in unserer Tätigkeit stützen sollen, dann sind auch wir unsererseits verpflichtet, unsere Wähler in ihren Rechten zu schützen, soviel es uns möglich ist, hauptsächlich in der freien Ausübung desjenigen Rechtes, vermöge dessen es ihnen allein möglich ist, unmittelbar für uns einzutreten." Dann wandte er sich gegen die fortgesetzten Auflösungen des Abgeordnetenhauses. „Alle Verfassungen geben wohl einer jeden Regierung das Auflösungsrecht, das Recht der Appellation von der Meinung der Volksvertretung an das Volk selbst. Das liegt ganz in dem konstitutionellen Prinzip. Aber, meine Herren, wie denn nun? Die Regierung legt diese verfassungsmäßige Berufung an die Wähler ein, löst das Haus auf, und die Wähler geben den verlangten Spruch in den neuen Wahlen und verwerfen die Appellation, indem sie die Abgeordneten der früheren Majorität wieder in das Haus entsenden. Darf dann die Regierung das immer fortsetzen und immer und immer wieder, wenn sie den Spruch von der rechten Instanz erhalten hat, und er gefällt ihr nicht, von neuem appellieren? Von wem appelliert man und an wen appelliert man denn in dieser Weise? Von dem Abgeordnetenhause an das Volk appelliert man dann nicht mehr, wenn man in derselben Differenz Auflösung auf Auflösung häuft. Man appelliert von dem Spruche des Volkes selbst — gegen dessen Entscheidung — und an wen? — formell an dasselbe Volk, der Sache nach an sich selbst ... Und wer sind denn nun diese, an sich selbst appellierenden Herren Minister? Was bieten sie dem Lande, um sich zu dieser eminenten, völlig über und außerhalb der Verfassung stehenden Stellung zu qualifizieren? Sie können nicht regieren mit dem Budgetrecht des Hauses, sie können nicht regieren mit der Preßfreiheit, und endlich in der letzten Chance, sie können nicht regieren mit der Wahlfreiheit! ... Das heißt, sie können nicht regieren mit der Verfassung, zu deren Kardinalpunkten alle jene Behinderungen ihrer Regierungsfähigkeit gehören. Ja, solange die Verfassung in Preußen das Staatsgrundgesetz

*) Bd. IV S. 225 ff.

bildet, heißt dies, sie können überhaupt gar nicht regieren!" Im weiteren kam er auf die Methoden der Wahlbeeinflussungen zu sprechen, wie in den amtlichen Kundgebungen ein Unterschied zwischen Königstreue und Verfassungstreue gemacht und mit Androhung von Schäden und Angebot von Vorteilen auf die Wähler eingewirkt worden sei. „Worauf rechnet man, wenn man sich einen Erfolg solcher Mittel verspricht? Auf alles Niedrige und Gemeine in der menschlichen Natur, man spekuliert auf die Feilheit, man proklamiert die Feilheit als das bestimmende Motiv des öffentlichen Lebens in unserem Staate! . . . Wäre es wirklich möglich, den tiefen Sinn für Recht und Sitte in unserem Volke mit solchen Mitteln auf diese Weise allmählich zu verkehren, die Feilheit und Gewissenlosigkeit zum Prinzip des öffentlichen Lebens bei uns zu machen? Würde der Widerstand unseres Volkes gegen jenes System damit gebrochen, dann wäre die Volkskraft selbst gebrochen, . . . dann wäre es mit dem Preußen, welches wir alle im Herzen tragen, mit seinem geschichtlichen Berufe wäre es aus, und ein anderes finge an, das Eldorado einer gewissen Partei, wo man, um die kleinen Herren nach innen spielen zu können, nach außen hin die ganze Freiheit und Selbständigkeit des Vaterlandes preisgäbe!" Vergeblich versuchte der Minister des Innern gegen dieses „Volksrednertum", wie er es nannte, Einspruch zu erheben; mit großer Stimmenmehrheit beschloß das Haus die Einsetzung einer Kommission zur Untersuchung der beanstandeten Gesetzwidrigkeiten.*)

Wieder machte sich der Antagonismus zwischen Regierung und Abgeordnetenhaus bei der erneuten Vorlage des Militäretats geltend — Januar 1864 —, dieses Mal unter dem erschwerenden Umstande, daß der Einmarsch der preußischen Truppen in Schleswig-Holstein unmittelbar bevorstand. Hatte das Ministerium erwartet, daß die Volksvertretung hieraus Anlaß nehmen werde, ihre Haltung zu ändern, so mußte es sehr rasch erkennen, daß diese Hoffnung eine trügerische war. Die überwiegende Mehrheit beharrte auf ihrem früheren Standpunkt; selbst jetzt

*) Dieselben Anklagen erhob Schulze späterhin bei mehreren Gelegenheiten, so gegenüber der Wahl des Freiherrn v. d. Heydt, welcher versprochen hatte, die ihm zustehenden parlamentarischen Diäten zum Besten seines Wahlkreises verwenden zu wollen (Dezember 1863); bei Erstattung des Berichtes jener Untersuchungskommission (Januar 1864); nach dem Zusammentritt des neuen Abgeordnetenhauses (März 1865) und bei Beratung der Beschwerden der Stadtverordnetenversammlungen von Breslau und Bromberg und der Ratsherren in Lauban (März und April 1865). Einen ähnlichen Gegenstand behandelte er im Mai 1867, als die verfassungswidrige Versetzung eines hannoverschen Richters nach Ratibor zur Sprache kam.

erklärte sie, von ihrem Recht der Budgetfeststellung nicht abweichen zu können. Der Ton der Debatten wurde immer lebhafter, so wenn Schulze dem Abg. Reichensperger auf dessen Bemerkung, daß die Verfassung und die freiheitliche Entwicklung in Preußen vom Throne ausgegangen seien, antwortete:*) „Im Sinne meiner politischen Freunde muß ich Protest einlegen gegen dieses angebliche Geschenktsein unserer Verfassung, gegen die Eröffnung der freiheitlichen Entwicklung in unserm Staatsleben aus Gnaden und immer wieder aus Gnaden! Wenn irgendein Volk, wenn namentlich ein deutscher Stamm sich ein Anrecht zu diesen Dingen erworben hat und heilige Zusagen von seiten seiner Fürsten ihm gegeben sind in der höchsten Not, eingelöst und erkämpft mit ungeheuren Opfern an Gut und Blut, so ist es das preußische Volk, und in seinem Namen glaube ich mich berufen und zugleich im Namen meiner politischen Freunde gegen solche Losungen der Freiheitsgeschenke von oben herunter aufs ernstlichste zu protestieren!" Und als der konservative Abg. v. Blanckenburg äußerte, daß, wie die Hohenzollern einst die Quitzows ihrer Macht unterworfen hätten, sie auch mit den Müllers und Schulzes der Zukunft fertig werden würden, da erwiderte er:**) „Ich habe mich gewundert, daß gerade von den konservativen Bänken aus auf jene Geschichte angespielt wurde; nun ja — die Hohenzollern haben die Quitzows und Genossen niedergeworfen, aber zu welchem Ende und zu welchem Zwecke? Erstlich haben sie sie niedergeworfen zugunsten der Herstellung gesetzlicher Zustände und zweitens zum Besten eines friedlichen Verkehrs, zum Besten des friedlichen Bürgertums, um deswegen eben, weil diese gewaltigen Mächte mit den Hohenzollern waren — Gesetz und Recht, das Bürgertum mit seiner großen Zukunft —, konnten sie jene Tat tun, und deswegen ruht der Segen der Geschichte noch auf diesen Taten, und deswegen sind eben die Hohenzollern ein Fürstengeschlecht gewesen, dem eine so große Zukunft und so großer Erfolg in der Geschichte bereitet war, weil sie ihre Zeit und die Bedürfnisse ihres Volkes verstanden! . . . Die Quitzows von heute sind allerdings in einer besseren Lage als die von damals, wo sie auf den Stegreif ritten; sie sitzen mit in der Regierung und haben sich der Staatsgewalt bemächtigt, und deshalb kann man nicht mit ihnen so aus dem Stegreif fertig werden, wie es dazumal ging mit den Rittern von der Landstraße. Ich muß endlich antworten auf die Frage des geehrten Abgeordneten: „Wer regieren solle bei uns?" Das Recht, das Gesetz und der König als dessen Wächter und Vollzieher! Und wenn er von Macht

*) Vgl. Bd. IV S. 246.

**) Vgl. Bd. IV S. 250 ff.

sprach mit Hindeutung auf die Schulzes und Müllers, so war wohl mit diesen gemeinen bürgerlichen Namen das ganze Bürgertum gemeint, und da akzeptiere ich es dankbar, daß mein Name ihm in dieser Hinsicht als eine Parole gedient hat, und sage: Ja, das Bürgertum ist eine Macht, die man zu respektieren hat, wenn man regieren will. Gewiß, eine Regierung soll stark sein . . ., aber eine wahrhaft starke Regierung sucht ihre Stärke, wie eben die Hohenzollern jener Tage, im Schutz der Gesetze, im Dienste des Rechts, und steht nicht wider ihr Volk, sondern mit ihm und an dessen Spitze. Soweit sind wir doch im neunzehnten Jahrhundert gekommen, daß man so absolut hin nicht allein alles Recht und alle Rechtsquellen auf die Dynastien zurückführt. Die Völker sind ihrer selbstwillen da, und nicht um der Regierung, der Dynastien willen, sondern die Regierungen sind um der Völker willen da!" Am 25. Januar 1864 ward das Abgeordnetenhaus geschlossen. Erst ein Jahr später — 14. Januar 1865 — trat es wieder zusammen. Tags darauf schrieb Schulze an Gustav Freytag:*) „Im ganzen sind wir hier guten Mutes, wenn wir uns auch nicht verhehlen, daß noch Schweres über uns kommen könnte, namentlich Verfolgungen der brutalsten Art . . . Aber es sind doch große Tage, in denen wir leben, und große Geschicke, um die es sich handelt, daß man sich freuen muß, auch sein bescheiden Teil mitzuarbeiten — wie schwindet da aller Egoismus und alles Hervordrängen eitler Persönlichkeiten vor den großen Dimensionen unserer Zukunft!" Im März begann die Etatsberatung seitens des Landtags; nach wie vor war die Situation unverändert. Offen gestand Kriegsminister v. Roon zu, daß die Regierung gezwungen werde, den Rechtsboden zu verlassen, da die Volksvertretung verfassungswidrig die Erweiterung ihrer Macht erstrebe. Schon Simson hatte dieses Recht verteidigt, wenn es mit verfassungsmäßigen Mitteln geschehe. Auch Schulze**) schloß sich ihm u. a. an. „Wir müssen wünschen und dahin streben" — sagte er — „eine Stellung zu gewinnen, daß niemand es wagt, die Verfassung des Landes und die verfassungsmäßigen Rechte seiner Vertreter anzutasten, . . . weil er weiß, daß sich gegen ihn das Rechtsbewußtsein des ganzen Landes empört, daß ein jeder im Lande für die Verfassung einsteht. Es handelt sich also nicht um eine Machterweiterung, sondern um eine Machterwerbung, denn die Tatsachen sprechen, wir haben die Macht, von der die Rede ist, noch gar nicht; man respektiert uns noch nicht in unserem verfassungsmäßigen Rechte,

---

*) Bd. IV S. 257 f.

**) Rede vom 27. März 1865. Bd. IV S. 263 ff.

und wenn wir danach streben, daß diese Macht unserem Rechte beitrete, daß diese Macht im Dienste des Rechtes ist, so wird uns niemand einen Vorwurf daraus machen können. Etwas anderes ist es aber, wenn man die Macht von anderen Seiten dazu braucht, nicht hinter dem Recht zu stehen als dessen Träger, sondern sich über das Recht hinwegzusetzen ... Wenn der Herr Kriegsminister sich hier stützt auf das Gesetz und auf das wirkliche Recht, wo wir ihn nicht widerlegen können, will er nicht auch dasselbe gegen sich gelten lassen? Soll Recht und Gesetz nur gegen uns, gegen die Volksvertretung gelten, nicht auch ebenso gut für uns und gegen das Staatsministerium?"

Es war charakteristisch, daß im Abgeordnetenhause nun schon die Zurückstellung wirtschaftlicher Bedürfnisse gefordert wurde, wenn zu befürchten stand, daß damit der Fortdauer der verfassungswidrigen Zustände Vorschub geleistet würde, so als die Regierung Geldmittel und Zinsgarantien für Eisenbahnbauten in der Eifel und Ostpreußen verlangte. Schulze wollte wie Waldeck u. a. sich diese Waffe nicht entwinden lassen.

In seiner ganzen Heftigkeit entbrannte der Streit wieder bei dem Militäretat — Ende April. Die Dinge in Schleswig-Holstein hatten inzwischen einen solchen Verlauf genommen, daß ein Bruch Preußens mit Österreich bevorzustehen schien. Bismarck erschien es wünschenswert, mit dem Abgeordnetenhause Frieden zu schließen; er war daher bereit, der Mehrheit so weit entgegenzukommen, daß er dem König den Vorschlag machte, das dritte Dienstjahr gegen eine stärkere Einstellung von Kapitulanten aufzugeben, worin er von Roon unterstützt wurde. Aber der König, welcher hierin einen Rückzug des königlichen Regimentes gegenüber der Parlamentherrschaft sah, lehnte ab, und nun schlug die Regierung von neuem den alten Konfliktston an, obgleich in dem Hause ein Antrag Bonin Aussicht auf Annahme hatte, welcher die Friedensstärke des Heeres in solcher Höhe gesetzlich festlegen wollte, daß unter Aufrechterhaltung der bestehenden Heeresorganisation eine Dienstzeit von zweieinhalb Jahren bei der Infanterie und von drei Jahren bei den anderen Waffengattungen durchführbar gewesen wäre. Roon bekämpfte nunmehr auch diesen Antrag und ließ sich in einer einstündigen Rede über das Recht der Regierung zur Durchführung der Reorganisation und über das Recht des Hauses in der Budgetfrage aus, wobei er diesem den Vorwurf machte, daß es aus parteipolitischen Gründen auf die Fortdauer des Konfliktes spekuliere. Ausführlich begründete er die Auffassung, daß, da das bestehende Heeresgesetz seinerzeit von dem absoluten König erlassen sei, dieser auch so lange über das Heer verfügen könne, wie ein übereinstimmender Beschluß der gesetzgebenden Gewalten nicht zustande gekommen sei. Bereits vorher hatte der Finanzminister die absolutistische Budgettheorie mit rücksichtsloser Schärfe entwickelt.*) Am 4. Mai kam Schulze zum Wort.**) Er wandte sich sofort gegen die „ganz exorbitante Auffassung des Kriegsministers über konstitutionelles Wesen und die Interpretation der Verfassung und die sie ergänzenden Gesetze“, um dann auszuführen, daß das Recht zur Bestimmung der Wehrpflicht ein ebenso fundamentales Recht der Verfassung als das Budgetrecht sei. Daher müsse auch seine Regelung der Gesetzgebung überlassen werden, weil nur so die Mitwirkung der Landesvertretung stattfinden könne. Die Deduktion des Kriegsministers ergänze und erläutere den Konstitutionalismus aus dem Absolutismus, also das eine System aus dem damit vollkommen unverträglichen, auf dem entschiedensten Gegensatz beruhenden anderen. Das sei der Weg, auf dem man den ganzen Konstitutionalismus im Keime zu ersticken und allmählich vollständig zu beseitigen gedenke. Sei eine Verstärkung der Wehrkraft des Landes notwendig, um seine Unabhängigkeit nach außen zu sichern, so dürfe dies nicht auf Kosten der inneren Freiheit der Bürger geschehen. Ganz unbegründet sei der Vorwurf, daß den liberalen Parteien an der Verlängerung des Konfliktes gelegen sei. Wie könnten diese die Fortdauer der Vorenthaltung der wichtigsten Rechte der Volksvertretung seitens der Staatsregierung, die sich im Besitze der faktischen Macht befinde, wünschen? Die konservative Partei drohe mit der sozialen Revolution, die man nur mit der Gewalt der Bajonette werde unterdrücken können. Dagegen glauben die freiheitlich Gesinnten einer gewaltsamen Erschütterung vorzubeugen, indem sie „alle guten und alle edlen Eigenschaften des Menschen, indem sie die sittlichen und intellektuellen Kräfte unserer Arbeiterbevölkerung mehr und mehr wecken und pflegen, indem sie den Arbeitern mehr und mehr zu einem bescheidenen Grade von Wohlstand helfen und sie an die eigene Kraft und Tüchtigkeit, an ihre eigene Tätigkeit und Lebenshaltung bei Besserung ihrer Lage verweisen . . . An den Liberalen wird es nicht fehlen, mit den Arbeitern Hand in Hand zu gehen zur Erstrebung wirklich menschenwürdiger Zustände für alle Klassen unseres Volkes!“ Am folgenden Tage ward die Regierungsvorlage abgelehnt.

Im Laufe des Sommers häuften sich neue Konfliktsstoffe. Als Twesten im Abgeordnetenhause dem Richterstand und zumal dem obersten

*) Lenz S. 282.
**) Vgl. Bd. IV S. 287 ff.

Gerichtshof aus Anlaß der Verurteilung liberaler Zeitungen politische Korruption vorwarf, versuchte der Justizminister die verfassungsmäßige Redefreiheit der Volksvertreter anzutasten und zog ihn „wegen Verbreitung falscher Tatsachen" vor Gericht. Bismarck nahm eine Bemerkung Virchows zum Anlaß, diesem eine Pistolenforderung zugehen zu lassen; es bedurfte eines Beschlusses des Abgeordnetenhauses, um Virchow zu bestimmen, daß er das Duell nicht annahm. „Was soll denn — fragte Schulze*) — aus der Behandlung aller der wichtigen Landesangelegenheiten, die wir hier festzustellen berufen sind, werden, wenn sie auf diese Weise sollen zum Austrag gebracht werden?" Als Kölner Bürger sämtliche Mitglieder der liberalen Parteien des Abgeordnetenhauses im Juli zu einem Feste nach Köln einluden, verbot der Polizeipräsident unter Mißachtung des Versammlungsrechts dessen Abhaltung und ließ später die Teilnehmer mit Waffengewalt auseinander treiben. Auf der Deutschen Fortschrittspartei lastete aber besonders schwer der Umstand, daß sich aus Anlaß der schleswig-holsteinischen Frage Uneinigkeit in ihren Reihen einstellte. Hatte sie sich anfänglich fast einmütig für die Erbansprüche des Augustenburgers ausgesprochen, so machten sich jetzt schon die Stimmen derer geltend, welche, zumal nach dem siegreichen Kriege gegen Dänemark, sich mit dem Gedanken der Annexion befreundeten. Dies wirkte auf die Haltung zurück, welche die Fortschrittspartei in der deutschen Einigungsfrage beobachtete. Vor den Erfolgen, welche die Politik des Ministerpräsidenten durch die Befreiung der Elbherzogtümer von der Fremdherrschaft errungen hatte, konnte sie ihre Augen nicht verschließen, und sie mußte es hinnehmen, daß Bismarck ihr gegenüber jenen Waffentaten „impotente Negation" vorwarf. Instinktiv fühlten die alten Gegner Preußens in Mittel- und Süddeutschland, daß ihre Hoffnung auf Abwehr der preußischen Spitze in dem zukünftigen Deutschland mehr und mehr schwände; ihre Angriffe richteten sich daher jetzt nicht nur gegen die Berliner Regierung, sondern auch gegen die Abgeordneten selbst, welche nicht in ihr Horn blasen wollten. Nur mit Mühe vermochten diese auf der Generalversammlung des Nationalvereins — Oktober 1865 — einen Antrag zu Fall zu bringen, welcher sagte, daß die preußische Regierung durch ihre innere und äußere Politik den nationalen Beruf Preußens verkannt habe und deshalb des Anspruchs auf Übertragung der deutschen Zentralgewalt verlustig gegangen sei. Schon konnten sie nicht mehr verhindern, daß die radikalen Elemente eine neue Partei links von der Nationalpartei gründeten.

*) Vgl. Bd. IV S. 304 ff.

Am 15. Januar 1866 trat der Landtag wieder zusammen. Wenige Tage später zeigte sich, als der Finanzminister den Etat vorlegte, daß die Lage im Hause unverändert war. Ein Antrag, welche die Vereinigung des Herzogtums Lauenburg mit der Krone Preußens, die Frucht des Gasteiner Vertrages, ohne die verfassungsmäßige Zustimmung des Landtags für rechtsungültig erklärte, ward mit 251 gegen 44 Stimmen angenommen. An demselben Tage begann die Debatte über die durch die gegen Twesten erhobene Anklage verletzte Immunität der Abgeordneten.*) Denn inzwischen war von dem Straffenat des Obertribunals, in den Präsident von Schlieckmann entgegen den bestehenden Vorschriften einige Hilfsrichter berufen hatte, im Gegensatz zu den Entscheidungen der unteren Instanzen die Verfolgung für zulässig erklärt und zur erneuten Verhandlung an die Vorinstanz verwiesen worden. Hiergegen brachte von Hoverbeck einen Protest ein und verlangte sofortige Beratung. Es war leicht, nachzuweisen, daß der Strafantrag der Staatsanwaltschaft sowie seine Zulassung durch den höchsten Gerichtshof eine Überschreitung der Befugnisse beider war und eine Verletzung des § 84 der Verfassung**) enthielt. Im Hause selbst wußte man dem Antrag nur wenig entgegenzusetzen; der Justizminister ging auf die Sache fast kaum ein. Eine unglückliche Stunde hatte Bismarck, der zu beweisen suchte, daß der § 84 kein Schutz gegen Beleidigung sei, auch nach der Entscheidung des Obertribunals könnten die Abgeordneten in Zukunft ihre Meinung aussprechen, aber verleumderische, beleidigende Worte seien nicht Meinungen, sondern Handlungen, die im Gesetz mit Strafe bedroht seien. Ja, er wollte einen Widerspruch des Paragraphen mit Artikel 4 der Verfassung finden,***) indem er die Beanspruchung der Redefreiheit der Abgeordneten als ein von ihnen angemaßtes Standesvorrecht bezeichnete. Und um den Hohn zu seiner Beweisführung hinzuzufügen, berief er sich auf die preußische Gesindeordnung, von welcher er allerdings sagte, er wolle sie nicht anführen, in welcher es heiße: „Reizt das Gesinde durch ungebührliches Betragen die Herrschaft zum Zorn, so kann es wegen Injurien, die es von der Herrschaft erfährt, nicht klagen.“ Unter den Rednern zugunsten des Antrages war auch Schulze, der sich in jenem Urteils-

---

*) Vgl. auch Bd. IV S. 311ff.

**) § 84: „Die Abgeordneten können für ihre Abstimmung in der Kammer niemals, für ihre darin ausgesprochenen Meinungen nur innerhalb der Kammer auf Grund der Geschäftsordnung zur Rechenschaft gezogen werden.“

***) § 4: „Alle Preußen sind vor dem Gesetze gleich; Standesvorrechte finden nicht statt.“

spruch nicht nur als Abgeordneter, sondern auch als ehemaliger Richter getroffen fühlte. „Wir ehren die Sprüche der Gerichte — sagte er —;*) wir wollen unabhängige Richter wie die Verfassung sie will, die sie jedoch ausdrücklich einer Autorität unterwirft, der Autorität des Gesetzes ... Innerhalb der durch die Gesetze ihrer Wirksamkeit gezogenen Schranke können sich die Richter frei bewegen, und niemand hat die Autorität ihrer Sprüche anzutasten ... Aber nur innerhalb dieser gesetzlichen Zuständigkeit stehen die Gerichte in unantastbarer Wirksamkeit. Durchbricht der Richter die Schranken des Gesetzes, dann wird er selbst dem Gesetze verantwortlich und macht sich wenigstens eines Mißbrauchs seiner Amtsgewalt schuldig ... Wer verleiht aber dem Richterstande, der richterlichen Gewalt jene ausgezeichnete, jene unantastbare Stellung? Wer anders als die Verfassung; sie ist die allgemeine Rechtsquelle, die Garantie des gesamten Rechtslebens der Nation. Und dem Eingriff hier, dem soll man nicht entgegentreten dürfen? ... Das erste, natürlichste und unveräußerlichste aller Rechte, welches den einzelnen Menschen und einer großen Körperschaft, wie wir sind, gegeben ist, besteht in der Abwehr gegen ungesetzliche Angriffe, wenn es sonst an jeder Hilfe gebricht, in dem Recht, in solchem Notstande sich selbst zu verteidigen, für die Bedingungen seiner eigenen Existenz einzutreten. In dem Augenblicke, wo wir dies versäumen, unser Recht nicht den Gerichten gegenüber durch Einlegung der Verwahrung aufrecht erhalten, wären wir verloren, wir hätten uns selbst aufgegeben ... Und zwar nicht nur uns, sondern auch die, die nach uns sich an dieser Stelle befinden werden ... Nicht das ist Gegenstand unseres Protestes, daß sich das Staatsministerium herbeigelassen hat, den höchsten Gerichtshof in diese Sache hineinzuziehen, nein, sondern das, daß sich der höchste Gerichtshof dazu hat brauchen lassen! ... Wir richten unseren Protest auch an Gewissen und Eid der sämtlichen preußischen Richter, an ihre amtliche, ja an ihre wissenschaftliche Ehre. Denn auch diese ist kompromittiert, auf das tiefste kompromittiert, und ein gebildeter Mann, der es in dem Sinne seiner Wissenschaft ist, den schmerzt es in seiner Seele, wenn er solche Dinge mit seiner amtlichen Autorität, mit seinem Rechtsbewußtsein und seinem sittlichen Bewußtsein vor ganz Deutschland vertreten soll ... Der konstitutionelle Staat kennt keine gerichtliche Verfolgung seiner Abgeordneten wegen ihrer Meinungen und ihrer Berufsübung innerhalb des Hauses. Aber er macht damit die Volksvertretung noch nicht frei von der Verantwortlichkeit. Der Gerichtshof, der hierüber

*) Bd. IV S. 313 ff.

zu sprechen hat, sind die Wähler, und das Verfahren, welches man allein konstitutionell gegen die Abgeordneten einleiten kann, ist der Appell an das Volk, die neuen Wahlen. Die Wähler, in ihnen das gesamte Volk, sind der alleinige Gerichtshof, vor dem sie Rede zu stehen haben, solange es konstitutionelles Recht gibt!" Der Ausgang der Debatte war von Anfang an nicht zu bezweifeln: der Antrag ward mit 263 gegen 35 Stimmen angenommen.

Mit gleicher Entschiedenheit trat Schulze auf, als das Verbot des Kölner Abgeordnetenfestes zum Gegenstand eines Beschlusses des Hauses gemacht wurde, welcher den Minister des Innern der Pflichtverletzung zieh, weil er die gesetzwidrigen Maßnahmen der Polizei nicht verhindert habe. Der Minister nannte in seiner Antwort die Veranstaltung eine „gehässige, ruhestörende Demonstration", indem er zugleich die Erwartung aussprach, daß die Beamten auch in Zukunft dem Gesetz und den Befehlen ihrer Vorgesetzten Folge leisten würden, ohne sich an die Beschlüsse des Hauses zu kehren. „Wenn nun aber die Gesetze und die Befehle der Oberen im schneidendsten Kontraste stehen — fragte Schulze —,*) wem gehorchen dann die Beamten? Wahrhaftig, daß der Minister mit solcher Sicherheit aussprechen konnte, die Beamten würden den Beschlüssen, die wir hier fassen, um Recht und Gesetz zu Ehren zu bringen, nicht folgen, das muß zu den traurigsten Betrachtungen über die Lage unseres Vaterlandes führen. Nach den Ausführungen des Ministers kann die Polizei alles. Existiert irgendwo ein Recht, welches sie selbst als im Gesetz begründet anerkennt, so genügt schon die Möglichkeit, es könnte gemißbraucht werden, um es zu kassieren . . . In der Verfassung sind auch die Formen und Bedingungen vorgeschrieben, unter denen das Versammlungsrecht zeit- und ortsweise aufgehoben werden kann. Man muß zu diesem Zweck erst den Belagerungszustand proklamieren, ehe man sich an jenem Rechte derart, wie es in Köln geschehen ist, vergreifen darf. Aber das ist es ja eben, wir leben überhaupt in Preußen in einem solchen nicht proklamierten Belagerungszustande; das Ministerium hält Gesetz und Recht im ganzen Lande in permanentem Belagerungszustand, weil es nicht regieren kann ohne Belagerungszustand!"

Am 23. Februar ward der Landtag in ungnädigen Formen geschlossen. In einer großen Versammlung seines Berliner Wahlbezirkes erstattete Schulze Ende des Monats Bericht über seine und des Hauses Wirksamkeit in der laufenden Legislaturperiode.**) Kaum jemals, so

*) Rede vom 16. Februar 1866, Bd. IV S. 308 ff.

**) Bd. IV S. 328 ff.

meinte er, seien deren Früchte so gering gewesen; man habe nur negieren können, aber negieren in dem Bewußtsein, daß die Tage schon kommen werden, in denen man sich im Interesse des Vaterlandes nach der rechtlichen Sanktion des Parlamentes werde umsehen müssen. Es sei ein großer Gewinn, daß in der Frage des Konflikts alle Männer, die in den parlamentarischen Kämpfen Ehre und Namen erworben haben, fest zusammenstehen. Ein weiterer Gewinn sei die Einsicht aller, daß es ganz unmöglich sei, den Konflikt durch einen Kompromiß, durch Nachgiebigkeit der Volksvertretung zu beseitigen. Denn, könne man auf die Militärorganisation gegen das Versprechen eingehen, daß das Budgetrecht Wahrheit werden solle? Das würde heißen, die ganze Frage vom Rechtsboden auf den Boden der Machtfrage hinübertreiben: das mögen andere tun, die Volksvertretung dürfe es sicher nicht! Ein Land wie Preußen könne auch nicht auf alle Ewigkeit in solchen Zuständen beharren, denn Preußen sei eine europäische Großmacht, und zwar eine solche, deren Machtstellung auf sittliche Grundlagen gestützt sei, welche man nicht mit solchen Konflikten schaffe. Die Versammlung erklärte sich mit dem Verhalten und den Beschlüssen des Abgeordnetenhauses in allen Punkten einverstanden.

Aber das Interesse des Landes an den inneren Fragen wurde jetzt wieder durch die äußere Politik abgelöst. Es war unverkennbar, daß die Ereignisse zum Bruch mit Österreich trieben. Zudem brachte der preußische Antrag beim Bundestag vom 9. April auf Reform des Bundes und Berufung eines deutschen Parlaments auf Grund des allgemeinen Wahlrechts ein weiteres Element in die Bewegung. Zwei Versammlungen der Berliner Mitglieder des Nationalvereins am 11. und 23. April beschäftigten sich mit der so geschaffenen neuen Lage. Das Mißtrauen gegen die Aufrichtigkeit jener Anträge war so groß,*) daß man das Eintreten dafür davon abhängig machen wollte, daß vorher das verfassungsmäßige Recht im eigenen Lande unbeschränkt in Geltung gesetzt sei. Auch die Befürchtung, daß die Annexion Schleswig-Holsteins Preußen mit der Verantwortlichkeit des Kriegsausbruchs und der Einmischung der fremden Mächte in die Geschicke Deutschlands belasten werde, kam wieder in den Resolutionen, welche Schulze verteidigte, zum Ausdruck.**) Rasch folgten sich nun die Ereignisse. Am 9. Mai wurde das Abgeordnetenhaus inmitten der Vertagung aufgelöst. Das Ministerium sprach dabei die Er-

*) Vgl. hierfür Lenz a. a. O. S. 297 f. und Oncken a. a. O. S. 692 f.

**) Vgl. Bd. III S. 254 f.

wartung aus, daß die Mehrheit des Hauses „angesichts der Gefahren, welche das Vaterland bedrohen, ihre Hingebung für dasselbe gewiß bereitwillig betätigen würde"; daß es indessen unter dem Einflusse anderer Verhältnisse gewählt sei, als die, welche jetzt bestimmend auf die Wähler wirken müßten. Noch ehe die Neuwahlen stattfanden, trat der Deutsche Abgeordnetentag in Frankfurt zusammen — 20. Mai —, um in letzter Stunde seine Stimme gegen den Krieg Deutscher gegen Deutsche zu erheben.*) Es war bezeichnend, daß Schulze das Recht Preußens, den Kampf um seine Existenz aufzunehmen, nur mit Unterbrechungen verteidigen konnte. Die Losung seiner Freunde für die Neuwahlen verzeichnete er in einem Briefe an Müllensiefen — 17. Mai —:**) „kein Krieg zu den Zwecken Bismarcks; wenn doch, dann kein Geld als nach hinreichend gegebenen sachlichen und persönlichen Garantien, d. h. Rücktritt Bismarcks; endlich unter Österreichs Prinzipat niemals!" Dem gleichen Gedanken gab Schulze im Verein mit mehreren Freunden in einer Ansprache an die liberalen Wähler in Preußen — 9. Juni — Ausdruck.***) Ebenso verneinte er auf Veranlassung Holtzendorffs, der ihn, „einen unserer Kultur- und Humanitätsapostel", zu einer Ansprache an die Nation aufforderte, die in Hunderttausenden von Exemplaren zu verbreiten wäre, in einer längeren Abhandlung in den „Bl. f. Genoss.-Wesen" die Rechtsbeständigkeit der Verordnung, welche die Ausgabe von Darlehnskassenscheinen verfügte.†)

War schon vorher bezüglich der Zukunft Schleswig-Holsteins ein latenter Zwiespalt unter den Mitgliedern der Deutschen Fortschrittspartei vorhanden, so trat dieser nun bei Ausbruch des Krieges offen zutage. Ziegler traf das rechte Wort, als er in Breslau — 15. Mai — ausrief, daß das Herz der Demokratie in Preußen stets da schlage, wo die Fahne des Landes wehe; Waldeck erklärte, daß er dem Einheitsstaate gegen alle bundesstaatliche Künsteleien den Vorzug gebe. Aber die Mehrheit der Fortschrittspartei hielt an ihrer Stellungnahme gegen Bismarck fest. Allerdings beobachtete sie hierbei nur die gleiche Haltung des überwiegenden Teils der liberalen Politiker ganz Deutschlands. Der Geschäftsführer des Nationalvereins erklärte mit kurzen Worten, Bismarck könne sein Bundesreformprogramm nur durchführen durch ein Bündnis mit der Nation: „dieses Bündnis aber, selbst wenn er es ehrlich und ernstlich

*) Vgl. Bd. III S. 282f.

**) Bd. III S. 281f.

***) Bd. III S. 295f.

†) Vgl. Bd. IV S. 333ff.

anstrebte, ist für Bismarck um keinen Preis zu haben."*) Bennigsen hielt den Antrag für einen Ausweg, dem König entweder die Abdankung oder den Krieg mit Österreich zu empfehlen. „Dieser Entscheidung auszuweichen, hat Bismarck eine Frontveränderung gemacht, welcher ich angesichts der Vergangenheit des Mannes eine gewisse Großartigkeit nicht absprechen will, eine Großartigkeit, die aber zum Ridikülen doch in einer näheren Beziehung zu stehen scheint als zum Tragischen."**) Und Treitschke schrieb, es sei ein befremdendes, fast unheimliches Schauspiel, wie der Gedanke der deutschen Einheit so plötzlich aus dem Dunkel unter das unvorbereitete Volk hinaustrete, und die größte Idee des Jahrhunderts fast wie ein Fechterstreich in einem diplomatischen Turnier erscheine: wie betäubt schaue die Nation der plötzlichen Wendung der preußischen Staatskunst zu. In Mittel- und Süddeutschland war diese Stimmung eine allgemeine.***) Auch die Bemühungen Bismarcks, persönlich die liberalen außerpreußischen Führer zu gewinnen, schlugen fehl. Bennigsen, den Bernhardi im Auftrage Bismarcks aufsuchte, verhielt sich ganz ablehnend. „Man glaubt nicht, daß es ihm Ernst ist mit der Bundesreform — sagte er —;†) man glaubt, daß er sie nur vorschiebt, um Konzessionen von Österreich zu erhalten, und sie wieder fallen zu lassen, wenn sie ihren Zweck erfüllt hat. Man glaubt auch nicht, daß es ihm Ernst ist mit dem Krieg; man hält den Krieg für gar nicht möglich, denn Bismarck kann gar nicht Krieg führen, er hat die öffentliche Meinung zu bestimmt und zu allgemein gegen sich . . . Um auf die Unterstützung durch die liberalen Parteien außerhalb Preußens rechnen zu können, muß . . . Bismarck in Beziehung auf den Konflikt im Innern in etwas einlenken." Wegwerfend meinte Bismarck in seiner Enttäuschung über den Fehlschlag der Sendung Bernhardis: man schieße im Kriege nicht mit öffentlicher Meinung, sondern mit Pulver und Blei. Kürzer ließ sich in der Tat der Gegensatz zwischen der preußischen Machtpolitik und national-freiheitlicher Agitation kaum ausdrücken.††)

Die preußischen Siege machten allen Zweifelsfragen ein Ende. Am Tage von Königgrätz fanden die Neuwahlen für das Preußische Abgeordnetenhaus statt: die liberalen Parteien verloren fast die Hälfte ihrer Sitze, die konservativen Abgeordneten vermehrten sich um fast das

*) Oncken a. a. O. S. 693.
**) Oncken S. 694.
***) Oncken S. 698.
†) Oncken S. 702.
††) Oncken S. 704.

Vierfache. Daß die Herstellung geregelter Zustände nun auch im innern notwendig sei, erkannte Bismarck an. Von der Heydt, der nach dem Rücktritt Bodelschwinghs wieder das Ministerium der Finanzen übernommen hatte, hielt für notwendig, daß die Regierung bei dem Landtag Indemnität für die verfassungslose Zeit nachsuche, und er fand dabei die Unterstützung Bismarcks. Schwieriger war es, die Zustimmung des Königs zu gewinnen, welcher in dem Antrage ein Schuldbekenntnis sah. Bismarck widersprach ihm. Gerade das Gegenteil sei der Fall; durch die Erteilung der Indemnität würde das Haus beweisen, daß es früher die Gründe für die Politik des Ministeriums nicht begriffen habe, sie jetzt aber billige. Wie hierin eine Demütigung der Regierung liege, vermöge er nicht einzusehen. So gab denn der König nach, wenn er auch in der Thronrede — 5. August — daran festhielt, daß in den budgetlosen Jahren „die Fortführung einer geregelten Verwaltung und der gesetzlichen Verpflichtungen gegen die Gläubiger und die Beamten des Staates, die Erhaltung des Heeres und der Staatsinstitute Existenzfragen des Staates waren, und daß daher jenes Verfahren eine der unabweisbaren Notwendigkeiten wurde, denen sich eine Regierung im Interesse des Landes nicht entziehen kann und darf." Bei Begründung der Vorlage schlug Bismarck versöhnliche Töne an. „Wir wünschen den Frieden — sagte er, — nicht weil wir kampfunfähig sind in diesem Kampf; im Gegenteil, die Flut fließt in diesem Augenblick mehr zu unseren Gunsten als vor Jahren ... Wir wünschen den Frieden, weil unserer Meinung nach das Vaterland ihn im gegenwärtigen Augenblick in höherem Grade bedarf als früher; wir wünschen ihn und suchen ihn namentlich deshalb, weil wir glauben, ihn im gegenwärtigen Momente zu finden. Wir glauben ihn zu finden, weil Sie anerkannt haben werden, daß die Königliche Regierung den Aufgaben, welche auch Sie in Ihrer Mehrzahl erstreben, nicht so fern steht, wie Sie vielleicht vor Jahren gedacht haben, nicht so fern steht, wie das Schweigen der Regierung über manches, was verschwiegen werden mußte, Sie zu glauben berechtigen konnte." Nach einer zweitägigen Debatte ward die Vorlage angenommen; zu den Gegnern gehörte Schulze.*) Nach einer Anerkennung der großen Kriegsereignisse verlangte er von der Regierung ein tatsächliches Einlenken in ihrer bisherigen Verwaltungsweise. „Was erblicken wir aber?" fuhr er fort. „Die Aufrechterhaltung des ganzen alten Regierungssystems ohne die allermindeste Veränderung; nicht ein

*) Vgl. Bd. IV S. 352ff.

Titelchen ist seit jenen großen Ereignissen, durch die wir ja alle begeistert werden, nicht ein Titelchen ist davon nachgelassen. Da ist die Maßregelei der Beamten und Lehrer, die eine eigene selbständige politische Überzeugung haben, da ist die Verfolgung der Presse, die Unterdrückung der Wahlfreiheit der Kommunen, die Konzessionsentziehung, da ist die Verfolgung der parlamentarischen Redefreiheit. Das alles ist in voller Blüte wie je, jetzt in diesem Augenblicke; wo wir hier tagen, inmitten dieser Friedensversuche. Selbst in dieser großen Zeit, die wir alle anerkennen, setzt man diese unendlich kleinen Plackereien ungescheut fort. Und dabei redet man uns von vergessen! Ja, mein Gott, um etwas zu vergessen, müssen die Dinge, die man vergessen soll, uns nicht in jeder Minute auf die Füße treten! Man vergißt wohl Vergangenes, schließt ab mit dem, was hinter einem liegt, mit dem ernsten redlichen Willen, in eine neue Zeit einzulenken, — aber da müssen die alten Unbilden nicht fortgesetzt, da dürfen die Rechtsverletzungen nicht ewig fortgeführt, nicht zu einem dauernden chronischen Zustande unserer Verwaltung werden. Das ist doch wahrlich eine starke Zumutung, da ein Vergessen und Vergeben zu fordern! Die neue Ära sollen wir besiegeln helfen: ja, sie ist ja gar nicht da, ich sehe nicht das Mindeste davon. Und die Regierung hat es doch in der Hand, sie kann die Ausgleichung so leicht herbeiführen, das unterliegt gar keiner Schwierigkeit, und jeder in diesem Hause würde sich berufen und verpflichtet fühlen, eine solche neue Ära, wenn man tatsächlich damit Ernst machte, willkommen zu heißen. Was führt man nun für alle diese Zumutungen an? Die Kriegstaten, die Erfolge der siegreichen Kämpfe ... Ja, wer hat denn gesiegt und gegen wen sind die Siege erkämpft worden? Etwa gegen die Opposition der letzten Landtage und gegen die Majorität des Volkes, welches Träger dieser Opposition war? Das Volk selbst hat ja gesiegt, wie kann man denn diesen Sieg gegen dasselbe ausbeuten wollen, wie kann man daraus ableiten, daß nun ein Strich gemacht würde durch alle Resultate, alle Bestrebungen seiner Vertreter, daß ein Aufgeben aller der Zwecke, um die sie für das Volk gekämpft haben, folgen müsse? Nein, meine Herren, gerade jetzt, wo das ganze Volk mit solchen ungeheuren Opfern eingetreten ist für die Existenz und die Ehre des Staates, da scheint mir dies die allerungeeignetste Zeit zu sein, dergleichen zu prätendieren. Wäre denn wirklich das Andenken an die Verfassungskämpfe, an den politischen Lebensinhalt unseres Volkes seit beinahe zwei Jahrzehnten, wäre das alles verwischt durch die gewonnenen Schlachten, durch die erfochtenen Siege? Nein, meine Herren, das heißt denn doch den ureigenen Geist des preußischen Volkes, der der echte deutsche Geist ist, verkennen, wenn weiter nichts dazu gehörte, als glänzende Kriegstaten, um es von allem, was es je gewollt und geleistet, von allen seinen politischen und humanen Bestrebungen abzuziehen; das, meine Herren, kann ich Ihnen niemals zugeben!" Indem Schulze im weiteren auf Ausführungen Bismarcks Bezug nahm, daß möglicherweise noch Kämpfe zur Erhaltung des Gewonnenen bevorständen, mahnte er: „Nun, dann wird es noch anderer Kämpfe, noch größerer Opfer bedürfen, die nur in der nachhaltigen Begeisterung unseres Volkes den rechten Träger und das rechte Fundament finden können. Und Sie alle wollen doch, daß diese Früchte gezeitigt werden, auf allen Seiten des Hauses; in dem einen Punkte sind wir alle einig. Aber, meine Herren, dann kann der Konflikt nicht bloß so formell mehr übertüncht als wirklich abgetan werden, dann muß der Friede mit dem Volke in Wahrheit geschlossen sein, wenn wir solchen Zeiten entgegensehen. Und es liegt sehr im Interesse der Königlichen Staatsregierung, gerade jetzt, im Augenblicke großer Siege, als Trägerin großer Erfolge, denen man von allen Seiten Rechnung trägt, die Konzessionen zu machen für das verfassungsmäßige Leben, die sie vielleicht später, wenn die ernsten Tage der Entscheidung kommen, unter weit ungünstigeren Umständen zu machen haben dürfte, und die sie jetzt oder dann doch einmal machen muß! . . . Helfen Sie, meine Herren, alles das, was erst den Siegen die Weihe gibt, erkämpfen, daß sie ausschlagen zum wahren Volkswohl, welches nicht anders gedacht werden kann als auf der wahren unerschütterlichen Grundlage des wahren Volksrechts!" Mit einem Appell an Bismarck, auf dieser Grundlage Frieden mit der Nation zu schließen, „einen Frieden, der seinem Namen und seinen diplomatischen Leistungen erst die Krone aufsetzen und weit über die bisherigen Friedensschlüsse von Gastein bis Prag hinausgehen würde, weil er bewirkte, daß die letzteren mit den Kämpfen, die ihnen vorausgingen, dauernd für unser Vaterland verwertet werden könnten," schloß er seine Rede. Bei der Abstimmung ward die Vorlage mit 230 gegen 75 Stimmen angenommen. Unter den Ablehnenden befanden sich außer Schulze u. a. Gneist, Harkort, Hoverbeck, Jacoby, Virchow, Waldeck und Ziegler.

Der Verfassungskonflikt war damit zu Ende; den liberalen Parteien war nicht die Siegespalme zugefallen. Und doch verließen sie nicht als Besiegte die Wahlstatt. Wohl hatte Bismarck sie in der Hitze des Kampfes mehr als einmal als Ideologen verspottet. „Aber ihre Ideen — so läßt ihnen Lenz in seiner Bismarck-Biographie Gerechtigkeit widerfahren*) — hatten in Wahrheit ihre Kraft bewiesen. Ursprünglich das Eigentum weniger Auserwählter . . . waren sie auf dem besten Wege die Massen selbst zu ergreifen und zu der Höhe des Ideals zu erheben Jede Richtung war durch sie beeinflußt und gezwungen worden, so oder so sich mit ihnen abzufinden, die Reaktionäre so gut wie die Gemäßigten und die Regierenden nicht weniger als ihre Untertanen . . . Auch waren ihre Ziele wahrlich nicht so ideal und unpraktisch, unwert des Schweißes der Edlen. Nicht bloß die Freiheit, sondern mehr fast die Einheit, die Macht der Nation strebten sie an . . . Sie wollten dem Vaterlande die Stellung sichern, auf die seine Geschichte es hinwies, und die wir erringen mußten, wenn wir uns unter den großen Nationen die uns umgaben und die in dem Wettlauf zur Herrschaft über den Erdball uns schon so weit vorangekommen waren, behaupten wollten der Genius der Nation war mit ihnen und seine Zukunft auf ihren Wegen."

Und ebenso zutreffend wägt Oncken ab:**) „Es ist uns heute geläufig geworden, den preußischen Verfassungskonflikt als einen Machtkampf zu beurteilen, den der Überlegene gewann. Das Urteil der nachgeborenen Generation ist häufig sogar einseitig und ungerecht gegen das Preußische Abgeordnetenhaus von 1862—1866 ausgefallen, allein deshalb, weil eine geniale auswärtige Politik und siegreiche Kriege, die langersehnte Lösung der deutschen Frage Bismarck recht und seinen Gegnern unrecht gegeben haben. Aber darin liegt nicht die ganze Wahrheit. Es wäre kein Ruhmestitel für das preußische Volk gewesen, wenn es selber in diesem Machtkampfe seine Rechte von sich geworfen hätte. Heute wissen wir daß der Konflikt auch für Bismarck wesentlich Mittel zu seinem Zweck gewesen ist, am Ruder zu bleiben und mittlerweile die Eroberungspolitik der unabhängigen Großmacht Preußen durchzuführen. Wer kann dem Abgeordnetenhause vorwerfen, daß es dieses dämonische Spiel nicht durchschaute?"

Bismarck selbst endlich sagte am 5. April 1876 im Preußischen Abgeordnetenhause, als die Sprache auf die Konfliktszeit kam, nach einer Rede Virchows: „Ich habe Objektivität genug, um mich in den Ideengang des Abgeordnetenhauses von 1862 bis 1866 vollständig einleben zu können, und habe die volle Achtung vor der Entschlossenheit, mit der die damalige preußische Volksvertretung das, was sie für Recht hielt, ver-

*) S. 194.

**) Oncken, Lassalle S. 245.

treten hat. Daraus mache ich niemandem einen Vorwurf. Sie konnten damals nicht wissen, wo meiner Ansicht nach die Politik schließlich hinausgehen sollte; ich hatte auch keine Sicherheit, daß sie faktisch dahin hinausgehen würde, und Sie hatten auch das Recht, wenn ich es Ihnen hätte sagen können, mir immer noch zu antworten: uns steht das Verfassungsrecht unseres Landes höher als seine auswärtige Politik. Da bin ich weit entfernt gewesen, irgend jemandem daraus einen Vorwurf zu machen, oder bin es wenigstens jetzt, wenn auch in der Leidenschaft des Kampfes ich es nicht immer gewesen sein mag."

XVII. Kulturelle und andere Fragen.

Die Teilnahme an dem Kampfe um das Verfassungsrecht hat Schulzes Tätigkeit im Preußischen Landtage nicht erschöpft. Dafür waren seine Interessen zu vielseitig und außerdem machten ihn seine Leichtigkeit in der packenden Ausdrucksweise und in der lebendigen Darstellung zum beliebten Fraktionsredner.

So griff er schon im Frühjahr 1861 und später in die Diskussion ein,*) als die Regierung aufgefordert wurde, die bereits 1850 in Aussicht gestellte selbständige Verfassung der evangelischen Kirchengemeinden vorzulegen. Der Gegenstand lag ihm um so mehr am Herzen, als die Geistlichkeit in seiner Heimat Delitzsch den Gemeindemitgliedern bei Einführung eines neuen von strenggläubigem Geiste durchtränkten Gesangbuches jede Mitwirkung verweigert hatte.**) Er trat für das Recht der Mitbestimmung der Gemeinde bei Ordnung ihrer Angelegenheiten ein, woraus allein kirchliches Leben und kirchlicher Frieden erwachsen könne. „Aber wir wissen — so schloß er — aus der jahrelangen Praxis, aus den Erlassen und aus alledem, was dahin einschlägt, wie seitens der jetzt herrschenden kirchlichen Richtung von den Behörden in der protestantischen Kirche diese Begriffe aufgefaßt werden. Was uns kirchliches Leben ist, ist den Herren keins; diesen Herren ist kirchliches Leben, was uns als Tod des kirchlichen Lebens erscheint; die vollkommene Passivität, das Unterdrücken jeder selbständigen Regung, die von den Gemeinden verlangt wird, das ist das Leben, was sie erstreben; wir nennen es Tod."

Ebenso sprach sich Schulze gegen die bekannten Stiehlschen Schulregulative im Mai 1861 bei Beratung von Petitionen aus, welche den Erlaß eines Unterrichtsgesetzes verlangten. Mit warmen Worten

---

*) Vgl. Bd. IV S. 368 ff.

**) Schon im Februar 1859 hatte Schulze darüber an Lammers in Hannover geschrieben: „Ich kämpfe eben im Namen und an der Spitze der hiesigen protestantischen Kirchengemeinde einen harten Strauß mit unserem Pfarrer wegen Aufdringens eines Gesangbuches mit sogenanten Kernliedern. Der Kampf mit seiner Agitation und einer öffentlichen Versammlung, in der wir die Burschen, „die gewohnt sind, auf den Kanzeln allein das Wort zu haben — endlich einmal in einer Debatte verarbeiten konnten, bot wahrhaft drastische Momente."

schilderte er die aus den Regulativen erwachsenden Gefahren:*) „Eine politische Reaktion mag über das Land hinwegbrausen wie ein Sturm und manche schöne Saat verwüsten: sie hat ihre Zeit, und kaum ist der Sturm vorüber, so erheben sich die gesenkten Häupter wieder, und wie wild und hoch auch die Wogen gegangen sein mögen, der Ersatz aller Verluste kommt doch und verhältnismäßig leicht. Aber die Reaktion auf dem Gebiete des Volksunterrichts, die den Menschengeist an seiner Quelle faßt: wenn diese eine Zeit gewaltet hat, dann werden wir nicht so rasch damit fertig, als mit den Folgen einer politischen Reaktion. Die liberale Partei weiß es, daß die Zustände, welche sie politisch erstrebt, wesentlich dadurch bedingt sind, daß für die lebendige Betätigung an dem Staatsleben und für ein größeres Maß von bürgerlicher Freiheit ein gebildetes Volk da sein muß, daß wir demnach die Ansprüche an die Volksbildung nicht herunterzuschrauben, sondern zu steigern haben."

Nur wenige Wochen später wandte sich Schulze gegen die Königliche Verordnung, welche die in dem Wichernschen Rauhen Hause in Hamburg ausgebildeten „Brüder" zum Dienst in den preußischen Gefängnissen zugelassen und ihnen denjenigen in dem Zellengefängnis in Moabit übertragen hatte. Die öffentliche Meinung war einig in der Befürchtung, daß durch die in dem schroffsten, strenggläubigen, religiösen Geiste ausgebildeten Brüder eine ungesunde Religiosität in den Strafvollzug zum Schaden der Gefangenen getragen werde, welche entweder zu Heuchlern erzogen oder dem religiösen Wahnsinn entgegengetrieben würden. Namentlich war es Professor Franz von Holtzendorff, welcher durch mehrere Schriften jene Wirksamkeit des Rauhen Hauses lebhaft bekämpfte. Ihm schloß sich Schulze im Abgeordnetenhause an, als die Regelung der Vollstreckung der Zuchthausstrafe in der Form der Einzelhaft zur Erörterung kam — Juni 1861 —.**) Auch er räumte dem religiösen Element eine sehr bedeutende wohlberechtigte Stelle in dem Gefangenwesen ein, aber er wollte dessen Handhabung nicht in die Hände des Gefangenenwärters, sondern in diejenigen des eigentlichen Seelsorgers, des Geistlichen, gelegt wissen: „Der Wärter mag religiös sein — führte er aus — er kann durch seine Haltung, durch seine Humanität und Sittlichkeit den Gefangenen gegenüber einen recht religiösen und christlichen Geist würdig repräsentieren, aber ihn lehrend und predigend wirken zu lassen, ist immer eine bedenkliche Sache." Gerade soeben (Juni 1860)

*) Vgl. Bd. IV S. 383ff.
**) Vgl. Bd. IV S. 397ff.

habe Österreich die Pflege der Gefangenen durch die religiösen Bruderschaften wenigstens zum Teile aufgehoben; die Warnung sei berechtigt, daß man in Preußen auf jenem Wege in den Gefängnisanstalten nicht etwa gar in das Gebiet der religiösen Erweckungen hineingerate. Jedenfalls sei die in dem Rauhen Hause ausschließlich gepflegte religiöse Richtung nicht geeignet, um in den staatlichen Instituten dadurch, daß man vorzugsweise dort gebildete Personen als Aufseher und Gefangenenwärter anstelle, als amtlich anerkannt zu gelten. Die Aufseher der Gefangenen seien Staatsbeamte; es sei sehr mißlich, sie in einer ausländischen (Hamburger) Anstalt ausbilden zu lassen, auf welche der Preußische Staat gar keinen Einfluß habe, und die ganz anderen Mächten gehorche. Wolle Preußen eine Anstalt benutzen, um Beamte auszubilden, so müsse sich der Staat auch einen Einfluß auf deren Geist und Leitung sichern. Jedenfalls bestreite er, daß die Opferfreudigkeit und die humane Auffassung seines Berufes, welche man mit Recht von dem Gefangenwärter fordere, nur im Rauhen Hause erworben werden könne. Schulze hatte die Genugtuung, daß die Mehrheit der Abgeordneten seinen Anschauungen beipflichtete, obgleich ihm der Leiter des Rauhen Hauses selbst, Wichern, entgegentrat.

Gegen die Hineinziehung der religiösen Grundsätze bei Regelung der privatrechtlichen Verhältnisse der Religionsgesellschaften sprach sich Schulze im nächsten Jahre — August 1862 — und später nochmals — März 1865 — aus, als sich mehrere dieser Gemeinden, namentlich freireligiöse, um Verleihung von Korporationsrechten an das Abgeordnetenhaus wandten. Religiöse Dogmen, so betonte er,*) haben mit der rechtlichen Organisation der Kirchengesellschaften nichts zu tun; schon das Landrecht verlange von ihren Mitgliedern nur Ehrfurcht gegen die Gottheit, Gehorsam gegen die Gesetze, Treue gegen den Staat, sittlich gute Gesinnung gegen ihre Mitbürger, wie auch die Verfassung ausspreche, daß den bürgerlichen und staatsbürgerlichen Pflichten durch die Ausübung der Religionsfreiheit kein Abbruch geschehen dürfe. Aber darüber hinaus dürfe der Rechtsstaat nicht in das Gebiet des Gewissens eingreifen und müsse jede religiöse Gemeinschaft dulden, welche jenen gesetzlichen Vorschriften entspräche. Dies sei aber um so notwendiger in einem paritätischen Staate wie Preußen, wo die verschiedenen Konfessionen gleichberechtigt nebeneinander lebten, obgleich doch auch sie verschiedene Glaubensbekenntnisse besäßen. Alle neu auftretenden Religionen seien von den

*) Bd. IV S. 396 ff.

bis dahin herrschenden Staatskirchen als Dissidenten angesehen worden; habe das ihre Entwicklung aufgehalten? Wenn einzelne Religionsgemeinden nicht bestimmte Dogmen zu den ihrigen erklärten, so habe doch auch dies seine positive Seite. Man wolle die Religion nicht zu etwas machen, das aus dem allgemeinen geistigen, sich ewig fortentwickelnden Leben der Menschheit herausgerissen sei, was nichts mit der allgemeinen Zeitbildung zu tun habe, sondern man erachte die Läuterung der religiösen Anschauungen durch den Fortschritt menschlicher Erkenntnis für dringend geboten und wolle sie mit dem allgemeinen Bewußtsein der Zeit um keinen Preis in Konflikt dadurch bringen, daß man sie an bestimmte Glaubenssätze für alle Zeit fessele und die ausschließliche Aufrechterhaltung eines solchen Dogmas als Kulminationspunkt allen religiösen Lebens hinstelle. Diesen Standpunkt müsse auch das Abgeordnetenhaus einnehmen. In der Tat machte das Haus ihn zu dem seinen.

Es war natürlich, daß Schulze in gleicher Weise sich bei der nächsten sich darbietenden Gelegenheit gegen den konfessionellen Charakter der höheren Unterrichtsanstalten in Preußen aussprach — September 1862 —.*) Um religiöse Ausbildung, nicht aber um konfessionelle müsse es sich handeln. Wohl habe der Staat den Schülern die allgemeine Religionsbildung mit in das Leben zu geben, aber dann es der Jugend zu überlassen, ihren eigenen Entwicklungsgang zu nehmen und sich die konfessionelle Bildung zu verschaffen. Für den Staat sei die Toleranz ein selbstverständliches Bedürfnis. Man dürfe nicht in der frühen Jugend die trennenden konfessionellen Unterschiede hervortreten lassen, damit nicht später gereifte Männer eine Menge von Vorurteilen mit sich herumtrügen, die ihnen die Lösung großer gemeinsamer nationaler Fragen überaus erschwerten. Daher sei die paritätische Schule ein Erfordernis auch der staatlichen Entwicklung.

Wie den kulturellen Fragen, so blieb Schulzes Interesse auch inmitten des Verfassungskampfes denen auf den wirtschaftspolitischen Gebieten zugewandt. Wo immer sich Gelegenheit bot, trat er als überzeugter Anhänger des liberalen Gedankens gegen Staats- und Privatmonopole, gegen behördliche Bevormundung und Überwachung auf. So im Sommer 1862, wo er sich in einer Rede im Abgeordnetenhause zugunsten des Privateisenbahnwesens gegenüber dem Staatsbahnsystem aussprach,**) oder im Frühjahr 1865, als er gelegentlich der Erweiterung des Noten-

*) Bd. IV S. 409ff.
**) Bd. II S. 513ff.

privilegs der Preußischen Bank vor der Zentralisation der Geldmacht des Staates warnte.*)

Auch später blieb er sich hierin treu, so — Februar 1868 — bei der Regierungsvorlage über die Notstandsunterstützungen in Ostpreußen,**) bei dem Gesetzentwurf über die Aufhebung der Schuldhaft — 1867, bei welcher er die Abschaffung der Beschlagnahme des Arbeits- und Dienstlohnes forderte — Mai 1868 —,***) bei der Frage des staatlichen Enteignungsrechtes — November 1869 — und endlich noch in zwei Reden gegen die Errichtung staatlicher Hypothekenbanken — Dezember 1876 und März 1879 —†) und bei Beratung der Wuchergesetze — April und Mai 1880 —,††) eine Frage, über die er sich auch schon im Oktober 1862, gelegentlich des Gesetzentwurfs über die Aufhebung vertragsmäßiger Zinsen,†††) ausgelassen hatte.

*) Bd. II S. 523 ff.
**) Bd. II S. 542 ff.
***) Bd. II S. 549; IV S. 495.
†) Bd. II S. 554 ff.
††) Bd. II S. 564 ff.
†††) Bd. II S. 532 ff.

XVIII. Im Preußischen Abgeordnetenhause 1866—1870.

Die unter dem Donner der Kanonen von Königgrätz vollzogenen Wahlen zum Abgeordnetenhause hatten gezeigt, daß die Macht der Fortschrittspartei gebrochen war; die ersten Abstimmungen lehrten, daß auch auf Einigkeit in ihren Reihen nicht mehr gerechnet werden konnte. Schulze war zwar wie bisher von dem dritten Berliner Wahlkreis mit dessen Vertretung betraut worden; aber schon nach den ersten Debatten — Mitte September — schrieb er schwer enttäuscht an seinen alten Freund Troitzsch in Delitzsch: „Wie lange und mit welchem Erfolge wir hier noch tagen, weiß Gott! So schwer ist mir meine parlamentarische Wirksamkeit noch nie geworden. Die Regierung bleibt bei ihrem alten System. Die Eingriffe in die Preß- und Versammlungsfreiheit, in die Selbständigkeit der Kommunen dauern fort; die fehlenden organischen Gesetze zum Ausbau der Verfassung werden nicht gegeben, die Korruption unter dem Beamtenstand schreitet immer weiter — dafür haben unsere Söhne und Brüder 1813 und 1866 geblutet! Keine Vorstellung, keine noch so ernste Mahnung hilft, und wir werden vielleicht nächstens erleben, daß das Volk selbst im Siegestaumel und Machtschwindel seine alten Vorkämpfer im Stiche läßt, wie es schon zum Teil getan. Es scheint unserem Vaterlande noch eine schwere Katastrophe bevorzustehen, ehe es in den Hafen der bürgerlichen Freiheit einläuft!" Beruhigter äußerte er sich zwar einige Monate später, als ihm Troitzsch über den mangelhaften Besuch der Generalversammlung des Delitzscher Vorschußvereins geklagt hatte: „Es ist eben ein allgemeiner Mangel in unserem öffentlichen Leben, diese Bequemlichkeit, wenn es nicht den materiellen Interessen gilt. Wo wären wir, hätte unser Volk in allen den großen politischen Kreisen einen regeren Geist und festere Ausdauer gezeigt. Indessen dürfen wir nicht an der Frucht unserer Mühen verzagen; besser ist es doch schon geworden." Im Abgeordnetenhause selbst zitterte aber immer noch die Erinnerung an den Verfassungskonflikt nach. Als im November die Regierung die Bewilligung eines Dispositionsfonds für geheime politische Zwecke in Höhe von 31000 Talern forderte, beantragte neben Hoverbeck und anderen auch Twesten die Ablehnung, weil man dem Ministerium, das auch nach erteilter Indemnität die frühere reaktionäre Politik fortreibe, kein Vertrauensvotum aussprechen könne. Als von der konservativen Seite des Hauses darauf hingewiesen wurde, daß nur auf diese Weise die äußere Politik des Ministeriums gegenüber der preußenfeindlichen Presse in Süddeutschland verteidigt werden könne, antwortete Schulze,*) daß Preußen nur dann den Gefahren aus seinen neuesten Erfolgen gewachsen sei, wenn das innere Regierungssystem den Beifall sämtlicher deutscher Stämme finde. Deshalb müßten gerade diese erkennen, daß auch jetzt noch im Abgeordnetenhause der Stamm der Männer säße, welcher sich die Bekämpfung jenes verwerflichen Systems in schwerer Zeit zu seiner Aufgabe gemacht habe und noch festhalte, nicht berauscht und geblendet von äußeren Erfolgen, die nur als das Fundament würdiger innerer Gestaltung Berechtigung hätten. Auch die Angehörigen der neuen Provinzen sollten wissen, daß im Abgeordnetenhause in keiner Minute der Kampf für die wahrhaft liberalen Prinzipien, die Preußen in den früheren Tagen groß gemacht haben und die allein zur Erfüllung seines geschichtlichen Berufes führen können, aufgegeben worden sei. Gerade wer die äußere Politik der Regierung fördern wolle, müsse sich gegen die Bewilligung des Postens aussprechen. Indessen blieb Schulze mit seinen Freunden bei der Abstimmung in der Minderheit; er vertrat jedoch dieselben Anschauungen, als im November 1869 der gleiche Gegenstand auf der Tagesordnung stand.**)

Die Wahlen zum ersten Reichstag des Norddeutschen Bundes — Februar 1867 — ergaben ein offensichtliches Übergewicht der konservativ-ministeriellen Parteien. Schulze war zwar in dem sechsten Berliner Wahlkreise als Sieger mit 6942 Stimmen hervorgegangen; seine Gegenkandidaten waren Bismarck und General Steinmetz, auf welche 1464 und 1266 Stimmen fielen. Aber wenige Wochen danach — Ende April — gab er seiner Verstimmung in einem Briefe an Troitzsch abermals Ausdruck: „Ich denke ernstlich daran, mich in der nächsten Zeit von der Politik ganz zurückzuziehen und mich für den Rest meiner Wirksamkeit ausschließlich der sozialen Frage zu widmen, was recht Not tut. Die Agitation unter den Arbeitern wird immer bedenklicher und bedroht unsere politische und wirtschaftliche Entwicklung auf gefährliche Art. Das sehen freilich unsere Politiker noch jetzt nicht ein, wo ihnen die Sache seit den letzten Wahlen sozusagen auf die Füße tritt. Die Verblendung

*) Bd. IV S. 425 ff.
**) Bd. IV S. 498 ff.

unter den Kreisen dieser früheren Genossen ist unglaublich; ich komme mir nicht selten wie der einzig Sehende unter den Blinden vor! — Nun das Zurückrevidieren der preußischen Verfassung, welches nach Annahme der Norddeutschen Bundesverfassung lustig vor sich gehen wird, mag vielleicht die Herren kurieren, aber freilich wenn es zu spät ist. Helfen kann uns nur noch eine große Volksbewegung, die . . . vielleicht nicht allzufern ist. An der ferneren verkümmerten Tätigkeit der Volksvertretung teilzunehmen, habe ich aber nicht weiter Beruf, denke vielmehr Zeit und Kraft besser verwerten zu können."

Nun ging auch endlich der von dem Justizminister gegen Twesten angestrengte Prozeß zu Ende. Das Urteil lautete auf zwei Jahre Gefängnis und Amtsentsetzung. Die in den weitesten Kreisen sich äußernde Entrüstung zeitigte im Landtage einen Antrag Laskers, welcher die in der Verfassung gewährleistete Immunität der Abgeordneten nochmals sicher stellen wollte. Mit Hoverbeck widersprach Schulze dem Antrage, da Artikel 84 der Verfassung die Kompetenz des Staatsanwalts und der Gerichte in Ansehung der Landtagsreden ohnehin völlig ausschließe — Dezember 1867 —.*) Bismarck hatte sich gegen den Antrag mit der Bemerkung gewandt, daß der Militärkonflikt nur auf die Überschreitung des richtigen Maßes der Redefreiheit zurückzuführen sei; man kann Schulze die Empörung nachfühlen, mit welcher er erwiderte: „Der Konflikt ist hineingeschleudert worden seitens der Regierung durch Verleugnung und Verkennung der wesentlichsten Rechte der Volksvertretung in den Budgetsachen, und ihn zu einem bloßen Konflikt wegen Überschreitung der Redefreiheit zu machen, das heißt, dem Konflikt alle seine geschichtliche Bedeutung entziehen, die er mit Recht beanspruchen kann und welche Anerkennung gefunden hat nicht bloß in Deutschland, sondern auch in den übrigen Kulturländern Europas." Ebenso wies er die sophistische Behauptung Bismarcks zurück, daß der Präsident des Abgeordnetenhauses den Ministern keinen Schutz gegen jenes Übermaß von Redefreiheit gewährt habe. Mit Recht fragte er, wie eine solche Anklage erhoben werden könne angesichts des Umstands, daß die Minister sich außerhalb der Handhabung der Ordnung des Hauses durch den Präsidenten gestellt hätten? Die Minister seien es gewesen, die das Maß der Redefreiheit überschritten hätten, die für solche Zustände selbst verantwortlich gewesen seien. Daß er zugleich dem von Bismarck angebotenen Kompromiß entgegentrat, wonach wohl die Rede-

*) Vgl. Bd. IV S. 437 ff.

freiheit der Abgeordneten, nicht aber die straflose Verbreitung parlamentarischer Angriffe durch die Presse fortbestehen sollten, war selbstverständlich. Schon genug sei die Freiheit der Presse, eines der heiligsten Rechte des Landes, ohnehin gefährdet. In der Sache selbst hielt er jedoch an seinem Gedankengang fest: ist die Immunität durch die Verfassung gewährleistet, so bedarf sie keiner erneuten Garantien; ist die Frage streitig, so möge das Ministerium dem Laskerschen Antrage zustimmen, worauf er seinen Protest zurückziehen werde. Aber die Regierung schweige, und dies sei beredter als sonst etwas, denn es könne nur dahin gedeutet werden, daß die Regierung entweder eine feindliche Stellung zu dem Antrage einnehme oder eine höchst unklare, mit welcher vor dem Hause und dem Lande aufzutreten sie sich scheue. Hier zu sprechen sei aber die Pflicht der Regierung; in diesem Augenblick sei in Österreich die vollständige parlamentarische Redefreiheit durch die vom Kaiser unterzeichneten Staatsgrundgesetze gewährt und gesichert worden, und die Minister in Preußen wollten nicht die Hand dazu bieten, der Volksvertretung endlich das, was ihr durch die Verfassung längst zugesagt sei, freizugeben? Erst durch eine offene Erklärung des Ministeriums könne eine jener alten Zwistigkeitsursachen zwischen Regierung und Landesvertretung beseitigt werden, bei welcher weder die Regierung noch die Gerichte des Landes an Autorität gewonnen hätten. Bei der Abstimmung ward der Antrag Lasker mit 174 gegen 144 Stimmen angenommen.

Die Lasten, welche die Verfassung des Norddeutschen Bundes den kleinen Staaten auferlegte, kamen in dem Vertrage zum Ausdruck, durch den die innere Verwaltung Waldecks und Pyrmonts von Preußen übernommen wurde — April 1867 —. Nur in der Voraussetzung, daß die vollständige Vereinigung der beiden Fürstentümer mit Preußen alsbald herbeigeführt würde, glaubte Schulze*) seine Zustimmung zu dem Vertrage geben zu sollen, um so die Beseitigung eines großen historischen deutschen Übelstandes, der krankhaften Entwicklung der Souveränitäten in den kleinen Staaten herbeizuführen. Im anderen Falle bestehe aber für Preußen keine Veranlassung, jene Lasten auf seine Steuerzahler abzuwälzen.

Wichtiger waren die Verträge, welche die preußische Regierung mit dem ehemaligen König Georg von Hannover schloß, und in denen sie diesem als Ersatz für das im Kriege beschlagnahmte welfische Hausvermögen eine jährliche Rente von 700000 Talern zubilligte. Nachträglich

*) Vgl. Rede vom 11. Dezember 1867 Bd. IV S. 453 ff.

legte die Regierung die Verträge zur Genehmigung vor — Dezember 1867 —. Schulze*) sprach sich dagegen aus, weil die Abfindungssumme viel zu groß sei. Das Recht König Georgs an dem hannoverschen Domanium sei keineswegs unzweifelhaft; jedenfalls seien seine Hofhaltungsausgaben von der Krone Preußen übernommen worden, um derentwillen die Erhöhung der Krondotation auf 4 Millionen Taler gerade eben angenommen worden sei. Hoffe man, die Anhänger der depossedierten Fürsten durch solche Freigebigkeit von ihren Bestrebungen für deren Wiedereinsetzung abzuziehen, so sei dies ein verfehltes Mittel. Es gebe nur einen einzigen Weg, der hier zum Ziele führe: man gewinne die neuen Untertanen durch Einlenken in ein unbedingt liberales Regierungssystem, durch Gewährung und Sicherung der Volksrechte und durch Sicherung und Hebung des Volkswohlstandes. Auf diese Weise solle die Regierung die Anhänglichkeit der Staatsangesessenen verdienen, sie mit Mitteln anderer Art zu erkaufen, bleibe immer mißlich, zumal König Georg noch nicht einmal der Krone entsagt habe. Man führe für den Vertrag auch politische Gründe an: „Nun, die ganze Wiederherstellung unseres Vaterlandes hängt ab von dem vollen Bruch mit den dynastischen Interessen, von der Überführung des dynastischen Staatentums, worin unsere ganze Misere begründet war, in ein echt nationales Staatswesen." Man spreche von vollendeten Tatsachen: Die Verträge seien abgeschlossen und nicht mehr rückgängig zu machen. „Wir werden so lange uns beugen vor diesen vollendeten Tatsachen, bis der Absolutismus darüber selbst zur vollendeten Tatsache geworden ist, der Absolutismus in seiner verwerflichsten Form, in der Form des Scheinkonstitutionalismus ... Es ist der Absolutismus mit Volksverantwortlichkeit." Als im Jahre darauf König Georg von seinen Bestrebungen auf die Wiederherstellung des Königreichs Hannover nicht abließ, wurde die ihm von dem preußischen Staate zugesagte Summe wieder gesperrt, wozu abermals die Zustimmung des Landtags gefordert wurde. Schulze empfahl aus rechtlichen Gründen statt dessen, daß Preußen von dem früheren Vertrage zurücktrete, sich dagegen mit dem König Georg wegen seines Privatvermögens auseinandersetze und ihm, wenn nötig, die Beschreitung des Rechtswegs gegen den preußischen Fiskus überlasse. Er fand aber für seine Ansicht nicht die Mehrheit.

Im Gegensatz hierzu boten auch wieder einzelne Vorkommnisse in der Provinz Hannover Schulze Veranlassung, für die Rechte der Be-

*) Vgl. Bd. IV S. 463ff.

völkerung der annektierten Staaten einzutreten, so als — Mai 1867 — der Vizedirektor des Obergerichts in Stade strafweise nach Ratibor versetzt wurde, zugleich ein Eingriff in die Unabhängigkeit der Richter,*) und als das Garnisonkommando in Celle ein von Einwohnern der Stadt den bei Langensalza gefallenen hannoverschen Kriegern errichtetes Denkmal gewaltsam hatte entfernen lassen, obgleich das Amtsgericht in Celle die Wegräumung untersagt hatte — Oktober 1869 —.**) Dem Volke müsse Beruhigung darüber gegeben werden, rief er aus, daß die Justizverwaltung dem Ansehen der preußischen Gerichte auch den Militärbehörden gegenüber Folge zu schaffen wisse: „man wird in ganz Deutschland mit Verachtung auf uns sehen, wenn wir in solchen Dingen nicht mit aller Energie auftreten wollten.“ In ähnlicher Weise erinnerte er — Dezember 1868 — an die Pflichten der Verwaltungsbeamten, als im Abgeordnetenhause wieder einmal über ungebührliche Wahlbeeinflussungen seitens der Regierung geklagt wurde. Konservative Redner fanden diese ganz in Ordnung; Schulze antwortete darauf: „Landrat und Wahlkommissar haben keine Wahlen zu machen, sondern nur darüber zu wachen, daß der preußische Staatsbürger ungehindert und unbeeinflußt in gesetzlicher Form sein Wahlrecht ausübt. Das ist ihre Pflicht, und ich behaupte von jedem Wahlkommissar, der anders handelt: er verletzt seinen Amtseid und seine Amtspflicht!“

Aus Anlaß des Wahlgesetzes zum Reichstag des Norddeutschen Bundes war auch das Dreiklassenwahlsystem in Preußen Gegenstand der öffentlichen Diskussion geworden. Unter Bezugnahme auf das vernichtende Urteil, welches Bismarck darüber gefällt hatte, waren Petitionen bei dem Abgeordnetenhause eingegangen, welche dessen Ersatz durch das allgemeine und gleiche Wahlrecht mit geheimer Abstimmung für alle politischen und kommunalen Wahlen in Preußen forderten. Die Kommission beantragte Übergang zur Tagesordnung. Hiergegen erhob sich neben anderen Schulze — 3. November 1869 —. Nicht zum ersten Male trat er für jenes Verlangen ein. Schon früher hatte er ihm bei mehreren Gelegenheiten das Wort geredet, zuletzt noch im Dezember 1866, zunächst in einer Arbeiterversammlung in Berlin, dann aber auch in einem zweiten Vortrag,***) als die Wahlen zum Norddeutschen Reichstag vor der Tür standen. Damals mahnte er die Wähler, von dem neuen Rechte ausgiebigen Gebrauch zu machen und nicht deshalb zweifelnd bei

*) Vgl. Bd. IV S. 429ff.

**) Vgl. Bd. IV S. 488f.

***) Vgl. Bd. IV S. 515ff. und 521ff.

Seite zu stehen, weil der Norddeutsche Bund nur Stückwerk gegenüber dem von den Liberalen seit langen Jahren angestrebten großen, ganz Deutschland umfassenden Bundesstaat sei, oder weil die zu gewärtigende Verfassung des zu schaffenden neuen Staatsgebildes weit hinter den Forderungen der freiheitlichen Parteien zurückbleibe. Dieses Mal setzte er sich mit den Gesetzgebern auseinander, die den Einwand erhoben hatten, daß der Besitzende die Möglichkeit habe, durch bessere Schulbildung sich eine größere Intelligenz und damit ein höheres Maß politischer Einsicht zu erwerben als der Besitzlose, daß ihm daher auch ein größerer politischer Einfluß zugestanden werden müsse. Gewiß, antwortete Schulze,*) sei der Besitz in dieser Beziehung in einer günstigeren Lage, und in den parlamentarischen Vertretungen befänden sich unzweifelhaft eine Anzahl von Kapazitäten, die ihre günstigen Lebensumstände benutzt hätten, um sich Intelligenz zu erwerben, aber niemand werde bestreiten, daß eine recht große Anzahl tüchtiger Arbeitskräfte im Abgeordnetenhause säßen, die nicht jenen besitzenden Klassen angehörten, und die man bei den Verhandlungen recht sehr vermissen würde, wenn sie sich jemals ausschließen könnten oder ausgeschlossen hätten. Auch die angerufene Gefahr des Sozialismus schrecke ihn nicht. Gerade weil der Großbesitz unleugbar über eine große Macht und einen großen Einfluß nach allen Richtungen hin verfüge, müsse bei der Zumessung der politischen Rechte diejenige Gleichheit stattfinden, die in den äußeren Lebenslosen wider die Natur und deshalb absolut unmöglich sei. Sobald aber die Klassen, die in der günstigen Lage einer bevorzugten äußeren Lebensstellung seien, diese Lage dazu benutzen wollten, der sich erst aufringenden, der ungünstig gestellten, der gedrückten Klasse das gleiche Recht zu beschneiden und dadurch die Mittel zum Aufschwung zu hemmen — in demselben Augenblick würden sie jene Massen in das sozialistische Lager treiben. Das erste Erfordernis, um dem Sozialismus mit seinen Staat und Gesellschaft verderbenden Prinzipien entgegenzutreten, sei die durchgeführte allgemeine politische Rechtsgleichheit für alle Klassen der Gesellschaft Allerdings sei möglich, daß das allgemeine Wahlrecht gegen das eine oder andere Mitglied des Abgeordnetenhauses in seiner augenblicklichen Zusammensetzung entscheiden werde: „Ich sage Ihnen, auch der Beste unter uns wird niemals so viel zum Heil des Vaterlandes zu wirken vermögen, als wenn vermittelst dieses Prinzips, vermittelst der erzieherischen Kraft in seiner fortwährenden Ausübung, in stets wachsender,

*) Vgl. Bd. IV S. 489 ff.

bewußter Teilnahme das Volk in weiteren Kreisen und Dimensionen in dieses Haus geführt wird. Die Besten von uns werden niemals Resultate erzielen, die denen gleichzustellen sind, die man auf solche Weise allein erringen kann!" Das Haus trat jedoch in seiner Mehrheit dem Kommissionsantrage bei.

Ein schönes Denkmal der Dankbarkeit und Ehrfurcht war es endlich, welches Schulze in einer Rede vom 22. Januar 1869*) dem Andenken Taddels, des Präsidenten des Schwurgerichts im Prozeß Waldeck — 1849 —, errichtete. Schulze erinnerte daran, daß Taddel, der schon in jungen Jahren, dem Aufruf des Königs folgend, in den Befreiungskämpfen mitgefochten hatte, später in den politischen Untersuchungen gegen Jahn und Arndt, sowie gegen Johann Jacoby, den Verfasser der „Vier Fragen", mitgewirkt und in hervorragender Weise an deren Freisprechungen teilgenommen habe. Aber als Höhepunkt seiner Tätigkeit nannte er die Leitung in dem Prozesse Waldeck, wo er das Gewirr von Anmaßung und Intrigen, „das Bubenstück, ersonnen, einen Mann zu verderben", durchriß und dem allmächtigen Polizeipräsidenten von Hinckeldey gegenüber das Recht verteidigte. In Taddel feierte Schulze den Vertreter der Unabhängigkeit des Richterstandes, des Fundaments des Rechtsstaates. Hier gebühre der Dank dem großen König, der nach Beendigung der schweren Kämpfe, die das preußische Staatsgebiet nach außen sicherten, neben dem wirtschaftlichen Wiederaufbau des Landes gemeingültige Rechtsbücher und eine unparteiische Justiz zur Handhabung der Gesetze ohne Ansehen der Person geschaffen habe. Durch intellektuelle und sittliche Hebung des Volkes habe er ersetzen wollen, was seinem Staate an äußeren Machtmitteln, verglichen mit den übrigen Großmächten, abging. Aber der Rechtsstaat könne in der absoluten Staatsform nicht zur Geltung kommen; er sei nur unter verfassungsmäßiger Garantie unverbrüchlicher Volksrechte möglich. Ein getreues Spiegelbild dieser Entwickelung sei Taddel gewesen. Ein Richter ohne Furcht und Tadel, ein Hüter von Treu und Glauben, von Recht und Frieden im Privatverkehr der Bürger, habe er sich aufgeschwungen zum unerschütterlichen Kämpfer für das öffentliche Recht der Nation. Sei auch die Verwirklichung der Idee, für welche er sein Leben lang eintrat, noch nicht erreicht, so seien doch Männer seines Schlages eine Gewähr für den endlichen Sieg ihrer Sache. Der Ausbau der Verfassung sei zugleich der Ausbau des Preußischen Staates; in

*) Bd. IV S. 458ff.

der rastlosen Fortarbeit hieran erweise man dem Verstorbenen die höchste Ehre.

Mit Ablauf der Legislaturperiode — Ende 1870 — beschloß Schulze seine parlamentarische Tätigkeit im Abgeordnetenhause; bei den Neuwahlen — Februar 1871 — nahm er, wie er schon vorher mehrfach ausgesprochen hatte, eine Wiederwahl nicht nehr an, um mehr Zeit für seine soziale Wirksamkeit zu gewinnen.

XIX. Im Reichstag des Norddeutschen Bundes.

Am 11. September 1866 begannen im Preußischen Abgeordnetenhause die Verhandlungen über den mit den norddeutschen Mittel- und Kleinstaaten zu bildendert Norddeutschen Bund, die Frucht der preußischen Siege in den Sommermonaten. Zunächst handelte es sich um die auf Grund des Reichswahlgesetzes von 1849 vorzunehmenden Wahlen zu dem Parlament, welches die Verfassung des neuen Bundes festsetzen sollte, und wozu die Genehmigung der einzelnen Landesvertretungen notwendig war. Schulze*) nahm Anstand, daß in dem vorgelegten Entwurfe nur die Beratung der Verfassung und der Einrichtungen des Bundes als Gegenstand des Parlaments genannt waren; er wollte mehr von seinen Aufgaben wissen, indem er als eine solche die Annahme der Reichsverfassung von 1849 bezeichnete, „ein Werk, geschaffen von den legalen Vertretern des deutschen Volkes“. Die Schwierigkeiten, welche früher bestanden hätten, um sie in Wirksamkeit treten zu lassen, der Austritt Österreichs aus Deutschland und die Oberhauptfrage seien überwunden; müsse man sich bei dem zu schaffenden Bundesstaat auf Norddeutschland beschränken, so liege doppelt die Notwendigkeit vor, ihn mit einem möglichst würdigen, dem Bedürfnis der Nation entsprechenden Inhalt auszufüllen. Das seien aber die Grundrechte, in denen das Bedürfnis der Nation nach der gesetzlichen Sanktion ihrer inneren Freiheiten wie nach Gründung ihrer äußeren Macht zum Ausdruck gekommen sei. Deutsche Freiheit und Einheit müssen eins sein, die Sicherung beider wollte das Volk bei der Neugestaltung seines nationalen Lebens durch ein und dieselbe Schöpfung gewahrt wissen. Das werde auch dem Ausland zeigen, daß es den Deutschen nicht darum zu tun sei, die Freiheiten fremder Völker zu schädigen, sondern den Hort ihrer humanen und bürgerlichen Entwicklung für alle Zeit auf freiheitlicher Basis fest zu gründen. Schulze brachte zugleich einen Antrag auf Gewährung von Reisekosten und Diäten für die Mitglieder des neuen Parlaments ein, da ohne diese die passive

---

*) Vgl. Rede vom 12. September 1866. Bd. IV S. 501 ff.

Wählbarkeit tatsächlich für den größten Teil der Staatsbürger wieder aufgehoben würde. Der Antrag ward zwar abgelehnt; wohl aber, als er im Januar 1867 die Diätenzahlung für die preußischen Mitglieder forderte, angenommen.*) Seine Gegner hatten das Bedenken erhoben, daß damit die parlamentarische Herrschaft in die Hände der geldmächtigen liberalen Bourgeoisie komme, der man sie jedoch nicht anvertrauen möchte. „Wahrhaftig — antwortete Schulze —, die wirklich begüterte Bourgeoisie wird durch die Versagung der Diäten von dem Parlamente am allerwenigsten ausgeschlossen. Wenn wir für die Diätenzahlung eintreten, so wollen wir dadurch allen Klassen der Gesellschaft ohne Ausnahme die Wählbarkeit sichern. Wenn Sie auf der einen Seite sagen: „Ihr sollt alle frei wählen, — und dann Anstalten treffen, daß nur gewisse Klassen faktisch die Wahl anzunehmen imstande sind, daß also die Wähler nicht wählen können, wenn sie wollen, dann nehmen Sie mit der einen Hand, was Sie mit der anderen Hand geben. . ."

Der konstituierende Reichstag des Norddeutschen Bundes trat am 24. Februar 1867 zusammen; am 4. März brachte Bismarck als dessen Kanzler den Entwurf der Bundesverfassung im Hause ein. Sehr bald zeigte sich, daß namentlich die nationalliberalen Abgeordneten aus den von Preußen annektierten Provinzen den Entwurf ohne große Abänderungen zu genehmigen geneigt waren, aus Furcht, das Werk sonst zu gefährden. Auch von den Mitgliedern der alten Deutschen Fortschrittspartei war es nur noch ein Teil, welcher auf die Geltendmachung seiner freiheitlichen Anschauungen nicht verzichten wollte. Zu ihnen zählte Schulze,**) der — am 12. März — bei der Kritik des Entwurfs bemängelte, daß durch die Schaffung des Bundesrats, in welchem den Vertretern der einzelnen deutschen Dynastien ein Wort zustehe, der aber bei der Exekutive, bei Verwaltung und Leitung der Staatsangelegenheiten sehr wesentlich mitwirken solle, die Einsetzung verantwortlicher Regierungsorgane an der Spitze des Bundes unmöglich werde. Wäre wirklich die Zustimmung des Reichstags bei Bewilligung des Budgets und in allen Zweigen der Gesetzgebung gesichert, was nütze es, wenn der Regierung nicht die Verantwortlichkeit auferlegt werden könne, daß nach diesen gemeinsam vereinbarten Gesetzen und diesem gemeinsam vereinbarten Budget auch wirklich regiert werden müsse. In großen Ausführungen hielt er hieran fest, wie er auch am 23. März nochmals darauf zurückkam:***) Ohne eine ausdrückliche

*) Vgl. Bd. IV S. 535 ff.

**) Bd. IV S. 543 ff.

***) Bd. IV S. 567 ff.

Festlegung der Verantwortlichkeit sei der Entwurf für ihn und seine Freunde unannehmbar. Auch durch die Drohung Bismarcks, er werde, wenn die Einigung nach seinen Bedingungen in diesem Augenblick nicht zustande komme, ein zweites Mal nicht mehr die Hand an das Werk legen, ließ Schulze sich nicht schrecken.*) Mehr als einmal habe Bismarck einen Anlauf zu Dingen genommen, die ihm auch nicht gleich gelungen seien; aber er habe die Wiederholung nicht gescheut — wolle er bei der Krönung des Werkes sogleich und so rasch zurückstehen? Dann wandte er sich mit einer lebhaften Apostrophe an Bismark selbst: „dem Ministerium der moralischen Eroberungen sei ein Ministerium der Tat gefolgt, aber wenn dieses in der jetzigen Lage sich nicht auf das Feld der moralischen Eroberung, der sittlichen Weihe gesicherten Rechtslebens begebe, dann löse es seine Aufgabe nicht. Viel ist dem viel vermögenden Mann an der Spitze des leitenden Staats gelungen. Kühnes und Großes hat er eingeleitet; aber gelingt es ihm nicht, den Schluß dazu zu finden, das Werk in der Art, wie es allein heilsam ist, durchzusetzen, so wird man von ihm sagen, er verstand es wohl, den Geist zu beschwören, aber er hat es nicht verstanden, ihn zu befriedigen. Eine Bürgerkrone, wie sie selten einem Sterblichen geboten wird, winkt dem Manne, aber sie wird ihm nicht zuteil, wenn er nicht den friedlichen Teil seiner Aufgabe in einer Weise zu lösen versteht, wie sie den Bedürfnissen und Anforderungen der Nation entspricht! Helfen wir dazu, was an uns liegt, aber nie durch Preisgebung der fundamentalen Rechte des Verfassungslebens des preußischen und des deutschen Volkes!" Bismarck aber ließ sich nicht umstimmen, und der Antrag fiel.

In der folgenden Beratung wurde wieder die Forderung der Aufnahme von Grundrechten in die Verfassung laut.**) Als diese abgelehnt worden war, brachte Braun-Wiesbaden einen Antrag ein, nach welchem dem Bunde die Feststellung der Befugnisse obliegen solle, die kein Bundesstaat in bezug auf Preß-, Vereins- und Versammlungsrecht, sowie auf die sonstigen persönlichen und staatsbürgerlichen Rechte seinen Angehörigen vorenthalten dürfe. Vergeblich sprach sich auch Schulze hierfür aus.***) „Grundrechte — hob er hervor — gehören zu denjenigen Bestimmungen, welche ebenso fundamental und unverrückbar hingestellt werden müssen, wie die Abgrenzung der Kompetenz der Staatsgewalten, indem sie eine ebenso wichtige Kompetenz, die zwischen dem Staat und zwischen der Ge-

*) Bd. IV S. 557ff.
**) Bd. IV S. 560ff.
***) Bd. IV S. 565ff.

sellschaft, die Gewähr der persönlichen Freiheit der einzelnen, als Bedingung ihrer individuellen Entwicklung abzugrenzen bestimmt sind, und diese gehören in die Verfassung selbst, sonst sind es keine Grundrechte!

Von neuem kam die Frage des Wahlrechts zur Sprache.*) Der Regierungsentwurf hatte allgemeine und direkte, jedoch öffentliche Wahl vorgesehen und wollte die Beamten der Bundesstaaten von der Wählbarkeit ausschließen. Daß Schulze die hierauf gerichteten Abänderungsvorschläge unterstützte, war selbstverständlich. Die Gründe, welche er für die geheime Wahl schon so oft entwickelt hatte, wiederholte er auch dieses Mal; ebenso widersprach er auf das entschiedenste dem Ausschluß der Beamten von der Wählbarkeit. In der Tat fanden jene Verbesserungsanträge die Mehrheit des Hauses.

Noch zu drei Punkten des Entwurfes nahm Schulze das Wort: zu den Fragen der Friedens-Präsenzstärke des Bundesheeres, des Finanzwesens des Bundes und der Stellung der Südstaaten zu dem Bunde.**) Bei der ersten befürwortete er, daß der Reichstag alljährlich die Zahl der Aushebungen zum Waffendienste festsetze; ebenso verlangte er die alljährliche Neubewilligung aller Bundesausgaben einschließlich derjenigen für das Heerwesen. Den süddeutschen Staaten wollte Schulze den Eintritt in den Norddeutschen Bund jederzeit gestatten, sobald sie dessen Verfassung annehmen würden, und er bekämpfte die Vorschläge, welche hierfür besondere Verträge für nötig erachteten. Die Regierung hatte gemahnt, auf die Eifersucht der ausländischen Staaten Rücksicht zu nehmen; „trotzdem — antwortete Schulze — ist es die heiligste Pflicht dieses Reichstages, nach außen hin wie nach jenen getrennten Ländern auszusprechen, daß nach beiden Seiten ein Recht und eine schwere und bedeutende Pflicht in dieser Beziehung obwaltet. Wir haben ein Recht, auf die Einigung der bisher getrennten Teile zu bringen, wir haben aber auch eine Pflicht, für diese Einigung in unseren Erklärungen die Stelle offen zu halten und sie möglich zu machen. Deshalb muß unbedingt der Beitritt der süddeutschen Staaten, Luxemburgs und aller früher zum Bunde gehörigen Länder, wenn sie imstande und gewillt sind, den Bedingungen dieser Verfassung zu genügen, als ein ihnen zustehendes Recht von uns offen ausgesprochen werden."

Am 15. und 16. April fanden die Schlußberatungen statt; Bismarck erklärte, daß die verbündeten Regierungen bereit seien, die von dem

---

*) Bd. IV S. 581 ff.

**) Reden vom 5. September und 10. April 1867. Bd. IV S. 590—601.

Reichstage abgeänderte Vorlage anzunehmen, wenn auf die Gewährung von Diäten verzichtet und über die Sicherstellung der Heereseinrichtungen eine Verständigung erzielt würde. Für Schulze war ein Zurückweichen in beiden Fragen nicht möglich Nochmals faßte er alle Gründe zusammen,*) welche das allgemeine Wahlrecht ohne Zahlung von Diäten zu einer Scheinkonzession, das Parlament zu einer Notabelnversammlung machen würde, wie er ebenso nachdrücklich sich dagegen aussprach, daß die Ausgaben für das Heer bis zum Erlaß eines neuen Gesetzes im Jahre 1871 nach Maßgabe der bestehenden Organisation bemessen werden sollten: dies bedeute eine vierjährige Diktatur, welche mit einer konstitutionellen Verfassung unverträglich sei und den Keim von Konflikten in sich trage. Hierzu könne er nicht die Hand bieten. Er befand sich denn auch in der Minderheit, welche — 53 Stimmen gegen 230 der Mehrheit — den ganzen Entwurf ablehnte.**)

Der Reichstag hatte die Entscheidung über die Annahme der Bundesverfassung den Volksvertretungen der verbündeten Staaten überwiesen; sie mußte also nochmals auch dem Preußischen Abgeordnetenhaus zur Beschlußfassung vorgelegt werden. Hier begann am 6. Mai die dreitägige Debatte. War auch von Anfang an das Ergebnis nicht zweifelhaft, so ließ es sich trotzdem die Fortschrittspartei in ihrer überwiegenden Mehrheit nicht nehmen, Schritt für Schritt die ihrer Überzeugung widersprechenden Punkte zu bekämpfen. Unter ihren Rednern fehlte auch Schulze nicht, der am 7. Mai zu Wort kam.***) Er erinnerte daran, daß der Landtag in der Adresse, welche er dem König unmittelbar nach den großen Siegen des Vorjahres überreicht hatte, für den neuen Bund „keine Minderung der Volksrechte, der Rechte der preußischen Volksvertretung, sondern deren Übertragung an die zu schaffende allgemeine Bundesvertretung" als Programm aufgestellt habe. Und nun untersuchte er, ob die Forderungen, welche seine Freunde im Reichs-

---

*) Bd. IV S. 601 ff.

**) Waldeck hatte den ablehnenden Standpunkt der freisinnigen Abgeordneten in kurzen Worten dahin charakterisiert: „Wir wollen einen Bundesstaat . . . aber wir wollen ihn nur, indem er die preußische jetzt vorhandene Spitze nicht anders stellt, als sie ist, nämlich mit einem verantwortlichen Ministerium. Ohne ein verantwortliches Ministerium existiert keine annehmbare Zentralgewalt, und ohne dieses Hauptprinzip ist die Verfassung überhaupt nicht annehmbar. Selbst das Budgetrecht hat nur dann eine Gestalt, wenn es in einer auf Verantwortlichkeit ruhenden Verfassung eingeführt ist. Dies alles vermissen wir in der Verfassung, und darum sind wir nicht imstande, ihr zuzustimmen."

***) Bd. IV S. 609 ff.

tage des Bundes erhoben hätten, darüber hinausgegangen seien. Man habe ihnen Leidenschaftlichkeit vorgeworfen, die ihren unbefangenen Blick in der Beurteilung der jetzigen Situation trübe: „Nun, meine Herren, — sagte er — ich kann Ihnen ernstlich versichern, ich bin in meinem ganzen politischen Leben nie resignierter gewesen als gerade in der jetzigen Lage.“ Man werfe seinen Freunden vor, daß sie den Erfolgen des Kriegs, den Tatsachen keine Rechnung trügen: aber heiße es denn, diese verleugnen, wenn sie bestrebt seien, die gewonnene Machtstellung Preußens, die großen Errungenschaften der vorjährigen Siege zu verwerten im Sinne der wahren Volksfreiheit, die allein die Bedingung sei zur dauernden Verwirklichung der nationalen Idee im Dienste der Zivilisation? Aber die Majorität des Hauses hörte nicht darauf: 227 Stimmen gegen 93 sprachen sich für den Entwurf aus.

In den ersten Reichstag des Norddeutschen Bundes ward Schulze wieder von dem sechsten Berliner Wahlkreis mit 4995 Stimmen gegen 1584 entsandt; er beteiligte sich jedoch nur in geringem Maße an seinen Verhandlungen, so — im September 1867 — zur Unterstützung eines Antrags, welcher die Aufhebung der Salzsteuer verlangte;*) in einer Interpellation über den Wegfall der mecklenburgischen und lauenburgischen Transitzölle — im Oktober —**); bei der Beratung der Militärkonvention mit dem Großherzogtum Sachsen-Weimar — im gleichen Monat —***), bei der Frage der Wahlfreiheit der Beamten — April 1868 —†), bei der Besprechung der Anleihebefugnis der Bundesregierung — Juni 1868 —††) und bei dem Gesetzentwurf über das Kommunalsteuerprivileg des Bundesbeamten — in demselben Monat —.†††) Nur als Waldeck im April 1868 den Antrag einbrachte, den § 32 der Bundesverfassung dahin abzuändern, daß den Abgeordneten Diäten gezahlt würden, trat er mit alter Lebhaftigkeit dafür ein,*†) wenn er auch zu seinen Gunsten im wesentlichen nur oft gesagtes wiederholen konnte. Es war charakteristisch, daß dieses Mal der Antrag nur mit 97 Stimmen gegen 92 abgelehnt wurde.

Im Deutschen Zollparlament, dem, gebildet aus den Mitgliedern des Norddeutschen Reichstags und einer entsprechenden Anzahl süddeutscher

---

*) Bd. IV S. 621 ff.
**) Bd. IV S. 624 ff.
***) Bd. IV S. 628 ff.
†) Bd. IV S. 637 ff.
††) Bd. IV S. 639 ff.
†††) Bd. IV S. 642 f.
*†) Bd. IV S. 630 ff.

Abgeordneter, die Gesetzgebung über Zollwesen und innere Verbrauchssteuern in den Ländern des früheren Zollvereins zugewiesen wurden, stand Schulze in der Reihe derer, welche sich für die Forderungen des Freihandels einsetzten. Aber darin sah er die Aufgaben des Zollparlaments nicht erschöpft. In einer Versammlung des Wahlvereins der Fortschrittspartei in Berlin — Mai 1868 — führte er aus,*) daß es zu einer mit allen gesetzgeberischen Befugnissen ausgestatteten parlamentarischen Körperschaft umgestaltet werden müsse, wolle es nicht in den Fehler des Zollvereins verfallen, der versucht habe, eine wirtschaftliche Einigung der in ihm verbundenen Staaten herbeizuführen ohne politische Einigung. Rascher als er vielleicht selbst geglaubt hatte, schon drei Jahre darauf, verwirklichte sich diese Hoffnung.

*) Volkszeitung, Jahrg. 1868 Nr. 106.

XX. Die Entwicklung des Genossenschaftswesens 1866—1875.

Die Beteiligung an den politischen Kämpfen hatte Schulze nicht gehindert, dem Ausbau des Genossenschaftswesens seine andauernde Tätigkeit zu widmen. Wohl war die gesetzliche Anerkennung der Genossenschaften errungen und jede Einmischung der Verwaltungsbehörden in ihre Angelegenheiten zurückgewiesen worden; aber mit ihrer Ausbreitung entstanden neue Aufgaben, an derern Lösung Schulze schon infolge seiner Stellung als Anwalt der jungen Schöpfungen unermüdlich mitarbeitete. Seit dem Sommer 1864 stand ihm dabei Dr. F. Schneider als Sekretär zur Seite. Zunächst galt es, den Vorschußvereinen den notwendigen Bankkredit zu beschaffen. Denn je rascher sie allenthalben sich zu Volksbanken entwickelten, desto mehr wurden ihre geldlichen Dienste in Anspruch genommen, wozu vielfach die örtlichen Mittel sehr bald nicht mehr ausreichten; an anderen Orten konnten sie sich des Geldzuflusses nicht erwehren. Ursprünglich suchte Schulze in der Anwaltschaft einen Geldausgleich der Vereine untereinander zu organisieren,*) doch zeitigte dies naturgemäß nur geringe Erfolge. Daher trat Schulze mit Bankfirmen in Leipzig, Berlin u. a. O. in Verbindung, um den Vereinen regelmäßige Geldquellen zu eröffnen, so schwer dies auch anfangs bei der ihnen mangelnden Rechtsfähigkeit war. Zwar gelang es ihm dessen ungeachtet; aber die Unsicherheit der politischen Lage in Deutschland ließen den Bankkredit wiederholt versagen, wenn die Vereine seiner gerade am notwendigsten bedurften. Dies veranlaßte Schulze zunächst, ihnen Vorsicht und Zurückhaltung in ihrer Geschäftsführung zu empfehlen. Schon im Januar 1864**) rief er ihnen zu: „Das Geld wird knapp!", um sie an den Ernst der Zeit zu mahnen. Diese Ansprache in den Blättern für Genossenschaftswesen, in deren Herausgabe er jetzt durch Kreisrichter L. Parisius-Gurdelegen unterstützt wurde, und auf den genossenschaftlichen Vereins-

*) Vgl. für das Folgende F. Thorwart: Die Deutsche Genossenschaftsban und der Giroverband der deutschen Genossenschaften. Berlin, F. Guttentag 1911.

**) Bd. I S. 597 ff.

tagen wiederholte er in den folgenden Jahren regelmäßig. Namentlich bei Ausbruch des Kriegs von 1866 und später im Jahr 1870 drängte er immer wieder, auf Vermehrung der eigenen Mittel und Stärkung der Reserven bedacht zu sein, gleichzeitig aber auch von den Schuldnern mit allem Ernste die Erfüllung ihrer Verpflichtungen zu verlangen und endlich von jeder Geschäftsausdehnung abzusehen. In einer ausführlichen Denkschrift*) — Juli 1870 — wandte er sich an die Preußische Bank, um den Vorschußvereinen deren Hilfe, soweit nötig, zu sichern. Die Genossenschaften — so führte er aus — seien Institute der Selbsthilfe und beanspruchten auch jetzt nur, daß die von den Regierungen zur Behebung der eingetretenen Kreditnot getroffenen Maßregeln auch ihnen unter den gleichen Garantien wie allen anderen Erwerbsklassen zugute kommen möchten. Es solle nicht eine Ausnahmestellung gefordert, sondern in jedem Einzelfalle ihre Kreditfähigkeit und die Solidität ihrer Einrichtungen und Verwaltungen in das Auge gefaßt werden, eine Prüfung, welche sie nicht zu scheuen hätten.

Indessen ließen schon die ersten Siege der deutschen Truppen alle Besorgnisse zurücktreten, und die Vorschußvereine bestanden fast ohne Ausnahme die befürchteten Anstürme.

Eine andere und noch schwierigere Aufgabe erwuchs jedoch für Schulze nach dem Frankfurter Friedensschluß. Der wirtschaftliche Aufschwung, dessen sich nun ganz Deutschland erfreute, zog auch die Genossenschaften in seinen Bann, und als dessen Übermaß zu einem allgemeinen Rückschlag führte, blieben sie gleichfalls nicht davon verschont. Schon zu Neujahr 1872 und alsdann fast zu Beginn eines jeden Jahres erhob daher Schulze seine warnende Stimme.**) Gleich einem unaufhaltsamen Strome — schrieb er in dem Bl. f. Genoss.-Wesen — stürzt sich der durch Jahre politischer Schwankungen zurückgehaltene Geschäftsdrang in Unternehmungen jeder Art, sucht das aufgestaute Kapital Anlage um jeden Preis, und die Spekulation durchbricht alle Schranken. Greift dies schon materiell vielfach über das rechte Maß hinaus, so greift das ganze Treiben durch die zum Teil höchst bedenklichen Richtungen und ungescheut hervortretenden Tendenzen nicht selten in den Bereich des Schwindels ein. Vor allem zeigt sich dies in der Hetze nach großen Gewinnen ohne Einsatz entsprechender Leistungen und unter Abwälzung des Risikos von den eigenen auf fremde Schultern

*) Bd. I S. 612ff.

**) Bd. I S. 620ff.

„Wohin dieser Gang der Dinge, der mehr und mehr an den sittlichen Grundlagen des Verkehrs rüttelt, am Ende führen muß, und daß wir im glücklichsten Falle in nicht ferner Zeit einem Rückschlage gegen dieses maßlose Treiben entgegenzusehen haben, kann sich niemand verhehlen ... Schonen sich daher unsere Genossenschaften ... und widerstehen sie insbesondere den Verlockungen der gegenwärtigen Periode und lassen sie sich nicht in geschäftliche Operationen ein, welche ihre Kräfte übersteigen und völlig außerhalb des Kreises ihrer Aufgabe liegen! Nicht große Gewinne mit dem Endziel größerer Kapitalanhäufung haben sie zu erstreben. Vielmehr sollen sie mit Benutzung der bewährtesten geschäftlichen Sicherheiten dem kommerziellen Grundübel unserer Zeit, der Anhäufung des Kapitals in wenigen Händen, entgegenarbeiten und dessen belebenden Strom in den vielfachen Verzweigungen unserem arbeitenden Volke in allen seinen Schichten zuführen. So und nur so werden sie ihre bedeutsame soziale Bestimmung erfüllen, einen festen Wall zu bilden gegen die Abirrungen von den sittlichen Bedingungen alles menschlichen Verkehrs und sich fort und fort als wirksamer Faktor bewähren für die Gesundheit des wirtschaftlichen Lebens der Nation."

Je mehr sich aller dieser Mahnungen ungeachtet eine Reihe von Vorschußvereinen in Geschäfte weit über das vernünftige Maß einließen und einige von ihnen infolge davon zusammenbrachen, desto energischer erhob Schulze seine Stimme. Ohne Scheu legte er die Hand auf die Wunden, untersuchte er die Ursachen der verfehlten Geschäftsführungen, verlangte er Abhilfe, wandte er sich an das Verantwortlichkeitsgefühl der leitenden Personen. Weit entfernt, die beklagenswerten Vorkommnisse zu beschönigen oder zu vertuschen, war er ihnen ein unerbittlicher Richter, nannte er die Namen der betreffenden Vereine in den Bl. f. Genoss.-Wesen und auf den allgemeinen Genossenschaftstagen, auf welchen er auch die Mittel zur Vorbeugung solcher Katastrophen erörterte. Aber auch im persönlichen Verkehr hielt er mit der Verurteilung eingetretener Mißstände nicht zurück. Zahlreich sind seine meist eigenhändigen Korrespondenzen mit Genossenschaften, die er zur Ordnung in den Vereinsangelegenheiten anhielt. Noch schärfer ist hier der Tadel, noch ungeschminkter sind die Vorhalte. In einem seiner Briefe wendet er sich gegen die bei dem Adressaten eingerissene Prolongationswirtschaft: „Die kleine Abschlagszahlung beim Prolongieren von fünf v. H. ist die wichtigste und notwendigste Maßregel von allen, die überhaupt ergriffen werden müssen, um den Verein vor dem allmählich einschleichenden Ruin zu schützen. Sind die Vertrauensmänner des Vereins hier nicht fest, so sind sie entweder selbst nicht richtig in den Schuhen oder haben einen so geringen Grad von Einsicht, daß sie einem solchen Institut kaum vorzustehen imstande sind. Sobald die Summe der Prolongationen die der Vorschüsse auch nur annähernd erreicht, ist das Geschäft ungesund ... In diesen Stand ist Ihr Verein schon bedeutend hineingeritten. Zu der Summe der Prolongationen, welche die der Vorschüsse übersteigt, treten noch diejenigen Beträge von neu gegebenen Vorschüssen, welche zwar als solche gebucht, im Grunde aber nur verhüllte und fortlaufende Prolongationen sind, da ihre Valuta niemals bar in die Kasse zurückgeflossen ist. Wird hier nicht eingelenkt und an allmähliche Verminderung dieser festen Ausleihungen gedacht, so wird der Verein in nächster Zeit unausbleiblich schwere Verluste haben, ja selbst seinem völligen Ruin entgegengeführt werden." Als sich die Empfänger des Briefes über die Strenge der Auffassung beschwerten, antwortete Schulze: „In meiner ganzen Privatkorrespondenz mit den einzelnen Vereinen und den darin enthaltenen Ratschlägen und Forderungen an dieselben nehme ich niemals eine andere Stellung ein, als die gegen Ihren Verein behauptete. Mehr von Ihnen verlangt als ich von jedem Vereine hinsichtlich der Solidität seiner Einrichtungen und Geschäftsleitung verlange, habe ich nicht ... Ich habe geglaubt, daß die schwere Krisis in der dortigen Rohstoffgenossenschaft, die ebenfalls in einer verkehrten Handhabung der Krediterteilung ihren Grund hat, als Mahnung dienen werde. Es scheint, ich habe mich geirrt, die Dinge werden im Vorschußverein wie in der Rohstoffgenossenschaft in alter Weise fortgehen, und der erstere muß dann über kurz oder lang in eine Krisis hineintreiben, welche ihm leicht verhängnisvoll werden könnte ... Wenn man den Leuten in der Generalversammlung klar macht, daß der Bestand des Vereins und die Sicherheit aller seiner Mitglieder von der Handhabung strenger Ordnung in dieser Beziehung abhängen, wird doch wohl damit durchzukommen sein ... Sie müssen allen ordentlichen Leuten klar machen, um was es sich handelt: daß die eingerissene Bummelei den Verein in Verlegenheiten und seine Mitglieder in Gefahren stürzt!" In gleichem Sinne schrieb er einem anderen Vereine: „Ich darf Ihren Brief nicht unbeantwortet lassen, damit nicht die Anschauung Raum gewinnt, als wenn die Empfindlichkeit eines Vereins, welchem meine Warnungen nicht gefallen, mich von der Erfüllung der mir als Anwalt obliegenden Pflichten abhalten könnte. Freilich kann ich den Vereinen keine Vorschriften machen; das aber ist meine Pflicht und deshalb auch mein Recht, ohne welches ich die erstere zu erfüllen nicht imstande bin: daß, wenn ich irgendwo Einrichtungen finde, die mit den allgemeinen Erfahrungen und den auf Grund derselben von den allgemeinen Vereinstagen ausgesprochenen Lehren im stärksten Widerspruch stehen und bereits schlimme Folgen nach sich gezogen haben, ich den betreffenden Vereinen darüber ernste Vorstellungen mache ... Das ist nicht die Sprache des Vorgesetzten, sondern des Anwalts der Vereine, der nicht die Ansichten der zeitweiligen Vorstände, sondern das Interesse der Gesamtheit der Vereinsmitglieder, wenn dasselbe nach seiner Ansicht im Widerspruch mit den getroffenen Einrichtungen steht, durch deren Bekämpfung wahrzunehmen hat und sich nicht dabei beruhigen darf, daß die tüchtigen an der Spitze stehenden Personen trotz dieser Einrichtungen den Verein bis dahin gut im Gange erhalten haben."

Noch vor Ausbruch des preußisch-österreichischen Krieges war es Schulze gelungen, die Frage des Großbankkredits für die Genossenschaften zu lösen: Die Deutsche Genossenschafts-Bank von Soergel, Parrisius & Co. trat am 1. Januar 1865 in Berlin in das Leben.*) Das Aktienkapital von 270000 Talern war von den Genossenschaften und unter deren Freunden aufgebracht worden. Schulze, welcher durch sie seine Institute von den fremden Banken unabhängig machen wollte, hatte sich auf das lebhafteste um ihre Gründung bemüht. Als zu dem als notwendig erkannten Kapital die eingegangenen Zeichnungen nicht ausreichten, erklärte er sich bereit, den fehlenden Rest durch den Schulze-Delitzsch-Fonds derart als Eigentum erwerben zu lassen, daß die Aktien später wieder an andere Käufer abgegeben werden sollten. Auch in der Folgezeit nahm er an der Entwicklung der Bank, in deren Aufsichtsrat er eintrat, bis zu seinem Lebensende den regsten Anteil. Dagegen bekämpfte er nachdrücklich die Versuche von Genossenschaften, Zentralkassen zur Erledigung ihres Geldverkehrs untereinander auf genossenschaftlicher Grundlage in das Leben zu rufen.**) Es waren zunächst die Gefahren der Solidarhaft, welche er nicht von einem Vereine auf die anderen mit ihm verbundenen Genossenschaften übertragen wissen wollte, setzte er doch später an die Spitze der von ihm vorgeschlagenen Abänderungen des Genossenschaftsgesetzes den Satz: „eingetragene Genossenschaften können einer anderen eingetragenen Genossenschaft nicht beitreten." Außerdem sprach er seine Zweifel aus, ob die Vorsteher der Vorschußvereine so weit gezogenen Aufgaben gewachsen seien. Nur wenn diese

*) Bd. I S. 529f. sowie Thorwart a. a. O. S. 18.
**) Bd. I S. 539f.

von Aktiengesellschaften mit entsprechendem Kapital übernommen würden, war er mit den Plänen einverstanden.

* * *

Die Errichtung des Norddeutschen Bundes und später des Deutschen Reiches gaben Schulze Veranlassung, die Übertragung der genossenschaftlichen Gesetzgebung Preußens auf die erweiterten Bundesgebiete zu betreiben. Es galt dabei, den Widerstand Sachsens und Bayerns zu überwinden, welche in ihren „juristischen Personen" und „registrierten Gesellschaften" Genossenschaften mit beschränkter Haftpflicht zugelassen hatten.*) Dies gelang, und ebenso wußte Schulze einer Anregung entgegenzutreten, welche den Beamten des Deutschen Reiches den Eintritt in die Verwaltungsorgane von Erwerbsgesellschaften verbieten oder wenigstens von der Genehmigung der obersten Reichsbehörde abhängig machen wollte**) — Frühjahr 1872 —. Er wies darauf hin, daß dadurch der Verwaltung von Genossenschaften, namentlich in den kleinen Städten und auf den Dörfern, fach- und geschäftskundige Leute entzogen werden würden, welche diese schwer entbehren könnten. Es sei genügend, ihnen den Eintritt in alle Stellen zu verbieten, welche mittelbar und unmittelbar mit einer Besoldung verbunden seien. Sein Antrag fand auch Annahme.

Mit der gesetzlichen Anerkennung der Genossenschaften ließ sich aber Schulze keineswegs genügen; sie war ihm nur der Ansporn, ihnen das Interesse immer weiterer Kreise zuzuführen. In großen Aufsätzen in der deutschen und ausländischen Presse berichtete er von Zeit zu Zeit über ihre Entwicklung, wobei er auch gelegentlich auf Prinzipienfragen, wie die Gründung von Produktivgenossenschaften, einging. Wieder rühmte er sie als „die höchste Form der Genossenschaft, welche am nächsten und unmittelbarsten an die Lösung der sozialen Frage herantritt,"***) er verschwieg jedoch auch die Schwierigkeiten nicht, die ihrer Leitung entgegenstanden, sowenig wie die Gefahren, die ihre Mitglieder durch die Solidarhaft auf sich luden.†) Mit Befriedigung wies er dagegen auf

*) Bd. I S. 452f.

**) Bd. I S. 446f.

***) Gartenlaube Jahrg. 1867 S. 184.

†) Ein drastisches, indessen sehr zutreffendes Urteil über die Frage gab Schulze in einem Briefe an Troitzsch in Delitzsch vom 13. Dezember 1871, welcher wahrscheinlich über absprechende Zeitungsaufsätze geklagt hatte. „Lassen Sie sich — schrieb er ihm — dadurch nicht anfechten. Soviel ist daran wahr — ich selbst habe dies vielfach ausgesprochen —, daß die sozialistischen Träume, wonach die Produktivassoziationen der Arbeiter die Zukunftsform der gesamten Industrie

die wachsende Bedeutung der Konsumvereine hin*), und nun traten noch die Baugenossenschaften auf den Plan — Juni 1872 —.**) Schulze hieß auch sie willkommen, indem er vorschlug, daß Kapitalassoziationen die Mittel zum Erwerb von Grund und Boden hergeben und Genossenschaften alsdann den Bau von Wohnungen vornehmen sollten. Der wirtschaftliche Niedergang machte diese Kombination unmöglich; langsam, aber dann immer rascher brach sich später die Baugenossenschaftsbewegung Bahn. Daß bei einer Gegenüberstellung der Erfolge der deutschen Genossenschaften mit den englischen und französischen die ersteren vielfach an der Spitze standen, soviel jünger sie auch als diese waren, erfüllte Schulze mit begreiflichem Stolze.***)

Dagegen mußte er sich gelegentlich mit Widersachern im eigenen Lager abfinden. Er hatte in den Bl. f. Genoss.-Wesen — 1872, Nr. 50 — nach dem Zusammenbruch eines der sonderbarsten Schwindelunternehmen der damaligen Zeit, der sogenannten Dachauer Bank eines Fräulein Spitzeder in München, welche mit Unterstützung untergeordneter katholischer Geistlicher ihr Unwesen getrieben hatte,†) hervorgehoben, „wie notwendig es sei, endlich einmal energisch die Verbreitung allgemeiner Bildung allseitig in die Hand zu nehmen, um der Volksverdummung ernstlich entgegenzutreten, welche es allein möglich machte, daß ein so offenkundiger frecher Betrug in so weiten Kreisen Erfolg haben konnte". Zwei Winzergenossenschaften im Ahrtale fühlten sich durch diese Ausführungen, aus denen sie Angriffe auf die katholische Religion herauslasen, verletzt, und die ultramontane Presse machte sich zu ihrem Sprachrohr.††) Schulze setzte sich mit ihnen auseinander, indem er jenen Vorwurf in würdiger Weise zurückwies. „Wir haben Bekenner der verschiedensten Ansichten

---

bilden werden, lächerlich sind, auch wenn man von der Staatshilfe dabei absieht. Der Privatunternehmer, mit der erforderlichen Kapazität und dem nötigen Kapital ausgerüstet, wird durchschnittlich einen großen Vorsprung in der so unerläßlichen einheitlichen Leitung des Unternehmens vor der unvermeidlichen Vielköpfigkeit der Assoziationen behalten. Deswegen aber der Assoziation die Möglichkeit des Aufkommens und die überaus wohltätige Rückwirkung des Bestehens auch nur vereinzelter von ihnen auf die Arbeiterverhältnisse abzusprechen, ist ganz verkehrt und eine Schrulle einiger dem praktischen Leben ganz entfremdeter Büchermenschen."

*) Die Gegenwart Jahrg. 1875 S. 53.

**) Bd. I S. 846 f.

***) Deutsche Zeitung (Wien) Jahrg. 1872, 28. Februar u. f.

†) Die Bank zahlte für Einlagen 96% Zinsen, unter dem Vorgeben, daß sie für ihre Darlehen 180% vereinnähme.

††) Bd. I, S. 588 f.

in politischer wie in religiöser Beziehung in unseren Reihen — so schrieb er —, die sich sonst, wenn es die parlamentarischen Wahlen und konfessionelle Streitigkeiten gilt, nicht selten bekämpfen. Aber in bezug auf die wirtschaftlichen Interessen, denen die Genossenschaften dienen, sind sie zu der Einsicht gelangt, daß die betreffenden Organisationen nicht mit religiösen oder politischen Beeinflussungen verquickt werden dürfen, weil sie alsdann ihren Zweck völlig verfehlen.*) Diese Organisationen zweckentsprechend auszubilden, das Störende und Ungesunde, vor allem Betrug und Schwindel von ihnen fernzuhalten und das für die wirtschaftliche wie füt jede andere Entwicklung unentbehrliche Fundament, die Bildung unter den Vereinsmitgliedern zu fördern: dies der ausgesprochene Zweck des Allgemeinen Deutschen Genossenschaftsverbandes, dies die Aufgabe, welche dessen Anwalt gestellt ist. In der Erfüllung wird er sich durch keinen Gegner, der ihm dabei entgegentritt, beirren lassen ... Und was unser Eintreten in den Kampf gegen die Unbildung und Verdummung anlangt, so ist uns dies ja eben durch das Eingreifen der Angelegenheit in das Feld genossenschaftlicher Tätigkeit abgenötigt ... In den Genossenschaften sehen wir Männer aus der protestantischen und katholischen Religion in gemeinsamer Arbeit. Auf keinen Fall lassen wir den konfessionellen Hader unser einiges Zusammenstehen stören."

Auch sonst fehlte es Schulze nicht an Verdrießlichkeiten. Von mehreren in Zahlungsschwierigkeiten geratenen Produktivgenossenschaften ward er persönlich um finanzielle Hilfe angegangen. So schrieb er — September 1869 — an einen Freund, der ein solches Gesuch im Auftrag der Betreffenden ihm vortrug: „In die von Ihnen erwähnte Versammlung komme ich nicht, denn dort auftreten, heißt für mich eine Geldofferte machen, und dazu bin ich jetzt nicht imstande. Soeben verliere ich bei den Schuhmachern in N. wieder 200 Taler; was aber eine Entnahme des Defizits aus dem mir gewidmeten Fonds anlangt, die bei Gelegenheit auch zur Sprache kam, so wissen Sie, daß derselbe meiner Verfügung entzogen und stiftungsmäßig in Gotha festgelegt ist, und daß ich selbst vor 2½ Jahren mein durch den Tod meiner Mutter freigewordenes elterliches Erbteil von 6000 Talern in diesen Fonds eingeworfen habe, um die freie Verfügung über das daraus für mich

*) Eine gleiche Auffassung spricht sich in einem undatierten Briefe Schulzes an Parisius aus: „Auf was ich Sie bei sonstigen Wahlartikeln achtzugeben bitte, ist, daß man nicht die Genossenschaften als solche in den Parteikampf zieht. Die Genossenschaften bilden keine Partei, und ihre Mitglieder gehören den verschiedensten Parteien an."

akquirierte Hausgrundstück zu erhalten. Ich werde, treten mir ferner derartige Unverschämtheiten entgegen, mich derb darüber aussprechen! Bei den von mir getragenen Verlusten war ich nicht Mitglied, sondern Gläubiger der räumlich von meinem Wohnort entfernten Vereine und hatte keine Einwirkung auf die Verwaltung."

* * *

Die kriegerischen Ereignisse der Jahre 1866 und 1870 hatten auf die geschäftliche Tätigkeit der Genossenschaften nur während kurzer Zeit eingewirkt, und ihre Spuren waren rasch verwischt. Wohl aber blieb die Organisation des Allgemeinen Verbandes von dem Ausbruch des Preußisch-Österreichischen Krieges nicht unberührt, indem der Verband der Württembergischen Genossenschaften aus ihm austrat.*) Politische Verstimmungen gegen Preußen waren die Veranlassung, und Schulze wies deren Berechtigung nicht zurück. Als aber der Direktor des Verbandes, Rechtsanwalt Oesterlen in Stuttgart, der Motivierung hinzufügte, nur ungern nehme Süddeutschland seine Stellung an der Seite Österreichs, die Politik der preußischen Regierung bedrohe jedoch die freie nationale Entwicklung und die ganze Zukunft Deutschlands, in der Hand des preußischen Volkes liege es, sie zu ändern, da antwortete Schulze voll Empörung:**) „Glauben Sie, daß das den schon ohnehin so schwierigen inneren Kampf bei uns für die liberale Partei erleichtern heißt, wenn man uns die Heere von ganz Deutschland noch zu dem österreichischen übern Hals schickt und das Volk zwingt, für seine staatliche Existenz in einen Kampf einzutreten, den es von Haus aus verdammt hat, während ihm die Österreicher zujubelten?! Sie wollen in Württemberg nicht preußisch werden und haben darin gewiß ganz recht. Aber meinen Sie denn, wir hätten in Preußen und ganz Norddeutschland Lust österreichisch zu werden? Unsere Kultur, unsere wirtschaftlichen und humanen Errungenschaften, ja auch unsere politischen, so unsicher sie noch sind, völlig preiszugeben?!"

Die ursprüngliche Befürchtung, daß noch andere Verbände dem Stuttgarter Beispiele folgen würden, verwirklichte sich nicht, und Schulze konnte hierin mit Recht einen Beweis der inneren Stärke der Organisation erblicken.***)

Auch in Frankreich war man schon frühzeitig auf Schulzes Schöpfungen

*) Bd. I S. 557ff.
**) Bd. III S. 298.
***) Bd. I S. 560ff.

aufmerksam geworden; der Direktor der dortigen polytechnischen Gewerbeschulen, Perdonnet, sandte, als der Pariser polytechnische Verein seine Jubelfeier beging — 1865 — an den Berliner Handwerkerverein eine Einladung, dieser beizuwohnen und Schulze als Ehrengast zu entsenden, den Kaiser Napoleon gerne persönlich kennen lernen möchte. Schulze trug Bedenken, mitten in der heimatlichen Konfliktsperiode nach Paris zu gehen und sich irgend welcher politischen Demonstration zu verdächtigen; er lehnte daher die Einladung ab. Nichtsdestoweniger brachte Perdonnet bei dem öffentlichen Festbankett des Vereins einen Toast auf Schulze aus, um die Anerkennung Frankreichs für dessen Leistungen zu bekunden.

Zwei Jahre später planten die französischen Genossenschaften gelegentlich der Pariser Weltausstellung die Veranstaltung eines internationalen Kongresses der Kooperativgesellschaften (Genossenschaften). Nur nach einigem Zögern hatte sich Schulze dieses Mal bereit finden lassen, die an ihn ergangene Einladung anzunehmen. Indessen auf der Reise dahin erreichte ihn die Nachricht, daß der Kongreß von der französischen Regierung verboten worden sei; als Antwort hierauf veröffentlichte er im Herbst im Auftrag des Allgemeinen Deutschen Genossenschaftsverbands einen geharnischten Protest hiergegen.*) „In dem Augenblick — heißt es in ihm — wo in Paris auf Einladung der französischen Regierung die Erzeugnisse der Kunst und Industrie aus allen Erdteilen zusammenströmen, wo allen irgend beachtenswerten Strebungen in Wissenschaft und Leben eine gastliche Stätte geboten wird, wo man die Leistungen auf sozialem Felde zur Hebung des Loses der arbeitenden Klassen ausdrücklich in diesen Kreis zieht, weist man die Kooperativvereine der Handwerker und Arbeiter zurück! Sind sie Unwürdige, so fragt man sich unwillkürlich, gefährdet ihre Zulassung in irgendwelcher Rücksicht die Elemente der Zivilisation, die dort versammelt sind, oder gar den Staat, daß man die Tore vor ihnen schließt?“ Nachdem er nun weiter ausführte, daß die bürgerliche Gesellschaft in den Genossenschaften nicht etwa Gegner, sondern ihre besten Stützen sehe, welche die Selbsthilfe und das Emporkommen durch eigene Tüchtigkeit zu ihrem Wahlspruch gemacht hätten und damit die individuelle Freiheit und das Privateigentum festigten, wies er darauf hin, daß der internationale Kooperativkongreß ein Friedenskongreß der arbeitenden Klassen geworden wäre, um dann fortzufahren: „Kein Land als das französische hat so an sich erfahren, was es mit den sozialistischen, die Gesellschaft in ihren Tiefen erschütternden Experimenten auf sich hat,

*) Bd. I S. 580 ff.

denen die Kooperativbewegung allein als Trägerin gesunder Arbeiterbestrebungen auf die Dauer das Ziel zu setzen vermag ... Das in der furchtbaren Junischlacht niedergeworfene rote Gespenst hat die Franzosen um sämtliche Früchte der Revolution von 1848 gebracht, als es die französische Gesellschaft der Staatsrettung um jeden Preis in die Arme trieb, und das Kaisertum ist nichts als die Permanenz der auf diese Weise entstandenen Diktatur ... Ein System wie das gegenwärtig in Frankreich herrschende sucht sich regelmäßig im Krieg das letzte Ableitungsmittel zu sichern für den Freiheitsdrang der Nation. In dem Augenblick, wo die französische Gesellschaft durch die Haltung der Arbeiter von der Furcht vor dem roten Gespenst befreit ist und sich mit Entschiedenheit von der äußeren Machtpolitik der Regierung ab- und ihren inneren Aufgaben zuwendet, hat das gegenwärtige Regime in Frankreich seine Hauptstütze verloren ... Die französische Regierung, die sich einst mit dem Ausspruche: „Das Kaiserreich ist der Friede!“ inaugurierte, hat durch ihre Achterklärung des Kongresses eines der wertvollsten Elemente für den inneren und äußeren Frieden der Völker von sich gewiesen. Die Genossenschaften nehmen davon Akt!“

Der Protest erregte allenthalben das größte Aufsehen, nicht nur die deutschen Zeitungen, auch diejenigen der fremden Nationen, darunter die angesehensten Frankreichs, druckten ihn meist wörtlich ab. Das Organ der französischen Genossenschaften, „La Cooperation“, schickte ihm folgende Einleitung voraus: „Es gab eine Zeit, wo Frankreich, wenn es sich um die Freiheit handelte, von niemandem eine Belehrung anzunehmen brauchte. Mit einem Gefühl tiefer Trauer und um unserer Pflicht gegen die Sache, die wir vertreten, zu gehorchen, veröffentlichen wir daher dieses Schriftstück.“ Ebenso wiederholte der Pariser „Almanach de la Coopération“ für 1868 den Protest, um ihm den charakteristischen Satz anzufügen: „Wenn die Belgier, die Luxemburger und die Bewohner der Rheinprovinzen jemals daran gedacht haben, daß sie wohl französiert werden könnten, dieser Protest wird sie zum Widerstand entflammen ...“

Sechs Jahre später, auf dem Allgemeinen Genossenschaftstage in München — August 1873 — kam Schulze nochmals auf die Angelegenheit zurück.*) Er erinnerte bei dem Eingang in die Verhandlungen, daß man am Schluß eines fünfundzwanzigjährigen Zeitverlaufs stehe, welcher seit der Gründung der ersten Genossenschaften stattgefunden habe, um dann fortzufahren: „Neben der Wahrung der sittlichen Fundamente des

*) Bd. I S. 585 f.

Verkehrs galt uns die Genossenschaft stets als Schule der Selbstverwaltung für Gemeinde und Staat, und dieser politischen Mission gesellten wir die soziale bei, den Ausgleich des Klassenkampfes, die Versöhnung zwischen Kapital und Arbeit. Aber immer mehr weitet sich der Gesichtskreis, fallen die anfangs gezogenen Schranken, immer entschiedener tritt die materielle Frage der Versorgung der Massen mit der physischen Lebensnotdurft als Bedingung jeder weiteren Entwicklung in den Vordergrund. Und so reiht sich die wirtschaftliche Genossenschaft würdig dem mächtig auf allen Daseinsgebieten emporblühenden freien Vereinswesen ein, mittels dessen die moderne Gesellschaft ihre unwiderstehliche Initiative übt . . . Indem wir die Selbsthilfe, die Betätigung der eigenen Kraft, die Verantwortlichkeit für das eigene Geschick als Wirtschaftsprinzip proklamieren, haben wir es nicht bloß mit der materiellen Existenz einzelner Volksklassen, mit beschränkten Privatinteressen zu tun, vielmehr stehen wir mitten in der Gesamtarbeit für die großen Aufgaben unserer Zeit . . . Und da soll sich jeder fest einprägen, um sich mit dem echt genossenschaftlichen Geist zu erfüllen: mit vereinten Kräften im engen brüderlichen Zusammenschluß den großen Fragen und Interessen des Menschendaseins gegenüberzutreten . . . Und wie unsere Arbeit dem inneren Frieden dient, so dient sie auch dem Frieden nach außen . . . Da tritt mir lebhaft ein großes Wort des gestürzten Kaisers in unserm Nachbarlande vor die Seele: „Das Kaiserreich ist der Friede". Mit besserem Rechte sprechen wir es heute aus: „Die Genossenschaft ist der Friede". Dies die Losung des Tages. Möge sie als Friedensgruß deutscher Genossenschafter zu allen Gleichstrebenden weit über die Grenzen unseres Vaterlandes dringen, und man wird uns hören!"

XXI. Soziale Fragen.

Hatte Schulze in seinen „Kapiteln zu einem deutschen Arbeiterkatechismus"*) seinen Anschauungen Anhänger unter den Berliner Arbeitern zu verschaffen gesucht, so wandte er sich mit Beginn des Jahres 1866 mit mehreren Vorträgen über den gleichen Gegenstand an die Angehörigen der gebildeten Klassen. In ihnen kehren die Grundgedanken dessen, was er dort gesagt hatte, wieder: nur werden hier die sozialen Pflichten der besser gestellten Teile der Gesellschaft schärfer hervorgehoben, und dadurch werden die Vorträge ein Gegenstück zu dem Arbeiterkatechismus.

In den „Sozialen Rechten und Pflichten" — Februar 1866 —**) behandelt er das Verhältnis des Menschen zu der Gesellschaft, um alsdann von dem rechtlichen zum sittlichen Standpunkte der letzteren überzugehen, der in der Erkennung der sozialen Pflicht der Erkämpfung der Rechtsgleichheit aller vor dem Gesetz und der Teilnahme an den Bestrebungen der arbeitenden Klassen gipfelt. „Den Geist an den Errungenschaften der Zivilisation nähren, seine Brust zum Gemeingefühl der Menschheit auszuweiten, sich mit Herz und Kopf an den Bestrebungen beteiligen, welche einer Epoche den geschichtlichen Stempel aufdrücken, ihre geistige Lebensluft ausmachen: das allein heißt wahrhaft leben, sich zur vollen Menschenbestimmung emporheben — das Gegenteil ist das Absterben für alle höheren Interessen, der geistige Tod ... In dem immer gewaltiger aufsprossenden hoffnungsvollen Vereinsleben ... organisiert sich die Gesellschaft unserer Tage zum freien Zusammenwirken als sittliche Macht, um die höheren Kulturaufgaben, die großen Zeitfragen, welche in diejenigen Bereiche der Menschennatur zurückgreifen, die sich dem Rechtsgebot mit seinen bloß äußerlichen Machtmitteln entziehen, ihrer dereinstigen Lösung entgegenzuführen."

Ein zweiter Vortrag — Frühjahr 1866 — behandelte „die sozialen Folgen der Arbeitsteilung",***) ihre Übelstände, aber auch ihre wirtschaft-

*) Vgl. Bd. II S. 26ff.

**) Bd. II S. 243f.

***) Bd. II S. 261f.

lichen Vorzüge, die darin zum Ausdruck kommen, „daß der durch sie allein mögliche Überschuß der Gesamtproduktion über das materielle Gesamtbedürfnis, welcher einen Teil der menschlichen Kräfte für höhere Strebungen frei macht, nicht bloß einem bevorzugten Teile, sondern allen, insbesondere den arbeitenden Klassen selbst mit zugute kommt. Das erste ist die wahre Emanzipation der Arbeiter, daß ihnen Raum zur vollen Entwicklung und somit die Möglichkeit gegeben wird, sich bei den wichtigsten Zeitereignissen lebendig mit zu beteiligen ... Nur so vollzieht sich zugleich die Synthese der geteilten Arbeit, das Wiederzusammenfassen der tausendfältig zerlegten Menschentätigkeiten zur höchsten menschlichen Gesamtleistung, ohne welches die menschliche Bestimmung bei zahlreichen Bevölkerungsklassen dauernd gefährdet erscheint, und die immer weiter vorschreitende Zerklüftung am Ende in den Auflösungsprozeß der ganzen Gesellschaft ausgehen müßte."

Nochmals faßte er „die soziale Frage" alsdann in zwei Vorträgen in Berlin und Köln — Frühjahr 1869 — zusammen.*) In ihnen feierte er die Arbeit, welche die Möglichkeit eines menschenwürdigen Daseins für alle gewähre, und damit zur Verallgemeinerung sämtlicher Kulturbedingungen und deren Zugänglichkeit für alle Schichten des Volkes führe, zur möglichsten Verbreitung alles dessen, was zur Erweckung und Pflege menschlicher Tüchtigkeit gehöre. Die Natur habe alle Menschen mit gleichen Trieben und Anlagen ausgestattet und ihnen die gleiche Bestimmung zuerkannt. — Das sei der großartigste vollberechtigte Kommunismus, der die besten Waffen gegen den rohen materiellen Kommunismus liefere, gegen die von Staats wegen exekutierte Gleichmacherei in den äußeren Lebenslosen, deren Unmöglichkeit sich jeden Tag von neuem zeige. Und was käme bei letzterem heraus? „Nimmt man den Menschen die Sorge um die Existenz, so nimmt man ihnen zugleich die beste Freude daran, die Freude am eigenen Schaffen und an dessen Früchten, überhebt man sie der Verantwortlichkeit dafür, beraubt man sie zugleich der Freiheit. Dadurch schädigt man sie, aber nicht nur an ihrer sittlichen Würde, sondern auch an ihrer wirtschaftlichen Leistungsfähigkeit." Hier greife aber zugleich die Pflicht der sich einer größeren geistigen und wirtschaftlichen Selbständigkeit erfreuenden Klassen ein, den Minderbemittelten brüderlich beizuspringen und alles zu tun, sie in ihren Lebenszwecken zu fördern. Die höhere Gesellschaft müsse gerade beherzigen, daß auf den Höhen des Lebens sich wiegen, ohne sich zur Höhe der Zeitbestrebungen

*) Bd. II S. 275f.

aufzuschwingen, nur heiße: über den Vollgenuß der Daseinsmittel das Dasein selbst verfehlen. Man bezeichne den Großbesitz häufig als die moderne Aristokratie und statte ihn politisch mit Vorrechten mancher Art aus. „Aber die Aristokratie, welche in unseren Tagen allein noch einen Sinn haben kann, beruht nicht auf einem größeren Maß von Rechten, sondern auf einem größeren Maß von Pflichten, welche die einzelnen im Vollbewußtsein, in der höchsten Auffassung ihrer sozialen Verantwortlichkeit freiwillig über sich nehmen. Sie wurzelt nicht in von der Staatsgewalt garantierten standesmäßigen Privilegien, sondern in der freien Anerkennung des Volkes. Und eben das ist ihre höchste Ehre, um die zu werben sich niemand zu gut dünken soll." Den Schluß bildete die Untersuchung der Stellung der Kirche zur sozialen Frage. Ihr ist diese in dem Gebet des Herrn vorgezeichnet, welches die Heiligen Schriften als von dem Stifter der christlichen Religion herrührend aufgezeichnet haben. „Ein Gebet für alle in allen Lagen sucht man in ihm Weihe zu religiöser Vertiefung wie Sammlung vor ernster Entscheidung, Zuflucht bei innerer Beängstigung wie bei äußerer Bedrängnis. In Freude und Dank, in Not und Tod ringt es sich aus den Lippen, denn es ist allumfassend gleich dem Leben selbst, es eint Himmlisches und Irdisches, Ideales und Reales und faßt so die ganze humane Seite, in ihr die soziale Mission des Christentums in sich zusammen." Und nun umschreibt Schulze die einzelnen Bitten des Vaterunser, um schließlich einen Ausblick in die Zukunft zu werfen. Die Sage ließ Götter vom Himmel zur Erde herabsteigen und sie menschlich unter Menschen bewegen; Natur und Geschichte dagegen zeigen uns die Menschwerdung von unten herauf, ein langsames allmähliches Aufringen der Massen zu menschenwürdigen Zuständen. Hier mitzuwirken, ist aller Pflicht. „Mit jedem unserer gedrückten Brüder, den wir zur Mitarbeit an dem großen Werk erheben, gewinnen wir eine Gewährschaft mehr für dessen sichere Vollendung. Das ist das Evangelium unserer Tage, Gottesdienst im Dienste der Menschheit. In diesem Sinne mag man auch dem Christentum . . . eine soziale Mission zusprechen. Wohlverstanden: dem Christentum, aber nicht in der Erstarrung zum Kirchentum, mit dem jeden geistigen Aufschwung ertötenden Buchstabenglauben, sondern dem Christentum in seinem ewigen Kern, seinem allbelebenden Grundgedanken, der Verklärung des echt Menschlichen, zu welcher alle Nationen wie alle Konfessionen gleichmäßig berufen sind."*)

*) Dieser Teil des Vortrags war Veranlassung, daß Bluntschli an Schulze mit der Bitte herantrat, er möge auf der nach Osnabrück berufenen General-

Auch auf den Tagungen der genossenschaftlichen Unterverbände nahm Schulze wiederholt Veranlassung, den Anwesenden ihre sozialen Pflichten gegenüber den minderbemittelten Gesellschaftsklassen in das Gedächtnis zurückzurufen, so im schlesischen Verbande 1867 in Kattowitz und 1875 und 1881 in Breslau, wo er auch darauf hinwies, daß in den Genossenschaften der beste Boden für gemeinsame Arbeit aller gegeben sei. „Bis jetzt — sagte er bei der letzten Gelegenheit — haben die besitzenden Klassen in allen diesen Dingen eine überaus lässige und klägliche Stellung eingenommen, und es ist die höchste Zeit, wenn nicht die gesamte nationale Entwicklung in falsche Bahnen geleitet werden soll, daß sie den Einfluß, der ihnen naturgemäß auf die unteren Klassen zusteht, zur Hebung dieser Stände ausüben und auch durch die Tat beweisen, daß es ihnen mit dieser Hebung Ernst ist!"

Von neuem trat Schulze bei der Begründung der deutschen Gewerkvereine in die Arbeiterbewegung ein. Im September 1868 hatte der Präsident des Lassalleschen Allgemeinen Deutschen Arbeitervereins, Schweitzer, einen Arbeiterkongreß nach Berlin behufs Organisation von Gewerkschaften berufen, deren Hauptzweck die Durchführung von Arbeitseinstellungen sein sollte. Unmittelbar vorher hatte Max Hirsch in Reisebriefen aus England, welche in der Berliner Volkszeitung erschienen waren, auf die Bedeutung und Einrichtungen der dortigen Trade-Unions aufmerksam gemacht, und die Berliner Maschinenbauer nahmen seine Anregungen auf, um Vereinigungen nicht zum sozialen Krieg sondern zum sozialen Frieden zu bilden. An einer Besprechung hierüber — am 24. September — nahmen auf Einladung des Komitees der Maschinenbauer Schulze, sowie Franz Duncker und Max Hirsch, letzterer als Referent, teil. Schulze wies in der Diskussion darauf hin,*) daß man stets von der Unerbittlichkeit und Grausamkeit des Kapitals gegenüber der Arbeit spreche; wenn dies wahr sei, so müsse man dieser unerbittlichen Macht mit den eigenen Waffen entgegentreten und also nicht mit Schweitzer

versammlung des Protestanten-Vereins ein Referat über die soziale Frage erstatten. Auch Holtzendorff redete ihm in gleicher Weise zu. „Deine im Berliner Rathause gehaltene Rede — mahnte er ihn — hat so tief eingewirkt, daß ich es für sehr ersprießlich halte, wenn Du nach Osnabrück kommen kannst." Schulze lehnte jedoch ab, indem er an Bluntschli zurückschrieb: „Ich warne in aller Kürze vor Aufnahme der sozialen Frage in die Tagesordnung. Da müßten ganz andere Veranstaltungen getroffen werden, um nur einigermaßen ein Resultat zu erzielen. Zudem liegen die religiösen Fragen dem Vereine an sich und mit Rücksicht auf die Zeitereignisse viel näher und werden die ganze Zeit in Anspruch nehmen."

*) Nach der Berliner Volkszeitung.

rufen: „Nieder mit dem Kapital!“ sondern vielmehr „her mit dem Kapital!“ Man dürfe also das Kapital nicht schrecken und in andere Kanäle treiben, sondern es im Gegenteile den eigenen Interessen dienstbar zu machen suchen. Es gäbe nichts Lächerlicheres als die Hetze gegen das Kapital, denn dadurch würden die besitzenden Klassen in die Arme der Reaktion und des Militärstaates getrieben, um Schutz gegen die Arbeiter zu erlangen, den man ihnen auch gerne gewähren werde. Das wäre ein Jubel für alle freiheitfeindlichen Mächte, wenn die deutsche Arbeiterbewegung von ihren gesunden Fundamenten hineingetrieben würde in die ungesunde Bewegung des Kampfes gegen das Kapital, wenn sie den allgemeinen Interessen des menschlichen Fortschritts entgegentrete, um ihre angeblichen Sonderinteressen zu verfolgen. „Wollen Sie das tun — so schloß er unter großem Beifall — so sind Sie nicht einen Deut mehr wert als die feudale Partei, die auch nur ihre Sonderinteressen verfolgt, und es würde Ihnen gerade so gehen wie dieser, die auch gerichtet ist vom fortschreitenden Zeitbewußtsein. Gott behüte die deutschen Arbeiter vor einem solchen Schicksal; das hieße die Entwicklung der großen Frage um Jahrzehnte zurückdrängen. Aber ich habe ein besseres Zutrauen zu Ihrer Einsicht. Ihre Losung ist bisher immer der Fortschritt gewesen, und ich denke, es wird auch weiter so bleiben!“ Bekanntlich kamen tags darauf die Vertreter der Maschinenbauer in der Schweitzerschen Versammlung nicht zu Wort, und sie schritten nun ihrerseits zur Gründung der sogenannten Hirsch-Dunckerschen Gewerkvereine, welche anfangs verheißungsvolle Erfolge aufwiesen, bis im Herbst 1869 die Bergarbeiter in Waldenburg (Schlesien) wegen der Arbeitsbedingungen mit den Grubenbesitzern in Konflikt gerieten und im Dezember die Arbeit einstellten. Die Regierungsorgane nahmen Partei für die Arbeitgeber, was Duncker im Preußischen Abgeordnetenhause zur Sprache brachte. In der Debatte nahm auch Schulze das Wort,*) indem er tadelte, daß die Regierungsvertreter sich mit den Arbeitgebern in Verbindung gesetzt, eine solche mit den Arbeitern aber abgelehnt hätten. In einer weiteren Rede — 17. Januar 1870**) — ging er aber auf den Kern der Sache ein, indem er die Forderung der Grubenbesitzer an die Arbeiter, bei Strafe der Entlassung aus dem Gewerkverein auszutreten, eine unsittliche nannte. Als solche werde sie von den Arbeitern, und zwar um so mehr empfunden, als die Not sie zwinge, diese Entwürdigung einzugehen. „Wie steht es im Gegen-

*) Bd. II S. 332f.
**) Bd. II S. 335ff.

satz hierzu — fragte er weiter — mit den besitzenden Klassen? In dem Besitz, in dem Kapital wohnt eine große, eine berechtigte Macht, welche ihren Schutz durch die staatlichen Institutionen erhält. Nichts ist aber gefährlicher für eine solche berechtigte Macht, als wenn sie ihre Wirksamkeit über die durch die Sitte, durch die Humanität gezogenen Schranken ausdehnt und sie benutzt, um andere in dem gleichen Rechte, was der Staat allen gewähren muß, herabzudrücken ... Nur auf den Boden der vollen Rechtsgleichheit ist der Kampf aufzunehmen gegen die sozialistische Gleichmacherei in den äußeren Lebenslosen." Schulze erinnerte ferner daran, daß die Grubenbesitzer das eben erst gesetzlich anerkannte Koalitionsrecht der Arbeiter antasteten: „Niemand ruft den Klassenkampf mehr hervor als der, welcher die Klassengegensätze in solcher Weise schärft, die Wohltaten der Gesetze denjenigen, welche von ihm abhängig sind, zu entziehen sucht, den Arbeitern es zum Bewußtsein bringt, daß das Gesetz zu ihrem Vorteil nicht bestehen dürfe, wenn den Arbeitgebern die alte Machtvollkommenheit bleiben solle. Wer diesen Klassenkampf nicht will, wird nicht die Wege betreten, welche in Waldenburg eingeschlagen worden sind." Auf die Ungerechtigkeit der Forderung der Arbeitgeber, daß die Bergleute aus dem Gewerkvereine austreten sollten, bevor sie Unterhandlungen mit ihnen anknüpfen würden, kam Schulze immer wieder in Wort und Schrift zurück. Er stellte sich zugleich an die Spitze von Sammlungen, welche für die streikenden Arbeiter eingeleitet wurden, und mahnte die Genossenschaften hierbei nicht zurückzubleiben, ständen doch die Gewerkvereine gleich ihnen auf dem Boden der Selbsthilfe.

Nochmals wandte er sich in einem Vortrag — im März 1870 — an den industriellen Großbesitz,*) um ihm seine Aufgaben gegenüber der Arbeiterbewegung vor Augen zu führen. Diese sei kein Erzeugnis willkürlichen Beliebens oder augenblicklicher Anlässe, nichts künstlich Hervorgerufenes, was sich ebenso gut wieder abstellen lasse. Sie sei vielmehr das notwendige Ergebnis unserer gesamten Kulturentwicklung und könne nur mit dieser zugleich rückläufig gemacht werden. Daran teilzunehmen sei aber für die arbeitenden Klassen nur durch Vereinigung ihrer Mittel und Zusammenschluß ihrer Kräfte möglich; dies sei für sie mehr als für die anderen eine Lebensfrage, wollten sie irgend etwas erreichen, irgend etwas durchsetzen. Während die Bildungsvereine und die Genossenschaften im ganzen einer freundlichen Aufnahme auch bei den Nichtbeteiligten begegneten, bezeuge die Großindustrie den Gewerkvereinen eine ausgesprochene

*) Bd. II S. 361 f.

Antipathie. Schulze führte diese auf die Mißbräuche und Exzesse zurück, deren früher sich die englischen Arbeiter in Sheffield und Manchester schuldig gemacht hatten, eine Periode, welche aber längst überwunden sei, nachdem dort die Trade-Unions gesetzlichen Schutz gefunden hätten und aus ihnen Schiedsgerichte und Einigungsämter mit Exekutivkraft herausgewachsen seien. Auch die deutschen Großindustriellen müßten die Dinge unbefangen hinnehmen, wie sie sich entwickelt hätten. Allerdings müßten sie sich mit der Vereinigung der Arbeiter abfinden: aber erst durch diese werde namentlich der Lohnkontrakt zu einem wirklich vertragsmäßigen Verhältnis mit beiderseitiger freier Willensbestimmung. „Wenn der aus dem Broterwerb entlassene Arbeiter nicht beliebig jeder Zeit vom Unternehmer ersetzt werden kann, dann erst verwandelt sich das Verhältnis absoluter Abhängigkeit in ein Verhältnis der Gegenseitigkeit. .... Dabei herrscht bei den Unternehmern im Allgemeinen mehr Mangel an Verständnis als böser Wille vor. Wie viele Arbeitgeber opfern nicht große Summen zum Besten ihrer Arbeiter — aber es sollen nur Zuwendungen aus Liberalität sein, bei denen die Arbeiter keine Stimme haben dürfen! ... Lenkt man von dem Wege der Willkür auf den der Verständigung ein, verhandelt man besonders über die Differenzen auf gleichem Fuß mit den Arbeitern, so hebt man nicht bloß deren Selbstgefühl, man stärkt auch die eigene Autorität, indem man dieselbe anstatt auf den Zwang auf die freiwillige Anerkennung basiert.“ Es gebe keine größere Gefährdung alten Besitzstandes, als seine starre Aufrechterhaltung gegen unabweisbare Zeitforderungen. Eine Gesellschaftsklasse aber, die mit ihren ausschließlichen Sondergelüsten dem Gemeinwohl entgegentrete, werde von der Wucht der Kulturinteressen zerschmettert!

Auch fernerhin suchte Schulze seine genossenschaftlichen Beziehungen zugunsten der Gewerkvereine auszunutzen. Bezeichnend ist dafür eine briefliche Äußerung an Max Hirsch vom Juni 1870, als Schulze auf dem Wege zu dem Verbandstage der Kreditgenossenschaften in der Lausitz war: „Es muß ein Mißverständnis bei Ihnen obwalten — schreibt er diesem —, nicht die Arbeiter, sondern die Arbeitgeber sind es, bei denen ich mich bemühen wollte, wie ich Ihnen sagte, die Vorurteile gegen die Gewerkvereine und Schiedsämter zu zerstreuen. Um aber auf die Unternehmer zu wirken, muß ich sie zunächst einmal allein vornehmen; da kann ich ganz anders auftreten und ihnen andere Dinge sagen, als im Beisein der Arbeiter, wo ich sie weit mehr schonen muß, wenn ich nicht geradezu erbittern will. Daher wünsche ich zunächst in Sorau allein mit den Herren zu reden, und keine öffentliche Versammlung zu halten, ... wohl aber gedenke ich bei dem Festessen nach dem Verbandstage gerade die humanen Saiten der Beteiligten anzuschlagen. In Guben will ich dann wieder mit den Fabrikanten verhandeln."*)

Eine Reihe von Briefen an Max Hirsch zeigt, wie sich Schulze auch weiterhin die Sache der Gewerkvereine angelegen sein ließ. Namentlich beschäftigte ihn die Frage der Einigungsämter, über deren Organisation in England er aus Anlaß eines in Berlin im Sommer 1871 ausgebrochenen Maurerstreikes Erkundigungen an Ort und Stelle einzog.**) Ebenso rief er, als die Berliner Maschinenbauer im September 1872 mit den Fabrikanten in Streit gerieten, zu dessen Schlichtung von Unruhs Intervention an und nahm, als im Sommer des gleichen Jahres in den gewerkvereinlichen Kreisen Berlins praktische Versuche zur Lösung der Wohnungsfrage geplant wurden, an den Vorarbeiten hieran teil.***) Am energischsten wußte er jedoch ihren Interessen bei den Beratungen über die gesetzliche Regelung des Hilfskassenwesens zu dienen, welche im Frühjahr 1869 im Reichstage des Norddeutschen Bundes begannen und erst 1876 im Deutschen Reichstage zu Ende geführt wurden.†) Wesentlich seinem Eingreifen war es zu verdanken, daß zunächst (1869) die bisherige ortsstatutarische Zwangsversicherung der Arbeiter für Erkrankungs- und Sterbefälle dahin abgeändert wurde, daß an Stelle der Zwangskasse der Kassenzwang trat: Der Arbeiter war, sobald er seine Zugehörigkeit zu einer von ihm selbst gewählten Hilfskasse gleicher Leistungsfähigkeit nachwies, von der Verpflichtung, einer ortsstatutarisch bestimmten Hilfskasse beizutreten, entbunden. Damit wurde der Weg für die gewerkvereinlichen Hilfskassen frei gemacht. Es war wieder die Forderung der Selbsthilfe und der Selbstsorge für die eigene Existenz seitens der Arbeitnehmer, welche Schulze hier in das Feld führte, besonders aber deren

*) Über die Besprechungen Schulzes mit den Gubener Fabrikbesitzern und eine später folgende allgemeine Versammlung des Ortsvereins der Stuhlarbeiter, in welcher er zur Bildung von Einigungsämtern zwischen Arbeitgebern und Arbeitnehmern aufforderte, berichtet eingehend die Gubener Zeitung vom 4. Juni. Auch hier geißelte er die ablehnende Haltung der Großindustriellen gegen die junge Bewegung.

**) Die sehr interessante Antwort des bekannten Friedensrichters Robert Kettle in Wolverhampton vom 7. August 1871 ist im „Gewerkverein" Jahrgang 1909, Nr. 85 abgedruckt.

***) Seine in einer Gewerkvereinsversammlung vom 27. Juni 1872 erstattetes Referat darüber deckt sich im wesentlichen mit dem in Bd. I S. 846 ff. abgedruckten Aufsatz.

†) Bd. II S. 433 ff.

Verlangen, die Verwaltung der Hilfskassen selbst in die Hand zu bekommen. Lieber wollten sie auf die Zuschüsse der Arbeitgeber verzichten, als dadurch gezwungen werden, diesen die Ordnung der Kassenverhältnisse zu überlassen. Im Zusammenhang hiermit griff er unter Belegung durch mehrere drastische Beispiele die Wahrscheinlichkeitsberechnungen an, auf Grund deren die alten Zwangskassen errichtet worden waren, die sich aber allenthalben vollständig unzulänglich erwiesen, so daß im Ernstfalle die zugesagten Unterstützungen auf fast lächerlich kleine Beträge herabgesetzt werden mußten. „Was organisiert man denn?", fragte er.*) — „Eine Anweisung auf die Wohltätigkeit; denn den in den Kassen befindlichen Leuten, die ihre Beiträge in dem guten Glauben gegeben haben, sie würden in eintretenden Fällen vor Not geschützt sein, bleibt, wenn sie nicht anderweitige Mittel besitzen, alsdann doch immer nur die Hinweisung auf die Wohltätigkeit, und sie fallen der Kommunalarmenpflege schließlich ebenso zur Last oder wenigstens nicht viel anders, als wenn die Kassen garnicht beständen, zu denen sie beigetragen haben ... Bei den freien Kassen dagegen ist das Gefühl der Verantwortlichkeit, des Selbsteinstehenmüssens für ihre Verpflichtungen in weit höherem Grade lebendig als bei denjenigen Kassen, wo man sich auf die Fürsorge der Behörden, auf deren Überwachung und auf Zuschüsse von anderer Seite verläßt ... Die zukünftige Gesetzgebung wollen wir recht innig mit dem Zuge in unserm Volksleben verbinden, der uns allein die Gestaltung dieser wichtigen Angelegenheit in gedeihlicher Weise verbürgt, mit dem Zuge der Selbstsorge, mit dem Gefühl der Verantwortlichkeit für das eigene Geschick! Denn dies kann von dem Bewußtsein nicht getrennt werden: daß, wenn man erbötig ist, jedes Opfer für die eigene Existenz zu bringen, daß man dann auch die Ehre der Selbstverwaltung beanspruchen darf, wie sie einem freien Mann geziemt, weil wer mit „taten" muß, auch mit „raten" soll. Nur so vermögen wir der Selbstbestimmung ihre volle Konsequenz zu gewähren, welche allein auf diesem Gebiete zum Ziele führt."

Bei der Annahme jener gesetzlichen Bestimmung war ausdrücklich festgesetzt worden, daß sie nur ein Provisorium bilden, die Regelung der Frage selbst aber alsbald durch ein Sondergesetz erfolgen solle. Als dies auf sich warten ließ, fragte Schulze im Frühjahr 1873 und dann wieder 1874 nach dem Stande der Sache, wobei er ausdrücklich auf die Rechtsunsicherheit hinwies, unter welcher die freien Kassen litten und die um so bedauerlicher sei, je wertvollere Dienste diese innerhalb der Ent-

*) Bd. II S. 446ff.

wicklung der gesamten Arbeiterbewegung leisteten. Jetzt konnte er schon zahlenmäßig die Wirksamkeit der Invalidenkassen und Kranken- und Begräbniskassen der Gewerkvereine heranziehen, welche zudem ihren Mitgliedern die Sicherheit der Freizügigkeit boten, daß diese also, wenn sie ihre Arbeitsstelle verließen und in eine andere Gegend Deutschlands zogen, dessen nicht verlustig gingen, was sie bisher in ihren lokalen Kassen geleistet hatten, und nicht an ihrem neuen Platze härteren Bedingungen unterworfen wurden. Dies war bei den alten Zwangskassen nicht der Fall, und die Zusicherung der Gewerkvereinskassen übte daher naturgemäß eine große Anziehungskraft auf die Arbeiter aus. Endlich — Herbst 1875 — kam die Gesetzesvorlage, welche gleiche Normativbestimmungen für alle Arbeiterunterstützungskassen sowohl für die schon bestehenden als auch für die noch zu errichtenden vorsah.*) Sie enthielt jedoch die Vorschrift, daß den Kassenmitgliedern die Beteiligung an anderen Gesellschaften oder Vereinen nicht zur Bedingung gemacht werden dürfe. Die hierin ausgesprochene Absicht war klar: es sollte allen für anderweitige Zwecke gebildeten Vereinen unmöglich gemacht werden, Unterstützungskassen zu bilden, was gerade die Gewerkvereine in ihrer Wurzel getroffen hätte. Mit aller Schärfe bekämpfte daher Schulze diesen Passus: „Die Gewerkvereine — führte er aus —**) haben die Probe geliefert, weil bei ihnen ganz entschieden lebensfähige Kassen seit etwa sechs Jahren bestehen, wo wir wohl ein Urteil fällen können, wie sich die Dinge dort entwickeln ... Wenn der Herr Regierungskommissar argumentierte: die Kassen möchten erst die Probe bestehen, dann könne man für sie eintreten — dann ist das doch eine wunderbare Zumutung. Man sagt, wenn ihr euch erprobt und bewährt, dann wird man später geneigt sein, euch anzuerkennen — und dabei trifft man Maßregeln, daß sie sich nicht erproben, nicht bewähren können, indem man ihre Existenz gefährdet! Das ist ja die bekannte Geschichte, als wenn man sagt: Du

*) Schon vorher — März 1875 — hatte Schulze in einem Briefe an Max Hirsch die Teilnahme an der Generalversammlung der Gewerkvereine, in welcher wieder die Hilfskassenfrage auf der Tagesordnung stand, abgelehnt. „Dies ist — schrieb er ihm — auch im Interesse der Gewerkvereine besser. Wenn ich mich in die Verhandlungen derselben nicht unmittelbar einmische — wo es, wie vorige Ostern, leicht etwas bunt hergeht — habe ich im Reichstag, und wo sonst der Gesetzgebung und den Behörden gegenüber für die vernünftigen Zwecke der Bewegung einzutreten ist, eine bessere Stellung ... Können Sie das Losziehen gegen die besitzenden Klassen im Zaume halten, so kann die Versammlung recht gute Folgen haben und ein ganzes Teil von Vorurteilen zerstören!"

**) Bd. II S. 478 ff.

darfst nicht eher in das Wasser gehen, als bis du schwimmen kannst! Das geht nicht, auf diese Art macht man die Dinge nicht ... Das wären die Kassen der Gewerkvereine, wo es doch nicht bloß an jedem Grund, ihnen das Leben zu erschweren, fehlt, sondern wo man allen Grund hätte, sie wie nur irgend möglich zu fördern. Neben ihnen sind andere Kassen in der Debatte erwähnt, die Kassen der sozialdemokratischen Arbeiterpartei ... Aber alle die, die es für ihre Pflicht halten, die sozialdemokratische Arbeiterrichtung und Agitation zu bekämpfen, können es sich ja gar nicht besser wünschen, als daß wir recht viele solcher Kassen unter jener Partei erblühen sehen! Wir müssen ihnen alles Heil und Gedeihen wünschen und ihnen alle Wege bahnen, wo wir nur können! Denn in diesen Kassen bricht man mit dem eigentlichen Parteiprinzip; das Prinzip der Selbsthilfe, dem man in jenen Klassen sonst entgegentritt, das wird ja hier etabliert in einer der allerschwierigsten Lagen der Beteiligten. Für die Zeit, wo die ganze Leistungsfähigkeit des Arbeiters unterbunden ist, wo er nichts arbeiten und verdienen kann, für die Zeit der Krankheit, da setzt man jetzt Kassen ein, die davon ausgehen, daß in Zeiten der Leistungsfähigkeit, in Zeiten, wo jemand Arbeit hat, durch eigene Leistungen aus eigener Kraft für solche Zeiten gesorgt werden soll und kann, wo die Arbeitsfähigkeit sistiert ist, wo der Lohn pausiert. Wollen Sie denn mehr haben? Können Sie denn mehr verlangen? Ich bitte Sie, das ist ja alles mögliche. Wie weit die Leistungen der sozialistischen Kassen gehen, wissen wir freilich nicht; aber alles Gute wünschen müssen wir diesen Kassen; das wird uns die ganze Partei näher bringen und das wird viele Mitglieder derselben ganz gewiß zu konservativeren Prinzipien bekehren, als wir sie jetzt von dieser Seite zu hören gewohnt sind." Schulze hatte dann auch die Genugtuung, daß jene Bestimmung in dem Gesetze wegfiel.

Auf gleichem Boden stand Schulze bei Beratung der Gewerbeordnung, bei Beratung des Antrags auf Einführung von Fabrikinspektoren — April 1869 —. Er sprach sich dagegen aus, „wesentlich aus politischen Gründen", weil er den Einfluß solcher Beamten nicht nur den Arbeitgebern, sondern auch den Arbeitern gegenüber bei den Wahlen zu den gesetzgebenden Körperschaften fürchtete.*) „Hier sollen die Arbeiter gewonnen werden — warnte er — zum Vorgehen gegen einen liberalen Fabrikanten; dort würde man durch Vorgehen gegen die Arbeiter sich die Arbeitgeber günstig zu stimmen suchen in dieser

*) Bd. II S. 498 f.

oder jener Weise: denn daß eine ungeheure diskretionäre Gewalt in die Stellung eines Fabrikinspektors, wenn sie überhaupt wirksam sein soll, gelegt werden muß, wird sich niemand verhehlen ... Wir sind im Begriffe, in der Gewerbeordnung den Arbeitern die freie Vereinigung zu allen möglichen Zwecken, welche die Hebung ihrer Stellung herbeiführen, namentlich die Koalitionsfreiheit und alles, was damit zusammenhängt, im vollsten Maße zu sichern. Wenn sie das haben und das absolute freie Vereinsrecht in ihren Gewerkschafts- und sonstigen Verbänden mit Rechtsfähigkeit und mit alle dem ausgestattet, was zur Entwicklung dieser Organisationen gehört — wenn sie das haben, dann brauchen sie nicht die Bevormundung durch Fabrikinspektoren ... Weil unsere Arbeiter wissen, daß dies die ihnen notwendigen Mittel sind, weil sie das vollkommene Bewußtsein ihrer Lage haben; deshalb wollen wir sie auf dem Wege weiter gehen lassen und sie dabei unterstützen ... Ich denke, der Geist, der jetzt in unseren Arbeitern lebt, der ruft ihnen zu: keine Fabrikinspektoren, aber der gesetzlichen Freiheit eine Gasse!"

Zur Regelung des freien Vereinsrechtes brachte Schulze vier Wochen später einen Gesetzesentwurf im Reichstag des Norddeutschen Bundes ein.*) Seine Tendenz war, daß für alle Vereine, auch politische und religiöse, an Stelle der Konzessionierung die freie Gründung in den Grenzen der von dem Gesetz aufgestellten Bedingungen trete, daß jeder Verein, der nicht einen verbotenen Zweck anstrebe, bei Befolgung der gesetzlichen Bestimmungen durch gerichtliches Anerkenntnis die Rechte eines „anerkannten Vereins" insbesondere das Recht der juristischen Person erlange. Am 19. Juni fand die erste Beratung des Entwurfs statt; sie setzten sich bis zum Deutschen Reichstage — April 1872 — fort, um schließlich ergebnislos zu bleiben. Erst das Bürgerliche Gesetzbuch hat einen Teil der Schulzeschen Forderungen in den Bestimmungen über die „Eingetragenen Vereine" erfüllt.

In einer großen Rede bei Verteidigung des Entwurfs**) gab Schulze ein anschauliches Bild seiner Anschauungen über die Bedeutung des Vereinslebens. „Die Vereine sind die organisierte Initiative der freien Menschengesellschaft, die immer bewußter ihre sittlichen und intellektuellen Ziele erfaßt, um mittels dieser nach Gleichheit der Gesinnung und des Strebens zusammentretenden Verbände ihre Aufgaben und Zwecke auf Gebieten des Daseins, in welche der Staat mit seinem bloß äußerlichen

*) Bd. II S. 374f.

**) Bd. II S. 376ff.

Machtgebot nicht hinreicht, ihrer dereinstigen Lösung entgegenzuführen. ... Durch langjährige Erfahrungen bin ich auf dem Standpunkt angekommen, daß die Vereine aller Gattungen in gemeinsamer Kooperation überhaupt berufen sind, den eigentlichen Staatsinhalt, die würdige Gestaltung menschlicher Zustände zum Ausdruck zu bringen, dem wir im politischen Leben nur die äußere Form zu schaffen vermögen. Daher darf ein Staat, der seine Aufgabe wahrhaft erkennt, eine solche Bewegung nicht hemmen ... Käme man mit äußerem Druck durch, um sie zu hemmen, so geriete das gesellschaftliche Leben in die Gefahr völliger Versumpfung, und käme man nicht damit durch, so würden durch die Bewegung die künstlichen, nicht passenden Bande gewaltsam gesprengt werden. Sie werden eine so bedeutsame Bewegung nicht anders in den gesetzlichen Schranken halten, als wenn sie ihr die gesetzlichen Bahnen öffnen. Das ist der Weg, der einzig heilsame Weg, den wir betreten können. Dann hat der Staat nichts von ihr zu fürchten, sondern alles von ihr zu hoffen." Nachdem er darauf aufmerksam gemacht hatte, daß schon einzelne deutsche Staaten, namentlich Sachsen und Bayern, den Vereinen Rechtsfähigkeit zugestanden hätten, verwies er auf das Beispiel Englands, wo sich die Vereine seit Jahrzehnten gesetzlicher Anerkennung erfreuten. „Wir haben in Deutschland — so schloß er — in großer politischer Misere unter Maßregelei der eigenen Behörden in dem Vereinsleben mit die erste Stelle im gebildeten Europa inne gehabt. Nun, wenn wir bei dem Stadium, zu welchem das Vereinsleben bei uns jetzt gelangt ist, von dieser Stelle an der Spitze der Kultur in Europa dadurch, daß uns die gesetzlich gesicherte Stellung durch den Norddeutschen Bund verweigert würde, zurückgedrängt würden: so wäre das wahrhaftig kein Moment, welcher den Bund stärkte in der Lösung seiner großen nationalen Aufgaben. Kein Volk hat so sehr Ursache, als gerade das deutsche, die geistige Wehrkraft, welche in ihm liegt, als befruchtende Ursache zu entwickeln: seine geistige neben der materiellen Wehrkraft beruht in den Vereinen. Ich rede nicht bloß von den Vereinen der Fachmänner und Gelehrten, welche uns ein großes Stück in den wichtigen Forschungen weiterbringen, — ich rede namentlich von den Vereinen, welche uns die Resultate dieser Forschungen, die intellektuelle und sittliche Bildung in die Massen hineintragen helfen. Das ist eine der wichtigsten Missionen, welche das Vereinsleben bei uns zu erfüllen hat... Für diese geistige Wehrkraft übernimmt das Volk selbst sogar in den unbemittelten Schichten aus freien Beiträgen die Kosten. Und die Permanenz dieser sittlichen und geistigen Kampfbereitschaft, welche wir in unseren Vereinen organisieren, könnte uns weiterhin sehr gut zu einem guten Teil die Permanenz der materiellen Kriegsbereitschaft ersparen und die letztere zugleich in einer Weise ergänzen, welche nicht nur zum inneren Gedeihen des Volkes, sondern auch zur Achtung und Unantastbarkeit unseres Staates in den Augen des Auslandes das ihrige beitragen wird."

Im weiteren Verlaufe der Verhandlungen wurde der Gesetzentwurf hauptsächlich deshalb angefochten, weil er Rechtsfähigkeit auch denjenigen Vereinen verleihen wolle, welche ausgesprochenermaßen den Zweck verfolgten, den Krieg zwischen den Arbeitgebern und den Arbeitern zu organisieren, womit man auf die Gewerkvereine abzielte. Schulze betonte immer von neuem, daß es sich nicht darum handele, welche Vereine man verbieten und welche man zulassen wolle, sondern daß man für die privatrechtlichen Vermögensverhältnisse der gesetzlich nicht verbotenen Vereine an Stelle der bisherigen Konzessionsgewährung in Zukunft Normativbestimmungen festlege, an deren Beobachtung die Gerichte gebunden seien. Dann wandte er sich gegen die Angriffe auf die Gewerkvereine, welche schon bei ihrem ersten Auftreten gezeigt hätten, daß sie im Gegensatz zu der sozialistischen Partei den Frieden, die Einigung wollten. Schon jetzt — 1872 — seien durch die Gewerkvereine in Berlin zwei oder drei Einigungsämter geschlossen worden. Aber hauptsächlich seien doch die Gewerkvereine bemüht, Invaliden- und Krankenkassen zu errichten.*) „Es sind Kassen, die ihren Zweck nicht heute oder morgen zu erfüllen haben, sondern auf Jahre und Menschenalter hinaus reguliert werden müssen. Wenn Sie hier nötig erachten, einige Vorsichtsmaßregeln mittels der Gesetzgebung brauchen zu wollen, vielleicht eine Registrierung dieser Kassen mit Prüfung der Statuten durch Sachverständige anordnen wollen wie in England, so halte ich das auch für gut... Wie man es aber vermag, den Leuten durch Versagung von Vermögensrechten es zu erschweren, die sauer abgesparten Groschen in solche Kassen zu legen zu einem Zweck, der der ganzen menschlichen Gesellschaft und damit auch dem Staate zugute kommt, und wie Sie dies nicht auf alle Weise fördern wollen, das verstehe ich nicht! Je mehr diese Kassen wachsen, desto weniger sind die Mitglieder geneigt, die so gesammelten Fonds in unnützen Streiks zu verwenden." Und hieran schloß er eine Schilderung der Tätigkeit der englischen Trade—Unions und ihrer Einigungsämter, indem er den Ausspruch Kettles wiederholte: „Die Gewerkvereine sind ein Arm der Kraft für den Arbeiter und ein Schild der Sicherheit für den

*) Bd. II S. 389 ff.

Arbeitgeber." Solche Verhältnisse auch in Deutschland wirksam werden zu lassen, daran müsse der Staat und die Gesellschaft das größte Interesse haben. Unter dem Eindruck dieser Worte erklärte sich der Reichstag mit der Verleihung der Rechtsfähigkeit auch an diejenigen Vereine von Arbeitern oder Unternehmern einverstanden, welche sich in ihren Satzungen ausdrücklich verpflichteten, sich bei Streitigkeiten zwischen Arbeitgebern und Arbeitnehmern einem Schiedsgericht oder Einigungsamt zu unterwerfen.

Im Zusammenhang hiermit seien noch die Reden erwähnt, mit welchen Schulze im Frühjahr 1871 den dem Deutschen Reichstage vorgelegten Gesetzentwurf über die Haftpflicht bei von Eisenbahnen, Bergwerken und anderen Unternehmungen herbeigeführten Unfällen begleitete.*) Er wollte diese Haftpflicht auf alle Betriebe gewerblicher Anlagen ausgedehnt wissen, welche ihrer Natur nach mit der Gefahr von Tötung und Körperverletzung von Menschen verknüpft seien, also bei allen Unternehmungen, in denen der Dampf als Triebkraft benutzt wird oder explodierende Stoffe hergestellt oder verarbeitet werden. Der Gesetzentwurf war durch mehrere rasch aufeinandergefolgten großen Bergwerksunglücke in Sachsen und Westfalen veranlaßt worden, bei denen die Beantwortung der Frage, auf wessen Seite die Verschuldung lag, sich überaus schwierig gestaltet hatte, ja kaum möglich war. Hiervon jedoch war die Entschädigungsforderung der Verunglückten bzw. ihrer Hinterbliebenen abhängig. Schulze verlangte daher, daß diese Beweislast dem Unternehmer aufgebürdet werde, zumal die Präventivmaßregeln um solchen Schädigungen vorzubeugen, lediglich und allein in dessen Händen lägen. Dies sei auch für die Heranziehung der von Unternehmern und Arbeitern gleichmäßig gebildeten Knappschaftskassen zur Zahlung der Entschädigungsgelder von Wichtigkeit. Aber deren Aufgabe sei ursprünglich nur die Hilfeleistung bei Erkrankung, Invalidität usw. gewesen. Um für die Gefahren des Bergbaues einzustehen, seien ihre Versicherungssätze nicht normiert, weshalb bei allen größeren Unfällen immer wieder an die öffentliche Privatwohltätigkeit appelliert werden müsse. Die Gerechtigkeit dringe darauf, daß dem Unternehmer ein erheblicheres Maß der Entschädigungspflicht zugewiesen werde, was auch um so unbedenklicher sei, als er sich durch die Preisgestaltung seiner Produkte wieder an den Konsumenten, also der ganzen Gesellschaft, erholen könne. Es sei aber auch deren Pflicht, auf geordnetem, der Willkür milder Gaben entrücktem Wege für die

*) Bd. II S. 482f.

Soldaten der Arbeit, für jene Männer einzutreten, welche, um die notwendigsten Bedürfnisse für die Gesamtheit herbeizuschaffen, Leben und Gesundheit riskieren. Und auf eine Zwischenbemerkung eingehend, fuhr er fort, daß, wenn man aus dieser Auffassung sozialistische Tendenzen herauslesen wolle, er der Meinung sei, daß gerade diese Sorge, welche die Gesetzgebung für die so schwer bedrohten und doch so berechtigten Interessen der Arbeiter eintreten lassen solle, am besten geeignet sei, die soziale Frage, die niemand mehr von sich abweisen könne, in gesunden Bahnen zu erhalten und so der ungesunden und wüsten Agitation auf diesem Felde praktisch entgegenzutreten. Das Ergebnis der Debatte war die Aufforderung an die Reichsregierung, ein auf gegenseitiger Versicherung der Arbeiter gegen die Folgen der Körperverletzung und Tötung in ihrem Beruf beruhendes Gesetz sowie die Bildung von Altersversorgungs- und Invalidenkassen vorzubereiten.

XXII. Der Krieg von 1870—1871 und die Gründung des Reiches.*)

Der Krieg mit Frankreich fand Schulze wieder auf dem Plan. Noch war es der Reichstag des Norddeutschen Bundes, welchem Bismarck am 19. Juli die Kriegserklärung Frankreichs mitteilte. Unter gewöhnlichen Verhältnissen hätte seine Legislaturperiode sechs Wochen später, am 31. August, geendet; die Regierung beantragte um den zu den Waffen Einberufenen das Wahlrecht zu erhalten, die Verlängerung bis zum 31. Dezember. Schulze sprach sich aus prinzipiellen Gründen dagegen aus,**) weil die Wehrpflichtigen nur einen kleinen Teil der Wähler bildeten, und es mißlich sei, daß der Reichstag selbst sein eigenes Mandat über die ursprüngliche Zeit ausdehne. Er blieb aber mit dieser Anschauung in der Minorität.

Während zunächst seine parlamentarische Tätigkeit ruhte, trat Schulze von einer anderen Tribüne aus für das Recht Deutschlands ein, seine Einheit zu erkämpfen und sie dauernd gegen Frankreich zu sichern. Die Genfer Internationale Friedensliga hatte sich nach der Schlacht von Sedan in einem Manifeste an das französische und an das deutsche Volk gewandt, um sie zum Friedensschluß zu veranlassen, nachdem der Urheber des Krieges, Kaiser Napoleon, von dem Schauplatz verschwunden sei. Professor Vigano in Mailand sandte das Manifest an Schulze,***) indem er sich dessen Inhalt zu eigen machte und Schulze aufforderte, dafür zu wirken, daß der Völkerkrieg sein Ende finde. Schulze antwortete mit drei „Briefen an die italienischen Patrioten,“ †) welche durch die Presse aller Länder veröffentlicht, allenthalben das größte Aufsehen machten. Er wies in ihnen darauf hin, daß es nicht das Kaiserliche Regiment in Frankreich gewesen sei, welches den Krieg heraufbeschworen habe, sondern der französische Nationalcharakter, in dem der Glaube wurzele, daß seinem Volke als dem ersten der Erde das Prestige und die politische Obmacht

*) Vgl. Bd. IV S. 644 ff.

**) Bd. IV S. 645 ff.

***) Bd. IV S. 646 ff.

†) Bd. IV S. 648 ff.

auf dem europäischen Kontinente gehöre. Hierin sei sich das bourbonische, das republikanische und das napoleonische Frankreich stets gleichgeblieben. Hierauf gab Schulze in großen historischen Umrissen eine Schilderung der Unbilden, welche Deutschland von Frankreich seit der Zeit von Ludwig XIV. zu erleiden gehabt hatte, um zugleich der Behauptung zu widersprechen, Deutschland wolle jetzt Frankreich zu einer Macht zweiten Ranges herabsetzen und es seiner europäischen Stellung berauben. Wenn Deutschland die alten Lande Elsaß und Lothringen zurückfordere, so sei dies sein gutes Recht; habe aber nicht Frankreich schon im voraus als Siegespreis die Losreißung der westlichen Grenzländer von Deutschland bis zum Rhein und die Niederwerfung Preußens als des Kerns der deutschen Wehrkraft sowie die Hinderung der Konstituierung von Gesamtdeutschland und Anknüpfung der Rheinbundspolitik mit den süddeutschen Staaten bezeichnet? „Deutschlands politischer Zustand wie sein Wehrsystem, welches auf der gleichen Verpflichtung aller Staatsangehörigen zum Kriegsdienste beruht, beschränken es wesentlich auf die Defensive. Und mit wie gewaltiger Wucht auch die frechen Angreifer diesmal niedergeschmettert sind: wir setzen so viel dabei ein, der Sieg kostet uns so viel von der besten geistigen und wirtschaftlichen Arbeitskraft der Nation, daß wir damit zu einem Abschluß kommen müssen auf lange Zeit! Dies ist aber den Franzosen gegenüber allein möglich, wenn ihnen durch Gewinnung besserer Grenzen unsererseits der Angriff erschwert und dabei zugleich die ernste Lehre fühlbar gemacht wird, daß die Folgen ihrer räuberischen Überziehungen sich am Ende gegen sie kehren und die Zeiten für immer vorbei sind, wo sie ungestraft in deutsche Grenzlande einfallen und in frecher Willkür über Land und Leute schalten konnten ... Dazu genügt die jetzige Grenze zwischen Baden und Elsaß nicht ... Die natürlichen Grenzen des Vogesengebirges sind zugleich die nationalen. Die von uns reklamierten Landstriche bilden denjenigen Teil alten an uns verübten Raubes, in welchem sich deutsche Sprache und Sitten, in ihnen die wesentlichsten Stücke unserer Nationalität, bisher erhalten haben. Und so tritt zu der Forderung, die zu stellen die erste Pflicht und das erste Recht aller Völker, die Selbsterhaltung, uns gebietet, die Weihe echten historischen Rechts mit der ganzen Tragweite unserer historischen Bestimmung. Die Wacht, die Deutschland Frankreich gegenüber an seiner gesicherten Grenze hält, kommt nicht bloß der eigenen Sicherheit, sondern dem europäischen Frieden zu statten, der ungestörten Kulturentwicklung des Weltteils." Schulze wandte sich zum Schluß zur Untersuchung des Nationalitätsprinzips, um dann die deutsche Reformation des 16. Jahrhunderts der französischen Revolution von 1789 gegenüberzustellen. „Die großen Ideen der letzteren gingen wie ein Freiheitsmorgen für den Kontinent auf, um leider nur zu bald im blutigen Abendschein des ersten Kaiserreichs zu enden. Nicht die revolutionären Ideen, nein, die französischen Waffen sollten die Welt erobern; der äußeren Macht wurde, treu der nationalen Tradition, die innere Freiheit geopfert ... Auch die französische Literatur, obgleich sie bis gegen die Mitte des 18. Jahrhunderts ihre Überlegenheit behauptete, blieb auf die aristokratischen Kreise beschränkt, wirkte nicht auf Hebung der Intelligenz auf Sittigung der Klassen, drang nicht in das eigentliche Volksleben. Gerade hier stehen wir aber bei dem, was die Deutschen vor den Franzosen voraus haben, was sie hielt in aller Not und, unbeirrt unter Schutt und Trümmern, den Bau der Zukunft bereitete: es ist die Volksschule, die beste Errungenschaft der Reformation, sie selbst, die Reformation in Permanenz! Durch ihre unscheinbaren Dienste fand die Nation, von der Ungunst der äußeren Verhältnisse in sich selbst zurückgedrängt, sich selbst wieder. Und als die Frucht der langen stillen Geistesarbeit, die klassische Epoche unserer großen Dichter und Denker in der zweiten Hälfte des 18. Jahrhunderts mit ihren unsterblichen Werken an den Tag trat, war es die deutsche Volksschule, welche die belebende Strömung in die weitesten Kreise hineintrug, sie viel tiefer und inniger mit dem Volksleben verknüpfte, sie viel wirksamer machte für Bildung und Gesittung der Massen, als dies anderswo hätte geschehen können."

Es war ein eigenartiges Zusammentreffen, daß Schulze gerade am Tage der Schlacht von Sedan im Berliner Arbeiterverein die politische, soziale und sittliche Bedeutung des Kriegs zum Gegenstand eines Vortrags machte.*) Manches, was er in den Briefen an die italienischen Patrioten gesagt hatte, wiederholend, rühmte er, daß die deutschen Arbeiter im Kriege gegen die feindlichen Heere wie in werktätiger Hilfsleistung für die von den Geschicken des Kriegs Betroffenen in den vordersten Reihen ständen, weil sie sich untrennbar in und mit der Nation als lebendiger Teil derselben fühlten und wüßten, daß ihre Geschicke sich nur in und mit denen der Nation zugleich erfüllen könnten. Deshalb sei auch der Krieg ein Volkskrieg, der geführt werden müsse mit der vollen Wucht der gesamten Volkskraft bis zum völligen Austrag der Sache. Daraus folge, daß nur ein solcher Friede geschlossen werden dürfe, der Deutschland die Sicherheit gebe, daß man es in Zukunft in Ruhe lasse, der aber

*) Bd. IV S. 664 f.

zugleich Deutschland von der Notwendigkeit befreie, stets auf dem Sprung zu stehen, um durch weiteres agressives Vorgehen das Gewonnene zu behaupten. Das höchste, das allein befriedigende Endziel des Kampfes müsse aber die bundesstaatliche Einigung des gesamten Deutschlands sein. Hierin liege alles andere, was der Krieg sonst bringen könne, die einzige zuverlässige Bürgschaft dauernden Friedens, der Ausgleich zwischen äußerer Sicherheit und innerer Freiheit, der ungestörte Ausbau unserer staatlichen Institutionen im Sinne wahren Fortschritts im Geiste unseres Volkes. Denn damit seien die hauptsächlichsten Erfordernisse gegeben, welche die Hebung der arbeitenden Klassen in ihren wirtschaftlichen und bürgerlichen Zuständen bedingten. Eine glückliche Durchführung des Krieges werde ein großer Schritt auf der Bahn sein. Die Frucht der Kriegsarbeit sei der Sieg. Aber dessen Früchte zu zeitigen, bedürfe es ernster andauernder Friedensarbeit. Für Deutschland könne sie nur in dem Ausbau des Norddeutschen Bundes zum Deutschen Bundesstaat bestehen, durch Berufung eines aus gleichen allgemeinen Volkswahlen hervorgegangenen Parlaments: dies der Schwerpunkt aller bisherigen Hoffnungen und Strebungen! Die deutschen Arbeiter hätten in den Tagen des Kriegs gezeigt, daß ihr Denken und Tun darauf gerichtet sei: „im Volke aufgehen gleich allen andern, als gleichberechtigte Glieder desselben Teil haben an allen seinen humanen und bürgerlichen Strebungen, den warmen vollen Pulsschlag des nationalen Lebens das eigene Herz weiten zu lassen."

Im Herbste trat der Reichstag des Norddeutschen Bundes wieder zusammen. In einer seiner ersten Sitzungen trat Schulze bei der Beratung über die Bewilligung einer neuen Kriegsanleihe denen entgegen,*) welche glauben machen wollten, daß der Krieg gegenstandslos geworden sei, nachdem Frankreich die republikanische Regierungsform angenommen habe, indem er die Erfahrungen der Geschichte zu Hilfe rief. Wenige Tage später nahm er dagegen das Wort gegen die von General Vogel von Falkenstein eigenmächtig befohlene Internierung Johann Jacobys auf der Festung Lötzen, der sich in einer Volksversammlung in Königsberg gegen die Annexion von Elsaß und Lothringen ausgesprochen hatte.**) Von konservativer Seite war die Erörterung der Maßregel als unpatriotisch bezeichnet worden: „Ich glaube — antwortete Schulze —, daß die deutsche Nation sich kein würdigeres Zeugnis ausstellen kann, als daß sie, während sie ohne alle Phrasen, mit allen Kräften und unbedingt eintritt

*) Bd. IV S. 672f.
**) Bd. IV S. 677f.

für die energische Durchführung des Kriegs ... zu gleicher Zeit noch die Ruhe und das volle Bewußtsein dessen besitzt, was ihr im innern gebührt, daß zu derselben Zeit, wo das Heer einen großen siegreichen Kampf führt, wir, die von der Nation zur Vertretung ihres Rechts hierher gesandten parlamentarischen Kämpfer dafür eintreten, daß, unberührt durch die Erfolge des Krieges, die Rechte der Bürger, in keiner Weise, auch nicht von den verdientesten Kriegsbefehlshabern, verletzt werden dürfen, ohne daß die Stimme der Abgeordneten dagegen in diesem Saale rücksichtslos protestiert ..."

Im Dezember wurden dem Reichstage die Bündnisverträge mit den Südstaaten vorgelegt. In zwei großen Reden*) kritisierte Schulze die Zugeständnisse an Bayern, durch welche dem Bunde in wichtigen Punkten ein föderativer Charakter aufgedrückt werde. Namentlich verwahrte er sich dagegen, daß der Reichstag vor die Frage der unbedingten Zustimmung oder Ablehnung gestellt würde, und verlangte, daß von den Nordstaaten und den Südstaaten ein gemeinsamer Reichstag berufen und von diesem mit den Regierungen die deutsche Verfassung vereinbart würde. Zur Begründung des Antrags wies er darauf hin, wie mißlich es sei, daß die jetzt tagende Versammlung, welche unter ganz anderen Voraussetzungen und zu ganz anderen Zwecken zusammengetreten sei und die ihr Mandat aus eigenem Rechte verlängert habe, zur Begründung des neuen Reiches schreiten wolle; man müsse der Bevölkerung Gelegenheit geben, hierzu durch Neuwahlen Männer ihres Vertrauens zu entsenden, wie es auch in Preußen nach den Siegen von 1866 geschehen sei. Wenn man sage, daß nur unter dem Enthusiasmus über die glorreiche Kriegführung es möglich sei, die partikularistischen Strömungen in Deutschland zu besiegen, so würden diese gerade am nachdrücklichsten durch ein von ganz Deutschland beschicktes Parlament überwunden werden. Ihm gegenüber würden auch die süddeutschen Regierungen, die in ihren Vorbehalten hauptsächlich nur dynastische Interessen vertreten hätten, sie kaum wahren können. Der Reichstag dürfe aber nicht vergessen, daß, wenn es sich um die Feststellung des künftigen staatlichen Lebens handele, man über der äußeren einheitlichen Seite nicht auch die innere freiheitliche übersehen dürfe. So müsse er denn in seinem und seiner Freunde Namen erklären: „Wir wollen, so schwer es uns wird, bis zur Annahme der Verträge mit Baden, Südhessen und Württemberg gehen; aber den bayrischen Vertrag mit seinem Gegensatz: hie Bayern, hie Deutschland, den nehmen wir

*) Bd. IV S. 680 f.

nicht an!“ Sein Widerspruch blieb ohne Erfolg; die Verträge wurden mit 195 gegen 32 Stimmen genehmigt. Am folgenden Tage wurde der erste und letzte Reichstag des Norddeutschen Bundes geschlossen.

Schulzes Befürchtungen, daß unter dem Eindruck der Siege des deutschen Heeres die Anstrengungen um den Ausbau der inneren freiheitlichen Bestrebungen in den Hintergrund gedrängt werden möchten, wurden in diesen Monaten wiederholt in Briefen an Troitzsch laut. „Nun ein gutes Neujahr und baldigen Frieden — schrieb er ihm Ende Dezember 1870*) —, obschon die Aussichten dafür sich mehr und mehr verdüstern! Wie lange wir aber noch um einen dauernde Zustände verbürgenden Abschluß kämpfen müssen: die inneren Kämpfe um die ersten Garantien bürgerlicher Freiheit sind durch die neuesten Verfassungsabschlüsse für Deutschland noch gefahrvoller und weitaussehender geworden. Im Abgeordnetenhause haben die Konservativen und Ultramontanen die Mehrheit und gehen Hand in Hand, und es wird sich zeigen, daß die Regierung dies bestens akzeptiert und ein gutes Stück Reaktion mit den Herren durchsetzt. Das Volk ist im großen und ganzen gleichgültig gegen die öffentlichen Zustände, und die Abspannung nach dem Kampfe, das Mühen, die wirtschaftlichen Schäden des Krieges zu reparieren, leitet vollends davon ab. Wie die Wahlen zum Deutschen Reichstag ausfallen, wenn Bayern noch beitritt, mag Gott wissen! Und welche Frucht wir für unser nationales Leben von den furchtbaren Kämpfen ernten werden, das mögen die verantworten, die auf keine Warnung hörten und es versäumten, in der Zeit, wo man uns brauchte, die nötigen Garantien zu fordern. Es ist traurig, zu sehen, wie im Laufe der Jahrhunderte die Völker immer wieder an denselben Köder anbeißen und das alte Stück in voller Vertrauensduselei mit sich spielen lassen. Die ganze Rotte der Ultramontanen, aus Rom vertrieben, nistet sich im Vaterland der Reformation ein und gibt dem preußischen Kultusminister ein schwerwiegendes Vertrauensvotum usw.! Sie sehen, es bleibt nichts übrig, als an die lange, zähe Arbeit der Volksbildung zu gehen und, wenn man uns, wie es den Anschein hat, die Volksschule völlig entzieht, in den Vereinen und in den Familien dem Unwesen entgegenzuarbeiten. Möge unseren Enkeln die Ernte blühen!“

Ein zweiter Brief vom 5. Februar 1871 lautet: „Der Hauptzweck meines Schreibens sind die Wahlen zum deutschen Parlament. Es ist die höchste Zeit, daß Sie sich rühren. Sei die Schar der treuen und

*) Vgl. Bd. IV S. 837 f.

festen Männer noch so klein, so darf sie auf Delitzsch doch nicht den Makel fallen lassen, daß sie sich in einem der größten Wendepunkte der deutschen Geschichte nicht gerührt und den Gegnern einer wahrhaft nationalen, dem Geiste und den Bedürfnissen des deutschen Volkes entsprechenden Entwicklung entgegenzutreten nicht einmal versucht habe. Mögen wir in der Minorität bleiben: einer Minorität auf der erwähnten Grundlage gehört die Zukunft, das beweist die Geschichte aller zivilisierten Nationen. Darum, wie auch die Zusammensetzung des Parlaments sich gestalten möge — es wäre ein Unglück für Deutschland und ein Armutszeugnis für das deutsche Volk, wenn es in diesem Parlament an Männern fehlte, welche den Hauptwert der ungeheuren Waffenerfolge des deutschen Kriegs in der Sicherung ungestörter innerer Entwicklung suchen, denen die Größe und Machtstellung des Vaterlandes nach außen mehr als das Mittel sind zu den höheren Zwecken der Verbreitung von Bildung und Wohlstand in allen Schichten des deutschen Volkes, das nur durch eine solche Verwertung seiner Kampferrungenschaften dem Kriege die geschichtliche Weihe geben kann, die Eröffnung einer neuen Ära friedlichen Zivilisationswettkampfes unter den Völkern Europas! Daher rühren Sie sich. Das völlige Zurückziehen einer Partei vom Kampfplatz in Zeiten wie diesen bedeutet ihr Verschwinden für immer. Die Aussichten für diese nächsten Wahlen sind nicht günstig; aber das glaube ich sicher, daß die Aktien von diesem Augenblick an für uns steigen, daß mit dieser jetzigen Wahlschlacht das Schlimmste hinter uns liegt."

In einem dritten Brief aus der gleichen Zeit*) äußerte Schulze: „Wie die zunächst bevorstehenden Wahlen zum Landtage**) ausfallen, mag Gott wissen! Merkwürdig, daß die Konservativen ebenso bedenklich deshalb sind wie wir. — Das Hinziehen des Friedensschlusses, die Stockung von Handel und Verkehr, die schweren Opfer in den Arbeiterfamilien: das alles hat die Stimmung in den unteren Schichten der Bevölkerung der größeren Städte ziemlich beeinflußt, und es fragt sich, wie es bei den Landleuten steht, da diese bei den Wahlen entscheiden. In den kleineren Städten mag der Erfolgjubel wohl auch allmählich einer nüchternen Auffassung Platz machen; und es ist wahrlich Zeit, daß man an die Früchte der furchtbaren Kriegsopfer denkt, die endliche Feststellung der Garantien unserer inneren Entwicklung. Ach, lieber Freund, wir gehen einer bösen Zeit entgegen, einer Zeit langwieriger blutiger Kämpfe, in denen sich die

*) Bd IV S. 838f.
**) Im November 1871 fanden diese statt.

Neugestaltung des europäischen Staatensystems vollzieht. Und dieses Inanspruchnehmen der ganzen Volkskraft nach außen scheint für die heilsame Gestaltung im innern wenig Sinn und Verständnis übrig zu lassen! Ich selbst habe bereits im vorigen Frühjahr auf mein altes Mandat im dritten Berliner Wahlbezirk für das Abgeordnetenhaus verzichtet. Trifft mich eine Wahl für den Reichstag, so werde ich nicht ausschlagen, wie ich Ihnen schrieb; schon um die Vereinsgesetzgebung nach meinem vom Reichstag, aber nicht vom Bundesrat angenommenen Entwurfe*) möglichst zum Abschluß zu bringen. Denn in der deutschen Frage wird nicht viel anderes zu erstreben sein, fürchte ich, als daß wir mit den Süddeutschen womöglich unter Dach kommen. An den inneren Ausbau wird eine spätere Zeit Hand anlegen müssen!"

In den Deutschen Reichstag wurde Schulze von dem sechsten Berliner Wahlkreise entsandt; von 5630 abgegebenen Stimmen vereinigte er 3559 auf sich, während 1132 — wohl sozialdemokratische — auf Johann Jacoby entfielen. Schon in der Adreßdebatte — März 1871 — stellte er sich**) auf die Seite Bennigsens, der, auf die Weltmachtpolitik der alten deutschen Kaiser und ihre unheilvollen Folgen hinweisend, die Überzeugung ausgesprochen hatte, daß das neue Deutsche Reich, in weiser Beschränkung auf die Sorge um seine inneren Angelegenheiten sich nicht mehr in das innere Leben anderer Völker einmischen werde — eine Forderung, gegen welche sich die ultramontane Fraktion des Hauses zugunsten des Papsttums, wenn auch nur in versteckter Weise, wandte. „Gebrochen ist für immer mit dem vorhängnisvollen Erbe, das sich an den Titel des alten römischen Kaisertums deutscher Nation geknüpft hat — rief er aus — Wir sind zu der Erkenntnis gekommen, daß die Deutschen gar nicht dazu gemacht sind, solchen Dingen nachzujagen. Woran ist jenes Anstreben der Weltherrschaft gescheitert? Während die römische Weltherrschaft gebrochen wurde, teils durch den Verfall ihres eigenen Wesens, teils durch den Ansturm der Germanen, während der Cäsarismus in Frankreich zweimal niedergeworfen worden ist vom Auslande, ist das römisch-deutsche Kaisertum in seinen Machtbestrebungen gescheitert durch den Konflikt mit dem eigenen inneren Wesen der deutschen Nation. Es wurde im Stiche gelassen durch den alten deutschen Zug, das Widerstreben gegen Zentralisation, und ohne Zentralisation im innern ist doch die Vergewaltigung des Auslandes nicht durchzuführen bei solchen Weltherrschafts-

*) Bd. II S. 374ff.

**) Bd. IV S. 702ff.

gelüsten! In uns selbst hat sich der Bruch mit jenem Anlauf vollzogen, und zu dem Mangel dieser Eigenschaft dazu, daß wir das Zeug nicht haben, eine Weltherrschaft zu gründen, daß dies vielmehr unserm inneren Wesen widerstrebt, dazu gratuliere ich unserm Volke, und dazu gratuliere ich dem Weltteile."

Im weiteren Verlauf der Verhandlungen nahm Schulze zunächst noch das Wort, um die von Sonnemann gestellten Anträge auf Sicherung der Preßfreiheit sowie des Vereins- und Versammlungsrechts als unzeitgemäß zu bekämpfen,*) sodann aber um seinen Antrag zu rechtfertigen, welcher den Reichstagsmitgliedern Reisekosten und Diäten zusprechen wollte — im April —.**) Noch einmal stellte er alle die Gründe zusammen, welche er früher aus dem gleichen Anlasse wiederholt entwickelt hatte. Er konnte sich auf die Äußerung Bismarcks berufen, der, als der Antrag zum erstenmal im September 1866 bei der Beratung des Wahlgesetzes zum Reichstag des Norddeutschen Bundes eingebracht wurde, erklärt hatte, die Entscheidung dieser Frage gehöre seines Erachtens in das deutsche Parlament; werde sie da bejaht, so glaube er, daß der Widerstand der Regierungen schwierig sein werde. Der Reichstag schloß sich seinem Verlangen mit großer Mehrheit an. Der Bundesrat beharrte auf seiner ablehnenden Haltung; Schulze ließ sich dadurch nicht beirren, in den Sessionen von 1873, 1874 und 1875 kam er immer wieder darauf zurück — das zweitemal, indem er wenigstens die Erstattung der Reisekosten begehrte —. Erst 1906 — 23 Jahre nach Schulzes Tod — ist bekanntlich die Vergütung der Diäten zum Gesetz erhoben worden, nachdem die wachsende Beschlußunfähigkeit des Hauses die Bewilligung unbedingt notwendig gemacht hatte.

Der Gesetzentwurf, durch welchen Elsaß-Lothringen in das Deutsche Reich einverleibt wurde, -- Ende Mai —, fand natürlich Schulzes Unterstützung.***) Bebel hatte den Erfolgen des Krieges eine Lebensdauer von höchstens zehn Jahren zugesprochen und das Recht Deutschlands zur Annexion bestritten. Schulze ließ es sich nicht nehmen, wie so manches Mal vorher, mit dem Hinweise auf die Geschichte zu antworten und dagegen zu protestieren, daß man die Elsässer und Lothringer zu Franzosen machen wolle. Schon die dort herrschende Sprache beweise das Gegenteil. Und wenn Bebel behauptet habe, daß das deutsche Proletariat eine Sonderstellung in dieser Frage einnehme, so erwidere er, daß die wahren Bestrebungen zur Hebung der Massen in wirtschaftlicher und in humaner

*) Bd. IV S. 708ff.

**) Bd. IV S. 711f.

***) Bd. IV S. 735f.

Hinsicht gerade davon ausgehen müßten, daß ein Proletariat Sonderinteressen hier nicht besitze. Große politische und soziale Bewegungen seien nirgends, in keinem Lande von einer einzelnen Klasse der Bevölkerung, von dem Proletariat allein durchgeführt worden, sondern nur dann, wenn alle Klassen der Bevölkerung sich vereinigt hätten. Ein Beispiel sei der Kampf der nordamerikanischen Freistaaten gegen die Südstaaten, wo alle zusammen gestanden seien, um das große Prinzip der Freiheit der Arbeit dem Sklaventum gegenüber zur Anerkennung zu bringen — ein Prinzip, das weit über die nächsten politischen Ziele jenes Kampfes hinausgreife. Daher weise er die Behauptung von Klassengegensätzen bei zu erstrebenden nationalen Aufgaben nachdrücklich zurück.

Ein letzter Gegenstand nahm noch Schulzes Interesse in Anspruch: die Pensionierung und Versorgung der Kriegsteilnehmer und die Unterstützung ihrer Hinterbliebenen.*) Neben ihnen wollte Schulze auch den Reservisten und Landwehrmännern bei dringendem Bedürfnis zum Wiederantritt ihres bürgerlichen Berufs Beihilfen durch Darlehen oder einmalige Gaben gewähren, wofür ein Fonds aus der französischen Kriegsentschädigung zurückzustellen sei — Mai und Juni —. Der Reichstag nahm den Antrag an und bestimmte den Betrag von vier Millionen Talern für diese Zwecke. Als aber der Bundesrat eine gleich große Summe zur Verleihung von Dotationen an die deutschen Heerführer verlangte, begehrte Schulze, daß bei der Verteilung dem Reichstage ein Mitbestimmungsrecht eingeräumt werde,**) wie es im Jahre 1866 bei den damals ausgesetzten Dotationen dem Preußischen Abgeordnetenhause gewährt worden war. Dies allein sei die würdige Form, in der „den verdienten Männern, welche nicht nur das Land vor feindlicher Invasion bewahrt haben, sondern auch uns dem großen Ziele nationaler Einigung und der Wiedergewinnung unserer natürlichen Grenzen näher gebracht haben“, eine Nationalbelohnung zugedacht werden könne. Das sei keine Nationalbelohnung, wenn die Nation sich dabei der Mitwirkung in den Punkten, worauf es ankomme, entschlagen müsse. Die Regierungsvorlage wurde jedoch mit großer Mehrheit angenommen.

*) Bd. IV S. 726f. und S. 743f.

**) Bd. IV S. 747f.

XXIII. Neue Aufgaben.

Die Gesellschaft zur Verbreitung von Volksbildung und der Verein für Sozialpolitik.

Noch unter dem Donner der Kanonen des Deutsch-Französischen Kriegs hatte Fritz Kalle-Biebrich im November 1871 unter Gleichgesinnten um die Gründung eines Vereins geworben, welcher der Bildung der großen Volksmasse dienen sollte. „Unser Volk und unsere Armee — sagte er in seinem Werbungsschreiben —,*) welche ja das Volk in Waffen ist, sind im Durchschnitt gebildeter als unsere Gegner in den Kriegen von 1866 und 1870. Wollen wir aber aufrichtig sein, so müssen wir gestehen, daß auch bei uns noch unendlich viel zu wünschen übrig bleibt . . . Wir treffen bei uns täglich auf den wunderbarsten Aberglauben und, was vielleicht noch schlimmer ist, auf vollständige Gleichgültigkeit in allen Dingen, welche über die Sphäre des Alltagslebens hinausgehen und die höheren Interessen des Menschen berühren. Und gelingt es einmal, diese toten Massen in Bewegung zu setzen, wie es jetzt mit der sozialen Frage versucht wird, so werden sie zum Werkzeug in der Hand eines jeden gewissenlosen Aufwieglers, eben weil ihnen für dergleichen Fragen das Verständnis abgeht und weil sie in dieser Richtung selbständig zu denken und zu urteilen nicht gewohnt sind . . . Gründen wir daher einen „Allgemeinen deutschen Volksbildungsverein", der sich zur Aufgabe stellt, das deutsche Volk zu belehren über die Stellung des Menschen in der Gesellschaft, im Staate, in der Kirche, es anzuregen zu selbständigem Denken über die höheren Interessen, auf daß wir reif werden für die Freiheit, das höchste Ziel der Zivilisation!"

Kalle fand an Franz Leibing in Elberfeld einen begeisterten Bundesgenossen. Dieser, der durch eine Lähmung, die Folge seiner Teilnahme an dem Kriege von 1866, seinen Beruf als Gymnasiallehrer hatte aufgeben müssen, hatte schon früher gleiche Pläne verfolgt. Beide gingen nun an deren Verwirklichung, indem sie zunächst Gleichgesinnte sammelten. Kalle hatte sofort Schulze als „den Mann par excellence für eine der-

*) V. Böhmert: Die Entstehung der Gesellschaft für Verbreitung von Volksbildung. Berlin 1907. Verlag der Gesellschaft. S. 10ff.

artige Sache" bezeichnet; Leibing wandte sich an ihn, aber Schulze machte Bedenken geltend. „Die Sache — schrieb er an Leibing zurück (März 1871) — spricht für sich selbst, und ich habe sie mir seit Jahren zur Lebensaufgabe gemacht ... Aber Sie werden, wie ich fürchte, mit dem Mißtrauen in den betreffenden Kreisen, auf die Sie wirken wollen, zu tun bekommen, weil Sie die bereits bestehenden Organisationen nicht bei Feststellung Ihres Plans zuziehen und zu aristokratisch an die Sache herantreten und die höheren Gesellschaftsschichten allein die leitenden Fäden in die Hand nehmen lassen... Vielleicht läßt sich der angedeutete Mangel nachholen, wozu ich gerne nach Möglichkeit beitragen werde. Damit ich dies aber kann, bleibe ich für das erste bei den zum Teil von mir selbst gegründeten Bildungsvereinen, mit denen, bevor die Vereinigung durchzusetzen ist, innerhalb ihres Kreises verhandelt werden muß. Denselben unter den Gründern einer Gesellschaft entgegenzutreten, die dasselbe will, was sie längst treiben, ohne ihnen irgend etwas von dem Vorhaben mitgeteilt zu haben, würde meine Stellung kompromittieren." Leibing wie Kalle waren über die Antwort äußerst bestürzt. „Ohne Ihre Unterstützung — schrieb der erstere an Schulze zurück — würden wir unsere Bemühungen, wie sich schon jetzt herausstellt, scheitern sehen... Ich glaube für alle meine Freunde die Bürgschaft übernehmen zu können, daß sie zu jeder veränderten Art des Vorgehens, die Sie vorschlagen und unterstützen würden, sofort völlig bereit wären, zumal bisher alles in engsten vertraulichen Kreisen geblieben und kein Schritt in die Öffentlichkeit getan ist." Kalle nannte Schulzes Brief „wirklich wahrhaft niederschlagend". „Alle meine Freunde — so wandte nun auch er sich an Schulze — hatten offen gestanden gedacht, Sie würden in dem zu bildenden Zentralvorstand die hervorragendste Stelle einnehmen, wozu Sie Ihr bisheriges Wirken und Ihr Interesse an dem Zweck und andererseits Ihre einzig dastehende Kenntnis befähigt... Daß Sie den von Ihnen geschaffenen Bildungsvereinen gegenüber nicht als Gründer der fraglichen Gesellschaft auftreten können, scheint mir nicht zutreffend. Was wollen wir denn eigentlich? Wir wollen Ihre Schöpfungen, die vorwiegend für den Fabrikarbeiter und den Handwerker bestimmt waren, möglichst allgemein einführen, wollen durch Schaffung eines Zentralorgans ein Band für alle diese Vereine herstellen und wollen, indem wir das gebildete liberale Deutschland für die gute Sache interessieren, materielle und moralische Unterstützung zur möglichst vollständigen Erreichung unsers, also auch Ihres Zweckes zusammenbringen. Bei Ihrer Liebe für das Volk bitte ich Sie, geehrter Herr, um Ihre Unterstützung.

Treten Sie zurück oder stellen Sie sich uns gar feindlich gegenüber, so gebe ich alles auf. Lassen Sie uns nicht sitzen, treten Sie, wie wir es von Ihnen erwarten, an die Spitze der Bewegung!" In einer hierauf folgenden Besprechung mit Leibing und Kalle erklärte sich Schulze zur Teilnahme an dem Unternehmen bereit; in einer ersten öffentlichen Versammlung — Juni 1871 — ward er zum Vorsitzenden der Gesellschaft, Leibing, der schon 1875 starb, zum Generalsekretär gewählt.

Mit der ihm eigenen Energie ließ sich nun Schulze die Förderung der Gesellschaft angelegen sein. Zunächst brachte er auf dem Allg. Genossenschaftstage in Nürnberg — August 1871 — den Antrag ein: „Es ist den Vereinen des Allgemeinen Genossenschaftsverbandes zu empfehlen, einen Teil ihres Reingewinns für Zwecke der Volksbildung zu verwenden," welcher auch einstimmig Annahme fand. Sodann forderte er in mehreren längeren Aufsätzen in den Bl. f. Genoss.-Wesen*) die Genossenschaften auf, der Gesellschaft beizutreten und sie durch Geldbeiträge zu unterstützen, sowie selbst Bildungsvereine in das Leben zu rufen, indem er an das Beispiel der englischen Konsumvereine erinnerte, die, sobald sie die ersten Anfänge überwunden hatten, stets Lesezimmer mit den wichtigsten Zeitungen für ihre Mitglieder errichteten und Sammlungen von deren Bedürfnis und Bildungsstand entsprechenden Büchern veranstalteten. „Möchte dies — so schloß er seinen zweiten Aufruf — ein Anstoß für alle sein, welche der Bildungssache bisher noch fernstanden. Ihnen selbst wird es früher oder später zustatten kommen, was sie hier tun. Denn von denen, die sie aus der Nacht der Unbildung befreien helfen, geht der beste Teil in ihr eigenes Lager über. Die Sache der Genossenschaft und freier Menschenbildung ist eins!"

Wie so oft stellte Schulze nun auch seine Beredsamkeit in den Dienst der Gesellschaft; an einer Reihe von Orten suchte er Anhänger für sie zu gewinnen. In den Ansprachen, mit welchen er als Vorsitzender die Generalversammlungen der Gesellschaft in Leipzig (1873), Heidelberg (1876), Breslau (1877), Danzig (1879) und Berlin (1881) eröffnete,**) ward er nicht müde, immer wieder deren Programm zu erörtern und die Notwendigkeit des Ineinandergreifens der Bestrebungen zu materieller und geistiger Hebung zu betonen. In der Arbeit an beiden Zielen müßten sich die gebildeten Stände nach Kräften beteiligen, um dadurch die Feinde des sozialen Friedens ihrer Agitationsmittel zu be-

*) Jahrg. 1872 Nr. 1 und Nr. 5 und Jahrg. 1873 Nr. 36.

**) Auszugsweise abgedruckt in dem „Bildungsverein" Jahrg. 1873 Nr. 15, 1876 Nr. 30, 1877 Nr. 30, 1879 Nr. 26 und 1881 Nr. 46.

rauben und der Klassenhetze vorzubeugen. Namentlich sollten sie sich die Pflege der edlen Vergnügungen angelegen sein lassen, in denen sich die Quellen sympathischer Berührung und das Bewußtsein der Zusammengehörigkeit unter den verschiedenen Bevölkerungsklassen erschlössen, Mißverständnisse sich lösten und Vertrauen und Anerkennung an die Stelle von Argwohn und Haß träten. Auch die historischen Rückblicke fehlten nicht: die Erinnerung an die traurigen Zeiten des deutschen Volkes, wo dieses nur in den Leistungen seiner großen Denker, Forscher und Dichter, seiner Kunst und Literatur den inneren Halt gefunden habe. „Der Deutsche, — so sagte er in Danzig — welcher einen Einblick in die Geschichte seiner Nation hat, muß sich dessen klar sein, daß durch die Errungenschaften der letzten Jahre mehr wie je an uns die Aufgabe des inneren Aufbaues nach dem ursprünglichen Wesen und den Bedürfnissen des Volkes herangetreten ist. Für ihn ist diese Arbeit nicht getan und abgeschlossen, sondern er ist sich klar seiner Verpflichtung zu weiterer Mittätigkeit“... „Unser jetziges politisches Leben ist auf den Boden des allgemeinen Wahlrechts gestellt. Dieses aber — so mahnte er in Berlin — erfordert unabweisbar die allgemeine Bildung des Volkes, wenn uns die Früchte der politischen Freiheit zustatten kommen sollen. Große Rechte schließen auch große Pflichten in sich: dafür ist im Volke das Verständnis zu verbreiten und darüber müssen alle, wie verschieden auch ihr Parteistandpunkt sein möge, einig sein.“ Gerade die jetzige Zeit ist der Pflege solcher Interessen nichts weniger als günstig. Aber wir behalten einen Trost: mögen auch jetzt die materiellen Interessen noch so sehr in den Vordergrund treten und alles andere verdrängen, — unser Trost bleibt der im deutschen Volke unverlierbar liegende Zug zum Idealen, der nach den schwersten Zeiten unseres Vaterlandes stets wieder hervorgetreten ist, der es allein wieder aus den kläglichsten Verhältnissen herausgerissen hat. Dieser Zug allein hat uns als ein Volk in Sitte und Sprache erhalten, und dieser Zug wird uns auch jetzt wieder alle zusammenbringen zur Mitwirkung für ein glücklicheres Volks- und Staatsleben.“*)

*) Welchen Wert Schulze der Kleinarbeit in den lokalen Bildungsvereinen und dabei auch deren Unterhaltungsabenden beilegte, davon berichtet A. Klein-Danzig in seinen Erinnernngen an Schulze („Volksbildung“, 38. Jahrg. Nr. 16) „Versuchen Sie in der Bildungsarbeit, — sagte Schulze gelegentlich zu ihm — nur erst den Menschen, und sei es auch der geistig ärmste, zu fassen, dann werden Sie bei aufmerksamer Beobachtung bald Keime von Frucht sehen. Der ernstlich gegebene Anstoß wirkt bald fort und steigert sich dann mit jedem Schritt vorwärts, immer höheren Zielen entgegentreibend.“

Schulze blieb bis zu seinem Tode an der Spitze der Gesellschaft.

Im Herbste 1872 löste Schulze seine Beziehungen zum Volkswirtschaftlichen Kongreß, der je länger je mehr, namentlich nach dem Tode Lettes — 1868 — sein Interesse den praktischen Gesetzgebungsfragen auf Kosten des Genossenschaftswesens und der Arbeiterfrage zugewandt hatte. Der letzteren standen eine Anzahl seiner Mitglieder verständnislos gegenüber; die Bestrebungen zugunsten der Gewerkvereine waren besonders den unter ihnen vertretenen Arbeitgebern gleichgültig, seit dem Waldenburger Streik wohl bewußt unsympathisch. Schulze hatte zuletzt auf dem Kongreß zu Mainz — 1869 — das Wort genommen und sich bei der Debatte über die Errichtung von Aktiengesellschaften gegen deren staatliche Konzessionierung und für ihre gesetzliche Freigebung unter Innehaltung gewisser Normativbestimmungen ausgesprochen.*)

Inzwischen hatte eine Anzahl jüngerer Hochschullehrer der Volkswirtschaft, welche an den Verhandlungen des Kongresses nur in geringem Maße teilgenommen hatten, sich von der herrschenden Manchesterschüle losgesagt und größere Berücksichtigung der sozialen Fragen verlangt. Ihnen war H. B. Oppenheim in einer Broschüre: „Der Kathedersozialismus" — 1871 — entgegengetreten. Im Verlauf der sich hieran anschließenden literarischen Polemik bildeten Schmoller, damals Professor in Halle, und einige seiner Freunde ein vorbereitendes Komitee, das Einladungen zu einer Versammlung auf den Herbst 1872 nach Eisenach erließ, um hier ihren Auffassungen und Wünschen Ausdruck zu geben. Auch Schulze erhielt eine solche Aufforderung; er fühlte sich verletzt, daß man ihm in einem gedruckten Zirkular, das bereits die Namen der Einberufenden enthielt und bereits die Tagesordnung und die Referenten nannte, um seine nachträgliche Zustimmung bat, noch mehr aber durch einige Redewendungen des Rundschreibens, das von den Adressaten glaubte „annehmen zu können", daß sie „Interesse und sittliches Pathos" für die soziale Frage hätten und „das absolute laissez faire et laisser passer in der sozialen Frage nicht für das richtige halten." Er, der es in seinem Leben doch wahrlich nicht an sittlichem Pathos zugunsten der Arbeiterinteressen hatte fehlen lassen, erklärte daher, daß er der Versammlung fern bleiben werde. Holtzendorff übernahm es, ihn umzustimmen. „Schade — schrieb er ihm aus der Sommerfrische — daß wir uns nicht mündlich besprechen können. Meine Ansicht ist: wir sollen keinen Riß auf dem wirtschaftlichen Gebiet aufkommen lassen: es ist aber

*) Bd. I S. 424 f.

notwendig, diejenigen Kräfte zusammenzufassen, welche der meiner Ansicht nach zu negativen Haltung des volkswirtschaftlichen Kongresses entgegenstreben. Zwischen Freihandel und Arbeiterfrage ist ein großer Unterschied. Die Eisenacher Konferenz steht Dir viel näher als dem reinen Manchestertum. Die Zusammenkunft in Eisenach muß aber ferner zu verhindern suchen, daß gewisse politische Parteien eigennützig mit der sozialen Frage spielen; das ist ihr negativer Teil. Ich erwarte nicht, daß irgendein Gesetzgebungsprogramm in Eisenach vereinbart werden kann; es ist aber gut, darüber zu diskutieren. Die Arbeiter müssen erfahren, daß man ernsthaft bestrebt ist, ihre berechtigten Interessen praktisch zu vertreten. Ich glaube, daß Du nicht fehlen darfst."

Schulze war nun auch bereit, die Versammlung zu besuchen, als er von neuem bedenklich wurde. Von seinem Freunde Troitzsch empfing er die Mitteilung, daß am Tage vor der Eisenacher Konferenz die Mitglieder der Inneren Mission in der Provinz Sachsen sich in Halle vereinigen würden, um auch ihrerseits die soziale Frage zu besprechen. Schulze glaubte hierin ein beabsichtigtes Zusammentreffen erblicken zu sollen, und zwar um so mehr, als sich unter den Unterzeichnern des Aufrufs u. a. Adolf Wagner befand, der in einer im Oktober des Jahres zuvor in einer kirchlichen Versammlung orthodoxer Richtung in Berlin gehaltenen Rede über die soziale Frage die Berechtigung der sozialistischen Gesellschaftskritik bis zu einem gewissen Grade anerkannt und den Satz aufgestellt hatte, die Wissenschaft der Nationalökonomie müsse wieder einen ethischen Charakter annehmen. Der Argwohn, welchen Schulze dieserhalb in vertrautem Kreise aussprach, ward durch eine Indiskretion von Parisius in die Presse getragen, was nun Schmoller zu einer energischen Abwehr Veranlassung gab. Er schrieb an Schulze — 26. September —: „Nachdem mir Max Hirsch geschrieben, daß Sie in Eisenach mit ihm und Franz Dunker erscheinen werden, woran mir und meinen Freunden so sehr viel liegt, lese ich mit Erstaunen in der Rhein. Zeitung einen verdächtigenden Angriff auf unsere Versammlung, als ob es sich nur um eine pietistisch-konservative Agitation handelte und die Formen der Höflichkeit gegen die fortschrittlichen Abgeordneten verletzt wären. Nichts liegt gewiß den intellektuellen Urhebern der Versammlung ferner. Dieselben — Sybel, Wagner, Engel, Hildebrand, Treitschke, Nasse, Knies usw. kurz die sogenannten Kathedersozialisten sind fast alle weder konservativ noch kirchlich oder pietistisch, was ich weder als Lob noch als Tadel, sondern nur als Tatsache bemerke. Wenn sie im Zwiespalt mit den Manchesterleuten, als Freunde der Gewerkvereine und Genossenschaften aber zugleich als Freunde einer energisch gehandhabten Fabrikgesetzgebung auftreten wollten, mußten sie alle Freunde der Arbeitersache nach rechts und nach links einladen. Anders als durch das gedruckte Zirkular ist überhaupt niemand eingeladen. Deshalb ist nicht abzusehen, wie einer sich dadurch verletzt fühlen könnte. Wenn wir in den Personen geirrt, einen oder den anderen Führer vergessen haben, so ist das der Schnelligkeit zuzuschreiben, mit der die ganze Sache beschlossen wurde, und keinesfalls Absicht. Ich bitte Sie daher dringend, im Interesse der guten Sache zu kommen. Wir haben weder politische noch andere Hintergedanken; als wir die Tage festsetzten, war auch kein Wort davon die Rede, oder dachte irgendeiner von uns daran, daß die Tage unmittelbar dem Halleschen Kirchentage folgten. Wenn Sie noch weitere Mitglieder der Fortschrittspartei, die Interesse an der Arbeitersache haben, veranlassen möchten, mit in Eisenach zu erscheinen, so werden wir Ihnen nur dankbar sein. Ich lege daher noch einige Exemplare der Einladung bei."

Ausführlich antwortete nun Schulze — 3. Oktober 1872 —: „Daß wir, ich und meine Freunde, von Ihnen und einigen anderen der Veranstalter der Eisenacher Versammlung nicht absichtlich übersehen sind, glaube ich ebenso sicher, als ich weiß, daß ich speziell einigen der Hauptfaiseure unter den Herren sehr ungelegen dorthin käme. Das würde mich nun nicht gerade abhalten, wenn ich mir nur ein erhebliches Resultat von den Beratungen einer so eigentümlich aus den heterogensten Elementen zusammengesetzten Versammlung versprechen könnte. Ich kenne die Art, wie die Herren Wagner, v. Blankenburg usw. — um andere nicht zu nennen, welche die stets bereiten Kolporteure der gerade in höheren Kreisen ausgegebenen Losungen sind, — die Arbeiterfrage behandeln, sehr genau und habe sie oft bekämpft. Wohin es mit der Staatshilfe dieser Herren will und wie sie recht hübsch in das Lassallesche hinüberspielt, das zeigen die Manifestationen einiger jüngerer Dozenten, welche damit ihre Karriere zu poussieren glauben. Daß die Innere Mission bei uns in derselben Manier wie vor einigen Jahren der Bischof von Ketteler die Sache in die Hand genommen und mit Ihnen zugleich darüber tagt, möge Ihnen das Bruchstück eines bei mir eingegangenen Briefes beweisen, das von einem der tüchtigsten Delitzscher Bürger herrührt.*) Ist mir bei meiner persönlichen Stellung zur Arbeiterfrage die Teilnahme an der Eisenacher Versammlung schon bedenklich, so verbietet mir meine Stellung als Anwalt und Vertreter des deutschen

*) Es ist dies der Brief von Troitzsch.

Genossenschaftswesens geradezu dahin zu gehen. Wollte man „die Staatshilfe in der sozialen Frage" dort behandeln, so müßte man das, was die vernünftige Selbsthilfe dabei leisten kann, vor allem in Erwägung ziehen, um die Grenzen für die erstere zu finden. Und hierbei kommt die deutsche Genossenschaftsbewegung doch sehr mit in Betracht, deren Organisation jetzt sogar von den Engländern, den Pionieren der Assoziationen, als nachahmungswert erkannt wird. Davon ist aber in dem Programm und der Tagesordnung Ihrer Versammlung nicht mit einer Silbe gedacht. Sie fühlen gewiß mit mir, daß es der Würde der Sache, die ich vertrete, nicht angemessen ist, so nachträglich und beiläufig sich einzudrängen. Die Genossenschaften sind eine Macht, mit der man auf sozialem Gebiete zu rechnen hat und die der Anerkennung und Zulassung in Eisenach nicht bedarf. Wir warten daher Ihre Beschlüsse ruhig ab, um je nach Ausfall derselben unsere Stellung zu nehmen. Daß Sie auch an den Verein für Verbreitung von Volksbildung, den ich ebenfalls vertrete, ebenfalls nicht gedacht haben, mag sein, da er noch in seiner Organisation begriffen ist und nicht viel über ein Jahr gewirkt hat. Dennoch hatten wir meinen Kollegen Löwe nach Eisenach im Ausschusse des Vereins deputiert, der aber ablehnte, wonächst Herr F. Duncker unsere Interessen und Tendenzen vertreten wird. Daß Männer wie v. Holtzendorff und Sie der von mir angedeuteten planmäßig organisierten Agitation entgegenzutreten vermögen, will ich herzlich wünschen. Ist dies nicht möglich, nun, so nehmen wir den Kampf auf!"

Die Eisenacher Verhandlungen unter Gneists Vorsitz nahmen nicht den von Schulze gefürchteten Verlauf; daß der einzige Name, den Schmoller bei dem Festessen nach den beendigten Beratungen feierte, der seine war, mochte ihm wohl eine Genugtuung sein. Nun schrieb ihm auch Gneist — 5. Dezember —: „Der Ausschuß der Eisenacher Versammlung hat in seiner gestern abgehaltenen ersten Sitzung sich beeilt, Ihnen cooptando die Mitgliedschaft anzutragen und mich beauftragt, Ihnen dies mit freundschaftlichem Gruß anzuzeigen. Hätte der Verein eine andere Ehrenbezeugung zu verleihen, um Ihnen einen Ausdruck der Verehrung und des Dankes für alles auszusprechen, was Sie zur Besserung der sozialen Verhältnisse und zur Milderung der Klassengegensätze getan haben, so würde es gerne geschehen sein. So hat er gestern wenigstens das nachholen wollen, was von Anfang an geschehen sollte. Im übrigen wissen Sie am besten, wie schwer es ist, im Vereinsleben Korrektheit in Form und Sache zu wahren, und wie schwer es ist, einen der Minister des Vereins für eine Omission „verantwortlich" zu machen. Die Schwierigkeit aller vermittelnden Arbeit zwischen den zwei Mühlrädern türmen sich noch immer weiter auf und verschlimmern sich durch die Unklarheit der politischen Lage. Ich hoffe, Sie werden in dieser harten Zeit es nicht verschmähen, auch den hier vereinigten Kräften Ihre Unterstützung und Kooperation zu leihen."

Angesichts dieser Mahnungen entschloß sich Schulze, in den Ausschuß einzutreten. Er teilte dies Böhmert, der inzwischen als Professor der Nationalökonomie nach Zürich berufen worden war, wohl auf eine Anfrage desselben, mit folgenden noch sehr skeptisch klingenden Zeilen mit — Januar 1873 —: „Die unglückliche Geschichte mit den Kathedersozialisten müßten wir mündlich besprechen, wenn Sie herkommen. Daß unsere Börsenökonomen — das ist, glaube ich, der richtige Name für Braun, Bamberger, Wolf und Konsorten —*) zum Teil schuld an dieser wunderlichen Verwirrung sind, ist gewiß und mit den volkswirtschaftlichen Kongressen nichts mehr los. Sehen wir, ob aus dem wunderlich zusammengesetzten Haufen der Kathedermänner vielleicht der Kern einer gesunden Organisation herauszuschälen ist. Sowie die Kerls näher zur Sache treten, geraten sie sich gewiß in die Haare, denn da sind nicht 6—10, die wissen, was sie wollen, und die es wissen, wollen jeder etwas anders. Ich habe mit Rücksicht auf Holtzendorff und Gneist nebst Löwe die Kooptation angenommen: Duncker und andere unserer Leute sind schon dabei. Nächstens spreche ich öffentlich in Berlin über die Geschichte."

Böhmert hielt mit seiner abweichenden Ansicht nicht zurück: „Ich

*) Der wirtschaftliche Aufschwung, den Deutschland nach den Kriegen von 1866 und namentlich von 1870/71 nahm, war Veranlassung gewesen, daß mehrere Führer des Volkswirtschaftlichen Kongresses industriellen und ähnlichen Unternehmungen nahetraten. Nichts war aber Schulze mehr verhaßt, als der sogenannte Tanz um das goldene Kalb. Als nun auch in den Verhandlungen des Kongresses gelegentlich die Betreffenden ihre neu gewonnenen Anschauungen zur Geltung zu bringen suchten, schrieb Schulze an Böhmert — Februar 1872 —: „Was ist aus dem Leben unseres Kongresses geworden, welcher erbärmliche Abfall von den Grundsätzen der Wissenschaft, welche Erniedrigung im Dienste und Lohn gemeiner Börseninteressen! Mit jedem Jahr verliert der Kongreß mehr an Teilnehmer und Achtung, und wird es nicht möglich, dem Schwindel bald Einhalt zu tun, so hat sich das wesentlich von uns beiden in das Leben gerufene Institut in nächster Zeit überlebt. Wir müssen wirklich einmal untereinander uns zu verständigen suchen. Der diesjährige Genossenschaftstag fällt möglicherweise mit dem Volkswirtschaftlichen Kongreß in Lübeck zusammen, den ich gerne besuchen würde, wenn wir — auch nur in der Minorität — eine geschlossene Phalanx gegen das Eindringen der Krämer in den Tempel dort bilden könnten. Lassen Sie mich Ihre Ansicht darüber wissen!"

kann mir natürlich nicht anmaßen — antwortete er —, auf Ihren Entschluß (offen in das Lager der Eisenacher Konferenz übergehen zu wollen), der ja bereits gefaßt ist, noch irgendwelchen Einfluß ausüben zu wollen; allein da wir seit mehr als zwanzig Jahren, ehe die übrigen Wortführer daran dachten, in gleicher Richtung gearbeitet und dabei die Sache im Auge gehabt haben, so möchte ich Sie wenigstens bitten, nicht Ihrem Werke, das ja ein mehr soziales als politisches ist, in den Augen der Zeitgenossen dadurch zu schaden, daß Sie plötzlich Stellung gegen eine Richtung einnehmen, die Sie als die sogenannten Börsenökonomen bezeichnen, wie Braun, Bamberger, Wolf usw. Ich stehe diesen Männern persönlich nicht näher und bin mit einzelnen oft genug aneinander gekommen; allein ihre Kritik, ihr gesunder Menschenverstand, ihre reiche Beobachtung des Lebens und der Lebensverhältnisse haben der volkswirtschaftlichen Aufklärung, ganz abgesehen von ihrer praktischen Tätigkeit, bessere Dienste geleistet, als die meisten gelehrten Werke und Kathedervorträge der Kathedermänner. Und die Börse ist in meinen Augen ein ebenso wichtiges Organ und Förderungsmittel des Wohlstandes wie die kleineren Märkte und die Volksbanken und Genossenschaften. In großen Städten wie Berlin lebt man jetzt unter dem Druck der Fondsbörse und unter dem Abscheu vor diesem Börsentreiben. Aber hüten wir uns vor solchen persönlichen Gefühlseindrücken. An den Warenbörsen sieht die Sache schon ganz anders aus und nun vollends an soliden Industriebörsen wie hier und im soliden kommerziellen und industriellen Großverkehr überhaupt. Ich behaupte, daß man auch die Börsen kennen und würdigen muß, um in der Beurteilung unseres heutigen Wirtschaftslebens nicht zu irren, und daß man aus dem Ekonomist und dem Citybericht der Times mehr Volkswirtschaft lernen kann, als aus den dicken Handbüchern unserer Stubengelehrten. Ich stehe in diesem frischen Leben, und ich ahne, daß ihm die Zukunft unserer Wissenschaft gehört und nicht der Stubenweisheit. Bambergers Aufsätze über Zeitströmungen in der Wirtschaftslehre, die im Oktober 1872 in der „Augsburger Allgemeinen Zeitung" erschienen, gerade während der Eisenacher Konferenz, waren die schärfste und meist treffende Kritik dieser vorübergehenden Strömung. Ich habe es hier beobachten können bei Männern aller Fakultäten und Berufskreise, daß er den Nagel auf den Kopf getroffen. Glauben Sie mir, wir stehen der Sache hier viel kühler, objektiver, weltbürgerlicher gegenüber. Sie sitzen im Herde der Agitation und urteilen teilweise auch nach politischen Standpunkten und Neigungen. Das ist aber eine große Gefahr für die ganze Sache, die Ihren Namen trägt. Sie sollten sich nicht mit Parteien identifizieren in sozialen Fragen, da ja Ihre Bestrebungen von allen politischen Parteien gefördert werden müssen. Diese Eisenacher Konferenz ist in meinen Augen eine ganz heilsame Konkurrenz, aber sie ist mit Verleumdungen begonnen und in sich viel haltloser als der Volkswirtschaftliche Kongreß, der doch auf eine Geschichte von 14 Jahren stolz sein kann, wenn er auch allen menschlichen Irrtümern und Schwachheiten unterworfen bleibt. Wollen Sie unser eigenes Werk und das Unternehmen des seligen Lette, sein Schoßkind, jetzt schon preisgeben und sich in eine so gemischte Bundesgenossenschaft begeben? . . . Nach meiner Überzeugung wird der Volkswirtschaftliche Kongreß wieder aufleben. Ich verlasse ihn nicht und sollte ich immer in der Minorität bleiben, weil der Fehler wahrlich nicht in seiner Organisation liegt, sondern nur darin, daß die alten Freunde nicht mehr kommen. — Wir sollten aller persönlichen Polemik uns möglichst enthalten und die Sache objektiv im Auge behalten. Leider kann ich nicht so bald nach Berlin kommen, um mit Ihnen persönlich Rücksprache zu nehmen; darum nehmen Sie diese brieflichen Expektorationen nicht unfreundlich auf."

Schulze hat den Brief nicht beantwortet; er mag wohl eingesehen haben, daß er manche Wahrheiten enthielt. Er verblieb zwar in dem Ausschuß des Vereins für Sozialpolitik, ist aber auf keiner seiner Generalversammlungen als Redner aufgetreten. Auch die öffentliche Versammlung in Berlin, von welcher er an Böhmert schrieb, scheint nicht stattgefunden zu haben.

XXIV. Im Deutschen Reichstag 1872—1883.

Noch bevor der Reichstag im Sommer 1871 in die Ferien ging, hatte Schulze eine Freundespflicht gegenüber den Manen Waldecks erfüllt. Ein Jahr nach dessen Tod — 12. Mai 1870 — hatte er an seinem Grabe im Kreise Gleichgesinnter, meist Männer, die mit dem Toten in parlamentarischer Arbeit vereinigt gewesen waren, dem Streiter für die Freiheit nochmals gehuldigt. „Genossen des hier ruhenden Mannes in den politischen Kämpfen unseres Vaterlandes — so führte er aus — haben wir den Drang gefühlt, in seinem Andenken uns für die schwierigen Aufgaben zu stärken, mit denen das erste deutsche Parlament befaßt ist. Der ungeheure Umschwung, der sich in der Machtstellung unseres Vaterlandes vollzogen hat; die ernste Mahnung: über der Begründung der nationalen Einheit nach außen den Aufbau der Fundamente humaner und bürgerlicher Freiheit nicht zu versäumen, läßt uns die Teilnahme unseres verewigten Freundes an unseren Arbeiten schmerzlich vermissen, dessen klarer Blick niemals getrübt worden ist von den durch die riesigen kriegerischen Erfolge hervorgerufenen Schwankungen der Tagesmeinung. Aber ist er auch aus unserem Kreise geschieden, sein Geist ist es nicht, der stets eins war und ist mit dem Geiste unseres Volkes!"

„Noch ist dieses Ziel nicht erreicht. Ein rauher Hauch, gleich den kalten Lüften dieses Lenzes, weht den jungen Volksfrühling an, der über Deutschland angebrochen ist, und hält das knospende Leben zurück, das überall nach Entfaltung drängt. Doch ist die Macht des Winters gebrochen, das Gesetz der Natur ist auch das der geschichtlichen Entwicklung. So wenig der Lauf des Jahres aufgehalten werden kann, so wenig kann man ein Volk wie das unsere, das man nach solchen Taten einmal berufen hat zur Mitordnung seiner Geschicke, von diesen Strebungen jemals ablenken. Und das unverrückte Verfolgen dieser Ziele unsererseits ist die würdigste Feier des Toten. Ein bedeutender Mensch reicht in seinem Wirken über das individuelle Dasein hinaus, greift mächtig hinein in das Gesamtleben unseres Geschlechts. An denen, die nach ihm kommen, ist es erst, das volle Fazit seines Lebens zu ziehen. Das wollen wir, und das sei das beste Denkmal des Verewigten: daß wahr werde, wofür er gekämpft und gelitten: ein in Freiheit geeinigtes Vaterland, der Hort des Friedens, die höchste Blüte des Kulturlebens in unserem Weltteile!"

In der Session von 1872 kamen im Mai eine große Zahl von Petitionen zur Beratung, welche ein Verbot des Aufenthalts der Jesuiten im Deutschen Reiche verlangten; an ihr nahm auch Schulze teil. Er beantragte außerdem, Schritte vorzubereiten, welche die vollständige Trennung von Staat und Kirche sowie von Kirche und Schule herbeiführen sollten, da hier der einzige Weg vorgezeichnet sei, um dauernd alle religiösen Wirren zu beseitigen.*) Dem ihm gemachten Vorwurf der Inkonsequenz, daß er sich trotzdem auch auf den Boden jener Petitionen stellte, entgegnete er mit dem Hinweise, daß der Weg, um die Trennung von Staat und Kirche durchzusetzen, ein gar nicht so kurzer und gar nicht so leichter sei. Die Reichskompetenz sei höchst bestritten auf diesem Gebiete, und sie greife nur in einzelne Seiten der Aufgabe hinein. Verständigungen und Verhandlungen zwischen den Regierungen der Einzelstaaten müßten vorausgehen, und deshalb könne man nicht damit warten, um das nächste Ziel zu erreichen. Der Reichstag beschloß entsprechend jenen Petitionen unter Ablehnung des weitergehenden Antrages Schulzes. Als nun die Bundesregierung den Gesetzentwurf betr. die Beschränkung des Rechtes der Jesuiten zum Aufenthalt im Deutschen Reiche beim Reichstag einbrachte, war Schulze unter den Abgeordneten, welche die Vorlage als zu schwächlich bezeichneten.**) Es handele sich um eine Existenzfrage auf beiden Seiten: hier die Existenz des jungen deutschen Staatswesens, dort die Existenz des Jesuitenordens, der sehr wohl wisse, daß die Festigung und der Ausbau des neuen Deutschlands seine Wurzeln bedrohe. Es sei nur zu wünschen, daß die Bundesregierungen sich diesen Stand der Sache ebenso klar machten und danach den Kampf führten, als dies bei den Jesuiten der Fall sei. Wenn man glaube, die Fassung der Gesetzvorlage mit partikularistischen Kompetenzen und Reservatrechten rechtfertigen zu müssen, dann sei es Sache des Reichstags, durch sein Votum diese Bedenken überwinden zu helfen. Bekanntlich bildeten diese Verhandlungen die Einleitung zu dem großen Kulturkampf, welcher auf Jahre hinaus die gesamte innere Politik des Deutschen Reiches beeinflußte.

In einer der nächsten Sitzungen verlangte Schulze, daß die Einführung der Reichsverfassung in den Reichslanden nicht länger hinaus-

*) Bd. IV S. 756f.
**) Bd. IV S. 760ff.

geschoben werde,*) indem er von der Fortdauer der Diktatur fürchtete, daß gerade sie deren nationale Verschmelzung mit Altdeutschland entgegenwirke. Erst durch den Anteil Elsaß-Lothringens an der gewaltigen Umwälzung von 1789 hätte es sich tatsächlich dem französischen Reiche eingefügt und französisches Staatsbewußtsein in sich aufgenommen. Dies müsse eine Mahnung sein, es an den inneren Umgestaltungen mitarbeiten zu lassen, welchen das junge deutsche Staatswesen unterworfen werde, bevor es eine fertige Gestalt gewinne. Der Reiz der Verschmelzung, welcher dem selbsttätigen Mithelfer an der großen fundamentalen Gesetzgebung innewohne, werde denen fehlen, die, aus einem Verbande losgerissen, in fertige Zustände eintreten sollten; den Elsaß-Lothringern zu ermöglichen, an dieser mittätig zu sein, heiße geschichtlich-nationale Annexionspolitik treiben. Die von mancher Seite gehegte Befürchtung, daß der Eintritt von Vertretern jener Lande in den Reichstag dessen Verhandlungen stören würde, könne er nicht teilen: „Haben wir denn — fragte er — so geringes Vertrauen in den Ernst und die Gründlichkeit und die Tüchtigkeit unserer Beratungen, daß wir nicht meinen sollten, ihr Geist werde auch auf die doch wirklich in kleiner Zahl neu Eintretenden stillschweigend seinen Eindruck ausüben? ... Unsere Debatten können sich mit denen eines jeden anderen Parlaments messen, und wer zum ersten Male hier eintritt, der wird von dem Geist dieser Debatten, wo alle Ansichten vertreten werden und frei zu Wort kommen, auch den Eindruck von sich nicht abwehren können. Wie sehr also auch antideutsche Stimmungen von jener Seite mit hineingebracht werden könnten ... Der deutsche Geist wird sie am besten von ihren Antipathien heilen und sie uns, wenn auch nicht mit einem Male, aber doch in früherer Zeit zuführen, als der Ausschluß von der Volksvertretung dies jemals vermag." Schulzes Mahnung ungeachtet ward jedoch die Diktatur verlängert.

Auf den Wert der Mitarbeit an den geistigen Kämpfen der Gegenwart, namentlich in Rücksicht auf den ausgebrochenen Streit mit der katholischen Kirche, kam Schulze wenige Monate darauf — Mitte August — nochmals auf dem Verbandstag der schlesischen Vorschußvereine in Breslau zu sprechen;**) dabei wies er, wie so oft zuvor, zugleich auf die Bedeutung des Vereinslebens in den Genossenschaften hin, in welchen die freie Gesellschaft die Initiative ergreife, um der Staatsmacht ihre Attribute, eines nach dem andern, aus der Hand zu winden und sie in die eigenen Hände

---

*) Bd. IV S. 764 ff.

**) Bd. IV S. 767 f.

zu nehmen. „Wir Leute der freien Vereinigung — rief er seinen Freunden zu — lernen uns selbst Gesetze geben, danach zu leben und sie unter einer Leitung, die aus unserm Vertrauen hervorgegangen ist, zu achten. Das ist die ganze politische und gesellschaftliche Gestaltung der Zukunft unserer Nation."

Im darauffolgenden Jahre zeigten sich schon die Mißstände, welche aus der gleichzeitigen Tagung des Reichstages und der Parlamente der Einzelstaaten erwuchsen; sie traten um so deutlicher hervor, als es den Bundesregierungen gelegentlich an Zeit fehlte, die Gesetzvorlagen rechtzeitig auszuarbeiten. Schulze forderte die Abstellung dieses Übelstandes*) — Juni 1873 —, indem er hervorhob, welche Opfer den Reichstagsmitgliedern zugemutet würden, wenn sie bei ihrem Aufenthalt nicht genügendes Beratungsmaterial vorfänden. „Was ist die Folge? — fuhr er fort, wobei er auch seinem Groll über einige dem Reichstage angehörenden Persönlichkeiten Ausdruck gab —. Eine ganze Anzahl der tüchtigsten Arbeitskräfte dieses Hauses wird außerstande gesetzt werden, künftig Mandate für den Reichstag anzunehmen; ... will man nur solche Gesellschaftsklassen zu Vertretern, die keinen Beruf, keine Erwerbstätigkeit haben, will man nur die höchsten Spitzen der Grund- und der Geldaristokratie, die hier seßhaften Gründer und die Aufsichtsräte haben, die in Berlin wohnen, nun gut, so mache man das so fort wie bisher ... Aber es sind auch Leute hier, die Beruf und Erwerb haben, die sonst noch anderen Pflichten gegen sich und ihre Familien genügen müssen ... Unter uns sind manche — und ich gehöre dazu —, die schon an der Grenze parlamentarischer Tätigkeit stehen, und gerade denen ist es Pflicht, hier aufzutreten, weil sie bei den nächsten Wahlen sehr unbefangen und unbeteiligt sein werden." Das Haus nahm den Antrag fast einstimmig an.

Zu Beginn des Jahres 1874 sprach Schulze in der Gemeinnützigen Gesellschaft in Leipzig über das Verhältnis Deutschlands zu Frankreich nach dem Friedensschluß.**) An die Gedanken anknüpfend, welche er in den Briefen an die italienischen Patrioten entwickelt hatte,***) beklagte er die andauernden Revanchegelüste der französischen Nation, die für ihre Niederlagen in dem Kriege nur den angeblichen Verrat der Heerführer verantwortlich mache und jetzt zu dem Ultramontanismus ihre Zuflucht nehme, im Gegensatz zu dem Geiste der Heroen der französischen Literatur des 18. Jahrhunderts und zu den Forschungen in den Wissenschaften,

*) Bd. IV S. 769 f.

**) Bd. IV S. 773 ff.

***) Bd. V S. 311.

in welchen die französischen Gelehrten bis in die neueste Zeit so Ausgezeichnetes geleistet hätten. Dann zog er einen Vergleich mit Deutschland. Während Napoleon I. nach seinen Siegen große Stücke deutschen Landes sich angeeignet und andere zu Vasallenstaaten gemacht habe, sei von der deutschen Reichsregierung nicht daran gedacht worden, in die staatliche Gestaltung Frankreichs einzugreifen oder gar das Land ihren Interessen dienstbar zu machen. Nicht einmal die Gesamtheit der von Ludwig XIV losgerissenen, in Sprache und Sitte auch heute wesentlich deutschen Landstriche — Elsaß, Lothringen und Burgund —, vielmehr nur die Vogesenkette, welche nicht nur die Sprachgrenze bilde, sondern auch als natürliche Scheide beiden Ländern gleichmäßig Schutzwehr biete, habe sich Deutschland als Grenze gesichert. Dann feierte Schulze das Friedensbedürfnis und die Friedensliebe des deutschen Volkes. „Mag die Reichsregierung mit Vorliebe für die Tüchtigkeit der Organisation unserer Wehrkraft sorgen: eine Kriegspartei, die sich darauf stützen wollte, fände nimmer die Zustimmung des deutschen Volkes. Es sind die großen Fragen der inneren Konstituierung, welche alle Kreise beschäftigen... In dieser politischen Arbeit aber geht der Geist unseres Volkes nicht auf, und so ist es neben der bürgerlichen wieder die humane Entwicklung, der sich das allgemeine Interesse zuwendet, in der Aufnahme des Kampfes gegen Geistesverfinsterung und Herrschaft einer vaterlandslosen Priesterkaste. Wieder wie in den dunkelsten Zeiten geht vom römischen Papst der Anspruch auf die höchste unfehlbare Macht über die ganze Christenheit aus, als sichtbarem Stellvertreter Gottes, mit dem Bannfluch gegen alle, die sich nicht fügen, insbesondere gegen die gesamte moderne Bildung, die sich zu dem wahnwitzigen Attentat unbedingt ablehnend verhält..." Und nun untersuchte Schulze die Chancen Deutschlands in diesem Kampfe. Anders seien heute die Verhältnisse als in dem alten römischen Kaisertum deutscher Nation. In jahrhundertelangen schweren Mißerfolgen, in denen es sich fast verblutete, habe Deutschland erkannt, daß es nicht sein Beruf sei, nach der Weltherrschaft zu streben, es wolle diese vielmehr stürzen, von welcher Seite sie ihren Anlauf nehme. Dem schlimmsten aller Versuche, der geistigen Knechtung der Menschheit durch die römische Priesterherrschaft eine Schranke zu setzen, wie es die Reformation begonnen, sei die nationale Mission Deutschlands, welche diejenige keines anderen Volkes verletze, sondern alle fördere. Den besten Beistand fänden wir hierbei in den großen Toten, die in den geistigen Kämpfen ihrer Zeit die Schlachten geschlagen haben, in unseren Reformatoren, unseren Forschern, Denkern und Dichtern, die uns mit dem Schwung ihrer unsterblichen

Werke zu hohem Kampfesmut begeistern. „So steht zu uns mit ihren überlieferten Geistesschätzen die Vergangenheit, so der ganze gewaltige Bildungsdrang der Gegenwart, und so im ewigen Gesetze unaufhaltsamer Entwicklung die Zukunft unseres Geschlechts: was wollen die finsteren Gegner dem entgegensetzen! Und so verkünden wir Huttens Wort als die Losung, welche Deutschland für seine Streiter ausgibt: **Jacta alea est!** Ich hab's gewagt!"

Im Januar 1874 fanden die Neuwahlen zum Reichstag statt. Auf Schulze fielen in seinem bisherigen Berliner Wahlkreise von 15337 abgegebenen Stimmen 9318 gegen 6019, welche Hasenclever auf sich vereinigte. Gleichzeitig war Schulze das Mandat in Wiesbaden zugefallen, welches er annahm und das ihm auch bis an sein Lebensende stets von neuem übertragen wurde. Ebenso hatte man ihn in dem Wahlkreise Bebels — Meerane in Sachsen — aufstellen wollen. Aber er lehnte ab, dort persönlich zu erscheinen. „Bebel ist — so schrieb er an Rechtsanwalt Schenck in Wiesbaden*) — im Gefängnis, und ich finde es nicht anständig, da persönlich gegen ihn zu wirken."

Die wichtigste Vorlage, welche dem Reichstag sofort nach seinem Zusammentritt zuging, war das Reichsmilitärgesetz, welches, wie die Thronrede sagt, die deutsche Wehrkraft und Wehrfähigkeit regeln sollte, um dadurch der ersten Pflicht eines jeden staatlichen Gemeinwesens zu genügen, nämlich die Unabhängigkeit seines Gebiets und die friedliche Entwicklung der ihm innewohnenden geistigen und wirtschaftlichen Kräfte zu schützen. Nach dem Artikel I der Vorlage sollte die Friedenspräsenzstärke des Heeres für immer gesetzlich auf 401659 Mann festgelegt werden: dies bedeutete, daß das Budgetrecht des Reichstags in Ansehung der Militärverwaltung dauernd ausgeschaltet wurde. In der Kommission wurde der Artikel mit 22 gegen 6 Stimmen mit der Begründung verworfen, daß der Reichstag gegenüber seinem Nachfolger verpflichtet sei, überkommene Rechte als Erbteil ungeschmälert zu erhalten; nur das Volk nach Auflösung des Reichstags, nicht seine jetzigen Vertreter, sei berechtigt, die Mitwirkung der Volksvertretung bei der jährlichen Bestimmung des für den Haushalt maßgebenden Präsenzstandes der Armee schmälern zu lassen. Die Furcht vor einer neuen Auflage des Armeekonflikts führte in der Plenarversammlung zur Annahme eines von Bennigsen gestellten Amendements, wonach das sog. Septennat, d. h. die geforderte Präsenzzahl auf 7 Jahre bewilligt wurde. Die Fortschrittspartei, die

*) Vgl. Bd. IV S. 839.

sich auf höchstens drei Jahre binden wollte, blieb Gegnerin des Kompromisses, welchem auch die Regierung zugestimmt hatte; zu den Rednern der dritten Lesung gehörte auch Schulze.*) Er konnte sich mit dem Gedanken nicht befreunden, daß der Reichstag Bestimmungen über die Zeit hinaus treffen wolle, für welche den Abgeordneten ihr Mandat übertragen worden sei. Der Hinweis auf ausländische Rüstungen und Drohungen verfange nicht; der Verlauf des Jahres 1870 habe gezeigt, daß in den Augenblicken der Gefahr das ganze Volk einmütig hinter der Regierung stehe. Aber bei der Aufrechterhaltung der politischen Selbständigkeit dem Auslande gegenüber müßten auch die inneren Rechte und Freiheiten gewahrt werden. Mit Unrecht habe man den früheren Kampf des preußischen Landtags in der Militärfrage in die Debatte hineingezogen. „Aber — fuhr er fort — schmähen Sie mir doch nicht immer jene Konfliktszeit! Ich weiß kein Beispiel in der Geschichte, wo Völker anders als durch bedeutende innere Kämpfe zur Feststellung ihrer Freiheit gelangt wären. Glauben Sie denn, daß wir ohne den preußischen Militärkonflikt und ohne die zähe Festhaltung unserer Forderungen nach einer Anzahl von Auflösungen dahin gelangt wären, wo wir jetzt sind? ... Man hat vor dem Volke und seinen Vertretern, die so zähen Widerstand leisteten, Achtung gewonnen, und gegenseitige Achtung zwischen den streitenden Teilen ist bei allen Kompromissen, die einen dauernden wirklich befriedigenden politischen Zustand herbeiführen sollen, nach dem Zeugnis der Geschichte immer das erste Erfordernis. Beide Teile müssen eine gewisse Achtung haben vor ihrer Leistungs- und vor ihrer Widerstandsfähigkeit, eher macht man einander keine Konzessionen, und daran haben viele Mitglieder der liberalen Parteien mitgearbeitet aus beiden Fraktionen der Linken. Ohne diesen Kampf im Preußischen Abgeordnetenhause und ohne diese feste Haltung wären die leitenden Staatsmänner in Preußen und Deutschland nimmermehr dahin gelangt zu konzedieren und diejenigen Momente in Verfassung und Gesetzgebung zuzugestehen, von denen aus eine weitere gedeihliche Entwicklung in unserm Vaterlande recht gut möglich ist.“ Schließlich wandte er sich noch gegen diejenigen Mitglieder des Hauses, welche die Annahme des Septennats mit Rücksicht auf die Feinde des Reichs im innern, die sozialistische und die ultramontane Partei, empfohlen hatten. „Zur dauernden und gedeihlichen Lösung dieses inneren Zwiespalts — so antwortete er ihnen — gibt es nur ein Mittel, das ist die Förderung der Volksbildung, der Aufklärung des Volkes über seine wahren politischen, wirt-

*) Bd. IV S. 780ff.

schaftlichen und humanen Interessen ... Hier bekämpfen sich auch die liberalen Parteien nicht, hier scheiden sie sich nicht, hier sind Männer aus ihnen allen, die zusammengehen und die, weil die Staatsmittel nicht ausreichen, die große Frage der inneren Bildung, der humanen Bildung zu lösen, sich bemühen, die freie Volksinitiative in dieser Richtung zu organisieren."

In einem Briefe an Troitzsch aus Teplitz, wohin er sich im Juli zur Wiederherstellung seiner angegriffenen Gesundheit begeben hatte, rechtfertigte Schulze nochmals die Haltung der Fortschrittspartei in der Militärfrage: „Darüber waren wir alle — schrieb er dem alten Freunde —, auch die Führer der nationalliberalen Partei, einig: daß die dauernde Feststellung der Friedenspräsenzstärke im Gesetz die Vernichtung des Budgetrechtes in seinem bedeutendsten Kapitel, den Militärausgaben, in sich schließe. Obschon die Verfassung die Budgetbewilligung jedesmal nur auf ein Jahr anordnet, wie dies in Anbetracht der Veränderlichkeit der Situation auch einzig richtig ist, wollten wir doch diesmal auf drei Jahre bewilligen, niemals aber auf länger, über die Dauer unserer Wahlperiode hinaus, weil wir damit in die Befugnisse unserer Nachfolger eingegriffen hätten."

XXV. Verleumdungen und Ehrungen.

So offen auch Schulzes Leben vor aller Welt lag, so wenig konnte er es trotzdem hindern, daß sich Verleumdung an seine Fersen heftete. Die sozialistische Presse wärmte immer wieder das Märchen auf, daß er von Kapitalisten durch die Summe von 45 000 Talern erkauft worden sei, um ihre Interessen gegenüber den Arbeitern zu vertreten. Notar Dr. Makower in Berlin und Rechtsanwalt Henneberg in Gotha hielten es schon im Frühjahr 1872 (Volkszeitung Nr. 47) für nötig, dieser Lüge in einer ausführlichen Darlegung über die Geschichte des Schulze-Delitzsch-Fonds*) entgegenzutreten. Aber im Dezember desselben Jahres veröffentlichte der Vertrauensmann des Deutschen Arbeitervereins in Ottensen (Holstein), Gg. Winter, im Berliner „Neuen Sozialdemokrat" eine Notiz „Zur Charakteristik Schulze-Delitzschs", in welcher er behauptete, daß diesem seinerzeit von seinen Eltern ihr einziges Besitztum, nämlich ihr Wohnhaus, abgetreten worden sei. „Schulze", — hieß es dann weiter — dem es in Delitzsch bald zu eng wurde, verkaufte alsdann das Wohnhaus mitsamt den Eltern an den Schuhmachermeister Z. Als der Vater gestorben war, hatte Schulzes Mutter alle jene Bitterkeiten zu erdulden, welche daraus erwachsen, daß eine alte Frau bei fremden Leuten, denen sie eine Last ist, leben muß. Der brave Sohn kam auch nicht einmal von seinem Schloß zu Potsdam herbei, um ihr die letzte Ehre zu erweisen, sondern schrieb nur, man möge ihr einen ordentlichen Sarg machen lassen." Während Schulze bisher alle Verdächtigungen unbeachtet gelassen hatte, geriet er über diese Behauptung des Mangels kindlicher Pietät in heftigste Erregung. Ehe er jedoch irgendwelche Schritte ergreifen konnte, hatte schon eine Anzahl Delitzscher Bürger, darunter mehrere politische Gegner Schulzes, in einer öffentlichen Erklärung eine richtige Darstellung des Sachverhalts gegeben. Erst ein Jahr nach dem Tode des Vaters war das Haus verkauft und der Mutter die Wohnung darin gesichert worden. Sie führte ihren Haushalt unter der dauernden Mithilfe einer Verwandten — anfangs einer verwitweten Schwiegertochter — und eigener Dienstboten in altgewohnter

*) Vgl. Seite 203 ff. d. B.

Weise fort, und als sie im Sommer 1866 in Folge eines Schenkelhalsbruchs erkrankte, war Schulze selbst in Begleitung des Assistenzarztes Langenbecks, Professor Dr. Quelt aus Berlin nach Delitzsch geeilt, um ihr Hilfe zu bringen. Schon wieder genesen, wurde die alte zweiundachtzigjährige Frau im Oktober von der Cholera befallen und ganz unerwartet und plötzlich hingerafft. Dem raschen Tode mußte der Ansteckungsgefahr wegen auf polizeiliche Anordnung eine ebenso rasche Beerdigung folgen; Schulze war auf genossenschaftlichen Reisen am Rhein, und Depeschen, welche ihn zuerst vergeblich in Potsdam gesucht hatten, erreichten ihn erst, als das Begräbnis schon stattgefunden hatte. Diesem hatte sein jüngerer in Erfurt lebender Bruder beigewohnt. Die Erklärung schloß mit den bezeichnenden Worten: „Wir müssen das von Herrn Winter Gesagte als einen ganz schamlosen Angriff auf die Ehre unseres noch immer treu verehrten und allgeachteten Mitbürgers betrachten und unsere ernsten Zweifel darüber ausdrücken, daß wirklich ein Delitzscher sich finden möchte, der solche niedrige Verleumdung auch nur andeutungsweise auszusprechen gewagt haben sollte." In der Tat lehnten die Delitzscher Sozialdemokraten in dem dortigen Kreisblatt öffentlich jede Mitwirkung an der Behauptung Winters ab. Wenige Tage darauf ergänzten Berliner Freunde Schulzes, darunter F. Duncker, Gneist, v. Holtzendorff, Lasker, W. Siemens, Virchow u. a. jene Angaben, indem sie es zugleich für geboten erachteten, daß Schulze „im Interesse der öffentlichen Moral die Schmähungen seines Familiensinns und Familienlebens zur gerichtlichen Verfolgung bringe." Schulze tat dies auch, und nach eingehenden Erhebungen wurde der Einsender „der öffentlichen Verleumdung" schuldig erkannt und zu drei Monaten Gefängnis verurteilt. Er entzog sich der Strafe durch Flucht nach England, wohin er nachträglich wegen Unterschlagung anvertrauter Kassengelder steckbrieflich verfolgt wurde.

Eine Genugtuung gegenüber jener unerhörten Kränkung gewährte es Schulze, daß gerade zu der gleichen Zeit es ihm an erneuten Anerkennungen seiner genossenschaftlichen Tätigkeit nicht fehlte. Daß seine Schriften über die Gesetzgebungsfragen bei den hervorragendsten Fachgelehrten allgemeinen Beifall fanden, freute ihn, den alten Juristen, besonders. Ebenso stolz war er auf die Würdigung, welche der Altmeister der Volkswirtschaftslehre Roscher ihm in seiner „Geschichte der Nationalökonomie in Deutschland" angedeihen ließ. Der Graf von Paris wandte sich an ihn, um ihn zu veranlassen, eine deutsche Übersetzung seines Buches über die englischen Gewerkvereine mit einer Vorrede zu begleiten, und ein französischer Schriftsteller Benjamin Rampal veröffentlichte eine

Übertragung des Arbeiterkatechismus, welcher er eine ausführliche Biographie Schulzes vorausschickte mit den Worten: „Es steckt in diesem Mann ein Bastiat und zugleich ein Luther." Wohl zur Bekräftigung des Ausspruches gab er auch Schulzes Paraphrase des Vaterunser*) sinngetreu wieder. Schon 1869 wurden Schulze für seine Leistungen auf dem Gebiete des Genossenschaftswesens von der Internationalen Ausstellung in Amsterdam das Grand Diplom d'honneur und später von derjenigen in Brüssel — 1876 — die Goldene Medaille verliehen. Auch zwei Städte, Bremen und Plauen, gaben neuerbauten Straßen von Arbeiterwohnungen den Namen Schulze-Delitzschs.

Für eine weitere Anerkennung Schulzes war Gneist seit Jahren bemüht: schon 1869 hatte er bei der juristischen Fakultät in Leipzig die Erteilung des Ehrendoktortitels an ihren früheren akademischen Bürger angeregt, wobei er von Roscher warm unterstützt worden war. Aber in den dortigen Regierungskreisen war der Angriff auf das sächsische Herrscherhaus noch nicht vergessen, mit welchem Schulze im Jahre zuvor bei Eröffnung des Genossenschaftstages in Leipzig auf die Begrüßung des Rates der Stadt geantwortet hatte.**) Der von dort erhobene Widerspruch brachte den Vorschlag zu Fall. Gneist war jedoch nicht entmutigt. „Feiern Sie Allerweltmann — schrieb er im Juni 1870 an Schulze — nicht irgendein Jubiläum? Oder ließe sich aus dem großen Feld Ihrer Tätigkeit nicht irgendeine Spezialtat fixieren, die ich als Mensch, Jurist oder Zentralverein***) im Juli 1870 in Erinnerung bringen könnte? Helfen

---

*) Vgl. Bd. V S. 297.

**) Schulze sagte damals: „Die deutsche Genossenschaftsbewegung hat ihre Wiege im sächsischen Stamme. Durch eigentümliche Schickungen in der Geschichte Deutschlands hat der sächsische Volksstamm die Stellung verloren, die ihm durch seine Initiative und seine hervorragende Teilnahme an der Reformation zuteil geworden war und mit Recht zukam. Er hat sie verloren nicht durch die Schuld des Volkes, sondern durch die Schuld seiner Dynastie. Denn Sachsen ist immer eine Stätte deutscher Kultur gewesen und beweist neuerlich durch seine lebhafte Beteiligung an der Genossenschaftsbewegung, daß es mehr und mehr darauf hinarbeitet, seine verlorene Stellung durch die Teilnahme an den humanen und wirtschaftlichen Bestrebungen unserer Zeit wieder zu erringen." Den Anteil Sachsens an der Reformation hat Schulze auch bei anderen Gelegenheiten hervorgehoben, so in der Sitzung des Reichstags des Norddeutschen Bundes vom 2. Dezember 1867, wo er sagte: „Ich stamme aus derjenigen Provinz unseres Staates, welche man die sächsische nennt, und die die Ehre hat, das Vaterland der Reformation zu sein."

***) Nach Lettes Tod war Gneist an die Spitze des Zentralvereins für das Wohl der arbeitenden Klassen getreten.

Sie mir zu irgendeinem Jubiläumsgedanken, da meine trockene Phantasie mich bis jetzt noch im Stich läßt." Der Krieg trat dazwischen, und der Gedanke ließ sich zunächst nicht weiter verfolgen. Im November 1873 war es nun die Universität Heidelberg, deren juristische Fakultät auf Antrag Bluntschlis die Verleihung des Ehren-Doktordiploms an Schulze beschloß. In der Begründung wurde er als derjenige genannt, „welcher die Genossenschaften zur Stütze der Privatwirtschaft und des privaten Kredits der Genossenschafter zuerst in Deutschland begründet, ihnen Statut und neue Gesetze gegeben, dadurch die Rechtswissenschaft in ausgezeichneter Weise erweitert und gefördert und so durch seine theoretische und praktische Arbeit einzigartig für uns alle die Grundlagen einer Einrichtung geschaffen hat, die gerade in der Gegenwart besonders notwendig ist."*) In würdigen Worten sprach Schulze seinen Dank aus. Praktische Arbeiten hätten seine Zeit und Kraft so andauernd in Anspruch genommen, daß Neigung und Muße zu gelehrten Studien vielfach davor zurücktreten mußten. „Indessen bin ich dank jenem Zug, welchen wir Deutsche von unseren Hochschulen mitnehmen, bei meinem Schaffen stets bemüht gewesen, dasselbe auf wissenschaftliche Begriffe und feste Prinzipien zurückzuführen. Dafür, daß dieser Versuch der Vermittlung zwischen Wissenschaft und Leben nicht ganz mißlungen ist, darf ich in dem Urteil Ihrer gelehrten Körperschaft eine Bestätigung finden . . . So haben Sie, meine hochverehrten Herren, mich in dem, was den inneren gesunden Kern der Tätigkeit eines Menschen bildet: „daß er sich dabei im Zusammenhange fühlt mit den leitenden Ideen der Zeit", durch Ihren ehrenvollen Zuspruch gefestigt, und unter Kämpfen und Mühen mancher Art habe ich die verliehene Würde als einen meiner besten Erfolge zu verzeichnen."

Große Freude fand Schulze schließlich in der andauernden Teilnahme, welche das kronprinzliche Paar seinen Bestrebungen widmete. Alljährlich erschien er vor diesem im Potsdamer Palais, um über den Fortgang der genossenschaftlichen Bewegung und zugleich der Bestrebungen der Gesellschaft zur Verbreitung von Volksbildung zu berichten

---

*) Unter den Gratulanten zu der Ehre stellte sich auch der Kladderadatsch mit den hübschen Versen ein — 30. November —:

„Sie schickten ihm von Heidelberg
Zum Utile das Dulce,
Wie dem bemoosten Haupt so gut
Doch steht der neue Doktorhut
Nun, schmollis, Doktor Schulze!"

Wie groß das Interesse des fürstlichen Paares war und welche Einzelheiten es dabei in das Auge faßte, zeigen einige Briefe des Kammerherrn des Kronprinzen, von Normann, welche sich unter Schulzes Papieren vorgefunden haben. So spricht einer derselben — Oktober 1873 — den Dank des Kronprinzen für die Übersendung des Jahresberichts über die deutschen Genossenschaften für 1872 aus, den jener „mit dem lebhaftesten Interesse entgegengenommen und mit wahrer Befriedigung daraus ersehen hat, in wie erfreulicher und zugleich staunenswerter Weise das von Ihnen begründete segensreiche Werk sich entwickelt und ausdehnt." Interessant ist eine andere Stelle des Briefes: „Die Lektüre Ihres Artikels in den Blättern für Genossenschaftswesen hat Sr. Kaiserlichen Hoheit zu großer Genugtuung gereicht.*) Es unterliegt keinem Zweifel, daß wir einen dauernden und nachhaltigen Sieg über Jesuitismus und Ultramontanismus nur dann erwarten dürfen, wenn wir sie auf allen Gebieten unseres staatlichen Lebens mit gleicher Energie bekämpfen." Einige Wochen später läßt der Kronprinz den Wunsch aussprechen, Schulze möge ihm über die Raiffeisen-Vereine Mitteilungen machen, und Herr von Normann fügt bezeichnenderweise hinzu: „Ich habe aus Rücksichten, die auch auf Sie selbst zu nehmen der Kronprinz volle Veranlassung hat, und er jedenfalls vermeiden möchte, Sie irgendwie zu genieren, den Vorschlag gemacht, die Begegnung in meiner Privatwohnung, Hohenzollernstraße 10, stattfinden zu lassen, und Sr. Kaiserliche Hoheit haben in Erwartung Ihres Einverständnisses diesem Vorschlag zugestimmt." Auch in späteren Schreiben wiederholt von Normann das Interesse, mit welchem der Kronprinz die genossenschaftlichen Jahresberichte und wohl auch andere Schriften Schulzes entgegengenommen hat — „sie sind mit nach Pegli gewandert, heißt es unterm 11. Februar 1880, um auch der Frau Kronprinzessin vorgelegt zu werden" — und es entspricht dessen hoher Sinnesart, wenn er auf die Bemerkung eines Briefes Schulzes, die er wohl nur auf einem Mißverständnis beruhend bezeichnet, von Normann schreiben läßt: „Es ist Ihnen so gut wie mir bekannt, daß, wenn Sie hier, sei es schriftlich, sei es in Person, erscheinen, Sie immer der gebende, wir der empfangende Teil sind. Ich meine, niemand, auch Ihr erbittertster Feind nicht, würde imstande sein, Ihrem nach jeder Richtung hin taktvollen Verhalten gegen Se. Kaiserliche Hoheit den Kronprinzen den Stempel der ‚Aufdringlichkeit' aufzudrücken." Im

*) Wahrscheinlich ist der Artikel über den Ausschluß der Winzervereine in Mayschoß und Walportzheim aus dem Genossenschaftsverbande (Bd. I S. 590) gemeint.

September 1876 läßt der Kronprinz um Schulzes Besuch bitten. „Ich vermute — fügt von Normann hinzu —, daß es sich um die Gefahren handelt, welche der Fall der Düsseldorfer Gewerbebank*) für das Genossenschaftswesen herbeizuführen droht, und ich sehe Ihren desfallsigen Mitteilungen mit Spannung entgegen.“ Ein schönes Zeugnis für das gegenseitige Verhältnis tritt uns in einem Briefe vom 11. Februar 1880 entgegen. Augenscheinlich war über eine Audienz Schulzes bei dem Kronprinzen eine Notiz in der Presse erschienen, und Schulze hatte geglaubt, versichern zu müssen, daß er daran keine Schuld trage. „Der Kronprinz — schrieb von Normann zurück — hat auch nicht einen Augenblick angenommen, diese Mitteilung sei von Ihnen in irgendeiner Weise veranlaßt worden. Übrigens aber muß ich weiter bemerken, daß die Notiz den gnädigsten Herrn nicht im geringsten unangenehm berührt hat. Se. Kaiserliche Hoheit haben aus Höchstihrem Interesse für das Genossenschaftswesen und den verdienten Begründer desselben niemals ein Hehl gemacht und haben durchaus nichts dagegen, wenn dies Interesse in weiten Kreisen bekannt wird.“ Unter das Dankschreiben für den Jahresbericht für 1881, den letzten, welchen Schulze überreichen konnte, setzte der Kronprinz — September 1882 — eigenhändig die Worte: „Ich versichere Ihnen, daß ich den Bestrebungen der deutschen Genossenschaften stets mein wärmstes Interesse entgegenbringen werde, wie ich dies bisher getan habe.“ In der gleichen Zeit war es wohl, daß der Kronprinz in einer Audienz Schulze mit der Frage empfing: „Herr Doktor, was geht vor, was will man von unseren Genossenschaften?“**) eine Frage, welche sich auf die damals wachsende feindselige Strömung gegen die Genossenschaften bezog, die in der offiziösen und konservativen Presse und auch in dem 1881 beim Reichstag eingebrachten Antrag Ackermann***) zum Ausdruck gekommen war. Von seiner Dankbarkeit über diesen warmherzigen Ausruf machte Schulze kein Hehl.

Als das kronprinzliche Paar im Frühjahr 1880 nach dem Tode des Prinzen Waldemar in Italien Erholung von diesem Schicksalsschlage suchte, überreichten ihm die italienischen Volksbanken durch ihren Führer Professor Luzzatti in Padua eine Begrüßungsadresse, in welcher sie u. a. sagten: „Wir haben von Deutschland die Anregung zu unseren genossenschaftlichen Vereinigungen erhalten . . . Unser Meister ist ein Deutscher, Schulze-Delitzsch, welcher mit seinem Rat und seinen Kenntnissen

*) Vgl. hierzu Bd. I S. 648f.

**) Bl. f. Gen.-Wesen, Jahrg. 1888 S. 209.

***) Bd. I S. 504f.

uns Hilfe leistet." Über die freundliche Aufnahme der Adresse berichtete Luzzatti an Schulze, der die Mitteilung an von Normann weitergab. Im Juni schrieb dieser zurück: „Beide Herrschaften haben mit Vergnügen ersehen, daß die Annahme der italienischen Adresse seitens Sr. Kaiserlichen Hoheit in den betreffenden Kreisen Befriedigung hervorgerufen hat. Nicht minder freuen sich Ihre Kaiserlichen Hoheiten der warmen Anerkennung, welche Ihnen und Ihrer verdienstlichen Tätigkeit auch aus Italien entgegengebracht wird . . . Über die günstige Wendung, welche die Angelegenheit der Raiffeisenschen Darlehnskassen zu nehmen verspricht, ist Se. Kaiserliche Hoheit besonders erfreut."*) Es war natürlich, daß, als das kronprinzliche Paar im Januar 1883 das Fest seiner silbernen Hochzeit beging, auch der Deutsche Genossenschaftsverband ihm seine Glückwünsche darbrachte; er fügte zugleich den dem Kronprinzen überreichten Geldsammlungen, welche wohltätigen Zwecken dienen sollten, eine Gabe von 2000 Mark bei.

Das Beileidsschreiben, das Schulzes Witwe nach seinem Tode empfing, hatte folgenden Wortlaut: „Ihre Kaiserlichen und Königlichen Hoheiten der Kronprinz und die Frau Kronprinzessin haben während Höchstihrer Abwesenheit mit aufrichtigem Bedauern von dem schweren Verlust Kenntnis erhalten, den Sie durch den Tod Ihres Mannes erlitten, und welcher zugleich, weit über die Grenzen der Familie hinaus, in allen Schichten der Bevölkerung als ein gemeinsamer und allgemeiner empfunden und beklagt worden ist. Indem Ihre Kaiserlichen und Königlichen Hoheiten Sie der wärmsten Teilnahme versichern, ist es Höchstdenselben gleichzeitig Bedürfnis, das Andenken des Verstorbenen, dessen Leben in aufopfernder Selbstlosigkeit dem Wohle der arbeitenden Klassen gewidmet war, durch Anerkennung seiner Verdienste zu ehren."

Zu den aufrichtigen Freunden der gemeinnützigen Bestrebungen Schulzes gehörte auch die Erbprinzessin von Hessen, die Schwester der preußischen Kronprinzessin, und ihr Gemahl, der spätere Großherzog Ludwig IV. Wie Schulze auf deren Aufforderung mit ihnen ein Stück des Rheins gemeinsam zurücklegte — Sommer 1872 — und dabei für seine Interessen die aufmerksamsten und verständnisvollsten Zuhörer fand, hat Schulze später voll aufrichtiger Anerkennung erzählt.**)

*) Die Bemerkung bezieht sich wohl auf Schulzes Schrift: „Zum Ausgleich zwischen den Raiffeisenschen Darlehnskassen und den Kreditgenossenschaften meines Systems" — Bd. I S. 146f. —.

**) Bl. f. Gen.-Wesen, Jahrg. 1884 Nr. 35.

XXVI. Die Entwicklung des Genossenschaftswesens 1875—1883 und letzte Lebensjahre.

Die Ausgestaltung des Genossenschaftswesens blieb auch im letzten Jahrzehnt seines Lebens die Hauptaufgabe Schulzes. Nicht geringe Aufmerksamkeit verwandte er dabei auf die Organisation der ländlichen Darlehnskassenvereine in der Rheinprovinz, deren Leiter Raiffeisen war, der sich, nachdem er seine anfänglich rein charitativen Kassen umgewandelt hatte, zunächst dem Schulzeschen Verband angeschlossen hatte, nachher aber seine eigenen Wege ging. Schulze hatte von Anbeginn seiner Wirksamkeit an als leitendes Prinzip der Kreditgenossenschaften verfochten, daß sie ein eigenes und wachsendes Vermögen bilden müssen, schon um die Gefahren der Solidarhaft abzuschwächen, daß ferner sie Gelder nicht auf längere Zeit ausborgen dürfen, als sie diese selbst angeliehen haben. Von beiden Grundsätzen entfernte sich Raiffeisen, von untergeordneten Punkten abgesehen. Er ging von der Überzeugung aus, daß die Bewohner der Dorfgemeinden wirtschaftlich zu schwach seien, regelmäßige Beiträge zum Vermögen ihrer Kassen beizusteuern, und er ließ die letzteren daher ohne Bildung von Geschäftsanteilen in das Leben treten. Ebenso sei dem Landwirt mit kurzfristigen Darlehen nicht geholfen, er bedürfe deren vielmehr mit mehrjähriger Unkündbarkeit. Charakteristischerweise hatte Raiffeisen seinen ersten Verein ausdrücklich „Wohltätigkeitsverein" genannt — 1852 —, um ihn erst 1864 in eine Darlehnskasse umzuwandeln. In dem Landwirtschaftlichen Verein für Rheinpreußen fand er Unterstützung, der sich auch durch Aussendung von Wanderlehrern um Ausbreitung der Raiffeisenschen Vereine bemühte. Immer wurde jedoch die Verwandtschaft mit den Schulzeschen Vereinen hervorgehoben; noch 1868 erklärte der Präsident des Landwirtschaftlichen Vereins: „Die Darlehnskassenvereine nach Raiffeisen unterscheiden sich von den Schulze-Delitzschen nicht im Grundprinzip voneinander, denn sie beruhen beide auf der Solidarhaft aller Mitglieder." Dagegen wurde gleichzeitig die Darlehenspolitik der Kassen mit der Begründung verteidigt, daß die Gefahr des längeren Kreditgebens trotz des kürzeren Kreditnehmens in

Wirklichkeit eine geringe sei: „nur keine Furcht; wenn der Himmel einstürzt, sind alle Spatzen tot.“

Im Verfolg einer sich hieraus entwickelnden Polemik brachte Schulze den Gegenstand auf dem Genossenschaftstage in Neustadt (Haardt) im Sommer 1869 zur Sprache, indem er erklärte, daß jenes Geschäftsgebahren mit der Vernunft und der Erfahrung in Widerspruch stehe. 1872 rief Raiffeisen mehrere Zentralkassen in das Leben, um den Einzelkassen die zu ihrem Geschäftsbetrieb nötigen Geldmittel zu beschaffen. Aber die Mitglieder der ersteren bildeten wieder die Darlehnskassen selbst, und abermals war die Bildung von Geschäftsanteilen ausgeschlossen. Diese Verstöße gegen das Genossenschaftsgesetz brachte Schulze im Reichstag zur Sprache — 1876 —; das Reichskanzleramt erachtete die Beschwerden als „tatsächlich und rechtlich begründet“, und daraufhin wurden die Zentralkassen aufgelöst, die Einzelkassen zur Einzahlung von Geschäftsanteilen aufgefordert.*) Schon vorher hatte Schulze die Frage der Befriedigung des Grundkredits für den ländlichen Kleinbesitz und die Stellung der Raiffeisenkassen hierzu in einer Broschüre bearbeitet, worin er alle Einzelmomente zusammentrug und kritisch beleuchtete. Natürlich verweilte er eingehend bei denjenigen Punkten, in welchen die Darlehnskassen von seinen Forderungen abwichen, und mahnte sie zum Schlusse, kurzfristigen Personalkredit von dem langfristigen Realkredit zu trennen, indem er zugleich für diesen Zweck die Bildung von Realkreditgenossenschaften anregte. Er konnte sich hierbei darauf berufen, daß er bereits 1867 im Norddeutschen Reichstag einen Gesetzentwurf betr. die Errichtung von Hypothekenbanken für den städtischen und ländlichen Grundbesitz eingebracht hatte, der damals aber nicht mehr zur Beratung gekommen war. Die Freunde der Raiffeisenbewegung waren über Schulzes Vorgehen sehr erbost, und sie erklärten, als er 1877 die Abänderung des Genossenschaftsgesetzes verlangte, daß er nicht berechtigt sei, „im Namen der deutschen Genossenschaften“ Anträge zu stellen. Aber Schulze ließ sich hierdurch nicht anfechten; er suchte im Gegenteil zu einer Verständigung mit den Darlehnskassen zu gelangen. Professor Held in Bonn, der zuerst die wissenschaftliche Welt auf Raiffeisen aufmerksam gemacht und seine Organisationen empfohlen hatte, war inzwischen mehr und mehr zu den Anschauungen Schulzes bekehrt worden. Nun suchte er persönlich auf Raiffeisen einzuwirken, um eine Ausgleichung der Gegensätze herbeizuführen.

*) Vgl. für den Streit mit Raiffeisen die ausführliche Darstellung in Bd. I S. 671—747.

Aber dieser verhielt sich ablehnend; zwar bequemte er sich zur Beobachtung der Vorschriften des Genossenschaftsgesetzes, beharrte jedoch auf seinem grundsätzlichen Standpunkt. In einem letzten Aufsatz — 1880 — „Zum Ausgleich zwischen den Raiffeisenschen Darlehnskassen und den Kreditgenossenschaften meines Systems“ mahnte Schulze nochmals zum Frieden. „Gewiß sind die Verschiedenheiten in den Einrichtungen“ — so sagte er — „durch die Verschiedenheit der Lage des Hauptstamms der Mitglieder auf beiden Seiten bedingt. Indessen ergeben sich doch aus dem Wesen der Genossenschaft, ihren wirtschaftlichen und rechtlichen Grundlagen, gewisse Prinzipien, welche innegehalten werden müssen ... Mißstände solcher Art und die Mittel zur Abhilfe zur Erwägung stellen, das schädigt nicht, das fördert nur. Decken wir daher auf beiden Seiten offen und ohne Scheu die Mängel auf, wie sie jeder jungen Bewegung, ehe sie sich praktisch durchringt, anhaften, und wir werden uns über manche Differenzen ... verständigen. Daß hierzu den, der genossenschaftlichen Bewegung durch ihre bekannten Gegner von jeher bereiteten, Schwierigkeiten gegenüber mehr wie je die Veranlassung gegeben ist, liegt auf der Hand. Darum mit ‚vereinten Kräften‘ wie für die Einzelaufgaben der Vereine so für die Genossenschaftssache im ganzen und großen, das ist die Losung, für die es jetzt einzutreten gilt.“*)

Mit Freuden begrüßte Schulze daher die von den hessischen und süddeutschen ländlichen Genossenschaften ausgehenden Bestrebungen, die nicht auf die Raiffeisenschen Grundsätze eingeschworenen ländlichen Genossenschaften zu einem einheitlichen großen Verbande nach dem Muster und Beispiel des Allgemeinen Verbandes zusammenzuschließen. Noch kurz vor seinem Tode kam es zwischen Schulze und den Führern der hessischen und süddeutschen Genossenschaften, dem damaligen Assessor, späteren Geheimrat, Haas, Märklin-Karlsruhe und Weidenhammer zu Verhandlungen, deren Ergebnis war, daß bereits 1883 in Hamburg die Vereinigung der deutschen landwirtschaftlichen Genossenschaften gegründet wurde, die zunächst auf Molkerei- und Bezugsgenossenschaften beschränkt war, die sich aber 1890 zum Allgemeinen Verband der deutschen landwirtschaftlichen Genossenschaften erweiterte.

Die Einheit und die Reinheit des Genossenschaftswesens zu erhalten, stritt und wirkte Schulze bis in seine letzten Tage, auch nachdem er

*) Über die spätere Entwicklung des landwirtschaftlichen Genossenschaftswesens vgl. den betr. Artikel im „Agrarpolitischen Handbuch“ von G. Gothein, Berlin, Liebheit & Thiesen, 1911; und Fr. Müller, Die Entwicklung des landwirtschaftlichen Genossenschaftswesens in Deutschland. Leipzig 1901.

dem Alter den Zoll hatte entrichten müssen. Im Dienste seiner Genossenschaften, auf den Reisen zu den Verbandstagen, war er kurz vor seinem 70. Geburtstag heftig erkrankt, auf dem allgemeinen Vereinstag zu Eisenach am 22.—25. August 1878 erlitt er einen Rückfall, so daß er seinen Geburtstag in der Stille seines Hauses auf dem Krankenlager feiern mußte. Aber wenn auch geschwächten Körpers, in Wort und Schrift, in den Verhandlungen der Verbandstage wie auf dem parlamentarischen Felde stand Schulze unerschüttert und unermüdlich in der Verteidigung wie in der Fortbildung der Rechte der Genossenschaften. Er war und blieb Gegner jeder Sonderbündelei, mochte sie auf politische, religiöse oder andere Beweggründe zurückgehen, und ebenso wahrte er, ein vorsichtiger und umsichtiger Geschäftsmann und Volkswirt, den rein wirtschaftlichen Charakter seiner Genossenschaften, so sehr gerade er von dem Idealismus des Genossenschaftsgedankens erfüllt und getragen war. Sie sollten, gerade zur Erfüllung ihrer idealen Ziele, solide Geschäftsunternehmungen sein und bleiben, deshalb trat er den Bestrebungen, den Kreis der genossenschaftlichen Geschäfte allzu rasch und allzu weit auszudehnen, entgegen, wie er das System der Verschachtelung von Interessen und Kapitalien mehrerer Genossenschaften bekämpfte. An der Schwelle des 70. Lebensjahres stehend, wies er mit schneidiger und scharfer Waffe die Angriffe zurück, die im Preußischen Abgeordnetenhaus gegen die deutschen Genossenschaften erhoben worden waren.*) Rückhaltlos gab er die Fehler zu, die von einzelnen gemacht worden waren, wies aber zugleich nach, daß sie nicht in dem System des Genossenschaftswesens lägen, sondern aus der Abkehr oder Nichtbeachtung der genossenschaftlichen Grundgedanken entstanden seien. In den Stürmen nach dem Krieg 1870 hätten die Genossenschaften in ihrer Gesamtheit ihre finanzielle Kraft und ihre sittliche Stärke bewiesen. „Gerade daß durch mangelhafte Einrichtungen, wie sie den ersten Anfängen . . . eigen sind, es an Verlusten nicht fehlte, hat die gute Wirkung erzielt, daß man durch die gemachten Erfahrungen um so williger wurde, jene Mängel abzustellen . . . Daß Vereine bei solchen Vorkommnissen zur Auflösung geschritten wären, solange das Einlenken irgend möglich war, ist mir nicht bekannt. Im Gegenteil hat man sogar in ganz eklatanten Fällen, wo Verluste vorlagen, welche nicht nur das ganze Vereinsvermögen verschlangen, sondern noch bedeutende Zuschüsse aus den Privatmitteln der Mitglieder zur Deckung erforderten, sich zu den größten Opfern entschlossen, um nur

*) Bd. I S. 646 ff.

den Verein zu erhalten, dessen Stütze man unter keinen Umständen entbehren wollte."

So wenig auch das Genossenschaftsgesetz von 1868 ein Werk des grünen Tisches oder des Parlamentes, sondern der gesetzliche Vollzug der in der lebendigen Wirklichkeit gemachten Erfahrungen und gewachsenen Formen gewesen war, so hatten die wirtschaftlichen Sturmjahre nach dem Deutsch-Französischen Kriege die Notwendigkeit des Um- und Ausbaues des Genossenschaftsgesetzes erwiesen.

Schulze faßte die auf den Verbandstagen und in den Blättern für Genossenschaftswesen verschiedentlich behandelten Vorschläge in einen Antrag zusammen, den er am 28. April 1881 dem Reichstag vorlegte.*) Einschneidender noch war, daß er nunmehr den schweren und folgenreichen Schritt der Anerkennung der beschränkten Haftpflicht tat. Die unbedingte Solidarhaft war für ihn der eine stützende wirtschaftliche und sittliche Pfeiler des genossenschaftlichen Systems gewesen, in dem sich das finanzielle und persönliche untrennbare Verbundensein aller Genossen auf Gedeih und Verderb organisatorisch ausprägte, daß es harter innerer Kämpfe und gewichtiger äußerer Erfahrungen bedurfte, bis Schulze diesen Übergang für sich und seinen Verband vollzog. Mitentscheidend für seine veränderte Stellungnahme war, daß er in der Zulassung der beschränkten Haftpflicht die Möglichkeit sah, der behördlichen Aufsicht der Genossenschaften vorzubeugen. Dem Allgemeinen Vereinstag zu Altona — August 1880 — legte er eine Erklärung vor, wonach unter Umständen „neben den nach wie vor nur auf der unbedingten Solidarhaft beruhenden Genossenschaften noch eine zweite Klasse ebenfalls mit solidarer persönlicher, aber durch eine bestimmte Summe für jeden Genossen begrenzter Haft zugelassen werden könne".

Und als am 29. April 1881 Freiherr v. Mirbach im Reichstag einen Antrag betr. die Zulässigkeit von Genossenschaften mit beschränkter Haftpflicht einbrachte, bekämpfte Schulze diesen Antrag nicht mehr, sondern war bedacht, dem Antrag eine für die praktischen Bedürfnisse der Genossenschaften brauchbare Form zu geben. Seine Anträge und Gedanken zur Revision des Genossenschaftsgesetzes legte er in seiner Schrift „Material zur Revision des Genossenschaftsgesetzes" nieder, die in seinem Todesjahr erschien. Sie stellt sein genossenschaftliches Testament dar, mit dem er, wie er einst als Mann auf der Höhe seines Lebens dem ersten Genossenschaftsgesetz den Stempel seines Wesens aufgeprägt hatte, auch über

*) Bd. I S. 406.

sein Grab hinaus dem neuen Genossenschaftsgesetz von 1889 die Wege und Ziele wies.

* *

Ein Mann wie Schulze-Delitzsch lebt keinen Lebensabend der beschaulichen, behaglichen Ruhe. Auf Arbeit für andere und öffentliches Wirken bleibt sein Sinn gerichtet. Die Stunden der Erholung in der Familie und im Kreise der Freunde sind Stunden des Ausruhens und Sammelns für neue Arbeiten. Bernstein, der Schulze in diesen Jahren gekannt hat, erzählt von Schulzes Familienleben im blütenumhegten Schulze-Delitzschhaus zu Potsdam.*) „An Lebensansprüchen voll musterhafter Bescheidenheit war er indessen glücklich, wenn er eine noch so kleine Ruhepause in der Unterhaltung mit einem Freunde fand oder in seinem schönen wohlgepflegten Garten das Gedeihen der Pflanzen beobachten konnte. Die Lektüre eines Dichterwerkes konnte den Greis noch so erfreuen. als wenn er noch in der Entfaltung seiner frühesten Jugendblüte lebte. Bei so überwältigender praktischer Lebenstätigkeit und so drückender Last der Jahre war ihm sein dichterisches Gemüt von bewunderungswürdiger Frische bis zu den letzten Tagen seines Daseins treu geblieben.“ „Wem jedoch die Freude zuteil ward, in das stille, durch die edle Gastfreundlichkeit und den feinen Kunstsinn der Hausfrau geschmückte Haus einzutreten, deren musikalische Leistungen so wesentlich zur Erholung des Gatten beigetragen, der erriet gar bald die Quelle, von der der Born der Tätigkeit stets frisch genährt wurde. Die siebzig Jahre des Lebens waren nicht spurlos über Schulzes Haupt hinweggegangen. Aber die Jugendfrische der Begeisterung für alles Wahre, Schöne und Gute hatte dieses Haupt mit ihrem Schmuck gekrönt.**)

Schulze hatte, gleich dem Fürsten seines geliebten Vaterlandes, dem schlichten Repräsentanten der großen Zeit der Reichsgründung „keine Zeit müde zu sein“ und mußte wirken solange es Tag war in seinem Leben. Sein Haus war eine Zentrale der sozialen Arbeit; von ihm strahlten nach vielen Richtungen Anregungen, Gedanken, Mahnungen und Weisungen aus. Wenn auch die genossenschaftlichen Geschäfte den beherrschenden Mittelpunkt seiner Interessen bildeten, so war Schulze nie und nirgends nur Genossenschaftler, nur Anwalt der Genossenschaften. Er empfand allezeit die ganze Fülle und Größe der Aufgabe,

---

*) Bernstein a. a. O. S. 186.

**) Bernstein a. a. O. S. 184.

das Deutsche Reich und das deutsche Volk für den großen Wettkampf der Nationen um die höchsten Güter der Menschheit auszurüsten und auszubilden, das geeinte Deutsche Reich auf dem Boden der Freiheit sicher zu gründen, dem deutschen Volk durch Erschließung und Heranziehung der Kräfte der Arbeiterschaft den sozialen Frieden zu erringen, seine Volkskraft zur höchsten Intensität zu steigern. Er fühlte sich nicht minder als ein Anwalt der deutschen Arbeit und als ein Anwalt des deutschen Volkes.

Um des Volkes Wohlfahrt willen hatte er sein Leben lang gearbeitet, seine ganze Person eingesetzt, alles andere diesem einen untergeordnet. Der äußere Erfolg galt ihm nichts, und so hat er nie auf der Seite des Erfolges gestanden, soviel Segen und Erfolge von seiner Arbeit auch ausgingen. In den größten politischen Kämpfen seines Lebens gab der Erfolg seinem großen Gegner Recht. Auch in dem Kampfe um die Arbeiter siegte Lassalle über Schulze. Die Sozialdemokratie organisierte die Arbeiterschaft politisch und gewerkschaftlich außerhalb, ja gegen die Demokratie und den Liberalismus. Und in seinen letzten Lebensjahren ging Bismarck die Bahn des Staatssozialismus, und die Parlamente und die öffentliche Meinung, geführt von der nationalökonomischen Wissenschaft, folgten ihm auf diesem Wege. Nicht aus mangelndem sozialem Verständnis, sondern gerade aus seiner sozialen Grundanschauung heraus, die Männer der deutschen Arbeit, die Arbeiter und die Handwerker, zu den Trägern des sozialen Fortschritts zu machen, erhob er noch einmal seine mahnende und warnende Stimme in seinem „Sozialpolitischen Testament",*) dem Aufsatz, an dem er in den letzten Monaten seines Lebens immer wieder gearbeitet hatte und der in seinem Nachlaß gefunden und nach seinem Tode erst veröffentlicht wurde. Gegen die Forderungen der Sozialdemokratie: „der Staat in den Händen der Arbeiter" und gegen die der Sozialpolitiker und Staatssozialisten „die Arbeiter in den Händen des Staates", Forderungen, die für ihn von Anbeginn seines politischen Lebens an auf Grund der französischen Geschichte aus gleicher Wurzel geboren waren und zum gleichen Ergebnis führten, entwickelte er seine Sozialpolitik der Selbsthilfe und der Freiheit.

Die Zeit war gegen ihn. So tief ihn diese Erkenntnis auch bekümmerte, er blieb sich selbst und seinem Beruf getreu. Ihn trug der Glaube an die Unvergänglichkeit des Wirkens über alle trüben Erfahrungen und Mißerfolge der Gegenwart hinüber. Wenn daher auch der äußere

*) Bd. II S. 508ff.

Erfolg gegen ihn sprach, ihn schreckte nicht die Sorge, daß seine Gedanken nicht „zeitgemäß" waren. Für ihn gab es keinen Zweifel: das gute Wort, die gute Tat blieb unverloren. Sie waren die Samen für die Erntezeit der kommenden Generationen.

Er war und blieb ein Kämpfer für Deutschlands Einheit und Freiheit, ein Arbeiter für Deutschlands Macht und Größe nach außen wie im innern, ein Kämpfer und ein Prediger, ein Volksmann und ein Christ, den, so fremd ihm Kirchenwesen allezeit war, religiöser und evangelischer Eifer und Glaube erfüllte — ein deutscher Bürger und Mann.

Am 29. April 1883 starb Schulze, am 3. Mai, am Himmelfahrtstag, wurde das, was an ihm sterblich war, zur letzten Ruhe geleitet. Tausende folgten seinem Sarge, die Hunderttausende seiner Genossenschaftler trauerten um ihren Führer. Der Hofprediger Rogge hielt die Leichenrede. Für die Genossenschaften sprach Bürgermeister Nizze aus Riebnitz, für die Fortschrittspartei Professor Möller aus Königsberg.*)

Als Schulze starb, war die Zeit gegen ihn. Sein Glaube hat ihn aber nicht betrogen: Schulze-Delitzsch ist heute lebendiger und wirksamer in den Strömungen und Bewegungen unseres politischen, sozialen und genossenschaftlichen Lebens als in dem Jahre seines Todes. Wenn auch seine Gedanken zum Teil nicht seinen Namen tragen und unter anderm Namen gehen, sie sind Geist von seinem Geist. Auch heute noch lebt Schulze als Anwalt der deutschen Genossenschaften, als Anwalt der deutschen Arbeit, als Anwalt des deutschen Volkes.

---

*) Die Dankbarkeit, welche die Gewerkvereine ihm für sein Einstehen für ihre Sache zollten, kam zum Ausdruck in dem Nachruf nach seinem Tode im „Gewerkverein" (Jahrg. 1883 S. 69): „Auf der Höhe seines Ruhms und Ansehens, hoch gefeiert zumal von den gebildeten und besitzenden Bürgerklassen, stellte Schulze-Delitzsch im Gegensatz zu der Mehrzahl seiner Freunde und Anhänger sich ohne Besinnen mit an die Spitze einer neuen noch ungewissen und von rechts und links, von oben und unten bekämpften Bewegung, der Organisation der deutschen Gewerkvereine. Das ist es, was Schulze-Delitzsch ganz besonders bei den deutschen Arbeitern die höchste Achtung und Verehrung sichern muß, weil er gerade hierdurch die herrschenden Vorurteile gegenüber der selbständigen Arbeiterbewegung für sich und zugleich für viele andere überwand... Und unvergessen wird es bleiben, solange es deutsche Gewerkvereine gibt, daß in der Zeit der höchsten Not, beim Waldenburger Streik, derselbe Mann mit Wort und Tat für das verfolgte Koalitionsrecht und dessen Verteidiger, die Gewerkvereine, eintrat. Auch seitdem hat er, wenn schon durch Umstände und Alter an näherer Beteiligung verhindert, sowohl im Reichstag als sonst im öffentlichen Leben sich stets als warmer Freund der deutschen Gewerkvereine erwiesen."

Register.

(Die Zahlen bedeuten die Seiten. Sch.-D. = Schulze-Delitzsch. a = Anmerkung.)

Herrosé & Ziemsen. G. m. b. H., Wittenberg.

MIX
Papier | Fördert gute Waldnutzung
FSC® C083411

Kolibri 360 GmbH
Ferdinand-Jühlke-Straße 7
99095 Erfurt, Deutschland
produktsicherheit@kolibri360.de